Cornell · Skipper-Tips

Für Doina und Ivan,
die beste Crew, die man sich als Vater wünschen kann

Jimmy Cornell

Skipper-Tips
aus 1000 Bordbüchern

Pietsch Verlag Stuttgart

Einbandgestaltung:
Gunar Braunke unter Verwendung eines Dias von Jimmy Cornell

Fotos:
Jimmy Cornell

ISBN 3-613-50137-6

1. Auflage 1991
Copyright © by Pietsch Verlag, Postfach 103743, 7000 Stuttgart 10.
Ein Unternehmen der Paul Pietsch-Verlage GmbH & Co.
Sämtliche Rechte der Speicherung, Vervielfältigung und Verbreitung sind vorbehalten.
Satz: Vaihinger Satz + Druck, 7143 Vaihingen/Enz.
Druck: Gulde-Druck GmbH, 7400 Tübingen 1.
Bindung: Heinrich Koch, 7400 Tübingen.
Printed in Germany

Inhalt

Dank und Anerkennung

Zu diesem Buch haben so viele Leute beigetragen, daß es unmöglich ist, sie alle namentlich aufzuführen. Bei den verschiedenen Bestandsaufnahmen, auf denen das Buch beruht, befragte ich Fahrtensegler auf über tausend Yachten, die schon aus Platzgründen nicht alle Erwähnung finden können, denen ich aber an dieser Stelle insgesamt danken möchte.

Mein besonderer Dank gebührt den Vertretern der Zoll- und Hafenbehörden in einigen wesentlichen Häfen auf der ganzen Welt, die mir Einblicke in ihre Unterlagen ermöglichten oder großzügigerweise selbst Statistiken über ein- und auslaufende Yachten erstellten. Leider kenne ich nicht alle diese hilfreichen Beamten mit Namen, doch soweit ich mir die Namen bekannt sind, möchte ich an dieser Stelle meinen Dank aussprechen an:

William Hinkle von der Panamakanal-Kommission,
Ian Brash vom Zollamt Whangarei,
G.N. Pathikirikorale, Berater beim Hochkommissar für Sri Lanka in London,
J. Nuza, Zollbeamter in Gibraltar,
Sharon Gan Chew Chee von der Hafenbehörde Singapur,
Fernando Fernandez Melle von der Hafenbehörde Las Palmas y La Luz,
Luis Morais von der Marina Horta auf den Azoren und
Brenda Rainer vom Bermuda-Zollamt.

Meine Arbeit bringt viele Reisen mit sich, auf denen ich vielfach die Hilfe von Fremdenverkehrsbüros in aller Welt in Anspruch nehmen durfte. Ein verspätetes Dankeschön geht auf diesem Wege an all diejenigen, die mich bei meinen verschiedenen Vorhaben unterstützt und – oft unbewußt – indirekt zu diesem Buch beigetragen haben:

José Antonio Torrellas von der Regierung der Kanarischen Inseln,
Arturo Molina und José Ortega von der Fremdenverkehrsbehörde Gran Canaria,
Patricia Nehaul vom Fremdenverkehrsamt Barbados,
Joe Viale vom Fremdenverkehrsbüro Gibraltar,
Joao Carlos Fraga vom Fremdenverkehrsamt der Azoren.

Mein Dank gebührt weiterhin
Juan Francisco Martin, dem Hafenkapitän von Mogan auf Gran Canaria, der alles möglich macht;

Angel Luis Padron, meinem treuen Freund vom Club Vela Latina Canaria in Las Palmas;

Gilberto Duque Lugo, dem Vorsitzenden des Yachtclubs von Santa Cruz de la Palma;

Reds Packer, dem geplagten Präsidenten des Seglerverbandes Barbados;

Leo Hageman und dem Yachtclub Antigua für die Unterstützung bei der TRANSARC;

Micko Sheppard-Capurro und Ernest Felipes von der Sheppard-Marina in Gibraltar;

Alan Brunström von INMARSAT, ohne den die Umfrage im Bereich Fernmeldewesen nicht zustande gekommen wäre;

Ken Watson von der Firma Avon Inflatables Ltd. für die Unterstützung bei der Umfrage zu Rettungsflößen;

Walt Gleckler vom Orange Coast Community College, der mich zu einer Vortragsreise in Kalifornien einlud, auf der die Idee zu diesem Buch geboren wurde;

Dr. Peter Noble, der die Vorschläge zur medizinischen Ausrüstung unter die Lupe nahm und wertvolle Hinweise beisteuerte;

Bill Dixon, der zahllose Stunden damit verbrachte, meine vielen Ideen in die Praxis umzusetzen, und der die *La Aventura* entwarf, ein Schiff, das meiner eigenen Idealvorstellung von einer Yacht am nächsten kommt;

Trevor Moulds von der Firma Perkins Engines, meiner nicht versiegenden Auskunftsquelle über Dieselmotoren;

der Zeitschrift *Yachting World* für die anhaltende Unterstützung bei meinen verschiedenen Projekten von der ARC bis zu den Umfragen über Fahrtensegeln im Atlantik und Pazifik; der Chefredakteur Dick Johnson ist immer das erste Versuchskaninchen, an dem ich die Reaktion auf neue Ideen teste;

Bernadette Brennan, der neuen Chefredakteurin der Zeitschrift *Cruising World*, mit der ich quer über den Atlantik auf telefonischem Wege freundschaftlich verbunden war und die mir sehr viele wertvolle Anregungen gab;

Trish Jenkins, meiner Assistentin, für die Sichtung zahlloser Umfrageergebnisse auf der Suche nach winzigen Brocken der Erkenntnis.

Diese Aufzählung wäre unvollständig, wenn meine Lektorin Janet Murphy fehlte, die mit ihrer konstanten Ermutigung, ihrem Takt und ihrer Flexibilität meine absolute Loyalität verdient.

Mein zutiefst empfundener Dank gehört jedoch meiner Frau Gwenda für ihre tapferen Versuche, meine unterschiedlichen Aktivitäten aufeinander abzustimmen, und für ihre unerschöpfliche Geduld, wenn es um selbst auferlegte Termine ging, die ich ohne ihre Hilfe nie hätte einhalten können.

Vorwort

In der Vielzahl von Segelbüchern, die jedes Jahr auf den Markt kommt, ist das vor Ihnen liegende Buch etwas Einzigartiges. Es ist das Resultat jahrelanger Arbeit, weiterer Jahre des Nachdenkens und umfassender seglerischer Erfahrung seines Verfassers. Hinter Jimmy Cornell liegt eine Weltumsegelung mit seiner ersten Yacht *Aventura*, auf der er Hunderte von anderen Fahrtenseglern befragte.

Weiterhin hat er die Erfahrung, die ARC (Atlantikregatta für Fahrtensegler) organisiert zu haben, bei der Hunderte von Seglern und Yachten auf der Passatroute den Atlantik überquerten. Natürlich hat Jimmy sich bei diesem jährlichen Ereignis die Zeit genommen, die Teilnehmer zu befragen, und dabei seinen auf der Weltumsegelung gewonnenen Wissensschatz um ein Vielfaches erweitert.

Segler, die auf einen langen Törn gehen wollen, sind Informationsfanatiker. Sie sammeln Informationen über Ausrüstung, Schiffe, Motoren, Beiboote, schwere Stürme, Selbststeueranlagen, Segel und vieles mehr. Ihre Aktenordner füllen sich mit Broschüren, Zeitungsausschnitten und Notizen über die allabendlichen Gespräche im Cockpit. Doch so eingehend sie sich auch mit den Tausenden von Einzelheiten auf ihren Listen befassen, erst auf dem Weg zu fernen Häfen erfahren sie, was funktioniert und was nicht. Die Erfahrung ist es, die zählt, und zudem die Tatsache, daß es einen geringfügigen, aber bedeutsamen Unterschied gibt zwischen der Wahrnehmung derjenigen, die Erfahrung auf See nachweisen können, und derjenigen, die nur über Vorfreude und dicke Aktenordner verfügen.

Vor langen Jahren kam ich einmal auf dem Weg über den Pazifik in die Academy Bay auf den Galápagos-Inseln. Obwohl ich schon fast ein Jahr im Atlantik und in der Karibik unterwegs gewesen war, brachte der Landfall in der Academy Bay eine Saite tief in meinem Innern zum Klingen. Wir gingen zwischen etwa zwanzig anderen Yachten vor Anker und stellten auf den ersten Blick fest, daß sich kein einziger alter Seelenverkäufer unter ihnen befand. Die Schiffe unter den Flaggen von vielleicht zehn Ländern hatten das Aussehen von langen Jahren auf See, von langen Jahren ständiger Verbesserung und Pflege. Sie waren offensichtlich gut vorbereitet auf die Fahrt über den Pazifik nach Französisch Polynesien.

In den Wochen auf den Galápagos-Inseln verbrachten wir unsere Zeit in dieser Gemeinschaft von Hochseeseglern. Wir verglichen unsere Aufzeichnungen über frühere und künftige Ziele und sprachen über Ausrüstung und Segel, Schiffe und Riggs, Dinghies und Rumpfanstrich. Ich war damals ein junger Mann, und im Rückblick erscheinen mir diese Wochen auf den Galápagos-Inseln heute wie eine Art Fortgeschrittenenseminar im Hochseesegeln unter der Leitung einer gemischten und teilweise bunt zusammengewürfelten Gruppe von Professoren, die eines gemeinsam hatten: Erfahrung auf See.

Auf der ganzen Welt verteilt gibt es mehrere Häfen wie die Academy Bay. So findet man die Familie der Fahrtensegler beispielsweise in Las Palmas auf den Kanarischen Inseln, auf Grenada in der Karibik, in Balboa in Panama, in Papeete auf Tahiti, in der neuseeländischen Bay of Islands, auf Bali, auf Sri Lanka und im südafrikanischen Durban, um nur einige wenige zu nennen. In jedem dieser Häfen trifft man als Segler auf Gleichgesinnte, aus deren gemeinsamer Erfahrung man immer wieder etwas Neues lernen kann.

Auf gewisse Art und Weise ist Jimmy Cornells Buch der Beste unter diesen Häfen, denn hier findet man das gesammelte Wissen Hunderter von Fahrtenseglern mit Erfahrung auf See. Wie meine Zeit auf den Galápagos-Inseln bietet eine Reise durch die Seiten dieses Buches ein Fortgeschrittenenseminar im Hochsee- und Fahrtensegeln. Die überall auf der Welt sammelten Meinungen, Erfahrungen und Ideen sind hier zu sinnvollen Textpassagen und Diagrammen zusammengefaßt. Die Informationen und Daten sind weitaus besser gegliedert, als die meisten unter uns das je tun würden.

Und was am wichtigsten ist: Die auf diesen Seiten herausdestillierten Erfahrungen sind authentisch. So ist es draußen in der Welt des Fahrtensegelns. Man braucht nur noch zuzugreifen und sich mit diesem gesammelten Wissen auf die eigene Zeit und Erfahrung auf See vorzubereiten.

Georg Day   Chefredakteur *Cruising World* und *Sailing World*

Einleitung

In den zehn Jahren seit meiner ersten Umfrage zum Fahrtensegeln im Südpazifik hat sich viel geändert. Die Yachten sind generell besser geworden, die Ausrüstung ist viel zuverlässiger, und die Schiffselektronik entspricht endlich dem Stand der Zeit, in der wir leben. In gewisser Weise haben sich auch die Menschen geändert, und zwar sowohl diejenigen, die auf Fahrt gehen, als auch die, mit denen man es als Fahrtensegler unterwegs zu tun bekommt.

Speziell die Fortschritte in der Kommunikationstechnik ermöglichen es heute auch demjenigen, der aus geschäftlichen oder beruflichen Gründen schnell erreichbar sein muß, weitab seines normalen Lebenszentrums lange Fahrten zu unternehmen. Diese Jet-Set-Segler, wie ich sie einmal nennen will, sind jedoch noch in der Minderzahl, und viele Menschen fahren nach wie vor zur See, um dem Streß und den Konventionen der heutigen Gesellschaft zu entfliehen.

Doch trotz aller Veränderungen ist das Leben auf See im wesentlichen gleich geblieben. Die See an sich ändert sich nie, und die Herausforderungen, vor die sie den Segler von heute stellt, sind so mächtig wie eh und je. In der Annahme dieser Herausforderungen – sei es in der vorbereitenden Phase der Planung eines Törns oder auf dem Törn selbst – haben sich die Probleme auch nicht viel geändert. Ich habe in den letzten zehn Jahren in verschiedenen Segelrevieren mehrere Umfragen durchgeführt, bei denen es mir daran gelegen war, sämtliche Aspekte des Fahrtensegelns möglichst objektiv zu untersuchen. Das vorliegende Buch ist ein Versuch, das Wesentliche aus all diesen Umfragen herauszukristallieren und auf diese Weise das gesammelte Wissen Hunderter von Seglern aus der ganzen Welt an einer Stelle zu konzentrieren. Geholfen hat mir dabei die Tatsache, daß ich in den vergangenen fünf Jahren mit der ARC (Atlantikregatta für Fahrtensegler) befaßt war, einer jährlich stattfindenden Veranstaltung, bei der etwa zweihundert Yachten von den Kanarischen Inseln aus den Törn in die Karibik machen. Einen besseren Querschnitt durch die Fahrtenseglerszene dürfte es kaum geben. Durch Beobachtung und in Gesprächen mit den ARC-Teilnehmern der letzten vier Jahre habe ich eine Menge darüber erfahren, was an den heutigen Tourenyachten, ihrer Ausrüstung und oft auch ihren Crews und Skippern in Ordnung ist und was nicht. Ich habe mir diese Beobachtungen zu Herzen genommen und mein neues Schiff *La Aventura* in vielerlei Hinsicht nach den Anregungen der ARC-Teilnehmer und den Ergebnissen meiner früheren Umfragen bauen lassen.

Während ich früher zum größten Teil im Pazifik arbeitete, mußte ich mein Betätigungsfeld in den letzten Jahren mehr gezwungenermaßen als freiwillig in den Atlantik verlegen. Der Südpazifik ist für viele Segler zwar nach wie vor das verlockendste Ziel auf der Welt, aber die wichtigen Entwicklungen im Yachtsport finden im Nordatlantik statt. An dessen Rändern finden sich viele bedeutende Segelsportzentren, und wenn man wissen will, was es im Segelsport neues gibt, braucht man nur einmal einen Törn zu den Kanarischen Inseln, in die Karibik oder zu den Azoren zu unternehmen. Auch in bezug auf das Wetter kann man im Nordatlantik einiges lernen. Mit Erscheinungen wie dem Mega-Hurrikan Gilbert und den heftigen Winterstürmen ist es nirgendwo auf der Welt rauher als im Nordatlantik. Deshalb meine ich, daß die Erfahrungen aus dem Nordatlantik überall auf der Welt Gültigkeit haben und daß auch die weltweite Gültigkeit des in diesem Buch vorgestellten Materials nicht in Zweifel gezogen werden darf, obwohl es großenteils im Atlantik gesammelt wurde. Die ARC selbst, meine nie versiegende Materialquelle, zieht jedes Jahr Boote und Segler aus der ganzen Welt an. Dadurch habe ich Gelegenheit, mich über Yachten und Ausrüstungen aus vielen Ländern auf dem laufenden zu halten, nicht nur aus Ländern am Nordatlantik. Als Organisator dieser Veranstaltung höre ich Gutes und Schlechtes über Yachtdesign, Bootsbau, Ausrüstung, Instrumentenausstattung und eine Unmenge anderer Dinge. Das Hauptziel des vorliegenden Buches ist es, diese Informationen jedem verfügbar zu machen, der am Fahrtensegeln interessiert ist.

Für einen Schriftsteller ist es die größte Befriedigung, wenn er erfährt, daß sein Buch seinen Lesern gefallen hat. In meinem Fall geht die Befriedigung noch weiter, weil ich von vielen Lesern gehört habe, daß meine Bücher ihnen auch in der Praxis geholfen haben. Auf den Meeren der Welt kreuzen viele Yachten, deren Eigner von den Anregungen in meinen früheren Büchern profitiert haben. Da sich seit damals vieles geändert hat, will ich an dieser Stelle versuchen, den Status quo im Fahrtensegeln und besonders in den Bereichen neu zu beleuchten, in denen sich dauernd etwas ändert. Aber obwohl bei Konstruktion und Ausrüstung in den letzten zehn Jahren große Fortschritte zu verzeichnen waren, hat sich an den Grundprinzipien des Hochseesegelns und der Seemannschaft kaum etwas geändert.

Die Ergebnisse meiner früheren Umfragen werden in diesem Buch nur zu Vergleichszwecken verwendet, um die Veränderungen seit damals beurteilen zu können. Viele Ergebnisse aus den späteren Umfragen sind bislang noch nicht veröffentlicht worden.

1. Suva-Umfrage: Eine erste Umfrage im Jahre 1978 im Bereich der Fidschi-Inseln beschäftigte sich mit verschiedenen Aspekten der Konstruktion von Touren-yachten.
2. Umfrage zum Fahrtensegeln: Im folgenden Jahr fand an verschiedenen Orten im Südpazifik eine umfangreichere Umfrage statt. Die Auswertung ergab ein umfassendes Bild vom Leben auf See.
3. Umfrage zu Frauen auf See: Frauen auf einer Vielzahl von Yachten im Südpazifik wurden bei dieser Umfrage zur Rolle und zu den Einstellungen segelnder Frauen befragt.
4. Die Weltumsegler: Zwölf Crews aus mehreren Ländern, die erfolgreich eine Weltumsegelung hinter sich gebracht hatten, bildeten die Basis zu dieser umfassenden Umfrage aus dem Jahre 1983.
5. Pazifik-Umfrage: Ende 1984 wurden die Skipper und Crews von fünfzig Langstrecken-Tourenyachten im Südpazifik zu einem umfassenden Themen-

komplex unter besonderer Berücksichtigung von Ausrüstung und Instrumentenausstattung befragt.

6. Atlantik-Umfrage: Konstruktion von Tourenyachten, Ausrüstung und verschiedene Aspekte des Lebens an Bord waren die Kernpunkte dieser Umfrage aus den Jahren 1985/86 unter hundert Booten auf beiden Seiten des Atlantiks.

7. Rettungsfloß-Umfrage: In der Karibik wurden hundert Skipper, die gerade den Atlantik überquert hatten, zum Thema Rettungsflöße und deren Konstruktion befragt. Die Umfrage fand in Verbindung mit der Firma Avon Inflatables Ltd. statt.

8. Umfrage zur idealen Tourenyacht: Durch eine Umfrage unter zweihundert Teilnehmern an der ersten ARC sollte festgestellt werden, ob es eine gemeinsame Ansicht zu den wesentlichen Merkmalen einer idealen Tourenyacht gab.

9. Umfrage Kommunikationstechnik: Gegenwart und Zukunft der Kommunikationstechnik für die Seefahrt war das Thema dieser Umfrage unter Teilnehmern an der ARC 1986, die von INMARSAT, der internationalen Organisation für Satellitenkommunikation, in Auftrag gegeben worden war.

10. Umfrage Ausrüstung: Qualität und Leistungsfähigkeit von Schiffsausrüstungen und Instrumenten wurden bei dieser umfassenden Umfrage unter fast zweihundert Teilnehmern an der ARC 1987 untersucht.

11. Umfrage zum Leben auf See: Teilnehmer an ARC und TRANSARC lieferten die Daten für eine Beurteilung der täglichen Probleme des Lebens auf See.

12. Weltweite Yachtbewegungen: Zwischen 1985 und 1988 wurden die weltweite Verteilung und die weltweiten Bewegungen von Tourenyachten untersucht. Die Ergebnisse der Studie basieren auf persönlichen Nachforschungen sowie auf den Angaben von Zoll-, Einwanderungs- und Hafenbehörden an sechzehn Schlüsselorten auf der ganzen Welt.

Eines der Ziele dieses Buches ist es, eine Antwort auf die Fragen zu geben, die mir jedes Jahr von den Teilnehmern an den verschiedenen Veranstaltungen gestellt werden, mit denen ich befaßt bin. Da diese Fragen meist in der kritischen Vorbereitungsphase vor dem Törn gestellt werden, glaube ich, daß sie für alle relevant sind, die sich auf eine längere Fahrt begeben wollen. Außerdem konnte ich 1988 bei einer Vortragsreise in Kalifornien einen Einblick in die Art von Problemen bekommen, mit denen sich viele von denen herumschlagen, die einen Törn planen. Das Thema der Vorträge lautete »So planen Sie Ihren Traum«, und der vielleicht erfolgreichste Teil galt dabei der Zeitfrage, die oft länger diskutiert wurde, als der eigentliche Vortrag dauerte. Aus den Fragen der Zuhörer konnte ich mir ein genaues Bild von der Art der Probleme machen, die den Leuten die meisten Sorgen machen, und von den Dingen, die sie wirklich wissen möchten. Manchmal war ich überrascht, wie viel die Leute über Yachten und Ausrüstung wußten und wie wenig über das Leben auf See und andere Aspekte des Fahrtensegelns. Manche dieser Fragen ließen mich erkennen, daß viele Leute fast keine Vorstellungen davon haben, wohin Tourenyachten segeln, wie sie dorthin kommen und wann. Das ist der Grund dafür, daß sich in diesem Buch auch ein Kapitel über die weltweite Verteilung von Tourenyachten findet.

Die ARC ist eine unschätzbare Quelle, und ich danke den Teilnehmern, die sich die Zeit nahmen, meine vielen Fragen in allen Einzelheiten zu beantworten. Angesichts der vielen aufgeführten Unglücksfälle, Pannen und Notfälle erscheint das Buch möglicherweise gelegentlich wie ein Katalog des Desasters und wie eine Anti-Werbung für das Fahrtensegeln. Ich bin jedoch fest davon überzeugt, daß wir beim Segeln mehr als auf jedem anderen Gebiet aus den eigenen Fehlern lernen können, was natürlich nicht heißen soll, daß wir die Fehler selbst nur aus dem Grund machen müssen, Erfahrungen zu sammeln! Auch aus den Fehlern anderer kann man schließlich lernen, ähnlichen Problemen aus dem Wege zu gehen. Die hier vorgestellten Unglücks- und Notfälle sind meiner Meinung nach auch für andere Segler relevant.

Mein Hauptziel bleibt es jedoch, einen Überblick über die gegenwärtige Szene im Fahrtensegeln zu geben, gesehen mit den Augen der Betroffenen, und auf diese Weise anderen dabei zu helfen, sich auf ihre eigene Traumreise vorzubereiten.

Die Ära
der Wiederentdeckung

Fünfhundert Jahre, nachdem Kolumbus die Grenzen der bekannten Welt westwärts verschob, machen sich jedes Jahr Hunderte von Seglern auf, das Abenteuer zu suchen, angetrieben von dem gleichen Drang, in das Unbekannte vorzustoßen. Im Zeitalter der Raumfahrt, des Massentourismus und der schnellen Kommunikation bildet die See nach wie vor eine große Herausforderung, und es gibt kaum etwas Vergleichbares zu der Befriedigung, die ein Segler empfindet, wenn er erfolgreich eine Ozeanüberquerung hinter sich gebracht hat. Diese Herausforderung wirkt in Verbindung mit der Verlockung exotischer Ziele an fernen Gestaden wie ein Magnet, von dem sich viele Menschen unwiderstehlich angezogen fühlen.

In den letzten Jahren hat es eine Reihe von herausragenden Törns gegeben, bei denen Fahrtensegler die abgelegensten Winkel der Erde erreichten, von den eisigen Wüsten der Antarktis bis zum dampfenden Dschungel am Oberlauf des Amazonas. Diese bemerkenswerten Fahrten mit kleinen Booten waren für andere Segler ein Ansporn, ähnliches zu versuchen. Man kann fast sagen, daß die Hunderte von Yachten, die auf den Weltmeeren kreuzen, den Anbruch eines neuen Zeitalters der Entdeckungen signalisieren.

Die Zahl derjenigen, die längere Hochseetörns unternehmen, ist in den vergangenen zehn Jahren zwar stetig, aber nicht im erwarteten Ausmaß gestiegen. Der bedeutendste Faktor für die jetzt zu beobachtende Expansion im Hochseesegeln sind die Verbesserungen bei Yachtkonstruktion und Bootsbau, die dazu führten, daß heute weitaus mehr Segelyachten theoretisch das Zeug zu Hochseetörns haben, wenn auch die Zahl derjenigen, die in der Praxis auf lange Fahrten gehen, noch relativ klein ist.

Parallel zum weltweiten Anstieg der Yachtzahlen – oder auch als dessen Resultat – kam es zu einer Expansion bei den entsprechenden Einrichtungen; die Verbesserung der Hafenanlagen für Yachten und der Bau zahlreicher Marinas an attraktiven Orten haben viele Segler dazu ermutigt, abseits ihres heimatlichen Reviers auf Fahrt zu gehen. Als weitere Entwicklung kommt die große Zahl der Yachten hinzu, die im Ausland stationiert sind, und zwar speziell Yachten aus Europa. Das gilt besonders für Schiffseigner aus Ländern, in denen die Segelsaison aufgrund der klimatischen Gegebenheiten nur kurz ist, bzw. aus Ländern, die wie etwa die Schweiz und Österreich keinen direkten Zugang zum Meer haben. Der Rückgang der Flugpreise und die Tatsache, daß in neuen Marinas in schönen Segelrevieren ausreichend Liegeplätze zu haben sind, ließen viele Eigner zu dem Entschluß kommen, ihr Schiff im Ausland zu stationieren. Oft überführen diese Eigner ihre Yachten von Saison zu

Saison in ein anderes Revier, um ihre Törns noch abwechslungsreicher gestalten zu können. Das gilt besonders für das Mittelmeer, wo das Angebot guter Winterlager sehr groß ist. Zu all dem kommt in letzter Zeit noch die Erscheinung, daß die Yachten vermehrt unter Billigflaggen laufen, um Steuern oder Importabgaben zu sparen.

Doch trotz der steigenden Zahl von Tourenyachten, die Hochseetörns unternehmen, zeigen sich nur geringe Abweichungen von den üblicherweise befahrenen Routen. Die meisten Segler scheinen sich damit zufrieden zu geben, auf den bekannten und erprobten Routen zu bleiben, die ihren Ursprung in klimatischen und meeresbedingten Gegebenheiten haben. Tourenyachten folgen wie die Zugvögel einem bestimmten Schema, und wenn man ihre Bewegungen untersuchen will, muß man daran denken, daß die meisten Ozeanüberquerungen jahreszeitlich bedingten Einschränkungen unterworfen sind. Von daher ist beispielsweise die Zahl der Yachten, die im Winter Ozeanüberquerungen in den höheren Breiten unternimmt (z. B. Nordeuropa – Nordamerika, Nordamerika – Ferner Osten, Australien – Neuseeland und umgekehrt), fast vernachlässigbar gering. In gleicher Weise ist die Zahl der Sommertörns in den tropischen Gebieten beträchtlich niedriger, weil die Hurrikansaison fast überall auf der Erde in die Sommermonate fällt. Diese Faktoren beschränken die theoretisch vorhandenen Routen auf allen Meeren auf ziemlich genau abgegrenzte »Schiffahrtsstraßen«. Segelyachten sind viel stärker als große Handelsschiffe von den vorherrschenden Wind- und Seeverhältnissen abhängig, die die Route bestimmen, auf der sie fahren können. Aus diesem Grund werden sich auch in Zukunft die Hauptrouten nicht groß ändern.

In den vergangenen Jahren habe ich die weltweiten Yachtbewegungen untersucht, um herauszufinden, wie stark die Zahl der Tourenyachten seit meiner Weltumsegelung zugenommen hat. Obwohl Statistiken nur selten anregenden Lesestoff abgeben, will ich in diesem Kapitel aufzuzeigen versuchen, wohin und wann die Tourenyachten unterwegs sind und – für den, der die Einsamkeit sucht, vielleicht genau so wichtig – welche Orte zu welchen Zeiten zu meiden sind.

In einer früheren Umfrage zur Seemannschaft zog ich den Schluß, daß eines der wichtigsten Attribute guter Seemannschaft eine kräftige Portion gesunden Menschenverstandes ist. Davon lassen sich die meisten Fahrtensegler leiten, und wenn man daher feststellt, daß jedes Jahr nur ein Dutzend Yachten den Atlantik von Osten nach Westen auf den nördlicheren Routen überqueren, während tausend Schiffe die südlichere Route nehmen, muß das bedeuten, daß die große Mehrheit etwas weiß, das man selbst auch wissen sollte. Ich will damit niemanden von den weniger häufig befahrenen Routen abschrecken, ganz im Gegenteil; manch einer mag sich versucht fühlen, eine dieser Routen zu nehmen, nachdem er die Statistiken gelesen hat. Ich hoffe, daß mit den Informationen aus diesem Kapitel beiden geholfen ist, nämlich allen, die wissen wollen, wohin es die meisten Fahrtensegler zieht, und allen, denen es darum geht, sich von den Massen fernzuhalten.

Sowohl bei der Ausarbeitung dieser Daten als auch in meinen verschiedenen Umfragen ging es mir in erster Linie um die Langstreckenyachten, das heißt, um die Boote, die ihren Heimathafen seit mindestens einem Jahr nicht mehr gesehen haben und sich auf einem langen Hochseetörn befinden. Um zu einem besseren Verständnis der gegenwärtigen Segelsportszene zu gelangen und einen Überblick über die beliebtesten Zielgebiete zu bekommen, werden die Yachtbewegungen anhand einer Reihe von Schlüsselpunkten untersucht, die an den Hauptrouten

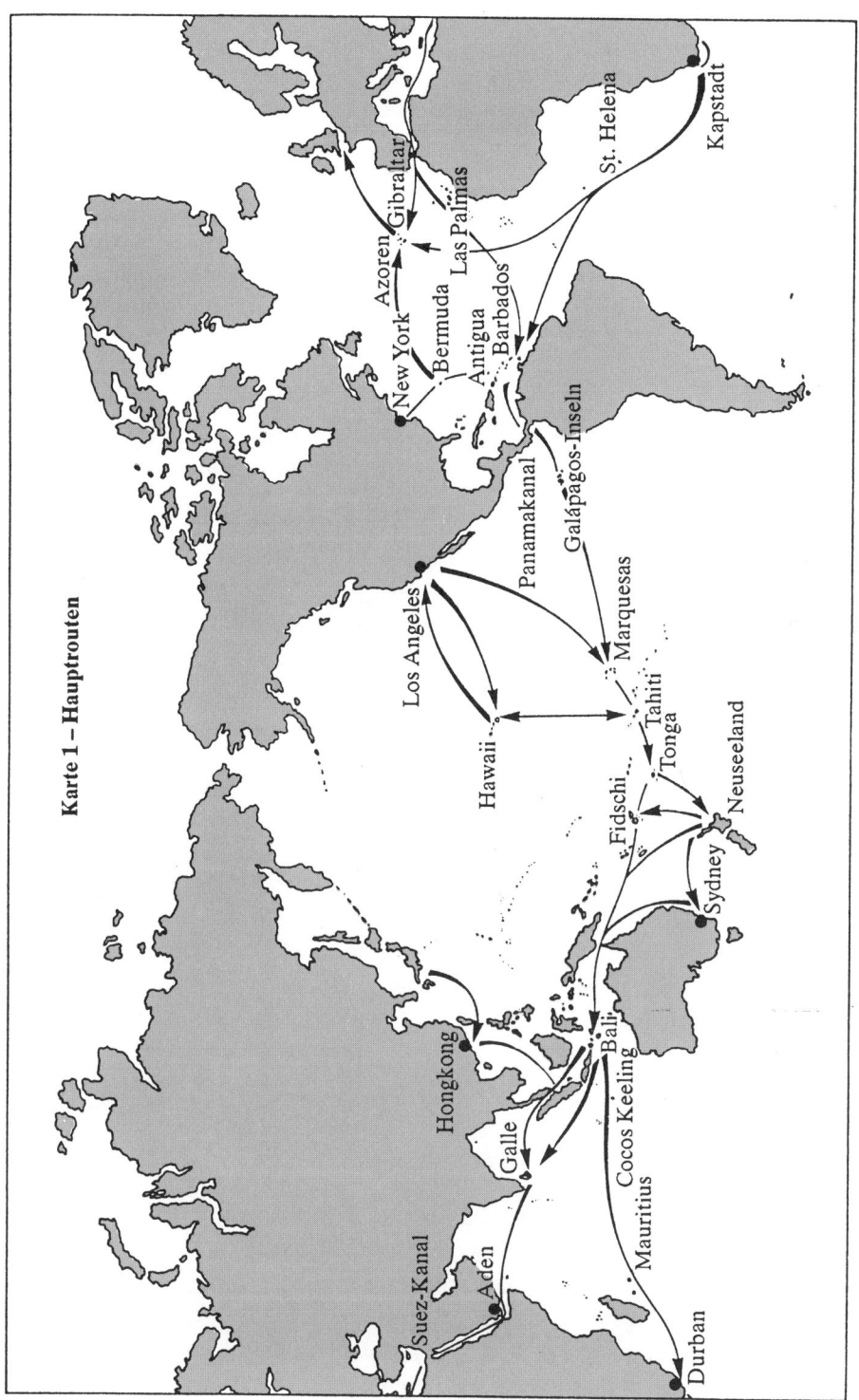

Karte 1 – Hauptrouten

Kapstadt

St. Helena

Azoren

Gibraltar

Las Palmas

Bermuda

Antigua

New York

Barbados

Galápagos-Inseln

Panamakanal

Marquesas

Los Angeles

Tahiti

Tonga

Neuseeland

Hawaii

Fidschi

Sydney

Hongkong

Bali

Cocos Keeling

Galle

Mauritius

Suez-Kanal

Aden

Durban

Tabelle 1 – Yachtankünfte in Horta, 1985 – 1987

Flagge	1985	1986	1987
Argentinien	1	–	3
Australien	–	–	3
Bahamas	–	1	1
Belgien	9	13	8
Bermuda	–	1	–
Brasilien	1	4	1
Bulgarien	1	1	1
Cayman-Inseln	–	1	–
Chile	–	–	1
Dänemark	12	19	16
Deutschland	30	37	54
Finnland	2	6	14
Frankreich	218	246	187
Gabun	1	–	–
Großbritannien	168	139	168
Irland	1	4	2
Israel	–	1	–
Italien	16	19	20
Japan	–	1	1
Kanada	23	21	27
Liberia	–	1	–
Malta	–	–	3
Neuseeland	–	2	4
Niederlande	16	51	28
Norwegen	12	11	17
Österreich	7	7	9
Panama	3	3	3
Polen	2	3	1
Portugal	6	7	10
Saudi Arabien	2	–	–
Schweden	12	17	20
Schweiz	16	20	12
Spanien	8	6	5
Südafrika	8	10	4
USA	123	106	100
Vanuatu	–	–	1
Venezuela	–	1	1
Westindien	–	–	2
Zimbabwe	–	–	1
Gesamt	**698**	**759**	**728**

liegen (siehe Karte 1). Jede Hochseeyacht muß auf einem längeren Törn einige dieser Häfen anlaufen, die ich in den Jahren 1987 und 1988 zum Teil selbst besuchte, um die entsprechenden Daten für die Statistik zu sammeln und mit den Frauen und Männern zu sprechen, die sich hinter den nackten Zahlen verbergen. Auf diese Weise erhielt ich von Hafen- und Zollbehörden auf der ganzen Welt genaue Daten über einlaufende Yachten. Damit das Bild übersichtlicher wurde, habe ich diese Daten nach sechs Regionen eingeteilt, die den beiden Hemisphären der drei großen Ozeane entsprechen.

Nordatlantik

Die Nordhälfte des zu Kolumbus Zeiten so genannten Mare Oceanum war der Ausgangspunkt für die meisten Forschungsfahrten, und an seinen beiden Ufern findet sich auch heute noch die größte Konzentration von Segelfahrzeugen auf der Welt. Während die Schiffe der Wikinger schon lange vor Kolumbus die Wellen auf den nördlichen Routen durchpflügten, zieht der Segler von heute wärmeres Wetter vor, so daß die tropischen und subtropischen Routen sich weiterhin größter Beliebtheit erfreuen.

Nördliche Routen

Die Transatlantikrouten in den höheren Breiten werden nur in den Sommermonaten von einer Handvoll Tourenyachten benutzt, die von Nordeuropa nach Nordamerika bzw. in umgekehrter Richtung segeln; dazu kommen noch ein paar Teilnehmer an Veranstaltungen wie der Carlsberg-Transatlantikregatta für Einhandsegler. Die meisten Westtörns auf dieser Nordroute erfolgen zwischen dem 1. Juni und dem 15. September, doch sehr beliebt ist sie unter Fahrtenseglern nicht, weil westliche Winde vorherrschen und das Wetter generell schlecht ist.

Die Mehrzahl aller Yachten, die von Nordeuropa aus den Atlantik überqueren wollen, läuft vom Ärmelkanal aus nach Süden in Richtung Wärme und segelt dann entweder direkt oder über die Azoren zum Zielhafen. Nur wenige Boote – meist aus skandinavischen oder noch nördlicher gelegenen Häfen – nehmen einen Umweg nach Norden in Kauf und folgen einem Kurs nahe an der Großkreisroute. Da die nördliche Route durch ein Gebiet mit viel Nebel und Eis führt, nimmt man sie später im Sommer, wenn das meiste Eis geschmolzen ist. Insgesamt nehmen aber viele Yachten lieber den Weg über die Azoren, der zwar länger ist, aber den Vorteil bietet, daß man wärmeres Wetter hat und sich mitten im Atlantik neu verproviantieren kann.

Die West-Ost-Überquerung des Nordatlantiks ist zweifelsfrei einfacher und kann ebenfalls auf direktem Wege oder über Bermuda bzw. die Azoren erfolgen. Aus Häfen nordöstlich von New York nehmen die meisten Yachten nach Nordeuropa den direkten Weg. Die Großkreisroute von Nordamerika aus führt südlich an Nova

Tabelle 2 – Ankünfte in und Abfahrten von Horta, 1987

	Jan.	Febr.	März	April	Mai	Juni	Juli	Aug.	Sept.	Okt.	Nov.	Dez.	Ges.
Ankunft aus/von													
Karibik	–	3	4	43	89	91	19	7	–	–	–	–	**256**
Bermuda	–	–	1	9	51	103	51	7	4	2	1	–	**229**
USA/Kanada	–	–	–	2	2	14	20	18	1	–	–	–	**57**
Kapverden/Westafrika	–	–	1	–	1	1	1	2	–	–	–	–	**6**
Brasilien	–	–	–	–	2	4	3	–	–	1	–	–	**10**
St. Helena/Südafrika	–	–	–	–	3	1	2	–	–	–	–	–	**6**
Nordeuropa	–	–	–	2	7	4	10	5	4	–	1	–	**33**
Spanien/Portugal/Gibraltar	–	–	–	–	–	2	3	1	–	1	–	–	**7**
Kan. Inseln/Madeira	–	–	–	2	1	2	1	–	–	–	–	–	**6**
Sonstige Azoren	1	–	1	1	12	23	49	27	4	–	1	–	**119**
Ziel													
Karibik	–	–	–	–	2	–	–	–	1	–	–	–	**3**
Bermuda	–	–	–	–	2	2	1	3	1	1	–	–	**10**
USA/Kanada	–	–	–	–	2	2	6	2	1	–	–	–	**13**
Nordeuropa	1	1	5	17	71	81	52	16	1	1	–	–	**246**
Spanien/Portugal	–	2	–	6	12	33	14	13	2	1	–	–	**83**
Mittelmeer/Gibraltar	–	–	1	30	62	72	28	9	4	–	1	–	**207**
Kan. Inseln/Madeira	–	–	–	1	–	5	1	3	1	1	–	–	**12**
Sonstige Azoren	–	–	–	5	17	50	57	21	1	–	2	–	**153**

Scotia und Neufundland vorbei, wo sie sich in einen nördlichen Zweig, der im Norden im Scottland herum nach Skandinavien verläuft, und in einen südlichen Zweig zum Ärmelkanal teilt. Die Gefahr, auf Eis zu stoßen, hält die meisten Segler davon ab, diese Route zu wählen, so daß die Zahl der Yachten, die den direkten Weg nach Nordeuropa nehmen, sehr klein ist. Yachten aus südlicher gelegenen Häfen an der amerikanischen Atlantikküste laufen in der Regel Bermuda an. Praktisch alle Yachten mit Ziel Mittelmeer nehmen den Weg über die Azoren.

Mitten im Nordatlantik gelegen, sind die Azoren ein gutes Sprungbrett für eine Reihe von Routen. Wenn zwischen Mitte Mai und Mitte Juni Hunderte von Booten auf dem Weg von Nordamerika und aus der Karibik nach Nordeuropa und ins Mittelmeer dort anlegen, herrscht in der neuen Marina von Horta auf der Insel Faial ein Treiben wie in einem Bienenkorb. In diesen beiden geschäftigen Monaten erlebt Horta mehr als drei Viertel des Jahresaufkommens an Yachten. Tab. 1 zeigt die Zahl und die Flaggen der Schiffe, die zwischen 1985 und 1987 in Horta einliefen. Die Zahlen zeigen keine großen Schwankungen, wobei zu berücksichtigen ist, daß durch zwei Regatten mit Start in Frankreich im Sommer 1986 mehr Boote zu den Azoren kamen, als normalerweise der Fall ist.

20

Der Frühsommer ist die Zeit, in der die meisten Tourenyachten auf den Azoren eintreffen, und bei einem genaueren Blick auf die monatliche Verteilung, den Abfahrtshafen und das Ziel nach den Azoren lassen sich ein paar interessante Schlüsse ziehen (siehe Tab. 2). Eine signifikante Veränderung hat sich in den letzten Jahren in der Zahl der Yachten gezeigt, die direkt aus der Karibik auf den Azoren eintreffen statt über Bermuda, wie es früher allgemein der Fall war. Ausgangspunkt dieser Veränderung waren Überführungsskipper auf Charteryachten, die möglichst schnell ins Mittelmeer wollten. Bermuda wird auch von einer Reihe amerikanischer Yachten aus den nördlicheren Häfen links (bzw. rechts) liegen gelassen, die im Hochsommer direkt zu den Azoren segeln. Diesen folgen im August Yachten aus Kanada, die aus offensichtlichen Gründen auf wärmeres Wetter warten müssen, ehe sie die Gewässer vor Neufundland durchqueren (wo bis weit in den Sommer hinein Treibeis anzutreffen ist). Ab Ende Juli treffen immer weniger Yachten aus der Karibik ein, bis dann zwischen September und Januar keine Ankünfte mehr zu verzeichnen sind. Auch bei der Überfahrt von Bermuda meidet man die Hurrikansaison, was sich an den nur acht Yachten ablesen läßt, die zwischen September und März auf den Azoren eintrafen.

Die Ziele nach Verlassen der Azoren liegen im fast gleichen Verhältnis in Nordeuropa und auf der Iberischen Halbinsel bzw. im Mittelmeer. Die Anzahl von Yachten, die auf Ost-West-Überfahrten Station auf den Azoren machen, fällt nicht ins Gewicht; 1987 fuhren nur dreizehn Boote von den Azoren in Richtung USA/ Kanada und weitere drei in die Karibik, und zwar alle im Sommer. Eine größere Zahl von Yachten benutzte die Azoren als Zwischenstopp auf dem Weg vom Mittelmeer nach Nordeuropa. Dasselbe gilt auch für die umgekehrte Richtung, bei der Yachten aus Nordeuropa und Irland die Azoren auf dem Weg ins Mittelmeer anlaufen.

Südliche Routen

Die große Mehrzahl der Fahrtensegler mag keine Kälte, und das ist der Grund dafür, daß die am häufigsten befahrenen Routen in den wärmeren Gegenden der Welt liegen. Der Nordatlantik bildet da keine Ausnahme: Sein Südteil zieht mehr Tourenyachten an. Die Mehrzahl der Ost-West-Routen über den Atlantik hat ihren Ausgangspunkt auf den Kanarischen Inseln; nur wenige Boote beginnen ihren Törn auf Madeira und auf dem europäischen Kontinent. Die meisten Überquerungen erfolgen zwischen dem 15. November und dem 31. Dezember; später gehen nur noch wenige Boote auf diesen Törn, obgleich die Windverhältnisse auch dann noch günstig sind. Da die Segelsaison in der Karibik und im Mittelmeer so gut aufeinander abgestimmt ist, sehen die Skipper von Touren- und Charteryachten die dazwischen-liegende Zeit für die Atlantiküberquerung vor. Es gibt aber auch andere Überlegungen wie etwa den Wunsch, Weihnachten auf einer Karibikinsel zu feiern, oder den Zwang, nicht in der Hurrikansaison zu fahren. Deshalb werden nach dem 1. Juni und vor dem 1. November nur wenige Überfahrten gemacht, weil im westlichen Teil des Nordatlantiks Hurrikangefahr herrscht.

Die Anzahl der Yachten, die den Atlantik von den Kanarischen Inseln aus

Tabelle 3 – Zielhafen Las Palmas, 1986/87

Flagge	1986	1987
Frankreich	287	318
Großbritannien	123	157
Spanien	32	124
Deutschland	71	110
USA	75	74
Schweiz	31	39
Niederlande	26	37
Kanada	21	31
Schweden	22	27
Norwegen	17	24
Italien	28	23
Dänemark	14	23
Australien	8	11
Österreich	11	9
Finnland	12	8
Belgien	17	7
Brasilien	3	4
Polen	2	4
Honduras	–	3
Neuseeland	2	3
Jugoslawien	–	3
Korea	–	3
Bulgarien	–	2
Griechenland	3	2
Irland	–	2
Israel	–	2
Portugal	2	1
Venezuela	2	1
Argentinien	3	1
Sonstige	3	9
Gesamt	**815**	**1062**

überqueren, ist im Laufe der Jahre stetig gewachsen und liegt heute bei etwa tausend im Jahr. Diese Zunahme geht nicht nur darauf zurück, daß immer mehr Segler aus Europa von der Karibik angezogen werden, sondern auch darauf, daß es immer mehr Charteryachten gibt. Wegen der hohen Kosten und der begrenzten Saison im Mittelmeer verlegen viele Vercharterer ihre Boote jedes Jahr im Oktober/ November aus dem Mittelmeer in die Karibik und im April/Mai wieder zurück.

Einige wenige Yachten beginnen ihre Atlantiküberquerung auf Madeira, doch die große Mehrheit segelt bis zu den Kanarischen Inseln weiter, um dann die Passatroute zu nehmen. Las Palmas auf Gran Canaria ist der bei weitem beliebteste Hafen der Kanaren, und zwar hauptsächlich wegen seiner ausgezeichneten Geschäfte. Der kleine Bootshafen, der in den vergangenen Jahren stark verbessert wurde, platzt in der zweiten Novemberhälfte aus allen Nähten, wenn sich etwa dreihundert Yachten auf die Fahrt über den großen Teich vorbereiten. Die meisten von ihnen nehmen an der jährlich stattfindenden ARC statt, die am letzten Sonntag im November gestartet wird und seit 1990 nach 2700 sm in St. Lucia endet. Viele von den Yachten, die nicht an der ARC teilnehmen, laufen noch eine andere von den Kanarischen Inseln an, bevor sie sich auf die Atlantiküberquerung begeben. Die Angaben für 1987 in Tab. 3 sind jedoch repräsentativ für die gesamte Inselgruppe. Sie zeigen einen Anstieg von fast zwanzig Prozent gegenüber den Vergleichszahlen für 1986.

Ungefähr neunzig Prozent aller Boote, die auf den Kanaren haltmachen, sind auf dem Weg zu ihrem Ziel jenseits des Atlantiks. Eine Umfrage unter ARC-Teilnehmern ergab eine durchschnittliche Aufenthaltsdauer auf den Kanarischen Inseln von nur dreizehn Tagen. Nur relativ wenige Yachten kreuzen zwischen den sieben Inseln der Gruppe; die meisten treffen zu spät ein und haben keine Zeit mehr, bevor es in die Karibik geht. Das ändert sich jedoch im Augenblick recht schnell, zumal die Behörden auf den Kanarischen Inseln den Yachtsport fördern und auf allen Inseln neue Einrichtungen gebaut bzw. vorhandene verbessert werden.

Die meisten Boote setzen von den Kanaren aus Kurs auf die Karibik, doch zwei andere Zielgebiete erfreuen sich zunehmender Beliebtheit, nämlich Westafrika und Brasilien. Ersteres ist der Treffpunkt überwiegend französischer Yachten, die den Senegal und seine südlichen Nachbarn quasi als Segelrevier entdeckt haben. Die meisten fahren von dort aus später im Jahr weiter über den Atlantik. Auch Brasilien wird von immer mehr Fahrtenseglern in den Törnplan aufgenommen; die meisten beschränken sich jedoch auf den Nordteil dieses riesigen Landes, bis Rio de Janeiro fahren nur wenige.

Eine Kompromißlösung für alle, die keinen Abstecher zum afrikanischen Festland machen, den Törn in die Karibik aber in zwei Abschnitte aufteilen wollen, ist ein Zwischenstopp auf den Kapverdischen Inseln, die ganz in der Nähe der Passatroute liegen. Bei der Wahl des Zielpunktes in der Karibik scheint sich ein genaues Schema herausgebildet zu haben: Yachten aus Nordeuropa und Amerika laufen die englischsprechenden Inseln Barbados, St. Lucia und Antigua an, während Boote aus Frankreich und einigen anderen europäischen Ländern Martinique und Guadeloupe mit ihrer französischsprechenden Bevölkerung vorziehen.

Etwa vierzig Prozent der Yachten, die die Karibik auf der Passatroute erreichen, macht Landfall auf Barbados. Tab. 4 zeigt die Flaggen und den Ausgangshafen der Boote, die zwischen Juli 1986 und Juni 1987 auf Barbados eintrafen; damit bekommt man eine gute Vorstellung davon, welche Art von Hochseeyachten im Verlauf eines Jahres in die Karibik kommt. Die rechte Spalte enthält die Zahlen für die

Tabelle 4 – Ankünfte auf Barbados, Saison 1986/87

Ankunft aus:

Flagge	Kanaren	Kapverden	Westafrika	Madeira	Gibraltar	Fr. Guayana	Brasilien	Uruguay	St. Helena	Südafrika	USA	Bermuda	Karibik	Gesamt	Saison 1985/86
Großbritannien	101	7	1	1	3	3	3						27	**148**	52
USA	49	7				2	2		1			1	12	**74**	56
Kanada	8	2					1		1	1		1	1	**15**	11
Frankreich	9	9	4	1		4	1						1	**35**	25
Norwegen	15	1											4	**20**	10
Schweden	19												1	**20**	16
Italien	4												2	**6**	5
Niederlande	17	3	1				1						3	**25**	13
Cayman-Inseln	3												1	**4**	–
Dänemark	10	1											2	**13**	8
Finnland	6			1									1	**8**	6
Deutschland	24	1		1			3				1			**30**	11
Spanien	4	1												**5**	–
St. Lucia													8	**8**	–
Belgien	2	1												**3**	2
Bermuda													1	**1**	–
Australien	7					1	2							**10**	4
Österreich	6												1	**7**	4
Irland	2													**2**	2
Trinidad													2	**2**	–
Neuseeland	1						1		1					**3**	3
Venezuela	1												1	**2**	–
St. Vincent													1	**1**	–
Schweiz	4	1					1							**6**	10
Gibraltar	1	1												**2**	–
Jugoslawien	2													**2**	–
Hongkong	1													**1**	1
Indien	1													**1**	
Polen	1													**1**	2
Griechenland	1	1											1	**3**	–
Salomonen	1													**1**	–
Israel	2													**2**	–
Argentinien								1						**1**	–
Panama													2	**2**	–
Sonstige															8
Gesamt	**302**	**36**	**6**	**4**	**3**	**11**	**14**	**1**	**3**	**1**	**1**	**2**	**78**	**462**	**249**

vorhergehende Saison; der beträchtliche Anstieg geht einzig und allein auf die ARC zurück, die auf Barbados endete und etwa zweihundert Yachten auf die Insel führte.

Drei Viertel aller Yachten, die 1987 auf Barbados eintrafen, stammten aus Übersee. Die monatlichen Ankunftszahlen verdeutlichen den jahreszeitlichen Charakter der Transatlantiktörns, die immer außerhalb der hurrikangefährdeten Monate Juli bis Oktober stattfinden. Die meisten Ankünfte werden im Dezember verzeichnet, weil die Mehrheit der Fahrtensegler rechtzeitig vor Weihnachten in der Karibik sein will.

Die meisten Boote, die nach Europa zurückmüssen, verlassen die Karibik Ende April oder Anfang Mai. Die Antigua-Woche, die jedes Jahr viele Regatta-, Touren- und Charteryachten anzieht, bedeutet das Ende der ungefährlichen Segelsaison in der Karibik. Von insgesamt 2348 Yachten, die 1987 in English Harbour einklarierten, kamen nur sieben Prozent aus Häfen in Übersee, der Rest stammte aus der Karibik, was bedeutet, daß die ausländischen Yachten nach der Atlantiküberquerung andere Häfen angelaufen hatten. Auch von den 167 Yachten, die aus Übersee kamen, hatten nur 111 den Atlantik überquert; die meisten anderen waren von Bermuda (38) bzw. direkt aus den USA (12) gekommen. Interessant ist, daß zwar die meisten Atlantiküberquerungen auf den Kanarischen Inseln begonnen hatten, daß aber immerhin ein Drittel aller Yachten in nördlicher gelegenen Häfen wie Madeira und Gibraltar gestartet waren und sogar einige wenige auf direktem Wege von Nordeuropa gekommen waren. Der Monat mit den meisten Ankünften (436) war der April; in diesem Monat versammeln sich die Yachten traditionell im berühmten und bekannten English Harbour, der als der schönste Zielort in der Karibik gilt.

Ein beliebter Zwischenstopp auf dem Weg nach Nordamerika und Europa ist Bermuda, das 1987 fast 1000 Yachten begrüßen konnte. Praktisch alle Transatlantik- törns von Bermuda aus fallen in die erste Jahreshälfte; es handelt sich dabei überwiegend um europäische Yachten, die aus der Karibik zurückkehren. In der zweiten Hälfte des Jahres, von Juli bis Dezember, dominieren die amerikanischen Boote. Den größten Anteil im Juli machen US-Yachten aus, die auf dem Rückweg aus der Karibik sind oder einen kurzen Sommertörn im Bereich der Bermuda-Inseln unternehmen. Der andere Zeitraum mit viel Yachtverkehr ist Oktober/November,

Tabelle 5 – Abfahrten von Bermuda, 1987

Ziel	Jan.	Febr.	März	April	Mai	Jun	Juli	Aug.	Sept.	Okt.	Nov.	Dez.	**Ges.**
USA/Kanada	–	–	–	31	162	155	42	12	6	8	3	1	**421**
Azoren	–	1	2	32	124	61	19	5	1	2	–	–	**247**
Karibik/Bahamas	2	–	–	2	4	5	9	3	18	112	99	13	**267**
Europa direkt	–	–	2	5	7	3	4	1	–	–	–	–	**22**
Örtlich	–	–	–	–	–	6	4	–	–	6	1	1	**18**
Sonstige	–	–	–	–	1	10	5	3	1	2	–	1	**23**
Gesamt	**2**	**1**	**2**	**70**	**298**	**240**	**83**	**24**	**26**	**130**	**103**	**16**	**998**

**Tabelle 6 – Yachtbewegungen durch den
Panamakanal, 1985 und 1987**

	Gesamt	Pazifik – Atlantik	Atlantik – Pazifik	1985
Australien	17	1	16	12
Belgien	4	1	3	3
Brasilien	1	–	1	–
Bundesrepublik	14	–	14	15
Dänemark	6	–	6	3
Ecuador	2	–	2	1
Finnland	2	–	2	3
Frankreich	63	6	57	73
Großbritannien	61	15	46	42
Honduras	2	2	–	–
Island	1	–	1	–
Italien	1	–	1	4
Japan	3	–	3	4
Jungfern-Inseln	1	–	1	–
Kanada	22	9	13	17
Kolumbien	10	5	5	9
Malta	1	1	–	1
Mexiko	1	–	1	1
Neuseeland	8	2	6	10
Niederlande	9	–	9	5
Norwegen	3	–	3	1
Österreich	2	–	2	3
Panama	39	29	10	51
Polen	4	–	4	1
Schweden	13	2	11	7
Schweiz	6	1	5	9
Spanien	1	–	1	–
Sri Lanka	1	–	1	–
Südafrika	2	–	2	4
Tschechoslowakei	1	–	1	–
USA	266	132	134	242
Venezuela	1	–	1	1
Sonstige	–	–	–	9
Gesamt	**568**	**206**	**362**	**531**

wenn amerikanische Segler über Bermuda in die Karibik fahren, fünfundneunzig Prozent mit Zielhafen auf den Jungfern-Inseln.

In der ersten Jahreshälfte zeigt sich eine extreme Konzentration zwischen Mitte Mai und Mitte Juni; in dieser Zeit läuft über die Hälfte aller Boote, die im Jahresdurchschnitt auf Bermuda einlaufen, die Insel an, sei es auf dem Weg in die USA oder nach Europa. Die Zahl der Yachten, die nach Ende Juni noch Ostkurs über den Atlantik setzen, ist sehr klein; 1987 segelten nur 27 Boote zu den Azoren und elf weitere auf nördlicherem Kurs nach Europa.

Die Bewegungen der Tourenyachten richten sich weltweit nach dem Passat und führen daher überwiegend von Ost nach West. Wie die Seeleute auf den alten Rahseglern segeln auch die Fahrtensegler von heute am liebsten vor dem Wind, so daß die meisten Weltumsegelungen von Ost nach West verlaufen und nur wenige Yachten den umgekehrten Weg nehmen. Zu den Yachten auf Westkurs im Nordatlantik gehören europäische Boote mit Ziel Karibik und weiter in Richtung Panamakanal sowie amerikanische Schiffe auf dem Heimweg. In den letzten Jahren haben nicht wenige Amerikaner ihre Yacht in Europa gekauft und anschließend selbst nach Hause gesegelt, statt eine Spedition in Anspruch zu nehmen; auch das hat zu dem Yachtverkehr nach Westen beigetragen.

Dieser Ost-West-Verkehr wird nirgendwo deutlicher als in Panama, wo die Zahl der Yachten mit Ziel Pazifik immer größer ist als die Zahl der Boote mit Kurs Atlantik. Tab. 6 zeigt die Zahlen für 1987, und weil der Panamakanal für Schiffe auf einer Weltumsegelung ein wichtiger Transitpunkt ist, erhält man hier recht gute Anhaltspunkte über die Gesamtzahl aller Boote auf einem Törn um die Welt. Von den 362 Yachten, die 1987 durch den Panamakanal in den Pazifik fuhren, wollten etwa 300 weiter in den Südpazifik, und die meisten davon dürften schließlich eine komplette Weltumsegelung machen. Die übrigen waren überwiegend Amerikaner und Kanadier, die – oft nach Abschluß einer Weltumsegelung – zu ihren Heimathäfen an der Westküste wollten. Die Zahlen für 1985 sollen nur zeigen, daß trotz der anhaltenden Gerüchte über bevorstehende Unruhen in Panama nur ganz wenige Segler den Kanal zu meiden versucht haben. Für alle, die in den Südpazifik wollen, ist Kap Hoorn die einzige Alternative zum Panamakanal, wobei allerdings einige wenige Segler, die aus dem Atlantik an die amerikanische Pazifikküste, wollten, ihre Boote auch schon mit dem Lkw quer durch Südamerika transportiert haben.

Mittelmeer

Die Zahl ausländischer Yachten im Mittelmeer hat in den letzten Jahren beträchtlich zugenommen. Schätzungsweise 2000 Boote sind dort mittlerweile zu jeder beliebigen Zeit in der Segelsaison anzutreffen. Dazu gehören sowohl Yachten, die sich auf längeren Törns befinden, als auch Schiffe nordeuropäischer Eigner, die in einem der Mittelmeerländer registriert sind. Noch größer ist die Zahl nordeuropäischer Yachten, die einen festen Liegeplatz in einem der Mittelmeerhäfen haben, aber nur zu einem geringen Prozentsatz über einen erwähnenswerten Zeitraum bewegt

Luftaufnahme der beiden Marinas von Gibraltar mit dem Ankerplatz nördlich der Start- und Landebahn

werden. Zu dieser Entwicklung hat hauptsächlich die stetige Verbesserung der Segelsporteinrichtungen beigetragen und hier in erster Linie der Bau neuer Marinas.

Nirgendwo sonst auf der Welt hat der Segelsport einen so explosionsartigen Aufschwung zu verzeichnen wie im Mittelmeer, und es gibt keinerlei Anzeichen dafür, daß sich dieser Aufschwung verlangsamt. Um mit dem Zustrom an Yachten fertig zu werden, wurden in allen Mittelmeerländern Marinas gebaut, und zwar speziell in den beliebtesten Segelrevieren, darunter vor allem die spanische Costa del Sol auf dem Abschnitt zwischen Malaga und Gibraltar, aber auch die anderen spanischen Küsten. Die Balearen mit dem Zentrum Palma de Mallorca sind ein weiteres Revier, das gern angelaufen wird. Die meisten Yachten finden sich jedoch an der französischen Küste, wo sie überwiegend in der Küstenfahrt eingesetzt werden. Um der unersättlichen Nachfrage gerecht zu werden, entstanden dort viele hübsche Marinas, die mit den älteren bekannten Häfen an der Riviera konkurrieren. Beliebtes Ziel für Yachten von der französischen Küste sind Korsika und das nahegelegene Sardinien, das sich ebenfalls zu einem blühenden Segelsportzentrum entwickelt hat.

Das Mittelmeer gilt als Wiege der westlichen Kultur, und für jeden, der auch nur das geringste Interesse an der Geschichte hat, gibt es nirgendwo sonst auf der Welt so viel zu sehen und zu besichtigen. An oberster Stelle auf meiner eigenen Liste steht die Ägäis, wo viele antike Monumente geradezu für Seefahrer geschaffen worden zu sein scheinen. Viele antike Stätten auf dem griechischen Festland, den Myriaden von Inseln und an der türkischen Küste sind problemlos von See aus zu erreichen. So ist es keineswegs eine Überraschung, daß der Segelsport in der Ägäis in den letzten Jahren einen ungeheuren Aufschwung erlebt hat, bei dem die Zahl der Tourenyachten von zahllosen Charterbooten mit und ohne Crew und den allgegenwärtigen Flottillen überschattet wird. Trotz der endlosen Animositäten zwischen den beiden Ägäis-Anrainern Griechenland und Türkei herrscht ein stetiger Strom von Yachten

28

zwischen den türkischen Häfen in Kleinasien und den griechischen Inseln. Eine zunehmende Zahl ausländischer Yachten zieht auch die Adria an, und zwar besonders die jugoslawische Küste und deren vorgelagerte Inseln.

Im Mittelmeer herrscht zwar von April bis November gutes Segelwetter, und auch im Winter ist es nie zu kalt, aber die Hauptsaison ist auf die Ferienmonate im Sommer beschränkt. Wer keine Menschenmassen mag, sollte das Frühjahr oder den Herbst wählen; dann kann das Wetter durchaus (noch) perfekt sein, und die Häfen ertrinken nicht in Besuchermassen. Im Mittelmeer segelt man zwar überwiegend im Küstenbereich, doch gibt es auch ein paar genau abgegrenzte Hochseerouten, die im wesentlichen von Yachten auf dem Weg von einem zum nächsten Segelrevier benutzt werden. Hinzu kommt eine Art Wanderungsbewegung von Westen nach Osten im Frühjahr und in umgekehrter Richtung im Herbst.

Die beiden Eingänge ins Mittelmeer aus Westen sind Gibraltar und der Canal du Midi, der allerdings überwiegend von kleineren Booten mit wenig Tiefgang genutzt wird. Gibraltar ist zweifellos der weltweit bedeutendste Transitpunkt für Yachten, was sich an der Tatsache zeigt, daß im Jahre 1987 über 5000 Yachten unter den Flaggen von 45 Staaten den Felsen anliefen. Am meisten ist in den Sommermonaten los, wenn die Yachten in beiden Richtungen durch die Straße von Gibraltar strömen; der Gipfel wurde im August 1987 erreicht, als die Rekordzahl von 800 Booten in Gibraltar einklarierte. Zu anderen Zeiten wiederum herrscht vermehrt Einbahnverkehr, nämlich wenn Gibraltar im Frühjahr als Anlaufpunkt auf dem Weg ins Mittelmeer und im Herbst als letzter Zwischenstopp auf dem Weg zu den Kanarischen Inseln und in die Karibik dient.

Südatlantik

Im Vergleich zum Nordatlantik ziehen sich durch den Südatlantik nur wenige Routen, auf denen auch nur wenige Tourenyachten zu finden sind. Die meisten Yachten erreichten den Südatlantik früher im Rahmen eines längeren Törns über das Kap der Guten Hoffnung, doch in den letzten Jahren hat sich ein beträchtlicher Rückgang in der Zahl der Boote gezeigt, die aus dem Indischen Ozean den Weg über Südafrika nehmen. Zugenommen hat hingegen die Zahl der Yachten, die aus dem Nordatlantik nach Südamerika segeln, und zwar insbesondere nach Brasilien.

Nach Angabe der südafrikanischen Zollbehörden waren im Jahre 1987 insgesamt 71 ausländische Boote in Kapstadt zu verzeichnen, von denen die meisten aus dem Indischen Ozean kamen und zuvor in Durban nach Südafrika einklariert hatten. Da es keine Angaben zu den Flaggen der Yachten gibt, die 1987 in Kapstadt eintrafen, mag Tab. 13 als Anhaltspunkt dafür dienen, welcher Nationalität die Boote waren, die über das Kap der Guten Hoffnung in den Südatlantik gelangten. Praktisch alle Yachten auf Westkurs, die Durban anlaufen, machen auch in Kapstadt Halt, und die Zahlen zeigen für beide Häfen im Vergleich zu den siebziger Jahren einen drastischen Rückgang. Dafür gibt es zwei Gründe, nämlich zum einen, daß die meisten Weltumsegler gegenwärtig lieber den Weg durch das Rote Meer und den Suez-Kanal nehmen, statt den Umweg über Südafrika. Das liegt zum Teil daran, daß die Probleme auf der Strecke von Mauritius nach Südafrika viele Segler davon abhalten, die traditionelle Route zu wählen. Eine Vielzahl von Faktoren macht das Rote Meer für den Langstreckensegler attraktiver, so daß diejenigen, die bereit sind, die Risiken einer Fahrt um die Südspitze Afrikas auf sich zu nehmen, immer weniger werden.

Der andere Grund liegt in der zunehmenden Isolierung Südafrikas aufgrund seiner Apartheidpolitik. Sogar die Whitbread-Regatta um die Welt führt mittlerweile in einem Nonstop-Abschnitt von Punta del Este in Uruguay nach Fremantle in Westaustralien an Südafrika vorbei. Für normale Fahrtensegler wäre diese Etappe wohl etwas zu lang, so daß die meisten auf dem Weg nach Westen das Rote Meer wählen, während Yachten auf Ostkurs nach wie vor Kapstadt anlaufen.

Trotzdem umrundet noch eine Reihe von Yachten auf dem Weg in den Nordatlantik das Kap der Guten Hoffnung, und zwar meist zwischen November und Januar, den Monaten, in denen die besten Bedingungen herrschen. Es gibt kaum Yachten, die den Südatlantik im südlichen Winter von Mai bis Oktober befahren. Abgesehen von den Teilnehmern an Veranstaltungen wie etwa der Whitbread-Regatta geht nur eine Handvoll Tourenyachten auf Südkurs von Europa oder Nordamerika zum Kap der Guten Hoffnung – und das auch nur im südlichen Sommer. Die umgekehrte Route wird häufiger benutzt und ist direkter, sie führt nahe an St. Helena und Ascensión vorbei. Doch nach den wenigen Booten zu urteilen, die in den beiden letzten Jahren auf dem Weg von Südafrika nach Europa auf den Azoren einklarierten, hat der Verkehr auch auf dieser Route beträchtlich nachgelassen. Berühmt geworden durch frühe Weltumsegler, ist diese klassische Route heute nahezu verlassen, was sich auch daran zeigt, daß von all den Booten, die im Jahre 1987 Horta, Barbados, Antigua und Bermuda anliefen, nur vier auf direktem Wege und drei weitere über St. Helena aus Kapstadt gekommen waren.

Eine weitere Nordroute führt von Kap Hoorn aus in nordöstlicher Richtung bis zum Äquator; sie wird jedoch kaum einmal von Tourenyachten, sondern meistens von Regattateilnehmern benutzt. Doch je attraktiver Patagonien und sogar die Antarktis für viele Segler werden, desto mehr Boote setzen jedes Jahr Kurs auf den Südatlantik, sei es an der südamerikanischen Ostküste entlang oder aus dem Südpazifik durch die Magellanstraße.

Nordpazifik

Im Vergleich zu ihren Artgenossen von der Ostküste haben es die Segler von der amerikanischen Pazifikküste weniger gut, was die Auswahl an Zielen angeht. An der US-Westküste, speziell in Kalifornien, liegen zwar sehr viele Yachten, die aber überwiegend im Küstenbereich segeln. Das einzige ausländische Revier, das in einer einigermaßen vernünftigen Entfernung liegt, ist das mexikanische Niederkalifornien. Kanadische Segler sind mit einer viel abwechslungsreicheren Küstenlinie gesegnet, haben aber auch keine große Auswahl, was Hochseetörns anbetrifft.

Der Hochseetörn, den die größte Zahl von Yachten im Nordpazifik macht, ist der zu den Hawaii-Inseln und zurück. Wegen des vorherrschenden NW-Windes in unmittelbarer Nähe des Festlands, der weiter auf See einem stetigen NO-Passat weicht, kann man von jedem beliebigen Hafen in Nordamerika auf direktem Wege nach Hawaii segeln. Derselbe NO-Passat macht eine direkte Rückkehr an die Westküste fast unmöglich. Aus diesem Grunde nehmen die meisten Segler bei der Rückfahrt in die USA und nach Kanada einen nördlicheren Kurs, der sie in ein Gebiet mit vorherrschend westlichen Winden bringt, bevor sie Kurs auf die Küste setzen. Ähnlich wie im Nordatlantik sind auf den Gegenrouten weniger Yachten anzutreffen, da ein gewisser Prozentsatz von Hawaii aus die Fahrt nach Westen fortsetzt, meist in den Südpazifik.

Nach Angaben der US-Zollbehörden wird Hawaii jedes Jahr von etwa eintausend Yachten mit Heimathafen auf dem Kontinent angelaufen. Das ist ein Schätzwert, da diese Yachten vom Festland bei der Ankunft auf Hawaii nicht registriert werden. Genaue Zahlen liegen jedoch über ausländische Yachten sowie US-Yachten aus Abfahrtshäfen im Ausland vor. Im Jahre 1987 trafen insgesamt 176 Schiffe aus ausländischen Häfen auf den Hawaii-Inseln ein; Tab. 7 zeigt eine Aufstellung dieser Häfen.

Tabelle 7 – Ankünfte auf Hawaii, 1987

	Ausl. Flagge	US-Flagge
Line Islands	5	11
Französ. Polynesien	15	38
US-Samoa	1	16
West-Samoa	2	4
Marshall-Inseln	2	6
Cook-Inseln	3	3
Tonga	1	2
Galápagos-Inseln	–	1
Japan	5	–
Philippinen	–	1
Australien/Neuseeland	4	1
Kanada	4	–
Mittelamerika	16	21
USA	14	–

Nebenbei bemerkt, stammte die Mehrzahl dieser Yachten aus Nordamerika (104 aus den USA, 22 aus Kanada). Der Rest verteilte sich folgendermaßen: Neuseeland (10), Frankreich (9), Großbritannien (8), Japan (8), Australien (4), Schweiz (3), Deutschland (2), Mexiko (2) sowie Bermuda, Belgien, Niederlande und Hongkong (je 1).

Im Vergleich zu der großen Zahl an Yachten, die zum Festland zurückkehren, ist die Anzahl derjenigen, die Hawaii als Zwischenstopp auf dem Weg nach Japan und in den Fernen Osten anlaufen, recht klein. Zunehmend befahren wird die Route von

Hawaii nach Alaska. Sie ist sehr von der Jahreszeit abhängig und wird fast ausschließlich zwischen dem 15. Juni und dem 15. August benutzt. Hawaii ist weiterhin Ausgangspunkt für Törns nach Mikronesien bzw. Tahiti und in den Südpazifik.

Nur wenige Yachten machen die Nordpazifiküberquerung von West nach Ost. Im Fernen Osten dient dabei normalerweise Japan als Ausgangspunkt für den Törn im Gürtel vorherrschend westlicher Winde. Die übliche Zeit für eine solche Fahrt sind die Sommermonate.

Ferner Osten

Obwohl einige wenige Tourenyachten im Bereich der Philippinen und Japans zu finden sind, hat sich der Ferne Osten als Ziel für Fahrtensegler noch nicht durchgesetzt. Das liegt hauptsächlich daran, daß er abseits der vielbefahrenen Routen liegt und daß das Wetter dort unvorhersehbar ist. Ersteres sollte für den Fahrtensegler zwar eher Anreiz als Abschreckung sein, aber der zweite Grund bietet dann doch Anlaß zur Sorge. Wenn das in der Praxis auch nicht der Fall ist, so können doch in bestimmten Gebieten zu jeder Jahreszeit Taifune auftreten, so daß es keine absolut »ungefährliche« Segelsaison gibt. Das bedeutet, daß ein Törnplan sehr sorgfältig auf die örtlichen Gegebenheiten zugeschnitten werden muß, was nicht immer einfach ist. Der Westteil des Nordpazifiks liegt abseits aller großen Fahrtrouten, und wenn man bei einer Weltumsegelung alle Länder des Fernen Ostens besuchen will, bedeutet das einen zeitlich aufwendigen Umweg, den nur wenige Segler auf sich nehmen wollen.

Trotz des günstigen NO-Passats, der für schnelle Überfahrten von Nordamerika in den Fernen Osten sorgt, ist die Zahl der Yachten, die sich auf diese Ozeanüberquerung begibt, nach wie vor unbedeutend. Selbst Hongkong, wo die Zahl der Yachten steigt, zieht jedes Jahr nur so wenige ausländische Tourenyachten an, daß die Behörden sich nicht der Mühe unterziehen, eine Statistik darüber zu führen. Nach Angaben des Aberdeen Boat Club laufen dort jedes Jahr sechs bis acht ausländische Boote ein, die meisten unter US-Flagge. Die Mehrzahl der Segelyachten, die bis in den Nordwestpazifik vordringt, tut das in einem späteren Stadium des Törns; sie kommen meistens aus Papua Neuguinea, nachdem sie vorher die Inseln im Südpazifik besucht haben. In der Vergangenheit führte eine weitere Route von Singapur aus zu den Philippinen und nach Hongkong. Wegen der Meldungen über Piraterie im Südchinesischen Meer wird diese Route jedoch heute gemieden, und das Problem, eine Segelgenehmigung zu bekommen, hält viele Segler davon ab, einen Umweg über die indonesischen Inseln zu nehmen.

Südpazifik

Robert Louis Stevenson war weder der erste noch der letzte, der die Südsee pries, doch nur wenige andere Schriftsteller haben eine bessere Beschreibung des

32

verführerischen Zaubers der Inseln und ihrer Bevölkerung geliefert. Wie Stevenson bin ich den pazifischen Inseln hoffnungslos erlegen und verspüre immer noch Entzugserscheinungen, wenn ich über sie schreibe. Die drei Jahre im Südpazifik waren der Höhepunkt meiner Weltumsegelung mit der *Aventura*. Nicht nur für mich, sondern auch für zahllose andere Segler ist und bleibt der Südpazifik das höchste Ziel aller Träume.

Die Hauptroute verbindet den Panamakanal im Osten mit der Torresstraße im Westen; nur wenige Boote auf Weltumsegelung weichen mehr als ein paar hundert Meilen von ihr ab. Zu dieser Route gibt es mehrere Varianten, bei denen Sekundärrouten von ihr abzweigen und später wieder zu ihr zurückführen. Etwa 250 Boote nehmen jedes Jahr die Route vom Panamakanal nach Französisch Polynesien; verstärkt wird der Strom nach Westen durch eine beträchtliche Anzahl amerikanischer und kanadischer Yachten von der Pazifikküste, die auf direktem Wege oder über Hawaii auf den Marquesas eintreffen. Am westlichen Ende der Hauptroute kommen dann noch Boote aus Neuseeland und Australien hinzu.

Über die Cook-Inseln, Tonga oder Samoa führt die Hauptroute zu den Fidschi-Inseln, die im Zentrum einer ganzen Reihe von Routen liegen. Da der Mittelteil der Strecke von Tahiti nach Vanuatu und weiter zu den Salomonen zwischen November und April von Hurrikanen bedroht ist, findet in diesem Zeitraum praktisch kein Yachtverkehr zwischen den Inselgruppen statt. Boote, die im tropischen Sommer dort bleiben, entfernen sich nie weit von einem »hurricane hole«, einem Schutzhafen.

Zu jeder beliebigen Zeit sind im Bereich der Inseln im Südpazifik rund tausend Yachten unterwegs; die meisten nehmen sich zwei oder gar drei Jahre Zeit für den

Tabelle 8 – Ankünfte in Suva, 1985 und 1987	Flagge	1985	1987
	USA	89	88
	Frankreich	32	19
	Neuseeland	58	67
	Australien	45	40
	Großbritannien	40	34
	Kanada	20	23
	Skandinavien	14	17
	Sonst. aus Europa	19	17
	Deutschland	5	11
	Japan	3	–
	Hongkong	3	–
	West-Samoa	1	–
	Fidschi-Inseln	–	1
	Norfolk-Inseln	–	1
	Südafrika	–	1
	Argentinien	–	1
		329	**320**

Pazifik. Mit Ausnahme einiger französischer Boote, die lieber direkt das französischsprachige Neukaledonien anlaufen, verzichtet kaum eine Yacht auf Weltumsegelung auf einen Besuch der Fidschi-Inseln. Die Lage der Hauptstadt Suva an der im Passat gelegenen Hauptroute von Ost nach West macht sie zu einem perfekten Ort, um die Bewegungen von Tourenyachten zu untersuchen.

Zu meinem Glück konnte ich genaue Angaben zu Nationalität, Aufenthaltsdauer und nächstem Ziel aller Yachten bekommen, die die Fidschi-Inseln im Jahre 1987 anliefen. Bei einem Vergleich mit einer ähnlichen Statistik aus dem Jahre 1985 ließ sich als erstes der Schluß ziehen, daß sich die Zahl der Yachten trotz der zwischenzeitlich aufgetretenen politischen Unruhen nicht verändert hat. Wenn man von den Angaben für 1987 die beträchtliche Zahl neuseeländischer Yachten abzieht, die speziell, was die Teilnehmer an der Regatta von Auckland nach Suva angeht, mehr oder weniger auf Kurztörns sind, beläuft sich die Zahl der Langstrecken-Tourenyachten, die die Fidschi-Inseln anlaufen, jedes Jahr auf etwa dreihundert. Diese Zahl paßt zu den Statistiken über die Yachten, die vom Atlantik durch den Panamakanal in den Pazifik einlaufen, und zeigt, daß die Gesamtzahl der Weltumsegler nicht viel höher ist als vor zehn Jahren. Ein Vergleich mit der atemberaubenden Zahl von 5000 Yachten, die 1987 durch die Straße von Gibraltar liefen, zeigt deutlich, wo sich die Fahrtensegler in Wirklichkeit konzentrieren, und läßt den Schluß zu, daß der Südpazifik im Vergleich zum Nordatlantik und zum Mittelmeer tiefste fahrtenseglerische Provinz ist.

An der Zahl der Yachten, die die Fidschi-Inseln anlaufen, hat sich durch die politischen Unruhen zwar insgesamt nichts geändert, doch im Bereich der äußeren Inseln kreuzen nur sehr wenige Yachten, da dafür eine Genehmigung der Zentralbehörden erforderlich ist, die man nicht so ohne weiteres erhält. Der Segelsport im Bereich der Fidschi-Inseln ist – wie aus Tab. 9 ersichtlich – sehr saisonal geprägt, da die meisten Segler den Bereich in der Zyklonsaison zu meiden versuchen.

Ein nach wie vor beliebtes Ziel im Südwestpazifik ist Neuseeland, wo viele Tourenyachten von November bis April die Zyklonsaison verbringen, bevor sie wieder in die Tropen zurückkehren. Jedes Jahr zu Beginn der Zyklonsaison treffen etwa 250 Yachten auf Neuseeland ein; diese Zahl ist in den letzten Jahren relativ konstant geblieben, wobei die neuesten Daten allerdings einen leichten Rückgang zeigen. Die meisten Yachten klarieren in der Bay of Islands und im Bereich Whangarei nach Neuseeland ein, so daß die Aufstellung nach Flaggen in Tab. 10 repräsentativ sein dürfte.

Innerhalb eines Jahres sind die Ankünfte um zwanzig Prozent zurückgegangen; für die Tatsache, daß davon amerikanische, britische und australische Boote am stärksten betroffen waren, gibt es keine auf der Hand liegende Erklärung.

Tabelle 9 – Abfahrten von den Fidschi-Inseln, 1987

Ziel	Jan.	Febr.	März	April	Mai	Juni	Juli	Aug.	Sept.	Okt.	Nov.	Dez.	**Ges.**
Samoa	1	–	–	1	2	2	2	2	3	1	1	–	**15**
Tonga	–	–	–	1	1	5	3	–	5	–	1	–	**16**
Neuseeland	2	–	–	–	16	2	1	3	12	42	19	–	**97**
Vanuatu	–	–	1	1	1	13	10	14	39	5	3	–	**87**
Neusüdwales	–	–	–	–	–	2	1	1	8	4	–	**16**
Queensland	–	–	–	–	–	1	–	2	3	6	4	–	**16**
Neukaledonien	–	–	–	–	–	1	2	–	9	17	7	–	**36**
Norfolk-In.	–	–	–	–	1	–	–	–	–	–	–	**1**
Hawaii/US-Westküste	–	–	–	–	1	1	–	–	–	–	–	–	**2**
Tuvalu	–	–	–	–	1	–	1	–	–	1	1	–	**4**
Salomonen	–	–	–	–	–	–	–	–	–	1	–	–	**1**
Marshall-In.	–	–	–	–	–	–	–	1	–	–	–	**1**
Futuna	–	–	1	–	–	–	–	–	–	–	1	–	**2**
													294

Die meisten Boote – etwa die Hälfte – kamen im November in der Bay of Islands an, die meisten aus den Tropen. Ende November gilt als Beginn der Zyklonsaison, und um diese Zeit haben die meisten Tourenyachten die gefährdete Zone verlassen. Früher war die Fidschi-Hauptstadt Suva der Sammelpunkt für die Fahrt nach

**Tabelle 10 –
Ankünfte in Opua
und Whangarei,
1986/87**

	1986	1987
USA	95	75
Australien	39	30
Großbritannien	32	25
Kanada	23	21
Frankreich	18	19
Deutschland	14	13
Skandinavien	8	9
Südafrika	7	1
Belgien	5	2
Sonst. aus Europa	13	7
Andere	6	5
Gesamt	**260**	**207**

Tabelle 11 – Ankünfte/Abfahrten, Bezirk Whangarei 1987

	Jan.	Febr.	März	April	Mai	Juni	Juli	Aug.	Sept.	Okt.	Nov.	Dez.	**Ges.**
Ankunft aus/von													
Fidschi-In.	4	–	–	–	1	3	1	1	5	16	39	4	74
Tonga	2	–	–	–	1	1	2	2	–	9	40	35	92
Cook-In.	–	1	–	–	–	–	–	–	–	–	3	3	7
Tahiti	–	–	–	1	–	1	–	–	–	–	–	1	3
Samoa	–	–	–	–	–	–	–	–	–	–	–	1	1
Vanuatu	–	–	–	–	–	–	–	–	–	1	3	1	5
Neukaledonien	–	2	–	–	–	–	1	–	–	4	3	6	16
Queensland	1	–	–	–	1	–	–	–	–	5	4	2	14
Neusüdwales	4	6	7	11	4	1	–	–	1	1	8	10	53
Norfolk-In.	–	–	–	–	–	–	–	–	1	–	–	2	3
Abfahrt nach													
Fidschi-In.	–	–	–	8	16	2	–	1	1	–	–	–	28
Tonga	–	–	–	16	25	10	3	1	2	1	1	–	59
Tahiti	–	1	1	5	6	–	–	–	–	–	1	–	14
Samoa	–	–	–	1	–	–	–	–	–	1	–	–	2
Vanuatu	–	–	–	3	1	1	1	1	–	–	–	–	7
Neukaledonien	–	–	1	3	3	4	4	3	–	–	1	–	19
Queensland	1	–	4	5	3	2	1	–	1	–	–	–	17
Neusüdwales	4	6	5	4	1	–	–	–	2	–	4	2	28
Victoria	–	–	–	–	–	–	–	–	–	–	2	–	2
Mauritius	–	–	–	–	1	–	–	–	–	–	–	–	1
Alaska	–	–	–	–	1	–	–	–	–	–	–	–	1
Hawaii	–	–	–	–	–	–	–	–	–	1	–	–	1
Falkland-In.	–	–	–	–	–	–	–	–	–	–	1	–	1
Chile	–	–	–	–	–	–	–	–	–	–	–	1	1

Neuseeland, doch 1987 warf fast die Hälfte der Skipper wegen der politischen Unruhen die Leinen in Tonga los, das schon immer der Ausgangspunkt für all die gewesen ist, die auf dem Weg von Tahiti gebummelt und es dann eilig gehabt hatten, die Zyklonzone hinter sich zu lassen.

Der Sommer ist auch die Zeit, in der australische Yachten in Neuseeland eintreffen, die meisten im Dezember. Die Tasmansee wird zwar das ganze Jahr über in beiden Richtungen befahren, zwischen Juni und September aber nur von extrem wenigen Booten. Die meisten Yachten aus oder zu Häfen in Neusüdwales unterbrechen ihre Fahrt auf Lord Howe Island, dem australischen Vorposten in der Tasmansee.

Neuseeland liegt im Zentrum einer Reihe von Routen, und die meisten Yachten verbringen dort den Sommer, um dann im April oder Mai, wenn auf der Südhalbkugel der Winter beginnt, wieder in die Tropen zurückzukehren. Jetzt verlaufen die Yachtbewegungen des vorigen Jahres in umgekehrter Richtung: Die Mehrzahl setzt Kurs auf Tonga oder die Fidschi-Inseln, um den unterbrochenen Törn wiederaufzunehmen, während diejenigen, die es eilig haben, über Neukaledonien, Vanuatu oder Australien zur Torresstraße segeln. Nach der Fahrt durch die Tasmansee gehen die meisten Yachten hinter das Große Barriereriff, um von dort aus in die Torresstraße und darüber hinaus zu kommen.

Eine südliche Route, die sich in der Nähe der Austral-Inseln (auch Tubuai-Inseln genannt) nach Norden wendet, verbindet Neuseeland mit Tahiti. Diese Route nehmen überwiegend Neuseeländer, Australier und Nordamerikaner, die sich zwischen März und Mai auf den Heimweg machen. Noch weiter im Süden verläuft eine Route von Neuseeland ostwärts zum Kap Hoorn, die jedoch überwiegend von Teilnehmern an Regatten um die Welt und nur selten von Fahrtenseglern benutzt wird.

Indischer Ozean

Es kann nur wenig Zweifel daran bestehen, daß der nächste Ozean, der von einer zunehmenden Zahl von Fahrtenseglern entdeckt wird, der Indische Ozean ist. Gegenwärtig wird er nur von sehr wenigen Tourenyachten befahren, meist im Rahmen einer Weltumsegelung. Das Beste am Indischen Ozean ist das Wetter, das nirgendwo sonst so vorhersagbar ist, da die Jahreszeiten viel genauer abzugrenzen sind als in anderen Gegenden der Welt. Das gilt für die Nordhälfte, die vom NO- und SW-Monsun beherrscht wird, wie auch für die Südhälfte, die im Einflußbereich des SO-Passats liegt.

Durch den Indischen Ozean führen zwei Hauptrouten, die beide in der Torresstraße beginnen. Für alle, die im Mittelmeer segeln oder Südeuropa auf dem kürzesten Weg erreichen wollen, führt der Weg logischerweise durch den Nordindischen Ozean und das Rote Meer. Wer über das Kap der Guten Hoffnung in den Atlantik will, nimmt die Route durch den Südindischen Ozean nach Südafrika. Die Routenwahl wurde oft von politischen Überlegungen beeinflußt, etwa die Schließung des Suezkanals und – in neuerer Zeit – die Lage auf Sri Lanka und in Südafrika.

Nordindischer Ozean

Der Verkehr auf der Hauptroute durch die Nordhälfte des Indischen Ozeans richtet sich nach den beiden Monsunen. Da die meisten Weltumsegelungen von Ost nach West führen, quert die Mehrzahl aller Boote den Indischen Ozean während des NO-Monsuns, der etwa von Dezember bis März anhält. Dabei finden die meisten Fahrten in Richtung Rotes Meer im Januar und Anfang Februar statt. Unter den 302 Yachten, die 1987 in Singapur einliefen, war eine große Anzahl auf der Fahrt nach Westen; die meisten davon wollten durch das Rote Meer nach Europa. In der Gegenrichtung sind bei SW-Monsun nur sehr wenige Boote unterwegs. Eine Steigerung zeigt sich bei den regionalen Törns, da zunehmend Segler aus Australien und Asien längere Fahrten unternehmen (siehe Tab. 12).

Nach dem Auslaufen aus Singapur führt die Hauptroute durch die Malakka-Straße in westlicher Richtung nach Sri Lanka, wo der geschützte Hafen von Galle ein beliebter Anlaufpunkt war, bis im Norden der Insel politische Auseinandersetzungen ausbrachen. Etwa die Hälfte aller Yachten, die den Nordindischen Ozean überqueren, läßt Sri Lanka jetzt links liegen. 1987 wurde die Insel von 84 Booten auf dem Weg zum Roten Meer angelaufen; davon kamen über fünfundachtzig Prozent zwischen Oktober und März. Von denjenigen, die in Galle einklarierten, schienen sich die meisten wegen der Unruhen keine großen Sorgen zu machen, doch kaum einer verließ die Stadt, um sich die Umgebung anzusehen. Insgesamt änderte sich die Zahl der Yachten, die den Nordindischen Ozean überquerten, im Vergleich zu den siebziger und frühen achtziger Jahren kaum. 1987 wurden in Galle fast genau so viele Boote gezählt wie im Jahr zuvor.

Von Sri Lanka aus führt die Westroute weiter nach Bab-al-Mandab in der Einfahrt zum Roten Meer. Obwohl es in Aden nur minimale Einrichtungen für Besucheryachten gibt, macht über die Hälfte aller Segler mit Kurs auf das Rote Meer dort halt. Der Rest, überwiegend mit französischsprechenden Crews, setzt statt dessen Kurs auf Djibouti.

In Richtung Osten wird der Nordindische Ozean bei SW-Monsun (Mai bis September) überquert, also in der Jahreszeit, in der im Roten Meer und im Golf von Aden die Temperaturen extrem hoch sind und östlich von Sokotra, wo die Sturmhäufigkeit mit am höchsten auf der Welt ist, sehr starke Winde herrschen. Von daher ist es nicht erstaunlich, daß nur sehr wenige Boote auf der West-Ost-Route zu finden sind. 1987 liefen nur vier Yachten Sri Lanka aus Westen an im Vergleich zu vierundachtzig aus der Gegenrichtung.

Transäquatorrouten

Die meisten Yachten im Indischen Ozean bleiben in einer Hemisphäre; es führen nur wenige Routen über den Äquator. Am häufigsten befahren wird die Strecke, die von Bali südlich an Sumatra vorbeiläuft und bei Sri Lanka auf die Hauptroute zurückführt. Die Transäquatorroute ist eine Fortsetzung der Fernroute durch die Torresstraße in den Indischen Ozean. Sie wird von Booten genommen, die entweder aus Bali kommen, aber nicht nach Singapur wollen, oder direkt aus dem Südpazifik

Tab. 12 – Ankünfte in Singapur und Galle, 1987	Singapur	Galle
Australien	60	19
Großbritannien	50	14
USA	47	19
Hongkong	19	–
Panama	16	–
Frankreich	14	6
Deutschland	12	5
Indonesien	11	–
Neuseeland	10	2
Malaysia	7	–
Singapur	6	–
Kanada	5	2
Thailand	4	–
Cayman-Inseln	3	–
Dänemark	3	2
Norwegen	3	4
Schweden	3	3
Schweiz	3	5
Gibraltar	2	–
Österreich	1	–
Belgien	1	–
Italien	1	1
Niederlande	1	4
Polen	1	1
St. Vincent	1	–
Nicht registriert	18	1
Gesamt	**302**	**88**

bzw. aus Australien. Etwa die Hälfte der Yachten, die durch den Nordindischen Ozean zum Roten Meer wollen, segelt nicht über Singapur und die Malakka-Straße, sondern nimmt eine der Transäquatorrouten.

Südindischer Ozean

Die klassische Route von der Torresstraße zum Kap der Guten Hoffnung berührt Christmas Island, Cocos Keeling und Mauritius, wo die meisten Yachten zumindest kurze Zeit festmachen, bevor sie Kurs auf Durban setzen. Eine Alternativroute führt über die Chagos-Inseln und eventuell die Seychellen, bevor sie sich nach Süden wendet und wieder auf die Hauptroute stößt. Wegen der schwierigen Wetterbedingungen am Kap der Guten Hoffnung fahren die meisten Boote nicht nonstop von Durban nach Kapstadt, sondern in mehreren kürzeren Etappen.

Früher wurden in den südafrikanischen Häfen regelmäßig etwa 120 Yachten im Jahr gezählt, die sich auf dem Weg vom Indischen Ozean zum Atlantik befanden. Diese Zahl ist jedoch stetig bis auf fast die Hälfte gesunken. 1987 stieg die Zahl der ausländischen Tourenyachten, die Durban anliefen, leicht an, wie aus Tab. 13 zu ersehen ist.

Die über die Mitte des Indischen Ozeans verstreuten Inselgruppen ziehen jedes Jahr mehr Tourenyachten an, die entweder aus Osten (Südpazifik und Australien) oder aus Norden vom Roten Meer aus dort eintreffen. Immer mehr von diesen Yachten besuchen auch die afrikanische Ostküste, und zwar besonders Kenia. Fahrtensegler sind heute in den meisten ostafrikanischen Ländern am Indischen Ozean willkommene Gäste.

Tabelle 13 – Ankünfte in Durban, 1986/87	1986	1987
USA	17	15
Großbritannien	9	17
Australien	8	9
Deutschland	7	6
Kanada	5	2
Frankreich	3	4
Dänemark	1	1
Niederlande	1	5
Neuseeland	1	2
Polen	1	1
Schweden	1	1
Schweiz	1	5
Belgien	–	2
Finnland	2	–
Westind. Inseln	2	–
Südamerika	2	–
Hongkong	1	–
Irland	1	–
Gesamt	**63**	**70**

Rotes Meer

Nach langen Auseinandersetzungen und Jahren der Ungewißheit gilt das Rote Meer unter Fahrtenseglern heute nicht mehr als so gefährlich, und die Anrainerstaaten zeigen gegenüber Tourenyachten auch mehr Toleranz. Die politischen Gefahren waren nicht das einzige Hindernis, das Yachten von einem Törn durch das Rote Meer abhielt: Die nautischen Gefahren galten als ebenso groß. Die riffübersäten Gewässer, die nur spärlich vorhandenen Navigationshilfen und das Problem, zuverlässige Sonnenhöhen zu bekommen, waren ein navigatorischer Alptraum, dem man heute mit Hilfe der Satellitennavigation entrinnen kann.

Die Mehrzahl aller Yachten befährt das Rote Meer zwar im Rahmen eines längeren Törn, doch steigt die Zahl der Segler, die das Rote Meer als Ziel wählen, und zwar besonders im Winter, wenn das Wetter im Mittelmeer langsam schlechter wird. Insgesamt steigt die Zahl der Törns durch das Rote Meer leicht an, weil mehr Segler im Rahmen ihrer Weltumsegelung den Weg durch das Mittelmehr nehmen.

Da die Anrainerstaaten am Roten Meer mit Ausnahme Ägyptens und des Sudans das Kreuzen in ihren Gewässern nicht gestatten, ist die Zahl der Routen sehr begrenzt. Die Hauptroute Richtung Norden und Süden lehnt sich eng an die Längsachse des Roten Meeres an. Nur sehr wenige Segler sind jedoch bereit, die gesamten 1200 sm vom einen zum anderen Ende zu machen, ohne einen Abstecher in ägyptische oder sudanesische Küstengewässer zu unternehmen. Die Hauptzeit für Fahrten nach Norden liegt im Winter von Januar bis März; in diesen Monaten ist der Wind zumindest auf dem ersten Abschnitt günstig.

Daß der Yachtverkehr im Roten Meer überwiegend nach Norden geht, zeigt sich daran, daß mehr Yachten den Suezkanal von Süden nach Norden als in umgekehrter Richtung passieren. Wie fast überall auf der Welt führen die Boote am häufigsten die Flaggen der Vereinigten Staaten, Frankreichs und Großbritanniens, wobei die Zahl der australischen Yachten mit Kurs auf Europa beträchtlich zugenommen hat. Nach den Zahlen für 1986 und 1987, die von Fathi Soukar, einem auch als Prinz des Roten Meeres bekannten Schiffsagenten aus Suez zusammengestellt wurden, ist in Richtung Norden im April am meisten los. In diesem Monat passiert fast die Hälfte des Jahresaufkommens den Kanal von Suez nach Port Said. An nächster Stelle steht der Mai. Zwischen August und Januar ist praktisch keine Yacht in Richtung Mittelmeer unterwegs. In Richtung Süden verteilt sich der Verkehr gleichmäßiger über das ganze Jahr, wobei die Zahl der Boote insgesamt kleiner ist und auch nicht beträchtlich steigen wird, bis das Rote Meer selbst mehr Yachten aus dem Mittelmeer anzieht, die nach einer Alternative für den Winter suchen.

Gegenwärtige und künftige Trends

Diese Angaben zu den Segelrouten und zur Verteilung der Yachten auf ihnen haben sich auf diejenigen Segler konzentriert, die außerhalb ihres heimischen Reviers unterwegs sind. Eine hohe Dichte an Tourenyachten weisen das Mittelmeer und die

Karibik auf, zwei Reviere, deren ideale Segelzeiten bestens aufeinander abgestimmt sind.

Weltweit findet sich die höchste Dichte an Tourenyachten auf den Routen, die allgemein von Osten nach Westen führen, nämlich auf der südlicheren Route über den Nordatlantik und den Hauptrouten durch den Südpazifik und den Nordindischen Ozean. Die saisonalen und klimatischen Faktoren dürften sich in der Zukunft kaum ändern, höchstens die Einstellung der Fahrtensegler zu diesen Faktoren. Nach mehreren Jahren, in denen Tahiti von Zyklonen verschont blieb, ging eine steigende Zahl von Yachten das Risiko ein, in der Zyklonsaison dort zu bleiben und sogar im Bereich der Gesellschaftsinseln zu kreuzen. Bei den schweren Wirbelstürmen des Jahres 1983 gingen dann mehrere Boote verloren, so daß in den Jahren darauf kaum noch jemand das Risiko eingehen wollte, dort zu bleiben. Ein neueres Beispiel ist die Karibik, wo zunehmend auch in der Hurrikansaison gesegelt wird, und zwar hauptsächlich wegen des aus gewissen Publikationen gewonnenen falschen Eindrucks, daß Hurrikane selten und die Vorwarnzeiten im Falle des Falles lang genug sind, um noch Schutz suchen zu können. Der Hurrikan Gilbert ließ diese Annahme in alle Winde zerstieben, als er im September 1988 ein großes Gebiet verwüstete. Der vorhergehende Septemberhurrikan Emily zog eine Spur der Verwüstung über die Bermudas und war damit Beweis genug, daß die Wirbelstürme in der Karibik mit äußerster Vorsicht zu genießen sind.

Außer dem Wetter können auch politische Faktoren das Fahrtensegeln beeinflussen, wenn beispielsweise bestimmte Länder ihr Verhalten gegenüber Tourenyachten zum Positiven oder zum Negativen hin ändern, Einschränkungen einführen oder gar bestimmte Reviere zu Sperrzonen erklären. Auf der anderen Seite sind manche Reviere, die lange Zeit gesperrt waren, heute für Fahrtensegler zugänglich, und es könnten durchaus noch mehr werden. Es sind beispielsweise ein paar Yachten in chinesischen Gewässern unterwegs. Meldungen über Piraterie im Südchinesischen Meer, vor Kolumbien und im Bereich der Bahamas halten dafür die Leute davon ab, dort auf Fahrt zu gehen.

Während bestimmte Reviere an Popularität verlieren oder gewinnen mögen, hat die Zahl der Fahrtensegler insgesamt weltweit zugenommen, eine Tendenz, die sich wahrscheinlich fortsetzen wird. Beherrscht wird die Szene von Fahrtenseglern aus klassischen Seefahrernationen wie USA, Großbritannien und Frankreich mit einem höheren Anteil australischer und neuseeländischer Boote im pazifischen und asiatischen Bereich. Die vergleichsweise große Anzahl französischer Yachten ist nicht nur auf die Tradition zurückzuführen, sondern auch auf die günstige Lage französischer Überseedepartements und -besitzungen wie Guadeloupe und Martinique in der Karibik, Tahiti und Neukaledonien im Pazifik und Réunion im Indischen Ozean, wo französische Staatsbürger einen Zwischenaufenthalt einlegen und sich das Geld für die Fortsetzung des Törns verdienen können. Auch aus Deutschland und Skandinavien ist eine steigende Anzahl von Fahrtenseglern anzutreffen, und gleichzeitig mit der allgemeinen Vergrößerung der Fahrtensegler-gemeinde zeigt sich eine auffallende Veränderung in der Herkunft der Yachten, indem nämlich immer häufiger die Flaggen von Ländern wie Schweiz, Finnland oder Italien zu sehen sind, also von relativen Neulingen in der Fahrtenseglerszene.

Dieser Anstieg der Fahrtenseglerzahlen vollzieht sich aber überwiegend auf regionaler Basis, denn die Zahl der Boote, die jedes Jahr eine Weltumsegelung

English Harbour auf Antigua ist einer der pittoreskesten Ankerplätze auf der Welt.

beenden, hat sich in den letzten Jahren kaum geändert. Das ist abzulesen an der Anzahl der Yachten in den größeren Transithäfen, die teilweise eine Zunahme, teilweise aber auch einen Rückgang verzeichneten. Eine stetige Zunahme zeigte sich in den vergangenen zehn Jahren auf dem Nordatlantik; das sollte aber vielleicht auch so sein, weil wir ja in nächster Zukunft den fünfhundertsten Jahrestag der Entdeckung der Routen zwischen der Alten und der Neuen Welt feiern.

Weltweit geht der Anstieg der Fahrtenseglerzahlen auf drei Hauptfaktoren zurück, nämlich verbesserte Bootskonstruktion und -bauweisen, durch die die Yachten bequemer und seetüchtiger wurden, stark verbesserte Navigationshilfen, die für ein Gefühl der größeren Sicherheit sorgen, und drittens der höhere Wohlstand in den Industrieländern, der das Segeln von einem Hobby der Reichen zum jedermann erschwinglichen Freizeitvergnügen gemacht hat. Es sind mehr Leute finanziell in der Lage, früh aus dem aktiven Erwerbsleben auszuscheiden, und das ist für viele die ideale Gelegenheit, auf einen längeren Törn zu gehen. Wer in jungen Jahren versucht ist, einen längeren Törn zu unternehmen, aber seine Karriere nicht aufs Spiel setzen will, hat gelegentlich die Möglichkeit, Sonderurlaub zu nehmen. Angesichts reichlich angebotener und erschwinglicher Flüge in alle Gegenden der Erde plant mancher Segler seinen Törn in mehreren Abschnitten, zwischen denen er sich gegebenenfalls immer wieder um Geschäft oder Beruf kümmern kann. Dieser Trend ist unter Freiberuflern weit verbreitet: Mehrere ARC-Teilnehmer sind Ärzte, Architekten oder Geschäftsleute, die sich ein paar Monate frei nehmen für einen Törn, für den der normale Jahresurlaub zu kurz wäre. Die Einstellung trägt mehr als alles andere dazu bei, daß sich die Ozeane für immer mehr Boote öffnen. Das bedeutet natürlich nicht, daß die Meere langsam so voll werden wie eine Autobahn an einem Urlaubswochenende. Es gibt gewisse Leute, meist unermüdliche Leserbriefschreiber, die die Ausweitung im Hochseesegeln bedauern, als wenn die Ozeane einer Elite gehörten, zu der sie sich natürlich selbst zählen. Zum Glück für all diejenigen, die bereit sind, die vielbefahrenen Wege zu verlassen, gibt es noch viele unberührte Gegenden und Reviere, in denen die Zahl der Tourenyachten sinkt. Das ist eine Erscheinung, die vor zehn Jahren noch niemand voraussehen konnte.

Es heißt, ein Pessimist sei ein gut informierter Optimist. Ich hoffe, daß obige Feststellungen Optimisten und Pessimisten gleichermaßen zufriedenstellen.

Ein Freund auf allen Meeren

Überall auf den vielbefahrenen Route finden sich bestimmte Punkte, an denen sich ganz besondere Menschen der Aufgabe verschrieben haben, den Seglern aus aller Welt ein guter Freund zu sein. Libby und Chris Bonnet in Durban, die Familie Azevedo auf den Azoren, der verstorbene Tom Neale auf Suworow und Don Windsor in Galle sind nur ein paar Namen, die einem in diesem Zusammenhang spontan einfallen.

Offenes Haus in Galle

Don Windsors Haus an der Closenberg Road in der Nähe des Hafens ist der Dreh- und Angelpunkt des seglerischen Lebens auf Sri Lanka. Neben seiner Funktion als lebendes Postfach führt Don ein offenes Haus, dessen große Veranda als Treffpunkt der Segler aus aller Welt dient. Don verkauft kalte Getränke, sorgt für Essen oder eine Dusche und wirkt als liebenswerter Gastgeber, der ein offenes Ohr für alle Probleme hat und sich immer um eine Lösung bemüht. Von der Gestellung einer Wache für das Boot über Fahrten zu den antiken Stätten bis hin zum Mieten von Fahrrädern arrangiert Don alles. In seinem Hof herrscht ein ständiges Kommen und gehen, da er und seine Familie der internationalen Fahrtenseglergemeinde auch noch bei ihren vielfältigen Aktivitäten unter die Arme greifen. Don hört sich nicht nur an, was andere zu erzählen haben, sondern weiß auch selbst so manche Geschichte zu den Typen zu erzählen, die er in den letzten zwanzig Jahren auf Sri Lanka erlebt hat. Ob bei der Rückkehr von Besichtigungen oder nach einem ausgedehnten Einkaufsbummel – kaum ein Segler geht einfach an Don Windsors Veranda vorbei.

Freundschaftliche Aufnahme auf den Azoren

Zu jeder Tageszeit und bis weit in die Nacht hinein ist das Café Sport über dem Hafen von Horta auf der Insel Faial voller Fischer, Bootsbauer und Dockarbeiter. In den Sommermonaten aber ist Peter Azevedos Café nicht weniger beliebt bei Seglern aus Übersee, wie sich an den Nationalflaggen, Wimpeln und Vereinsstandern erkennen läßt, die in Dreier- und Viererreihen an den Wänden hängen und an der Decke befestigt sind. Zwischen den zahllosen Fahnen hängen Geschenke, die Peter von Seglern erhalten hat: T-Shirts mit liebevollen Widmungen, Poster, Zeichnungen, Stoffpuppen und Mini-Ölzeug von der Crew der *Berge Viking* als Zeichen der Dankbarkeit von vielen Seglern, die dieser warmherzige Azoreaner im Laufe der Jahre in Horta willkommen geheißen hat.

Nach der Familienüberlieferung geht die Tradition auf Peters Großvater zurück, der im Jahre 1896 Joshua Slocum bei dessen Besuch in Horta begrüßte. Dieses historische Zusammentreffen ist leider nirgendwo dokumentiert, doch das wird mehr als wettgemacht durch die detaillierten Aufzeichnungen zu den vielen Yachten, die im Kielwasser des berühmten Einhandseglers nach Horta kamen. Die nächste Yacht, von der man weiß, daß sie Horta anlief, war die amerikanische *Sea Bird* im Jahre 1921. In den Zwanzigern und Anfang der dreißiger Jahre stieg die Zahl der Yachten, die Horta anliefen, auf zwei bis drei im Jahr an, dann verdoppelte sie sich, und nach dem 2. Weltkrieg wurde aus dem Rinnsal eine Flut von heute mehr als siebenhundert Yachten im Jahr.

Peter Azevedos Etablissement wird als Institution bezeichnet und das zu recht, denn das Café Sport ist weitaus mehr als eine Bar am Hafen. Es bietet für den rastlosen Fahrtensegler so wichtige Dienstleistungen wie Postfach, Telephonverbindungen in alle Welt, Geldwechsel zu jeder Stunde, Wettervorhersagen und fachmännischen Rat zu allem, was die Azoren betrifft. Gelegentlich fungiert es auch als Kreditbank; die freigebigen Azevedos haben schon mehreren Fahrtenseglern aus der Klemme geholfen.

1966 legte Peter sein erstes Gästebuch aus; heute hat er schon mehr als sechzig. Bei einem Blick in die ersten Bücher glaubt man, eine Geschichte des modernen Fahrtensegelns zu lesen: All die bekannten Namen tauchen immer wieder auf. Das

Peter Azevedos Arbeitsecke im Café Sport, wo es von Schnitzereien bis zum Geldwechsel alles gibt

46

erste Gästebuch beginnt im März 1966, und der erste Besucher, der sich eintrug, war Bill Greenhalph von der kanadischen Yacht *Ariadne*. Die dritte Unterschrift gehört zu Eric Tabarly, der Horta mit seiner ersten *Pen Duick* anlief. Als nächste kamen Humphrey Barton mit der *Rose Rambler*, Julian Roosevelt mit der *Warlock* und Mike Richey mit der *Jester*. Eric und Susan Hiscock kamen mit ihrer *Wanderer III* am Ende eines Zweijahrestörns in die USA. Das war bereits der zweite Besuch der Hiscocks auf Faial. Gleiches galt für Frank Casper, den unermüdlichsten unter allen Transatlantikfahrern, der mit seiner *Elsie* in den folgenden zwanzig Jahren so oft wie kein anderer den Atlantik in beiden Richtungen überquerte. Auch David Lewis trug sich am Ende seiner Weltumsegelung mit der *Rehu Moana* in das Gästebuch im Café Sport ein, um bald danach wieder mit der *Isbjorn* vorbeizuschauen, mit der er im Pazifik klassische Navigationsmethoden untersuchen wollte.

Das erste Buch zeigt weiterhin die Unterschrift von Bill Howell von der *Golden Cockerel* und die technischen Daten der *Kialoa II*, John Kilroys 22-m-Aluminium-yawl, die 1962 in Los Angeles gebaut wurde. Francis Chichester und seine *Gipsy Moth* tauchen erst im zweiten Buch auf, nach dem die Einträge immer schneller aufeinander folgen und auch die *Half Safe* umfassen, den schwimmfähigen Jeep, mit dem Ben Carlin den Atlantik überquerte.

»Ich versuche, für jeden mein Bestes zu geben, nicht nur für berühmte Leute oder alte Freunde. Hier ist jeder willkommen.« Aus Peters Worten spricht die Philosophie seines Vater Henrique, der gleichermaßen dafür bekannt war, daß er den Besuchern ein herzliches Willkommen entbot. Der gute Ruf der Familie hat sich weit verbreitet. Die Zeitschrift »Newsweek« nahm das Café Sport in eine Liste der weltbesten Bars auf, und mehrere Fernsehberichte wurden über das bescheidene Café gedreht. Neben den zahllosen Widmungen auf den Geschenken erhielten Peter und sein Vater Henrique auch eine Widmung in einem Buch. »Kein Reisender fand je bessere Freunde« heißt es auf dem Vorsatzblatt zu Bernard Venables Buch »Baleia« über den Walfang im Bereich der Azoren.

An den transatlantischen Wanderrouten der Wale wie auch der Yachten gelegen, blicken die Azoren auf eine lange Walfangtradition zurück, die sich auch in Peters anderer Leidenschaft zeigt, einer einzigartigen Sammlung von Schnitzereien. Hunderte von wunderschon verzierten Wahlzähnen bilden das Herzstück einer persönlichen Sammlung, die er jetzt zu einem Museum gemacht hat. In der mittleren Etage im Café Sport stehen Vitrinen mit Peters Schnitzereien und seinen wertvollsten Erinnerungsstücken aus der Welt des Fahrtensegelns.

»Ich ziehe zwar viel Befriedigung daraus, Besucher in meinem Café willkommen zu heißen, möchte aber für mich und für diese Insel etwas Dauerhaftes hinterlassen,« sagt er. Mittlerweile Mitte sechzig, hat Peter gute Gründe, an die Zukunft zu denken, zumal er vor wenigen Jahren nach einem schweren Schlaganfall fast völlig gelähmt war. Heute ist er, wenn auch nur für ein paar Stunden täglich, wieder im Café anzutreffen. Aber es besteht keine Gefahr, daß das Willkommen der Familie Azevedo irgendwann einmal fehlen wird, denn Peters Sohn José ist in die Fußstapfen seines Vaters getreten, um die Familientradition in der vierten Generation fortzuführen.

Ein pazifischer Seelsorger

Ein Mann, der den wahren Geist der Freundschaft zu der weltweiten Fahrtensegler-gemeinde verkörpert, ist Pater George Kester, der vierzig Jahre lang Yachten auf den Cook-Inseln willkommen hieß, zunächst auf Rarotonga und dann bis zu seiner aus medizinischen Gründen erfolgten Pensionierung im Jahre 1987 auf Aitutaki.

Die Fahrrinne durch das Riff in die Lagune von Aitutaki ist flach und gewunden und angesichts der starken Strömung, die immer in Richtung Meer setzt, auch zur günstigsten Zeit nicht leicht zu befahren. Wie viele andere vor und nach mir freute ich mich, die große kantige Gestalt von Pater George am Anleger zu erblicken, bereit, meine Vorleine zu übernehmen und mir ein paar gute Tips zum Festmachen zu geben. Sein erster spontaner Gruß bestand aus einer Einladung zu sich nach Hause. Später lud er uns zusammen mit einem halben Dutzend Kinder, die ihm wie dem Rattenfänger von Hameln überall zu folgen schienen, zu einer erinnerungswerten Tour über die Insel in seinen Pick-up.

In den zehn Tagen, die wir auf Aitutaki verbrachten, waren wir mehrfach bei Pater George zu Gast, dessen mit Briefen, Zeitschriften und Büchern aus aller Herren Länder übersätes Heim Zeugnis ablegte von seiner ganz besonderen Freundschaft mit Fahrtenseglern. Den Ehrenplatz nahmen jedoch die sieben Bände seines Gästebuchs ein, das die Yachten verzeichnet, die im Laufe von etwa dreißig Jahren den Cook-Inseln einen Besuch abstatteten. Die Bände beinhalten keineswegs nur eine Auflistung von Ankunfts- und Abfahrtszeiten; sie sind im Gegenteil voller Gedichte und Zeichnungen, Photographien und Geschichten, Cartoons und Routenskizzen. Sie sind nautische Kunstwerke, zu denen weniger künstlerisch Begabte nur zögernd etwas beitragen. Aber ich hinterließ trotzdem meinen Beitrag, denn wie viele andere vor mir wollte ich nicht die Gelegenheit versäumen, der Nachwelt als Freund von Pater George in Erinnerung zu bleiben.

Als Pater George sich mit Ende siebzig aus der aktiven Priesterarbeit zurückzog und wegen einer Operation nach Holland zurückkehrte, nahm ich die Gelegenheit wahr, diesen außergewöhnlichen Mann zu fragen, wie seine Verbindung zum Fahrtensegeln zustande gekommen war. Bei Rotterdam nahe an Hoek van Holland aufgewachsen, war er schon als kleiner Junge von der See fasziniert. Am Hafen konnte er beobachten, wie die Schiffe durch die Nordsee Kurs auf die ganze Welt setzten. Sein Wunsch, zur See zu gehen, ließ sich nicht verwirklichen, weil sein Vater darauf bestand, daß er in den elterlichen Gemüseanbau einstieg. Wie bei vielen jungen Männern seiner Zeit brachte der 2. Weltkrieg einen drastischen Einschnitt in sein Leben mit sich: Er wurde Soldat. Erst auf beharrliches Nachfragen kommt er damit heraus, daß er während der Besatzung durch die Deutschen ein Glied jener Kette war, die Flüchtlinge hinter die sicheren alliierten Linien schleuste.

Die Kriegserlebnisse ließen in ihm den Wunsch wachsen, Priester zu werden, angeregt unter anderem durch den Satz von Monsignore Kepler, daß es die größte Befriedigung im Leben sei, andere glücklich zu machen. In dem Wunsch, der Welt seinen Glauben zu vermitteln, entschloß er sich, Missionar zu werden, und wählte, da er immer noch eine Liebe zur See in sich verspürte, den Pazifik. »Ich sah mir eine Karte vom Pazifik an, und die Cook-Inseln lagen genau in der Mitte des Teiches,« vereinfacht er später die Geschichte, wie er 1947 als frisch ordinierter Priester über

New York, San Francisco, Honolulu, Canton Island, Fidschi und Neuseeland auf die Cook-Inseln gelangte.

Vom ersten Tag seines Lebens auf Rarotonga zeigte er reges Interesse an den einlaufenden Yachten. Das waren zu der Zeit allerdings noch nicht sehr viele. Um es mit Pater Georges Worten zu sagen: »In der Zeit kurz nach dem 2. Weltkrieg galt das Hochseesegeln als neu und gefährlich, und es dauerte lange, bis man feststellte, daß dem nicht so war und das Hochseesegeln ganz im Gegenteil eine großartige Möglichkeit darstellte, die Welt kennen zu lernen.«

Als die Zahl der Yachten, die Rarotonga anliefen, zu Anfang der sechziger Jahre größer wurde, hörte Pater George von einem Hotel auf Bora Bora, in dem ein Gästebuch mit den Namen aller einlaufenden Yachten geführt wurde. Das war für ihn der Ausschlag, selbst ein Gästebuch anzulegen, und gleichzeitig eine perfekte Ausrede, um alle Yachten begrüßen und seine Gastfreundschaft anbieten zu können. Als er Rarotonga im Jahre 1977 verließ, hatte er fünf Bände, in denen etwa fünfhundert Yachten verzeichnet waren.

Er hatte nicht einfach nur Freundschaft zu bieten, denn im Laufe der Jahre nahm er Trauungen vor, taufte Kinder, beweinte die Toten und war der Vertraute manch eines Segler, der einmal sein Herz ausschütten mußte. Ob gläubig oder nicht, bei ihm waren alle willkommen, wie sie waren.

Im Jahre 1977 zog er in die Pfarrgemeinde auf der kleineren Insel Aitutaki um, wo weniger Yachten anlegten, bis der Umbau des Hafens von Rarotonga den Strom derjenigen wieder anschwellen ließ, die sich auch von der gewundenen Fahrrinne in die Lagune von Aitutaki nicht abschrecken ließen, um den Mann kennen zu lernen, der sich in der Fahrtenseglergemeinde mittlerweile einen beachtlichen Ruf erworben hatte.

Pater George hat im Laufe der Jahre viele Änderungen im Segeln erlebt. In den frühen Tagen waren die Yachten nach seinen Beobachtungen größer, meist über 12 m, und hatten in der Regel rein männliche Crews, mit denen es viel Ärger gab, und zwar besonders, wenn sie nach einem langen, langsamen Törn oder nach Schlechtwettertörns in den Bars der Stadt versackten. In den sechziger und siebziger Jahren tauchten dann kleinere Boote auf, darunter viel mehr Slups und Kutter. »Die Leute hatten festgestellt, daß das Segeln auf hoher See nicht so gefährlich war und daß es kaum einen Unterschied ausmachte, ob das Boot etwas größer oder etwas kleiner war.«

Eine Änderung, die Pater George begrüßte, war die wachsende Zahl von Frauen auf den Schiffen und damit das bessere Benehmen der Männer. Er meinte: »Ein Mann und eine Frau, das ist das beste Team auf einer Yacht.«

In den siebziger Jahren trafen die ersten Mehrrumpfboote ein, und dazu bemerkte dieser genaue Beobachter der Yachtszene: »Die waren oft in Hinterhöfen gebaut worden, wo jeder sich als Bootsbauer betätigen konnte. Aber dafür mußten sie oft auch teuer bezahlen, denn mehrere schlecht gebaute Trimarane verschwanden spurlos mit der gesamten Crew. Es dauerte eine Zeitlang, bis man dahinter kam, daß sie auf offener See gefährlich waren.« Ab Anfang der achtziger Jahre bis 1987 sah Pater George auf Aitutaki keinen einzigen Katamaran oder Trimaran, im Jahre 1987 dann gleich drei Trimarane auf einmal. »Vielleicht sind sie ja heute sicherer,« sagte er hoffnungsvoll.

Der Verlust von Yachten und ihren Besatzungen schmerzt den tief religiösen

Mann. Besonders wehmütig denkt er an die 1,80 m lange Nußschale *Wind's Will* mit Skipper Bill Dunlop zurück, der Aitutaki im Juni 1983 mit Kurs Australien verließ und nie wieder auftauchte.

Eine seiner amüsanten Geschichten ist die von der Freundschaft mit dem Skipper der britischen Yacht *The Spurwing*. In seiner typischen Art hatte Pater George ihn auf dem Motorrad mit zu sich nach Hause genommen, um mit ihm zu essen und sich gemütlich zu unterhalten. Der Abend endete damit, daß die beiden Männer zusammen abwuschen und abtrockneten. Erst später bekam Pater George heraus, daß es sich bei seinem Gast um Sir Percy Wyn Harris, den Exgouverneur von Gambia und berühmten Bergsteiger handelte. »Man stelle sich vor, ein englischer Ritter trocknet mein Geschirr ab!« Auch heute kann er das noch nicht richtig glauben.

1984 war er selbst an der Reihe und erhielt von der niederländischen Botschaft in Neuseeland den holländischen Orden von Oranje-Nassau. »Das macht mich zu einer Art Ritter,« sagt er auf seine bescheidene Art und setzt hinzu: »Aber ganz unverdient.« Es gibt in seiner weltweiten Gemeinde viele Fahrtensegler, die dem nicht zustimmen würden.

Die Hochsee-Tourenyacht

Fast jeder, der segelt oder auch nur davon träumt, hat das Bild der perfekten Tourenyacht vor Augen. Daß das nicht immer dasselbe Bild ist, sieht man an der Vielzahl unterschiedlicher Yachten, die die Meere der Welt durchpflügen. Während manche Leute sehr deutliche Vorstellungen von den wesentlichen Merkmalen ihrer Tourenyacht haben, stehen viele andere, und zwar besonders die weniger Erfahrenen, ratlos vor dem vielfältigen Angebot.

Bevor es an die Entscheidungen über die Ausrüstung geht, müssen erst einmal die grundlegenden Parameter Größe, Baumaterial, Verdrängung, Rigg und Kielform feststehen. Dabei ist es auch nicht gerade hilfreich, daß sich selbst die Konstrukteure nicht einig sind über die optimalen Merkmale einer Hochsee-Tourenyacht. Festzustellen, ob es zu diesem Thema eine Art Konsens gibt bzw. warum es ihn nicht gibt, war das Anliegen meiner Umfragen unter erfahrenen Fahrtenseglern. Während einige von ihnen ihr Boot speziell mit dem Gedanken an einen Hochseetörn gekauft oder gebaut hatten, waren andere einfach mit der Yacht auf Törn gegangen, die sie zu dem betreffenden Zeitpunkt gerade besessen hatten und die möglicherweise für eine ganz andere Art des Segelns gekauft worden war. Um zu einer qualitativen Bewertung der wesentlichen Schiffsmerkmale zu kommen, wurden die Skipper in den ersten Umfragen gebeten, die verschiedenen Merkmale des jeweils eigenen Bootes zu benoten, während es bei den ARC-Umfragen darum ging, unabhängig von der eigenen Yacht die jeweilige Idealvorstellung aufzuzeigen. In manchen Fällen ergab sich dabei eine Übereinstimmung, da die Skipper ihr Boot für ideal hielten.

Die Suche nach der idealen Yacht ist eine komplizierte und schwierige Aufgabe und behaftet mit Zweifeln, zumal angesichts des riesigen Angebots, vor dem der Käufer heute steht. Zu Beginn der siebziger Jahre, als ich selbst ein Boot für eine Weltumsegelung mit meiner Frau Gwenda und unseren beiden Kindern suchte, war die Auswahl längst nicht so groß. Die GFK-Revolution hatte dazu geführt, daß eine breite Palette an Konstruktionen zur Verfügung stand, doch speziell für das Fahrtensegeln auf hoher See konstruierte Yachten gab es nur sehr wenige. Nach langer Suche entschieden wir uns schließlich für eine Trintella IIIA, auch als Victory 36 bekannt, eine von E. G. van de Stadt konstruierte 11-m-Ketsch mit Mittelcockpit. Unsere erste *Aventura* hatte alles, was ich an wesentlichen Merkmalen von einer robusten und komfortablen Tourenyacht erwartete. Angesichts meines damaligen Mangels an Hochsee-Erfahrung war an meiner Wahl erstaunlich wenig zu bemängeln; das Boot leistete uns in sechs Jahren auf See, in denen wir 60 000 sm zurücklegten, gute Dienste.

Obgleich ich meinte, diesem »flüchtigen« Ideal einer Tourenyacht sehr nahe gekommen zu sein, erkannte ich bald, daß meine *Aventura* keineswegs perfekt war, und begann mich unter den Schiffen meiner Mitsegler umzuschauen. Dabei entstand die Idee, sie zu fragen, ob sie mit ihren eigenen Entscheidungen zufrieden waren – Ausgangspunkt der ersten einer langen Reihe von Umfragen. Ich begann meine Arbeit in Suva, der Hauptstadt der Fidschi-Inseln, einem der wesentlichen Transithäfen für Südpazifiktörns. Später schloß ich mich dem allgemeinen Exodus nach Neuseeland an, einer beliebten Gegend für die Zyklonsaison, und sprach dort weiter mit anderen Fahrtenseglern über das, was eine gute Tourenyacht ausmacht.

Neuseeland ist ein zentraler Anlaufpunkt für viele Weltumsegler, so daß ich die Gelegenheit hatte, einige der besten Serienyachten, die es damals gab, und eine große Anzahl von Eigenkonstruktionen zu sehen. Zu den letzteren gehörten zwei herausragende Stahlyachten, die beide in Australien gebaut worden waren, nämlich die *Hägar the Horrible* aus Sydney und die *Tarrawarra* aus Melbourne. Später kreuzte ich Tausende von Meilen zusammen mit ihnen im Südpazifik und lernte ihre Segeleinschaften schätzen. Auf der Grundlage der höchstbenoteten Aspekte aus den frühen Umfragen stellte ich die von Joe Adams konstruierte, 12 m lange *Hägar* später als die beste Annäherung an das »Ideal« einer Tourenyacht für den riffübersäten Pazifik vor, wie es sich bei den Umfragen herauskristallisiert hatte. Die *Hägar* war stabil gebaut, aber doch schnell; sie war unter Deck komfortabel und geräumig und kam mit ihrem Schwertkiel an Stellen, die anderen Tourenyachten verwehrt waren.

Nach den Umfragen im Pazifik wandte ich mich dem Atlantik zu und wählte dort Las Palmas auf Gran Canaria als Ausgangspunkt. Die Kanarischen Inseln sind für Atlantikreisende traditioneller Sammelpunkt, seit Kolumbus vor ungefähr fünfhundert Jahren die Richtung wies. Für seine vier Atlantiküberquerungen wählte Kolumbus wie seine Nachfolger von heute die Kanaren als Ausgangspunkt, um den Nordostpassat ausnutzen zu können. Um mehr über diese modernen Reisenden, ihre Boote und ihre Vorbereitungen für die Überfahrt zu erfahren, befragte ich die Skipper von fünfzig Yachten, die sich bereit machten, die Leinen loszuwerfen. Die Umfrage erfaßte Boote aller Arten und Größen sowie eine Vielzahl von Seglern verschiedener Altersgruppen und Nationalitäten. Fortgeführt wurde sie in der Karibik unter weiteren fünfzig Booten, die die Atlantiküberquerung gerade hinter sich gebracht hatten. Die Ergebnisse der Umfrage fanden dann im folgenden Jahr ihren Niederschlag in den Vorbereitungen für die erste ARC (Atlantikregatta für Fahrtensegler), deren Erfolg es unausweichlich werden ließ, sie zu einer jährlich stattfindenden Veranstaltung zu machen. Hunderte von Seglern haben an den folgenden ARC-Regatten teilgenommen und sie so zu einer unaufhörlich sprudelnden Quelle von Informationen über die verschiedensten Aspekte des Fahrtenseglns gemacht. Vom Serienboot bis zu Luxusyacht, von der leichtverdrängenden Kombination aus Touren- und Rennyacht bis zum schweren klassischen Schiff aus vergangenen Tagen – der Vielfalt der Boote bei der ARC entspricht nur die Vielfalt unter den Skippern, unter den von Seglern, die mit spitzem Bleistift rechnen müssen, bis zu Millionären, von Neulingen bis zu erfahrenen Veteranen alles zu finden ist. Im Unterschied zu den anderen Umfragen handelt es sich bei den Booten, die an der ARC teilnehmen, aber überwiegend um Serienyachten. Bei einem Spaziergang über den Kai in Las Palmas erblickt man unter ihnen die neuesten Schöpfungen von den Zeichenbrettern der besten Konstrukteure der Welt. Es kann keinen Zweifel geben, daß seit meinen ersten Umfragen große Fortschritte in der Konstruktion von Hochseeyachten erzielt wurden und daß Konstrukteure und Bootsbauer eine Menge aus früheren Fehlern gelernt haben.

Die vierhundert Boote, die an der ARC 86 und der ARC 87 teilnahmen, stellten einen derart perfekten Querschnitt durch das Angebot an Tourenyachten dar, daß ich der Versuchung, den neuesten Stand im Fahrtensegeln zu erforschen, nicht widerstehen konnte. Die Teilnehmer an beiden Veranstaltungen wurden gebeten, detaillierte Fragebögen zu verschiedenen Aspekten des Fahrtensegelns auszufüllen. Zu diesen Fragebögen kamen Gespräche und Beobachtungen vor und nach den Regatten, und ich hoffe, daß die Essenz dieser geballten Erfahrungen einige der Fragen beantwortet, die sich für alle stellen, die auf einen längeren Hochseetörn gehen wollen. Die ARC-Umfragen zielten speziell auf Gebiete ab, in denen sich in den letzten Jahren wesentliche Veränderungen und Entwicklungen ergeben haben.

Statt aber die ARC-Umfragen auf vorhandene Boote zu beschränken, wollte ich auch wissen, welche Art von Yacht, Ausrüstung und Instrumenten die Skipper gern besäßen, wenn sie die Wahl hätten. Das Ziel der Umfrage zur idealen Tourenyacht bestand nicht darin, das ideale Boot als solches zu konstruieren, sondern darin, eine gewisse Übereinstimmung im Hinblick auf die wichtigsten Parameter für eine Langstreckenyacht herauszuarbeiten. Damit die Skipper im Rahmen des Möglichen blieben, durften sie für ihre ideale Yacht jeweils höchsten 150 000 US-Dollar bzw. den Gegenwert in ihrer eigenen Währung ausgeben. Das war die einzige Einschränkung; alles andere blieb dem Skipper überlassen.

Die Idee fand großen Anklang unter den Teilnehmern und brachte eine Menge interessanter Vorschläge ans Tageslicht; 160 Skipper stellten sich der Herausforderung und gaben am Ende der ARC 86 ausgefüllte Fragebögen ab, darunter viele, die sich offensichtlich sehr viele Gedanken über die einzelnen Punkte gemacht hatten. Die Ergebnisse der Umfrage zur idealen Tourenyacht und die vielen wertvollen Anregungen der Skipper werden im folgenden parallel mit den Feststellungen aus den anderen ARC-Umfragen untersucht und besonders dann, wenn es um die Entwicklung spezifischer Dinge aus den letzten zehn Jahren geht, auch mit den Resultaten früherer Umfragen verglichen.

Größe

Die erste Entscheidung, die jeder treffen muß, der an den Kauf eines Bootes denkt, ist zweifellos die über die Größe. Die Länge selbst ist von vielen Faktoren abhängig wie etwa Größe der Crew, geplantem Zeitraum auf See, vorgesehenem Revier und natürlich der Ergiebigkeit des Portemonnaies. In den meisten Fällen ist der letztgenannte Faktor das bestimmende Element, und ich kenne viele Segler, die eine größere Yacht gekauft hätten, wenn die verfügbaren Mittel das erlaubt hätten. Trotzdem dürfen finanzielle Erwägungen bei der Wahl einer Tourenyacht nicht alle anderen Kriterien überlagern. Ian Allmark, der mit seiner 10,5 m langen *Telemark* viele Jahre lang unterwegs war, meinte zu diesem Thema: »Man sollte kein größeres Boot kaufen, als man braucht, und ganz bestimmt kein großes Boot aus dem einzigen Grund kaufen, daß man es sich leisten kann.« Diese klugen Worte fanden neulich auch ihren Widerhall in einem Brief von Mike Bailes von der *Jellicle*, der zu mehreren meiner Umfragen Beiträge geleistet hat. Sein treues Folkboot ist ein Vierteljahrhundert lang sein Heim gewesen, in dem er schon vor langer Zeit die 100000-sm-Marke überschritten hat. Mike schrieb: »Zu viele meiner Freunde und Bekannten befinden sich in dem Irrglauben, eine Yacht sollte, in Fuß gemessen, so lang sein, wie der Skipper alt ist. Zugegeben, weder ich noch die Kakerlaken an Bord möchten die *Jellicle* kleiner, aber größer sollte sie auch nicht sein!«

Bei allem Respekt vor Mike und seinen treuen Kakerlaken, 7,5 m sind für die meisten Segler zu wenig, und auch der andere Maßstab, das eigene Alter, bedeutet nicht notwendigerweise, daß man damit die ideale Länge bekommt. Objektiver sind da wohl die Ergebnisse meiner verschiedenen Umfragen, die auf eine bemerkenswerte Übereinstimmung zwischen der für optimal gehaltenen und der tatsächlichen Schiffsgröße hinweisen.

Mit der Optimalgröße befaßte ich mich zum ersten Mal in der Suva-Umfrage, in der unter 62 Tourenyachten die Klasse von 10,5–12 m nicht nur am häufigsten vertreten war, sondern auch die höchsten Noten erhielt. Die Skipper waren dabei gebeten worden, die Größe ihres Bootes unter Berücksichtigung der permanenten Crew zu bewerten. Interessanterweise wurden die Ergebnisse dieser ersten Umfrage im Verlauf der nächsten zehn Jahre immer wieder bestätigt, und auch bei der Umfrage zur idealen Tourenyacht ergab sich genau dieselbe Idealgröße.

In der Atlantik-Umfrage zeigte sich eine Durchschnittslänge von 11,5 m, was genau dem Schnitt bei allen vier vorhergehenden Umfragen entsprach und auf eine bemerkenswerte Übereinstimmung im Hinblick auf die Länge einer Tourenyacht hindeutet. In der Tat lagen fast alle Yachten bei der Atlantik-Umfrage in der Klasse von 9–14 m, wobei die größeren Boote meist zum Verchartern vorgesehen waren und die kleineren oft allein gesegelt wurden.

Die ARC ist zwar für Tourenyachten ab 7,3 m offen, doch die Mehrzahl aller Boote liegt zwischen 10.5 m und 14 m Lüa; zwischen diesen beiden Werten bewegte sich über die Hälfte aller Yachten bei den ersten drei ARC-Regatten. Es sind zwar nach wie vor kleinere Boote auf den Weltmeeren zu finden, doch in den letzten Jahren geht der Trend hin zu größeren Schiffen, was sich auch in der ARC widerspiegelt. Während in den sechziger Jahren noch 9–10,5 m als gute Länge für eine Tourenyacht galten, sind es heute schon 10,5–14 m, wobei letzterer Wert unter Hochsee-Fahrtenseglern schnell an Beliebtheit gewinnt. Diese Beobachtung geht auf die Umfrage zur idealen Tourenyacht zurück, deren erster Teil sich mit der Länge befaßte.

Obwohl die zugestandene Summe Schiffe aus dem oberen Marktbereich ausschloß, hatten die an der Umfrage zur idealen Tourenyacht teilnehmenden Skipper im Hinblick auf die Länge noch eine relativ uneingeschränkte Wahl. Für die große Mehrheit lag die ideale Länge zwischen 10,5 und 14 m, wobei 12 m am häufigsten genannt wurden. Für das Extreme entschied sich nur eine Minderheit, nämlich nur fünf Skipper, d. h., drei Prozent aller Befragten, für eine Länge unter 10,5 m und nur wenige mehr für eine Länge von 15 m und mehr. Während ein paar von den Skippern, die sich für größere Yachten aussprachen, ihr Budget überzogen, wollten andere ihr größeres Schiff selbst bauen, um mit dem zugewiesenen Geld weiter zu kommen. Trotzdem bestätigte die Umfrage mein Gefühl, daß finanzielle

Überlegungen oft der bestimmende Faktor bei der Wahl einer bestimmten Schiffsgröße sind und daß die Entscheidung letztendlich nur selten auf Faktoren wie der leichteren Handhabung eines 9-m-Schiffes im Vergleich zu einer 12-m-Yacht beruht.

Die Anzahl der Crewmitglieder hat ebenfalls gewisse Auswirkungen auf die Größe des Schiffes, aber auch in dieser Hinsicht ist insofern eine Änderung in der Einstellung zu vermerken, als viele Segler heute bereit sind, auf Schiffen zu segeln, für die man vor nicht allzu langer Zeit noch eine Crew aus lauter Tarzanfiguren haben zu müssen glaubte. Besonders deutlich wird das bei der ARC, wo viele Yachten über 12 m Lüa von nur einem Paar gesegelt werden, das zudem nicht einmal mehr so jung ist. Einen Vergleich der Schiffsgrößen zeigt Tab. 14 mit den Daten aus allen Umfragen in den letzten zehn Jahren. Bei den Zahlen handelt es sich jeweils um den Prozentsatz der Boote einer bestimmten Größe. Wie zu sehen ist, sind die Größenangaben von etwa vierhundert Booten bei den Umfragen im Pazifik und Atlantik und von etwa sechshundert Booten aus den ersten drei ARC-Regatten gleichmäßig zwischen 9 und 14 m verteilt.

Tabelle 14 – Vergleich der Schiffsgrößen

Prozent aller erfaßten Yachten

Umfrage:	Pazifik	Atlantik	ARC 86–88	Ideale Tourenyacht
unter 9 m	7	12	8	–
9 – 10,5 m	20	21	20	3
10,5 – 12 m	30	19	28	55
12 – 14 m	21	28	24	24
14 – 15 m	10	10	9	14
über 15 m	12	10	11	4

Die meisten Boote in den Umfragen, ob klein oder groß, genügten den Ansprüchen ihrer Eigner, doch in jeder Umfrage gab es ein paar verstimmte Crews. Einige wenige beklagten sich darüber, daß das Boot zu groß sei, doch die große Mehrheit der unzufriedenen Eigner führte diese Unzufriedenheit auf die zu geringe Größe zurück. Das Gefühl, daß es an Bord zu voll und zu eng ist, kann negative Auswirkungen auf die Moral haben und zu Reibungen unter den Crewmitgliedern führen. Ein weiterer Beschwerdegrund war der Mangel an Stauraum für all die Ausrüstung, die man für einen längeren Törn braucht. Das bedeutet oft, daß überschüssiges Gerät an Deck verstaut werden mußte, was zu gefährlichen Situationen führen kann. Wenn die Yachten nach der Atlantiküberquerung am Kai von Barbados festmachen, wundere ich mich bei manchen Booten immer wieder, wie derjenige, der die Heckleine übergibt, es schafft, sich durch das Gewirr aus Mast für den Windgenerator, Boje, Selbststeueranlage, Radarmast, Angelgeschirr, Flaggenstock, Reserveanker, SatNav-Antenne, Außenborder und Grill zu kämpfen. In einem Notfall müßte man an all diesen Hindernissen vorbei einem

Überbordgegangenen eine Leine zuwerfen oder das Rettungsfloß aussetzen. Zweifellos ist ein hindernisfreies aufklariertes Deck ein nicht zu überschätzender Sicherheitsfaktor. Daraus folgt jedoch nicht, daß auf einer größeren Yacht das Deck zwangsläufig freier ist, sondern, daß beim Kauf eines Bootes für einen längeren Törn daran zu denken ist, wie viel Ausrüstung man mitnehmen muß und wo sie sich verstauen läßt.

Eine größere Yacht bedeutet natürlich auch mehr Platz zum Leben, und viele Eigner kleinerer Boote betonten bei der Umfrage zur idealen Tourenyacht, wie wichtig besonders auf langen Fahrten die Privatsphäre ist. Ideal wäre für jedes Crewmitglied eine eigene Kajüte, zumindest aber die Möglichkeit, die Koje gegen das restliche Boot hin abzuschirmen. Mehrere Elternpaare wiesen darauf hin, eine abgetrennte Kajüte für die Kinder sei unerläßlich. Eine weitere interessante Anregung betraf alle Paare, die gemeinsam mit einem anderen Paar auf Fahrt gehen wollen. In diesem Fall sollte das Boot so gebaut sein, daß beide Paare jeweils ihre Privatsphäre haben. Eine Achterkajüte mit Durchgang zu allen anderen Räumen wurde hier als vielleicht beste Lösung vorgeschlagen, doch auf den meisten Yachten dürfte die Frage, ob eine ausreichend große Achterkajüte überhaupt eingerichtet werden kann, davon abhängig sein, wo sich das Cockpit befindet.

Bei der Umfrage zur idealen Tourenyacht sollten die Skipper auch angeben, wo sie am liebsten das Cockpit hätten, ohne jedoch detailliert zur Konstruktion Stellung zu nehmen. 84 Skipper sprachen sich für das Achtercockpit aus und siebzig für das Mittelcockpit; sechs konnten sich nicht entscheiden. Da auf der Prioritätenliste der meisten Skipper auch ein Schutz für das Cockpit steht, wurden die Teilnehmer an der Umfrage auch gefragt, ob sie lieber eine Art Persenning oder eine eher permanente Vorrichtung hätten. Angesichts der Tatsache, daß sich die Mehrheit für ein

56

Achtercockpit ausgesprochen hatte, bei dem sich ein permanenter Schutz für den Steuerstand nicht so einfach verwirklichen läßt, votierten 93 Skipper für eine Persenning, und zwölf enthielten sich der Stimme. 55 Skipper wollten jedoch einen permanenten Wetterschutz für ein Mittelcockpit. 29 Skipper gingen in ihrem Wunsch nach Komfort noch weiter und gaben an, sie hätten auch gern einen zweiten Steuerstand. Gelegentlich wurde eine Doppelsteuerung mit Rad innen und Pinne außen vorgeschlagen. Mehrere Skipper meinten, die Pinne sollte direkt mit dem Ruderschaft verbunden sein, um so auch eine Selbststeueranlage in Betrieb setzen zu können, bei der Leinen ins Cockpit führen. In einem weiteren Vorschlag zu einem Zweitsteuerstand in einem Ruderhaus wurde letzteres als im Notfall verzichtbar bezeichnet, da ja alle wesentlichen Steuerorgane doppelt im Boot vorhanden seien.

Kielform

In einer Reihe von Umfragen ging es um die Kielform, meist in Verbindung mit dem Tiefgang. Im Laufe der Jahre zeichnete sich ein Rückgang der Yachten mit Langkiel ab, der allgemein als beste Kielform für das Langfahrtensegeln galt. Die meisten Serienyachten von heute haben einen mittellangen Flossenkiel, wobei aber auch noch einige wenige Langkieler anzutreffen sind. Besonders auffällig war die Vorherrschaft des Langkiels in der Suva-Umfrage, bei der von insgesamt 62 Yachten 39 (63%) Langkieler waren. Wie aus Tab. 15 zu sehen ist, hat der Langkiel inzwischen an Boden verloren.

Tabelle 15 – Vergleich der Kielformen

Prozent der gesamt erfaßten Yachten

Umfrage:	Pazifik	Atlantik	ARC 1986/87	Ideale Tourenyacht
Langkiel	34	27	30	27
Mittellangkiel	37	36	31	38
Flossenkiel	19	31	19	11
Schwertkiel	9	4	5	15
Sonstige	1	2	5	9

Ein wesentlicher Punkt in der Umfrage zur idealen Tourenyacht war die optimale Kielform. Die Skipper waren aufgefordert, sowohl die von ihnen bevorzugte Kielform als auch den maximalen Tiefgang anzugeben. 38 Prozent sprachen sich für einen mittellangen Kiel mit Ruderhacke und Ruder aus. Aber immerhin noch etwas mehr als ein Viertel (27%) hielt den Langkiel für die optimale Lösung. Elf Prozent wählten für ihre ideale Yacht einen Flossenkiel. Vermutlich eingedenk der Tatsache, daß ein Flossenkiel bei einer Tourenyacht stets gefährdet ist, betonten drei dieser

Skipper, daß zu einem Flossenkiel ein stabil aufgehängtes Ruder mit Leitflosse unerläßlich sei. Zwei gingen sogar noch weiter und forderten ein wasserdichtes Schott in Längsrichtung vor Ruderschaft und Leitflosse.

Für einen Hub- oder Schwertkiel waren 24 Skipper, die sich gleichzeitig für einen Tiefgang von höchstens 1,2 m aussprachen. Mehrere Skipper machten bei ihrer Wahl von Kielform und maximalem Tiefgang die Einschränkung, daß sie die endgültige Entscheidung davon abhängig machen würden, für welches Revier die Yacht gebaut werde. Für normales Segeln betrachteten 110 Skipper 1,8 m als maximalen Tiefgang, während dreißig nicht bereit waren, mehr als 1,5 m zu akzeptieren. Die restlichen zwanzig sprachen sich für einen Schwert- oder Hubkiel aus.

Die Umfrage brachte im Hinblick auf die Kielform keine Überraschungen, wenn man einmal davon absieht, daß sich eine Tendenz zu geringerem Tiefgang zeigt, der sich entweder durch einen insgesamt flacheren Kiel, ein Kielschwert oder einen Hubkiel oder durch Ausweichen auf einen Katamaran erreichen läßt. Ein in erster Linie zur Verringerung des Tiefgangs konzipierter Kiel ist der sogenannte Scheelkiel, der aber interessanterweise von keinem einzigen Skipper als Idealform genannt wurde, und zwar nicht einmal von denen, deren gegenwärtige Yacht damit ausgestattet war. Diese Abneigung wurde von dem Eigner einer nagelneuen Yacht, die auf Anraten des Konstrukteurs und Bootsbauers einen solchen Kiel bekommen hatte, damit erklärt, daß der Kiel auf Vormwindkursen zufriedenstellend funktioniere, daß aber die Abdrift auf Amwindkursen zu groß sei. Er war der Meinung, die bescheidene Reduzierung des Tiefgangs durch den Scheelkiel sei keine Rechtfertigung für den Verlust der mit normalem Kiel guten Amwindeigenschaften seines Bootes. Diese Ansicht wird jedoch nicht einhellig geteilt. Bei der ARC 88 hatte ich die Gelegenheit, mit zwei Teilnehmern, deren Yachten einen Scheelkiel hatten, über dessen Vor- und Nachteile zu sprechen; sie waren der Meinung, daß er viele Vorteile biete, und fanden eigentlich nur lobende Worte.

Besonders hoben die beiden Skipper den Vorteil hervor, in aufrechter Lage trockenfallen zu können; von diesem Kriterium ließen sie sich die Kielform gern diktieren. Das Boot muß dafür ein relativ flaches Unterwasserschiff haben und entweder mit einem Kielschwert oder mit einem Hubkiel ausgerüstet werden. Das Ruder müßte einziehbar sein bzw. müßte man ein Doppelruder wählen. Als weitere Alternative käme ein Katamaran in Frage.

Bei denjenigen, für die die ideale Tourenyacht ein Katamaran war, spielte anscheinend der geringe Tiefgang eine wesentliche Rolle. Als weiterer Grund wurde die Möglichkeit genannt, einen Kat mit ausreichend Auftriebskörpern auszurüsten, um ihn unsinkbar zu machen. Drei Katamaran-Besitzer wollten dafür sorgen, daß ihr idealer Kat zusätzliche Auftriebskammern besaß, die ihn auch in teilweise geflutetem Zustand noch über Wasser hielten.

Interessant war, daß von den 14 Multihull-Eignern elf wieder ein Mehrrumpfboot als ideale Tourenyacht wählten und drei auf ein Einrumpfboot umsteigen wollten, während umgekehrt kein einziger Monohull-Eigner ein Mehrrumpfschiff zur idealen Tourenyacht erkor. Trotz der unbestreitbaren Vorteile von Mehrrumpfbooten und hier besonders von Katamaranen beim Fahrtensegeln sind sie nach wie vor nicht sehr beliebt. Dafür gibt es mehrere Gründe, von denen die Bedenken hinsichtlich der Sicherheit auf hoher See der wichtigste zu sein scheint. Die ausführliche Berichterstattung über Unglücksfälle mit Mehrrumpf-Regattabooten hat dabei der Sache der Mehrrumpf-Fahrtenboote bestimmt nicht gedient – trotz der Tatsache, daß Fahrtenkatamarane auf mehrere herausragende Törns zurückblicken können.

Verdrängung

Die Vielfalt an Konstruktionen, die ich bei den beiden ersten Umfragen im Pazifik antraf, war für mich ein Anlaß, mich systematischer mit den Faktoren zu beschäftigen, die beim Kauf einer Tourenyacht eine Rolle spielen. Weitere Untersuchungen in der Pazifik- und der Atlantik-Umfrage führten zu einigen interessanten Schlußfolgerungen, darunter auch die, daß viele Leute die Verdrängung für nicht wichtig genug halten, um sich davon bei der Wahl ihrer künftigen Yacht groß beeinflussen zu lassen. Sie geben sich anscheinend gern damit zufrieden, diese Entscheidung dem Konstrukteur zu überlassen, und zwar besonders, wenn es um so nette Dinge wie etwa das Verhältnis von Verdrängung zu Ballastgewicht geht. Bei der Frage, ob sie mit dem gegenwärtigen Verhältnis zufrieden seien, konnte eine beträchtliche Anzahl von Skippern das Verhältnis nicht einmal nennen, geschweige denn, etwas dazu sagen.

Die Tatsache, daß viele Fahrtensegler der Verdrängung völlig indifferent gegenüberstehen, zeigt sich jedes Jahr wieder an den Leerstellen bzw. offensichtlich falschen Angaben in den ARC-Meldeformularen. Ich habe keine Erklärung dafür, bin aber überzeugt, daß die Leistung mancher Tourenyacht beträchtlich besser wäre, wenn der Eigner der Verdrängung bei der Wahl eines geeigneten Bootes, die Aufmerksamkeit geschenkt hätte, die sie verdient. Wenn dieser Aspekt der Konstruktion dann unterwegs beim Zusammentreffen mit anderen Booten zur Sprache kommt, ist es meist zu spät, um noch etwas zu ändern. Erick Bouteleux von der *Calao*, der es nie versäumte, seine Abneigung gegenüber seinen französischenn Landsleuten zu zeigen, die sklavenhaft die superschwere *Joshua* von Bernhard Moitessier nachbauten, faßte diese Einstellung einmal folgendermaßen zusammen: »Wem macht es schon Spaß, mit einem schwimmenden Safe zu segeln?«

Die Verdrängung war auch ein Thema bei der Umfrage zur idealen Tourenyacht, bei der sich die Mehrheit für eine Yacht mit mittlerer Verdrängung aussprach, die genügend Ausrüstung und Proviant faßt, ohne träge zu werden. Im Schnitt wurden 10,6 t als ideal bezeichnet. Diese Zahl sagt zwar ohne Bezug zu Baumaterial und anderen Faktoren nicht viel aus, doch wenn man berücksichtigt, daß sich bei der Umfrage eine mittlere Bootslänge von 12,5 m ergab, zeigt sich, daß die Tendenz bei Langfahrtenseglern zu Booten mit leichterer Verdrängung geht.

In einer wertvollen Anmerkung zur Verdrängung wurde betont, wie wichtig es ist, daß der Konstrukteur bei der Berechnung der Verdrängung des vollbelasteten Bootes das zusätzliche Gewicht von Wasser, Treibstoff, Proviant und Ausrüstung auf einer Tourenyacht berücksichtigt. Daraus ergibt sich dann der benötigte Ballast. Bei Serien- und Gebrauchtyachten kann der Eigner in spe natürlich nur wenig tun, doch ansonsten liegt es in seinem eigenen Interesse, Konstrukteur und Bootsbauer mitzuteilen, welche Gewichtsmengen er an Bord nehmen will und wie sie verteilt werden. Das gilt besonders für schwereres Gerät wie etwa Reserveanker und Kette.

Die *Roter Baron* schlägt die *Oyster Lady* bei der ersten ARC um genau zwei Sekunden und zeigt damit, daß gut konstruierte Stahlschiffe durchaus schnell sein können

Baumaterial

Die meisten Leute haben schon lange, bevor sie sich für eine bestimmte Konstruktion entscheiden, eine ziemlich genaue Vorstellung davon, aus welchem

Material ihr künftiges Boot bestehen soll. Soweit normale Serienyachten betroffen sind, kann man sowieso auf jedes beliebige Material zurückgreifen, solange es sich um GFK handelt. Eine größere Auswahl haben diejenigen, die sich eine Einzelanfertigung leisten können, das Boot selbst bauen wollen oder all diesen Problemen aus dem Weg gehen und ein gebrauchtes Schiff kaufen.

GFK ist zwar nach wie vor das vorherrschende Material in der Großserienfertigung von Tourenyachten, doch behaupten andere Materialien fest ihren Platz auf dem Markt. Bei den drei Umfragen im Pazifik zeigte sich deutlich eine Tendenz zu Metallyachten, die 1984 sogar einen Anteil von dreißig Prozent erreichten. Viele Segler, die zwischen den Atollen und Korallenriffen des Südpazifiks kreuzen, fühlen sich in einem Metallschiff sicherer: Insgesamt war etwa ein Fünftel aller im Pazifik erfaßten Yachten aus diesem Material (siehe Tab. 16).

Die Präferenz für robuste Schiffe zeigt sich weniger ausgeprägt im Atlantik, wo der Anteil an Metallyachten niedriger liegt. Daß es den Skippern aber auch dort auf Festigkeit ankommt, ergab sich aus der Umfrage zur idealen Tourenyacht, bei der 44 Prozent der Befragten sich für einen Metallrumpf aussprachen. Dabei lag Stahl klar vor Aluminium, das in der Regel von Skippern gewählt wurde, die Festigkeit mit leichter Verdrängung kombinieren wollten.

Tabelle 16 – Vergleich der Baumaterialien

Prozent der gesamt erfaßten Yachten

Umfrage:	Pazifik	Atlantik	ARC 1986/87	Ideale Tourenyacht
GFK	47	69	77	52
Vollholz	27	11	7	3
Sperrholz	4	3	–	0,5
Stahl	17	11	9	28
Aluminium	2	1	6	16
Ferrozement	3	–	1	0,5

Wie schon im Abschnitt über die Verdrängung gesagt, zeigte die Umfrage zur idealen Tourenyacht eine Tendenz zur leichteren Booten. In Gesprächen mit vielen Skippern wurde jedoch deutlich, daß sie nicht bereit waren, um der Geschwindigkeit willen auf Festigkeit zu verzichten, sondern im Gegenteil von den Konstrukteuren erwarteten, daß sie schnelle und feste Schiffe entwerfen.

GFK bzw. Verbundbauweise waren nach wie vor mit 82 Stimmen die Favoriten; fünf Skipper votierten für Vollholz, einer für Sperrholz und einer für Ferrozement. Von den 71 Skippern, die sich für einen Metallrumpf aussprachen, wollten 45 Stahl und 26 Aluminium. Die Mehrzahl betrachtet zwar nach wie vor GFK als das ideale Baumaterial, doch steigt unter den Weltumseglern die Zahl der Metallyachten, und zwar speziell der Stahlyachten. In der Flotte der ARC-Teilnehmer unterscheidet sich der Anteil der Metallschiffe nicht sehr stark von demjenigen bei den anderen Umfragen, was es noch bedeutender erscheinen läßt, daß so viele Skipper Metall als

Baumaterial für ihre ideale Yacht angaben. Die Tatsache, daß Metallyachten häufiger als ideal genannt wurden, als sie in der Praxis anzutreffen sind, weist wahrscheinlich darauf hin, daß für die meisten Käufer ein Serienboot die einzige Möglichkeit ist, und Metallschiffe sind nun einmal nicht so einfach und so kostengünstig in Großserie zu bauen wie GFK-Boote. In diesem Zusammenhang ist allerdings darauf hinzuweisen, daß einige französische Werften Schritte in diese Richtung unternehmen und Aluminiumyachten bauen, die preislich mithalten können.

Der Hauptgrund für die augenblickliche Sorge unter den Weltumseglern um die Festigkeit des Rumpfes ist die Angst vor einer Kollision mit unsichtbaren Objekten, von denen zu viele an oder unmittelbar unter der Wasseroberfläche zu lauern scheinen. Mehrere Skipper berichteten von derartigen Kollisionen vor und während der ARC, und eine Yacht wurde auf dem Weg zum Start an Kiel und Ruder so schwer beschädigt, daß sie das Rennen nicht aufnehmen konnte. Vier Yachten kollidierten bei der Atlantiküberquerung mit Walen, zum Glück ohne ernste Folgen. Diese Beispiele zeigen, daß die Ängste nicht übertrieben sind. Da kann es auch nicht erstaunen, daß sämtliche Skipper, die eine solche Kollision erlebt hatten, Stahl bzw. Aluminium als Baumaterial für ihre ideale Tourenyacht angaben.

Rigg

Als weitere Tendenz zeigte sich in den letzten Jahren auch bei den größten Yachten die Hinwendung zum Einmastrigg. Gründe dafür gibt es viele, darunter an erster Stelle die verbesserten Rollreffanlagen für Vor- und Großsegel. Die Takelung der Boote bei den ARC-Regatten bestätigte die Ergebnisse früherer Umfragen insofern, als über zwei Drittel der Yachten unter 12 m Einmaster und nur eine Handvoll als Ketsch getakelt waren. Auch oberhalb dieser Länge war mehr als die Hälfte aller ARC-Boote slup- oder kuttergetakelt. Auch das bestätigt den Trend zum Einmastrigg und bedeutet das Aus für die alte Theorie, daß ein Zweimastrigg vorzuziehen sei, weil sich kleinere Segel leichter handhaben ließen. Kleinere Segel sind in der Tat besonders bei Starkwind leichter zu handhaben, doch dafür gibt es heute auf vielen Tourenyachten Rollreffanlagen. Für das Langfahrtensegeln ist es genau so wichtig, daß man über ein Rigg verfügt, mit dem man gut Höhe laufen kann, und in diesem Punkt haben Slup- und Kuttertakelung unbestreitbare Vorteile.

Die Umfrage zur idealen Tourenyacht bestätigte den Trend zum Einmastrigg insofern, als es von drei Vierteln aller Skipper als ideal bezeichnet wurde (43mal Slup-, 77mal Kutterrigg), während das restliche Viertel sich für zwei Masten aussprachen (32mal Ketsch-, 2mal Yawl-, 2mal Schoner-, 1mal Luna- und 3mal Cat-Takelung). Interessant war, daß so viele Skipper die Kuttertakelung bevorzugten. Diese Beliebtheit des Kutterriggs beschränkte sich nicht auf Einmaster; auch 15 »ideale« Ketsch-Yachten sollten einen Klüver bekommen. Tab. 17 zeigt einen Vergleich zwischen den Ergebnissen früherer Umfrage und der Umfrage zur idealen Tourenyacht.

Tabelle 17 – Vergleich der Takelungsarten

Prozent der gesamt erfaßten Yachten

Umfrage:	Pazifik	Atlantik	ARC 1986/87	Ideale Tourenyacht
Slup	33	50	53	26
Kutter	23	21	17	48
Ketsch	38	25	26	21
Yawl	3	2	1	1
Schoner	3	2	2	1
Sonstige	–	–	1	3

Mehrere Skipper wiesen darauf hin, daß das Rigg unabhängig vom Typ großzügig bemessen sein müsse, da es nichts Frustrierenderes gebe als ein unterbesegeltes Boot. Zusammengefaßt wurden diese Meinungen von Peter Ibsen, einem dänischen Segler, der mit seiner Sigma 41 *Baldur* an der Kanaren-Regatta, der ARC 87 und der TRANSARC 88 teilnahm, während der ich mit ihm über verschiedene Aspekte der Tourenyachtkonstruktion sprach. Er hatte mehrfach bei Leicht- und bei Starkwind das Feld angeführt und stellte die Vorteile einer großzügigen Besegelung heraus: »Bei einer leichten Brise kann man alles setzen, was man hat, um es dann bei Sturm auf eine Größe zu reffen, mit der man zurechtkommt.«

Diese Fähigkeit, bei leichtem Wind befriedigende Fahrt zu machen, ist offensichtlich etwas, das viele Leute bei der Wahl des Riggs gar nicht ernsthaft bedenken. Sie sind in Gedanken meist mehr bei schwerem Wetter. Viele Skipper gaben zu, anfangs geglaubt zu haben, eine Ketsch-Takelung werde es ihnen bei schwerem Wetter einfacher machen, um dann später festzustellen, daß es auf der Passatroute gar nicht so viel schweres Wetter gab und daß ihr Boot die meiste Zeit langsam und unterbesegelt war.

Da ich diesen Fehler bei der Ausrüstung unserer ersten *Aventura* selbst begangen hatte, interessiere ich mich für dieses Thema ganz besonders. Es schmerzt mich, wenn ich mit ansehen muß, wenn eine gut konstruierte Tourenyacht keine nennenswerte Fahrt mehr macht, wenn der Wind unter 10 kn fällt. Besonders deutlich wurde das bei der zweiten Kanaren-Regatta im Oktober 1988, die sehr unterschiedliche Boote anzog. Bei starkem Wind waren die Leistungen ziemlich ausgeglichen, doch wenn – was meistens der Fall war – leichter Wind herrschte, blieben viele Tourenyachten weit hinter den Touren- und Regattayachten zurück, die weiterhin recht gute Fahrt machten. Die richtige Segelfläche für ein bestimmtes Boot zu bemessen, darin sind manche Konstrukteure ihren Kollegen offenbar weit überlegen. Philip Owen, Skipper der Evasion 37 *Cormorant* gab seiner Frustration mit den Worten Ausdruck: »Was das gemütliche Fahrtensegeln angeht, ist an unserem Boot kaum etwas auszusetzen. Aber warum hat der Konstrukteur den Mast nicht eineinhalb Meter höher gemacht? Dann hätten wir nämlich ein perfektes Allround-Schiff gehabt.« Diese Frage stellten sich wahrscheinlich auch noch andere

Die Kuttertakelung
ist besonders in den
USA seit langer
Zeit sehr beliebt
und erhielt bei der
Umfrage zur idea-
len Tourenyacht die
höchsten Noten.

Regattateilnehmer, als sie mitansehen mußten, wie ihre Konkurrenten den Spinnaker heißten und ihnen das Heck zeigten.

Viele Skipper hielten nicht nur das Rigg, sondern auch die Leichtwettersegel für wichtig. Hinzu kamen doppelte Vorstage und möglicherweise auch Achterstage.

64

Während letztere in erster Linie der Sicherheit dienen, können erstere sehr nützlich sein, wenn man vor dem Wind mit zwei Focks oder Genuas laufen will. Es wurde allerdings auch darauf hingewiesen, daß die zusätzliche Sicherheit ein ebenfalls nicht zu vernachlässigender Aspekt sei.

Innenausstattung

Viele Anregungen betrafen die Pantry, beispielsweise die kardanische Aufhängung weiterer Vorrichtungen außer dem Kocher. Gut erschien mir ein kardanisch aufgehängtes Bord für zubereitetes Essen auf Tellern, in Tassen oder Bechern. Der Tisch selbst und vielleicht auch eine Koje könnten kardanisch aufgehängt sein. Viele Skipper verwiesen darauf, daß die Seekojen bei jedem Krängungswinkel bequem sein müßten, und einer meinte sogar, wenn die Kojen im Salon auf See nicht zum Sitzen benötigt würden, sollten sie sich problemlos zu sargförmigen Kojen umbauen lassen. Viele verwiesen darauf, daß im Hafen doch eine Doppelkoje wünschenswert sei, darunter auch ein Einhandsegler!

Als wesentlich wurde eine gute Be- und Entlüftung im gesamten Schiff betrachtet, das dafür mit mehreren zu öffnenden Bullaugen und Luken ausgestattet sein muß. Manche Skipper gingen sogar so weit, für ihre ideale Tourenyacht eine Klimaanlage vorzusehen, während andere die Vorteile einer guten Rumpfisolierung priesen, die vielen Booten fehlt und die das Leben an Bord in warmen und besonders in kalten Gegenden erträglicher machen würde. Ausreichende Schalldämmung des Maschinenraums sowie eine gute Lüftung für den Motor selbst wurden ebenfalls gefordert. Zum Thema Lüftung wurde noch vorgeschlagen, daß der Stauraum selbst gut gelüftet sein sollte, weil Frischvorräte sich besser halten, wenn die Luftzirkulation nicht eingeschränkt ist. Besonders im Bereich der Pantry nimmt man möglicherweise besser Drahtkörbe als Borde.

Mit dem WC-Raum beschäftigten sich eine ganze Reihe von Skippern. Einige waren bereit, für eine qualitativ gute Toilette, die nicht im falschen Augenblick in die Brüche ging, jeden Preis zu zahlen, während andere auf den bewährten Eimer schworen. Neben einer verläßlichen Toilette erschien vielen auch eine Dusche als wünschenswert. Interessant war die Anregung, die Duschtasse mit einem hohen Süll zu versehen, um sie gegebenenfalls auch als Badewanne für Kinder und zum Einweichen der Wäsche benutzen zu können. Eine der Schlußfolgerungen, die ich schon gleich zu Beginn der Umfrage zog, war die, daß viele Eigner anscheinend darauf versessen sind, daß alles an Bord eine doppelte Funktion erfüllt. So gehörte beispielsweise zu den eher ungewöhnlichen Annehmlichkeiten eine Sauna, die als Stauraum dienen konnte, wenn sie nicht benutzt wurde.

Oft genannt wurde die Forderung nach reichlich Stauraum wie auch die Anregung, die vordere Kajüte als Stauraum zu verwenden, sie aber mit Klappkojen für eventuelle zusätzliche Crewmitglieder auszustatten. Mehrere Skipper hoben die Bedeutung einer Werkbank auf einer Tourenyacht hervor und nannten das Vorschiff als mögliche Werkstatt. Weitere wünschenswerte Dinge für eine gut konstruierte Tourenyacht waren ein Cockpit-Tisch und ein Navigationstisch, auf dem die Karte voll ausgebreitet oder zumindest nur einmal geknickt Platz hätte. In Hinsicht auf den Navigationstisch wurde außerdem betont, daß er immer in Schiffsrichtung nach vorn blicken und einen richtig geformten Sitz haben müsse, der auch bei Krängung festen Halt bietet.

Sicherheit

Aus der großen Zahl von Anregungen zu diesem Thema war zu erkennen, daß die Sicherheit eine große Rolle spielt. Kollisionsschotten und wasserdichte Abteilungen wurden fast durchgehend aus dem Gefühl heraus genannt, daß das Risiko, das Boot nach einer Kollision zu verlieren, verringert werden müsse. Ebenfalls in die Richtung zielte der Vorschlag, Wasser- oder Kraftstofftanks seitlich bis über die Wasserlinie hinaus in den Rumpf einzubauen, damit sie im Falle einer Kollision als zweite Haut dienen könnten. Weiter kam der Hinweis, daß im Idealfall nur ein Seewasser-Entnahmeventil vorhanden sein sollte und daß generell möglichst wenige Öffnungen durch den Rumpf führen dürften. Kritik richtete sich gegen Boote, deren Unterwasserschiff so abgeflacht ist, daß es keine Bilge gibt, wobei allerdings auch auf Flachbodenbooten Vorrichtungen für einen Pumpenbrunnen vorhanden sein müssen. Die ideale Tourenyacht muß daher eine Bilge haben und mit guten Lenzpumpen ausgestattet sein, von denen eine von der Maschine angetrieben wird. Viele Skipper verwiesen darauf, daß die Maschine im Notfall leicht zugänglich sein müsse. Ein weiterer interessanter Vorschlag lautete, den Maschinenraum wasserdicht zu gestalten, damit der Motor auch dann noch laufen kann, wenn der Rest der Yacht teilweise geflutet ist. In einem solchen Fall könnte eine vom Motor angetriebene leistungsfähige Lenzpumpe das Schiff vielleicht noch retten.

Es gab viele interessante Anregungen, die teils zur Sicherheit beitragen und teils das Leben für die Crew erleichtern sollten, darunter rutschfeste Böden für die Pantry und abgerundete Ecken und Kanten überall unter Deck. Ins Cockpit geführte Reffleinen, wie mehrere Skipper sie vorschlugen, dienen der Bequemlichkeit und der Sicherheit gleichzeitig. Permanente Stufen am Spiegel sowie eine Plattform an derselben Stelle erhöhen die Sicherheit. Letztere dient auch als Badeplattform und könnte so konstruiert werden, daß sie die Selbststeueranlage schützt. Nachdem ich alle Daten verarbeitet und mich durch die Ergebnisse hindurchgearbeitet hatte, zweifelte ich nicht daran, daß bei Verwirklichung aller Vorschläge und Anregungen der Konsens aus der Umfrage eine sehr attraktive Tourenyacht zu Tage fördern würde. Der erste, der von der Umfrage profitierte, war ich selbst mit meiner neuen *Aventura*, die in enger Zusammenarbeit mit Bill Dixon entstand und in der viele interessante Anregungen der ARC-Teilnehmer verwirklicht wurden. Meine eigene ideale Tourenyacht und die Art und Weise, in der diese Anregungen für sie umgesetzt wurden, beschreibe ich weiter hinten in diesem Buch.

Ein Idealist
unter den Fahrtenseglern

Nachdem ein Konsens zu den bedeutendsten Merkmalen der idealen Tourenyacht erreicht war, wäre es vielleicht logisch gewesen, mit der Geschichte eines solchen idealen Bootes fortzufahren. Aber diese perfekte Mischung aus so vielen Kriterien bleibt unfaßbar, weil sie zu sehr von vielen persönlichen Faktoren abhängig ist. Ich beschloß also, anstelle einer idealen Tourenyacht einen Mann vorzustellen, der sein Ideal nicht in der Form eines Schiffes gefunden hat, sondern mit seinem Schiff versucht, etwas Wertvolleres zu erreichen.

Ich traf Pierre Ribes, einen 55jährigen französischen Einhandsegler, zum ersten Mal in Las Palmas. Sein mitgenommenes 7,9-m-Boot *Sphinx* mit dem großen gelben Dinghi an Deck fiel richtig auf unter den vielen gepflegteren Yachten, die sich auf den Törn in die Karibik vorbereiteten. Eines sonnigen Morgens warf die *Sphinx* die Leinen los und setzte Kurs auf ein ganz anderes Ziel. Wie Pierre mir am Abend zuvor

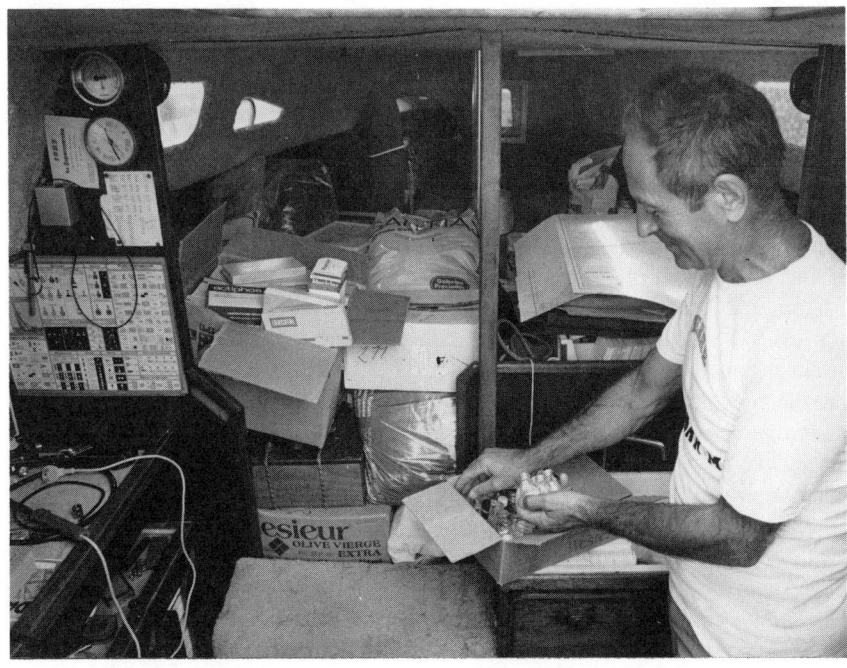

**Pierre Ribes'
schwimmende
Apotheke**

erklärt hatte, würde die einmonatige Fahrt ihn zu einem ungewöhnlichen Rendez-vous vor der westafrikanischen Küste führen. Dort wollte sich eine Klein-Armada von fünf Yachten von der französischen Atlantik- und Mittelmeerküste treffen, um sechs Tonnen medizinischer Hilfsgüter nach Senegal zu liefern.

Pierre Ribes, die Seele des Unternehmens, hatte in den vergangenen fünf Jahren jedes Jahr den Törn Frankreich – Senegal und zurück gemacht und dabei über 35 000 sm zurückgelegt. 1984 war er es gewesen, der die Freiwilligenorganisation Fédération Humanitaire des Associations Maritimes (FHAM) ins Leben gerufen hatte. Zweck der FHAM war es, auf Langfahrtensegler dahingehend einzuwirken, daß sie im Auftrag von Entwicklungshilfestellen in Europa kleine Ladungen von Hilfsgütern zu Zielen in der dritten Welt schafften. Da viele Tourenyachten an Orte und zu Inseln kommen, die nur selten von regelmäßigen Versorgungsschiffen angelaufen werden, stieß die Idee bei all denen, die in der Vergangenheit immer wieder erlebt hatten, daß wertvolle Projekte aus Mangel an Transportmöglichkeiten eingestellt werden mußten, auf begeisterte Aufnahme. Ein weiteres Ziel der Vereinigung war es, ein festes Band zwischen den Gebenden und den Nehmenden zu schmieden.

Pierre Ribes kann auf eine bemerkenswerte persönliche Geschichte zurückblicken. Ein schwerer Arbeitsunfall mit Bruch der Wirbelsäule führte 1958 zu einer doppelseitigen Lähmung. Mit eisernem Willen lernte er wieder zu laufen, was aber auch heute noch mit Schwierigkeiten verbunden ist. Da er nicht mehr in seinem erlernten Beruf als Gärtner arbeiten konnte, sah er sich nach etwas um, bei dem er nicht soviel zu laufen brauchte, und da erschien ihm das Segeln als die ideale Lösung. Er kaufte den Kimmkieler *Sphinx* als nackte Schale und rüstete ihn selbst einfach und funktionell aus. Das Boot wird von einem Außenborder angetrieben, und eine Reihe von Solarzellen deckt den bescheidenen Strombedarf, der überwiegend für das Amateurfunkgerät benötigt wird, weil Pierre keine elektrischen und elektronischen Geräte an Bord hat und auf klassische Art und Weise navigiert. Der erste Hochseetörn fand 1981 statt. Die *Sphinx* fuhr dabei über Portugal und die Kanarischen Inseln nach Senegal, wo Pierre auf seinem Fachgebiet Gemüseanbau als freiwilliger Berater arbeiten wollte. In der sumpfigen Region Casamance im Süden Senegals mußte er immer wieder schockiert feststellen, daß es selbst an grundlegenden Medikamenten und medizinischem Gerät fehlte. Er dachte daran, daß in Frankreich jedes Jahr riesige Mengen von Medikamenten vernichtet wurden, weil das Verfallsdatum überschritten war, wußte aber auch, daß bestimmte Medikamente dann durchaus noch brauchbar waren, wenn auch möglicherweise die Dosis erhöht werden mußte. Angesichts der Not in Afrika entsetzte ihn die Verschwendung in Europa ganz besonders. Nach der Rückkehr nach Frankreich nahm Pierre Kontakt mit dem Roten Kreuz sowie Krankenhäusern und Apotheken in der Gegend um seinen Geburtsort bei Bordeaux auf, und nach einem Winter mit nicht nachlassenden Bemühungen konnte die *Sphinx* Frankreich mit einer Tonne Medikamente an Bord wieder verlassen. Sämtliche Medikamente waren von einem Team freiwilliger Apotheker überprüft, umgepackt und neu ausgezeichnet worden. Das Umpacken war erforderlich gewesen, um die Masse zu verringern, da der Platz auf der *Sphinx* sehr begrenzt war.

Nach einem kurzen Aufenthalt auf den Kanaren ging es an den Kapverdischen Inseln vorbei wieder nach Senegal. Weil er befürchtete, daß die Medikamente verkauft würden und nicht dorthin gelangten, wo sie am dringendsten benötigt wurden, wenn er sie dem Gesundheitsministerium übergab, schwang Pierre sich auf ein Fahrrad und besuchte die Landapotheken in der Umgebung seines Zielhafens, um deren Bedarf festzustellen. Dann kehrte er zum Boot zurück, lud die benötigten Medikamente auf sein Fahrrad und lieferte sie in den Dörfern ab. Am Ende der trockenen Jahreszeit war die ganze Tonne dort angelangt, wo sie am dringendsten benötigt wurde.

Von seinem Erfolg ermutigt, segelte Pierre über die Azoren nach Frankreich zurück und begann wieder mit dem Sammeln. Außer Medikamenten suchte er jetzt auch nach anderen nützlichen Dingen wie etwa alten Brillen, die er sich aus Altenheimen und ähnlichen Einrichtungen besorgte. Die Gläser waren meist noch völlig in Ordnung, weil die Brillen etwa wegen eines gebrochenen Rahmens oder geänderter Sehstärke beiseite gelegt worden waren. In der Annahme, daß die Brillen bei so manchem älteren Dorfbewohner in Afrika willkommen sein würden, überredete Pierre einen befreundeten Optiker, alle Gläser zu überprüfen und mit der jeweiligen Stärke zu kennzeichnen.

Obwohl er anfänglich tauben Ohren gepredigt hatte und die meisten bekannten Hilfs- und Entwicklungsdiensstellen sich nicht einmal die Mühe gemacht hatten, auf seine Briefe zu antworten, erregten seine Aktivitäten jetzt allmählich die Aufmerksamkeit verschiedener Organisationen wie etwa der Rotary Clubs von Frankreich und Senegal, und es setzte ein reger Strom der Hilfe ein. Als Opfer seines eigenen Erfolgs stand Pierre vor einem wachsenden Berg Medikamente, der sich zudem noch verbreitete durch medizinisches Gerät aller Art wie Elektroskalpelle, einen Zahnarztstuhl, Laborausrüstung und sogar einen Narkosetisch. Das war einfach zu viel für die arme *Sphinx*, so daß ein Aufruf erging, der schließlich zur Gründung der FHAM führte. Im Sommer 1985 lief die *Sphinx* zusammen mit vier größeren Booten in Richtung Senegal aus. Wie Pierre es sich vorgestellt hatte, gab es viele Menschen, die willens waren, den Bedürftigen zu helfen, wenn ihnen erst einmal jemand zeigte, was zu tun war. Pierre wußte weiterhin, daß es vielen Seglern gefiel, wenn sie ihre Törns vor einem sinnvollen Hintergrund sehen und sich in ein, wie er es nannte, »nützliches Abenteuer« stürzen konnten.

Seine Törns waren keineswegs reine Vergnügungsfahrten, denn bei der Rückfahrt in Richtung Azoren wurde die *Sphinx* einmal entmastet. Pierre hat nur Verpflegung für drei Wochen an Bord, die normale Fahrtzeit von Dakar zu den Azoren. Er schaffte es, einen Notmast aufzurichten, brauchte für den Rest des Törns aber noch 67 lange Tage. Seit damals kauft er mehr Proviant, obwohl der Platz besonders auf den Fahrten nach Afrika immer noch sehr knapp ist. Hauptsächlich deshalb segelt er auch immer allein, nicht, weil er die Einsamkeit liebt, sondern weil ein zweites Crewmitglied den Platz wertvoller Medikamente einnehmen würde. Als ich Pierre zum ersten Mal in seiner schwimmenden Apotheke besuchte, war sie randvoll mit Kisten und Kästen mit Medikamenten, Einwegspritzen, Blutdruckmeßgeräten und zahllosen Brillen. Nur in der Hundekoje war noch etwas Platz für ihn selbst.

Als begeisterter Amateurfunker steht Pierre ständig in Kontakt mit seinen Helfern in der Heimat und seinen vielen Freunden in Senegal. Da er nur über seine Invaliditätsrente verfügt, lebt er extrem einfach, kostet dieses Leben aber voll aus. »Wegen meiner Behinderung ist die See die perfekte Umgebung für mich,« sagt er. »Die *Sphinx* ist mein Heim, und ich habe eine ganz besondere Beziehung zu ihr. Die

Tatsache, daß ich anderen Menschen helfen kann, die schlechter dran sind als ich, hat meinem Leben eine ganz andere Bedeutung verliehen.«

Pierre Ribes ist ein besonderer Mensch, ein Vorbild für uns alle. Bescheiden und großzügig, ohne Vorurteile und mit viel Humor verkörpert er die besten Eigenschaften eines Fahrtenseglers. Außerdem ist er ein exzellenter Navigator und hat mir viele Tips zu den Routen und Wettersystemen zwischen Europa und Westafrika gegeben. Die Tatsache, daß er auch Franzose ist, wird hoffentlich für einige Leute Beweis genug sein, daß längst nicht alle französischen Fahrtensegler so schlecht sind wie der Ruf, den sie sich in manchen Gegenden erworben haben. Es kann kein Zweifel bestehen, daß Pierre Ribes eine dieser Ausnahmen ist.

Ausrüstung für die hohe See

In der relativ kurzen Zeitspanne von 15 Jahren, seit ich mein erstes Boot für einen Hochseetörn ausrüstete, hat sich die verfügbare Ausrüstung fast explosionsartig vermehrt. Heute scheint es für jede vorstellbare Aufgabe ein spezielles Gerät zu geben, ob es sich nun um die Anzeige des Tankinhalts oder des Krängungswinkels handelt. Die Auswahl und Vielfalt ist verwirrend und macht es fast unmöglich zu entscheiden, welches Gerät auf einer Tourenyacht wirklich *erforderlich* ist. Einen Weg durch dieses Labyrinth zu finden ist nicht einfach, und trotz einiger allgemeiner Richtlinien bleibt es jedem Einzelnen überlassen zu entscheiden, was er für sein Boot benötigt.

Der Mensch geht aus den unterschiedlichsten Gründen auf Fahrt, wobei ich allerdings vermute, daß ein wesentlicher Grund die Suche nach Ruhe und die Sehnsucht nach unverdorbener Natur ist. Auch wer zu Beginn eines Törns noch überzeugt ist, nicht ohne die Segnungen der modernen Technik leben zu können, gelangt nach und nach zu einem anderen Standpunkt, an dem neue Werte gelten und die Lebensqualität mit anderen Maßstäben gemessen wird. Vielleicht ist es eine Frage von ideell gegen materiell, bei der unter Fahrtenseglern trotz des aggressiven Eindringens materieller Werte in unser Leben die ideellen Werte schließlich die Oberhand behalten. Deshalb konzentriere ich mich in diesem Kapitel – und im Buch ganz allgemein – mehr auf die wesentlichen Dinge wie Segel und Rigg, eine zuverlässige Hilfsmaschine, effiziente Reffanlagen und ausreichendes Ankergeschirr, die auf allen Booten zu finden sind, als auf Dinge, die nicht so wichtig sind, sondern dem persönlichen Geschmack überlassen bleiben. Ich will jedoch auch nicht ins andere Extrem verfallen und jemandem raten, wieder zur Lotleine zu greifen, wenn ein elektronisches Echolot die Aufgabe viel besser erledigen kann. Mit der explosionsartigen Vermehrung der Ausrüstungsgegenstände kam viel Nützliches, aber auch Nutzloses; zuerst will ich mich jedoch mit dem befassen, was jedes Boot braucht.

Segel

In der Segelmacherei hat es in den letzten Jahren ungeheure Fortschritte gegeben, bei denen die Fahrtensegler von den Entwicklungen in der Regattaszene profitierten. Zwar sind auf Tourenyachten noch nicht die neuesten Materialien zu finden, doch werden Fahrtensegel mittlerweile auch am Computer entworfen. All diese

Entwicklungen haben zu qualitativ viel besseren Segeln geführt, und zwar besonders Vor- und Großsegeln für Rollreffanlagen. Auch die Leichtwettersegel zeigen besseres Design und besseren Schnitt, und mit der Spinnakertrompete ist auch dieses tolle Segel von einer kleinen Crew zu beherrschen.

Trotz der generellen Verbesserung der Segelqualität schenken meiner Ansicht nach viele Fahrtensegler diesem Thema noch nicht die Aufmerksamkeit, die es verdient. Besonders deutlich wird das an der Startlinie zur ARC, wo ich immer einen guten Überblick über etwa zweihundert Boote habe. Der Kontrast ist enorm: Während manche Segel von einem Lehrling aus der Zeltmacherzunft zugeschnitten und zusammengenäht worden zu sein scheinen, sind andere perfekte Beispiele für den Stand der Technik in der Segelmacherei.

Mehrere Umfragen befaßten sich auch mit den Standardsegeln und führten zu einem interessanten Vergleich der Besegelung verschiedener Boote. So hatten bei der Pazifik-Umfrage viele Yachten einen kompletten Satz Zweitsegel und fast die Hälfte aller Teilnehmer ein Reserve-Großsegel an Bord. Von fünfzig befragten Skippern verfügte genau die Hälfte auch über ein Trysegel für schweres Wetter. Einige dieser Trysegel befanden sich aufgetucht in einem Sack am Mastfuß, um gegebenenfalls sofort in einer gesonderten Gleitschine gesetzt werden zu können. Eine noch größere Zahl von Booten (43) verfügte außerdem über eine Sturmfock. Ohne die Sturmsegel ergab sich ein Schnitt von knapp vier Vorsegeln pro Schiff. Das ist für Tourenyachten eine recht hohe Zahl, wobei allerdings darauf hingewiesen werden muß, daß Rollreffanlagen zu jener Zeit noch nicht an der Tagesordnung waren, während heute viele Tourenyachten mit einer einzigen Genua mit Rollreff unterwegs sind.

Bei der Atlantik-Umfrage blieben die Standardsegel außen vor, doch weil ich wußte, wie ungern Fahrtensegler am Wind segeln, fragte ich nach den Vorkehrungen, die die Skipper für Vormwindkurse getroffen hatten. Mehrere erklärten, sie hätten besondere Vorkehrungen für längere Törns vor dem Wind getroffen; neun besaßen eine Doppelfock oder -genua, die an gleichlangen Bäumen gesetzt wurden. Auf drei von diesen Booten handelte es sich um eine Rollfock, die in Verbindung mit der vorhandenen Anlage benutzt wurde.

Mehr als die Hälfte der Boote hatte einen Spinnaker an Bord, viele davon mit Trompete wie auch einige der acht Blister. Nicht alle Blister-Besitzer waren mit dessen Leistung völlig zufrieden. Einige betonten, der Blister sei nicht so gut, wie erwartet, wenn der Wind vorlicher als querab einfalle, und es sei ein Fehler gewesen, ihn als Allround-Leichtwettersegel zu betrachten. Weitere Kritik wurde daran geäußert, daß der Blister oft als Hybrid-Spinnaker angeboten wird, der ohne Baum zu fahren sei. Nach Angaben mehrerer Skipper fiel das Segel jedoch bei einer Kombination aus Schwell und leichtem Wind oft in sich zusammen, ein Problem, das sich nur durch Ausbaumen beseitigen ließ. In diesem Fall hätten sie sich besser gleich einen richtigen Spinnaker gekauft, meinten sie.

Um Einzelheiten der Segeltechnik vor dem Wind ging es im zweiten Teil der Umfrage, nachdem die Boote die Atlantiküberquerung hinter sich hatten. Dabei wurde mit den Skippern im Detail erörtert, welche Segel Verwendung fanden, wie sie gesetzt waren und welche Einflüsse sie auf Autopiloten und Selbststeueranlagen hatten. Über die Hälfte der Boote (26) hatte einen Spinnaker an Bord, ihn aber nur sehr selten benutzt. Auf 14 Booten war der Spinnaker überhaupt nicht zum Einsatz gekommen, auf den restlichen zwölf im Schnitt nur während vierzehn Prozent der Gesamtzeit. Ähnliches galt für die acht vorhandenen Blister, die auf drei Booten gar nicht und auf den anderen fünf nur in dreizehn Prozent der Zeit eingesetzt wurden. Als Hauptgrund dafür wurde angegeben, daß von Hand gesteuert bzw. zumindest ein wachsames Auge auf die Selbststeueranlage geworfen werden mußte, wenn diese Segel im tosenden Passat gesetzt waren. Die Tatsache, daß die meisten Yachten nur kleine Crews hatten, war ebenfalls ein Grund dafür, daß die Spinnaker so wenig benutzt wurden. Ein Skipper, der den Spinnaker zu setzen versucht hatte, hatte es nur geschafft, ihn um seine Rollreffanlage zu wickeln. Er mußte aufentern, um das Segel zu lösen, und hatte sich dabei mit der Rettungsweste gegen den dauernden Anprall am Mast geschützt.

Die meisten Boote waren überwiegend unter Großsegel, häufig gereft, und ausgebaumtem Vorsegel gelaufen. Dieses Arrangement funktionierte auf 24 Yachten gut, wobei das Großsegel teilweise stark gereft werden mußte, um den Druck der Fock auszugleichen bzw. die Luvgierigkeit auf ein Minimum zu verringern. Auf einigen Kuttern wurde auch der Klüver gesetzt, aber stark dichtgeholt, um die Rollbewegungen wenigstens teilweise auszuschalten. Das dauernde Rollen war auch der wesentliche Kritikpunkt an der empfohlenen Passatsegeltechnik mit ausgebaumter Doppelfock. Auf neunzehn Yachten konnte eine Doppelfock oder -genua gesetzt werden, und zwar entweder an getrennten Stagen oder durch abwechselnd eingehängte Stagreiter an ein und demselben Stag. Eine Yacht besaß eine ausgezeichnete Rollreffanlage für eine Doppelgenua, die in zwei Nuten im gleichen Profil lief und an zwei Bäumen gleicher Länge geführt wurde, so daß beide Seiten mit Hilfe des Rollreffs gleichzeitig gereft werden konnten. Wenn der Wind stärker als 20 kn wurde, mußte die Doppelfock in den meisten Fällen geborgen und durch eine kleinere Fock mit gerefftem oder ungerefftem Großsegel ersetzt werden.

Vier Boote verwendeten eine Rollfock in Verbindung mit einem zweiten Vorsegel etwa gleicher Größe, das frei oder an einem Jackstag geführt wurde. Auf zwei Kuttern wurde ein ausgebaumter Klüver in Verbindung mit einer Fock gefahren, die an der Großbaumnock angeschlagen war. Das Großsegel war dabei nicht gesetzt. Die *Svanhild*, die größte Yacht aus der Umfrage, lief vor dem Wind unter zwei Rahsegeln, die auf den Kanarischen Inseln extra für die Überfahrt angefertigt worden waren.

Obwohl auch bei der Umfrage zur idealen Tourenyacht keine Detailfragen zur Standardbesegelung gestellt wurden, waren die Skipper aufgefordert, die Bedeutung und den Nutzen von Blistern und Spinnakern zu bewerten, zumal letztere unter Fahrtenseglern nicht so beliebt sind. Bei der ARC jedoch vollzog sich auch bei einigen eingeschworenen Fahrtenseglern eine plötzliche Metamorphose zum Regattasegler, der notfalls auch nachts mit Hilfe des Spinnakers noch einen weiteren halben Knoten herausholen wollte. In der Umfrage selbst hielten nur 21 Skipper den Spinnaker für sehr wichtig, fast die Hälfte (77) betrachtete ihn als unwichtig, und 32 nannten ihn völlig nutzlos. Der Blister fand etwas mehr Anklang als der Spinnaker, war aber längst nicht so beliebt wie die Doppelfock, die von 59 Skippern als sehr wichtig bezeichnet wurde.

Jeder Fragebogen, wie umfangreich er auch sein mag, hat seine Grenzen, und viele Skipper wollten Punkte ansprechen, die in den Fragen nicht erfaßt waren. Das geschah dann oft auf der Rückseite der Formblätter, wo sich dann auch einige der wertvollsten Hinweise fanden. So merkten beispielsweise mehrere Skipper an, daß es sehr wichtig sei, Sturmsegel an Bord zu haben, mit denen man auch Höhe laufen könne. Ein Skipper wünschte sich eine Vorrichtung, die es ermöglicht, im Notfall Segel mit Liekleinen an einem normalen Vorstag anzuschlagen. Die zweifellos beste Anregung, die wohl von allen Fahrtenseglern begrüßt werden dürfte, kam von Werner Eichholz von der *Dresden*, der sich wünschte, jemand würde etwas erfinden, das das Schlagen der Segel verhindert.

Die Skipper sollten weiterhin zu den Auswirkungen Stellung nehmen, die ihre jeweilige Segelführung vor dem Wind auf die Selbststeueranlage bzw. den Autopiloten hatte. Windfahnenanlagen schienen dabei am besten in Verbindung mit der Doppelfock zu funktionieren, wenn auch das dadurch hervorgerufene rhythmische Rollen bei manchen Crews gar keine Begeisterung hervorrief. Größtenteils wegen dieses Rollens, aber auch aufgrund der Tatsache, daß der Wind stärker war als erwartet, wurde die Doppelfock oft durch eine ausgebaumte Fock und ein gerefftes Großsegel ersetzt. Selbststeueranlagen machten sich auf längeren Vormwindstrecken im allgemeinen besser als Autopiloten, und wenn sie wirklich einmal den Kurs nicht hielten, lag das in der Regel nicht an Wind und Segeln, sondern an der Dünung. Auf einigen Booten, die weniger gut ausbalanciert waren, mußte bei Fahrt mit der Selbststeueranlage dauernd jemand darauf achten, daß es nicht zu einer Patenthalse kam.

Der Segelverschleiß wurde in der Umfrage unter den Weltumseglern untersucht, bei der sich eine durchschnittliche Haltbarkeit von fast 30 000 sm ergab, wobei allerdings nicht unbedingt jedes einzelne Segel tatsächlich über diese Strecke gesetzt war. Manche Weltumsegler kamen mit einem Satz Segel aus, was zeigt, wie sorgsam sie damit umgingen.

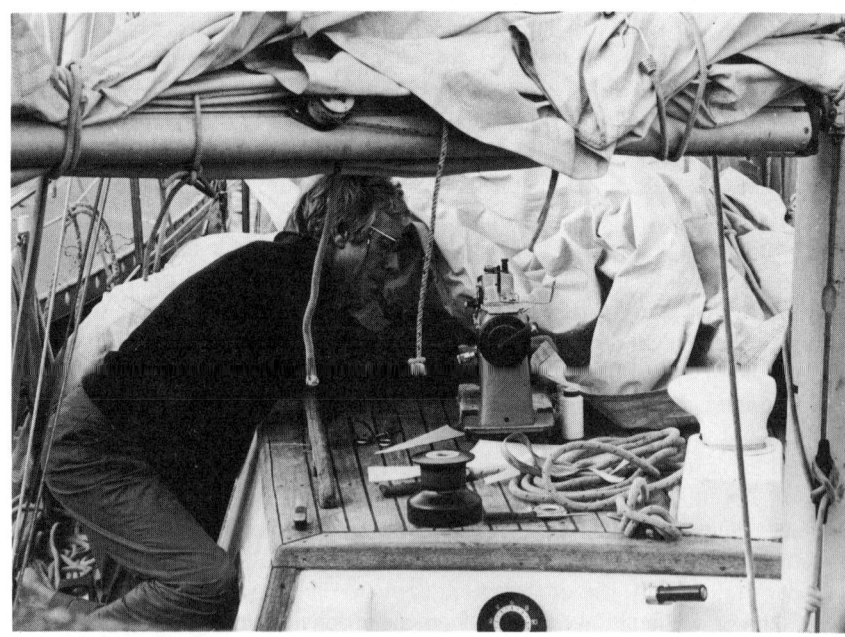

Promptes Reparieren der Segel verhindert größere Schäden zu einem späteren Zeitpunkt

Die Haltbarkeit der Segel ist im wesentlichen von zwei Faktoren abhängig, die beide gleichermaßen wichtig sind, nämlich der Qualität von Material und Arbeit und der Pflege. Jedes Segel leidet darunter, wenn es, speziell in den Tropen, dauernd der Sonne ausgesetzt ist, wobei allerdings bestimmte Materialarten gegen die UV-Strahlung widerstandsfähiger sind. In der Regel lösen sich zuerst die Nähte, bevor das Tuch selbst an der Reihe ist. Deshalb nimmt man am besten Segel mit Dreifachnähten aus UV-beständigem Garn.

Gute Pflege der Segel verlängert deren Leben unzweifelhaft nicht unwesentlich, doch immer noch sieht man in den Marinas Yachten, deren Segel lange Zeit ohne jeden Schutz sind. Dabei dauert es nur ein paar Minuten, die Segel abzudecken, und diese Minuten zahlen sich langfristig aus. Die sorgfältigsten Fahrtensegler, die ich in dieser Hinsicht kenne, sind Herbert und Illa Gieseking von der *Lou IV*, die sofort, nachdem der Anker gefallen ist, die Segelhüllen aufziehen bzw. alle benutzten Segel sorgfältig auftuchen und verstauen, nachdem sie sie mit klarem Wasser abgespült haben, wenn das möglich ist. Als sie ihre Weltumsegelung nach viereinhalb Jahren mit 46 000 sm beendeten, waren noch der gesamte erste Satz Segel in Ordnung.

Rollreffs

Die schnelle Verbreitung von Fockrollern geht teilweise sicherlich auf die schon erwähnte Vorliebe für Einmaster zurück. Mehr als ein Viertel der Boote aus der Atlantik-Umfrage besaß eine Rollreffanlage, zwei von ihnen sogar für das Groß- und das Besansegel. Das modernere von ihnen war die in Frankreich gebaute Amel Mango *Avanti*, bei der aus dem Cockpit heraus mit Knopfdruck gerefft wurde, da alle Anlagen über Elektroantrieb verfügten. Auf der *Deles*, einer Hallberg Rassy 49, wurden die Rollreffanlagen hydraulisch betätigt, ebenfalls vom Cockpit aus. Bei der ARC war der Anteil der Rollreffanlagen noch größer, ein deutliches Zeichen dafür, wie schnell sie auf dem Markt der Tourenyachten Verbreitung finden. Bei der ARC 87 waren 42 Prozent aller Yachten mit Fockrollern, aber nur acht Prozent auch mit Rollreffanlagen für das Großsegel ausgerüstet. Der Stolz der Flotte war der 39-m-Schoner *Gloria*, auf dem alle Segel per Knopfdruck bedient werden konnten, so daß die Crew praktisch überflüssig war.

In der Umfrage zur idealen Tourenyacht standen Bequemlichkeit und leichte Handhabung bei den meisten Skippern ganz oben auf der Liste, und vieles von dem, was sie als wesentlich bezeichneten, weist darauf hin, daß das Segeln ein Vergnügen und keine harte Arbeit sein soll. Beeinflußt wurden diese Angaben wahrscheinlich davon, daß auf den meisten ARC-Booten Frauen an Bord waren und daß die Mehrheit der Yachten von kleinen Crews gesegelt wurden. Um festzustellen, welche Bedeutung die Skipper den verschiedenen Anlagen zumaßen, wurden sie gebeten, drei Punkte für sehr wichtig, zwei Punkte für wichtig, einen Punkt für nicht sehr wichtig und null Punkte für nutzlos zu geben.

Fockroller wurden von 89 Skippern als sehr wichtig, von 43 als wichtig, von 23 als nicht sehr wichtig und von 5 als nutzlos bezeichnet. Während jedoch über drei Viertel ihre ideale Tourenyacht mit Fockrollern ausrüsten würden, sprach sich nur eine

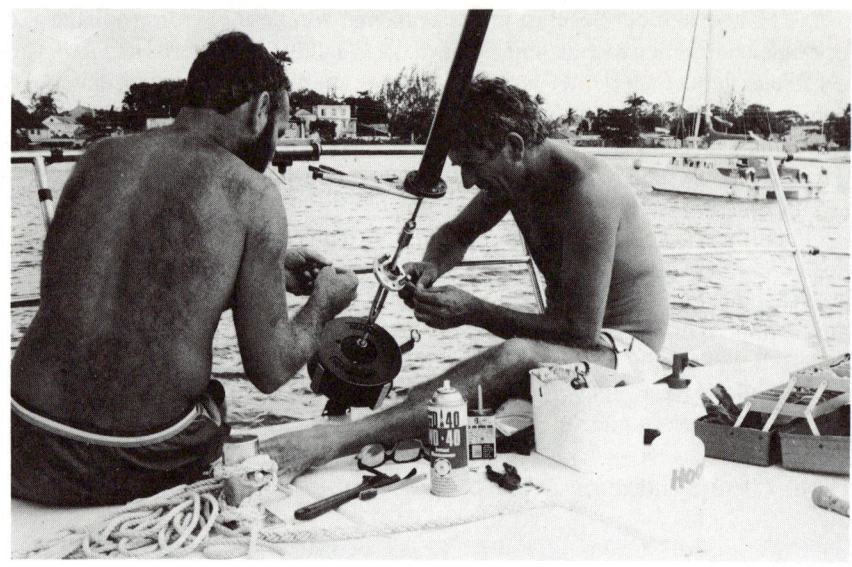

Handvoll auch für Großroller aus, die mit einer gewissen Reserviertheit betrachtet wurden; 13 hielten sie für sehr wichtig, 37 für wichtig, 82 für nicht sehr wichtig und 28 für nutzlos. Diese Reserviertheit erklärt sich möglicherweise aus der Tatsache, daß in der Zeit vor der Umfrage verschiedene Artikel erschienen waren, in denen die Vorteile voll verlatteter Großsegel, Fangleinen und anderer Schnellreff-Einrichtungen für das Großsegel gepriesen wurden, die angeblich besser seien als die verschiedenen Rollreffanlagen. Ich persönlich meine, daß sich Großroller durchsetzen und bald auch auf Tourenyachten zum gewohnten Bild gehören werden, wie es auch mit den Fockrollern der Fall war.

Es besteht kein Zweifel daran, daß der wesentliche Pluspunkt einer Rollreffanlage sowohl beim Vor- als auch beim Großsegel darin besteht, die Segelfläche schnell und mit einem Minimum an Aufwand verkleinern zu können; besonders attraktiv ist diese Möglichkeit natürlich für kleine und weniger kräftig gebaute Crews. Mehrere Skipper, die solche Anlagen schon lange besaßen, wiesen darauf hin, daß sie ihre Schiffe effizienter segelten, weil sie immer die der Situation entsprechende Menge Tuch führten. Gegen die von den Gegnern vorgebrachten Kritikpunkte der Form mancher speziell geschnittener Segel und der fehlenden Latten und Achterlieksrundungen bei Großsegeln für Rollreffanlagen argumentierten die Besitzer solcher Anlagen damit, daß diese Nachteile mehr als wettgemacht würden durch die Tatsache, daß auch die größten Segel sich problemlos von einer kleinen Crew handhaben lassen. Ein Skipper, der diesen Standpunkt voll unterstützte, war Manfred Kerstan, der seine Swan 61 *Albatros* mit Vera Schmidt als einzigem Crewmitglied in vierzehneinhalb Tagen über den Atlantik segelte und sich die Tage mit Rollreffanlagen für Fock und Großsegel beträchtlich erleichterte. Ein weiterer ARC-Skipper, der nach eigenem Eingeständnis in der Vergangenheit gegen einen Großroller gewesen war, war Tim Aitken, der eine solche Anlage auf seiner neuen Swan 53 *Airwave* aber trotzdem hatten einbauen lassen. Nach Abschluß der zweiten ARC und einem zweimonatigen Törn in der Karibik mit knapp bemessener Crew

76

erklärte er mir, daß er seine Meinung völlig geändert habe und keinerlei Schwierigkeit gehabt habe, das Schiff mit nur einem weiteren Mann an Bord zu segeln. Wie mehrere andere Besitzer eines Großrollers vom Typ Hood betonte auch er, daß das Boot bei allen Bedingungen effizient gesegelt werden könne, weil die Segelfläche bequem aus dem Cockpit zu vergrößern oder zu verkleinern sei. In diesem Zusammenhang ist daher auch die Anmerkung interessant, daß von den zehn Yachten, die bei der ersten ARC als erste die Ziellinie überquerten, neun mit Fockroller ausgerüstet waren.

Windfahnensteuerung und Autopiloten

Vor noch nicht allzu langer Zeit waren Tourenyachten im Vergleich zu ihren Schwestern aus der Küstenfahrt sofort an der Windselbststeueranlage am Heck zu erkennen. Doch von den Booten der Teilnehmer an der ARC 87 hatten nur 43 Prozent eine solche Anlage. Diese Tatsache bestätigte meine schon aus früheren Umfragen gezogene Schlußfolgerung, daß immer weniger Tourenyachten mit Windselbststeueranlagen ausgerüstet werden. Dafür, daß so viele Fahrtensegler sich für einen Autopiloten anstelle einer vom Wind abhängigen Selbststeueranlage entscheiden, gibt es mehrere Erklärungen, darunter als vielleicht wichtigste die, daß der Autopilot benutzerfreundlicher ist. Denn es ist ja viel einfacher, am Autopiloten einen Kompaßkurs einzustellen, was bei den technisch besser ausgestatteten Geräten per Knopfdruck geschieht, als die Selbststeueranlage auf den erforderlichen Kurs auszurichten. Dem steht allerdings gegenüber, daß die Windfahne, wenn sie einmal ausgerichtet ist, das Boot auf Kurs hält, ohne daß dauernd Strom aus den Batterien entnommen wird. Diese Beobachtung machten viele Segler auf ihrem ersten Hochseetörn, und als sie zum Start der ARC in Las Palmas eintrafen, wünschten sich viele Skipper ohne Selbststeueranlage, sie hätten vor dem Auslaufen aus dem Heimathafen andere Vorkehrungen getroffen.

Die Frage, ob elektronischer Autopilot oder Windselbststeueranlage für Hochsee-Tourenyachten, ist so wichtig, daß sie bei der Umfrage während der ARC 87 detailliert untersucht wurde. Die Skipper waren aufgefordert, ihr jeweiliges Gerät nicht nur nach Leistung und Nutzen zu bewerten, sondern auch anzugeben, wie oft und wie lange es bei der Atlantiküberquerung zum Einsatz gekommen war. Außerdem sollten sie den täglichen Stromverbrauch des Autopiloten berechnen und dessen Auswirkungen auf den Energiehaushalt im allgemeinen beschreiben.

Zwei Drittel (67 Prozent) der Boote verfügten über Autopiloten, deren Leistung im Schnitt mit 7,5 benotet wurde. Eine ähnliche Note erhielten sie für den Nutzen, wobei es nicht erstaunlich ist, daß der Nutzen umso höher bewertet wurde, je länger der Autopilot in Gebrauch war. Dabei ergab sich ein Schnitt von 75 Prozent der Gesamtzeit für die Atlantiküberquerung. Die Zahlen für die einzelnen Yachten wurden dabei stark beeinflußt von der Größe der Crew, der Verfügbarkeit einer zweiten Selbststeueranlage und der Einstellung des Skippers zur ARC, d. h., ob er sie als richtiges Rennen oder als freundschaftliche Regatta ansah. Die sportlich Eingestellten steuerten in der Regel von Hand und benutzten den Autopiloten teilweise überhaupt nicht. Am anderen Ende der Skala war der Autopilot auf zwanzig Prozent der Boote – wahrscheinlich denen, die das Ganze als einen Spaß betrachteten – zu über neunzig Prozent der Zeit im Gebrauch.

Die jeweilige Betriebszeit des Autopiloten wirkte sich natürlich auf den Stromverbrauch aus, der sich auf durchschnittlich 34 Ah pro Boot belief. Dieser tägliche Schnitt kam unter der Annahme zustande, daß der Autopilot dauernd in Gebrauch war. Der daraus resultierende stündliche Verbrauch von 1,5 A lag im Bereich der von den meisten Herstellern angegebenen Verbrauchszahlen. In den meisten Fällen reichte die verfügbare Batterieleistung dafür aus, doch fünfzehn Prozent der Yachten mußten allein für den Autopiloten Strom erzeugen. Manche Boote mußten ein- oder zweimal am Tag den Motor laufen lassen, um die Batterien nachzuladen.

Das am häufigsten vertretene Autopilot-Fabrikat war Autohelm, das 45 Prozent der befragten Skipper in der einen oder anderen Ausführung an Bord hatten. Die 49 Autohelm-Piloten erhielten eine durchschnittliche Leistungsnote von 7,4. Der Autopilot von Neco, der allerdings nur in sieben Exemplaren vertreten war, kam mit der Leistungsnote 8,9 besser weg. Weitere Fabrikate mit hohen Noten waren Robertson und Alpha Marine.

Die 47 Windselbststeueranlagen erhielten die Durchschnittsnote 7,0 für die Leistung, wobei die Einzelnoten teilweise stark auseinanderklafften. Fast die Hälfte (22) waren Aries-Anlagen, die im Schnitt mit 7,6 benotet wurden. Von den anderen dreizehn Fabrikaten gab es höhere Noten nur für die drei Windpilot- (8) und die beiden Monitor-Anlagen (8,5). Insgesamt waren die Windselbststeueranlagen zu 59 Prozent der Zeit in Gebrauch, wobei die Aries-Anlagen im Schnitt sogar auf 76 Prozent kamen. Aries-Besitzer scheinen ihre Anlage überhaupt gut zu nutzen, denn auf zehn Booten waren sie zu neunzig Prozent der Zeit im Einsatz. Insgesamt läßt sich sagen, daß eine bestimmte Anlage umso weniger genutzt wurde, je schlechter die Leistungsnote ausfiel. Auf neun Yachten war die Windselbststeueranlage nur zu zehn Prozent der Zeit im Einsatz. Dabei handelte es sich in fast allen Fällen um weniger bekannte Fabrikate oder Eigenbauten, was zeigt, daß es sich lohnt, in ein bewährtes Modell zu investieren. Es muß jedoch darauf hingewiesen werden, daß die meisten von denen, die ihre Windselbststeueranlage sehr wenig benutzten auch über Autopiloten verfügten, die sie bedeutend öfter einsetzten als diejenigen Skipper, die mit einer wirkungsvollen und zuverlässigen Windselbststeueranlage ausgerüstet waren. Wie dem auch sei – die Mehrheit der Skipper war sich über den Nutzen einer Windselbststeueranlage einig, der mit der Durchschnittsnote 9,0 bewertet wurde, während der Autopilot für den Nutzen nur die Note 7,5 erhielt.

Die zunehmende Vorliebe für Autopiloten läßt sich aus den Ergebnissen der verschiedenen Umfragen aus den letzten zehn Jahren ablesen. Bei der ersten Umfrage im Jahre 1978 im Südpazifik verfügten 68 Prozent der Boote über die eine oder andere Windselbststeueranlage und nur 44 Prozent über einen Autopiloten. Bei einer späteren Folge-Umfrage im gleichen Gebiet hatten 72 Prozent eine Windselbststeueranlage und 36 Prozent einen Autopiloten. Dieser Trend kehrte sich später um, und zwar hauptsächlich als Folge der Entwicklung zuverlässiger und kostengünstiger Autopiloten. Die Vorherrschaft des Autopiloten zeigte sich dann ganz deutlich bei der Atlantik-Umfrage, bei der 76 Prozent der Boote mit Autopilot und nur 32 Prozent mit Windselbststeueranlagen ausgestattet waren. Einige wenige

Boote verfügten über beides. Bei der ARC 87 lag der Anteil der Autopiloten mit 82 Prozent sogar noch höher, während Windselbststeueranlagen auf 44 Prozent kamen. Tab. 18 zeigt die Verteilung von Autopiloten und Windselbststeueranlagen nach Schiffsgrößen bei der ARC 87.

Tabelle 18 – Autopiloten und Windselbststeueranlagen bei der ARC 87

Bootslänge (m)	15–25	14–15	12–14	10,5–12	9–10,5	7,5–9	Mehr rumpf 7,5–15	Gesamt
Windselbst-steueranlagen	1	–	4	5	9	4	1	**24**
Autopilot	17	10	24	18	14	3	10	**96**
Beides	4	6	9	18	17	6	–	**60**
Weder-noch	3	2	3	–	2	–	–	**10**
Gesamt	**25**	**18**	**40**	**41**	**42**	**13**	**11**	**190**

Knapp ein Drittel (32 Prozent) der Boote befand sich im Besitz von Anhängern der »Doppelt genäht hält besser«-Philosophie und verfügte über beides, einen Autopiloten und eine Windselbststeueranlage. Auf einigen Booten war sogar ein zweiter, kleinerer Autopilot vorhanden für den Fall, daß das Hauptgerät ausfiel. Die wenigen Yachten, die über keines der beiden verfügten, wurden in der Regel von rennbegeisterten Skippern geführt, die bereit waren, von Hand zu steuern, und in den meisten Fällen auch eine größere Crew hatten.

Das Thema war auch Teil der Umfrage zur idealen Tourenyacht, bei der die Skipper die Bedeutung von Windselbststeueranlagen bzw. Autopiloten bewerten sollten. 112 Skipper hielten eine Windselbststeueranlage auf einer Tourenyacht für sehr wichtig und – unausgesprochen – für wichtiger als einen Autopiloten; es gab aber auch einige, die den entgegengesetzten Standpunkt vertraten und ihr Boot lieber elektronisch steuern lassen wollten. Punkt für Punkt gesehen, erzielten die Autopiloten höhere Noten als die Windselbststeueranlagen, was wohl ein Hinweis auf die augenblickliche Einstellung vieler Segler ist, die einem stromfressenden Autopiloten mehr Vertrauen schenken als einer energiesparenden Windselbst-steueranlage.

Dieselmotoren

Kein modernes Boot ist komplett ausgerüstet ohne sein »eisernes Vorsegel«, und deshalb ging es in verschiedenen Umfragen auch um die Leistung einzelner

Dieselmotoren und die Ersatzteilversorgung. Während bei allen Umfragen im Pazifik mindestens ein Boot ohne Motor vertreten war, sind reine Segelyachten im Atlantik eine absolute Rarität. In der Tat ist die Zahl der Segler, die mit einem Boot auf Fahrt gehen, das nicht über eine angemessene Maschine verfügt, extrem klein. Ich persönlich halte diejenigen, die auf einen Motor verzichten, für eine Gefahr für sich selbst und andere. Mit welchen Argumenten diese Puristen ihre Entscheidung auch zu rechtfertigen suchen, Tatsache ist doch, daß man in die meisten Häfen und Marinas heute nicht mehr gefahrlos unter Segeln einlaufen kann und einen Motor braucht, um auf beengtem Raum manövrieren zu können. In der Regel ist es doch so, daß das motorlose Boot eine andere Yacht um Schlepphilfe bittet, und das zeigt wohl das ganze Ausmaß der Heuchelei, wenn der Betreffende behauptet, er »halte nichts von Motoren«. Zweifellos ist es eine große Befriedigung, wenn man nur unter Segeln manövrieren kann, aber dazu kann man den Motor ja auch abstellen.

Die Einstellung der Segler von heute spiegelte sich in den Ergebnissen zweier Umfragen unter ARC-Teilnehmern wider. In der Ende 1987 durchgeführten Umfrage zur Ausrüstung waren sich alle Skipper einig, daß ein Dieselmotor für eine Tourenyacht unerläßlich ist. Keiner äußerte irgendwelche Zweifel an der Notwendigkeit einer Maschine, aber mehrere Skipper wiesen ausdrücklich darauf hin, daß sie sehr wohl in der Lage seien, ihr Boot unter den meisten Bedingungen auch ohne Motor sicher zu führen. Daß das wirklich der Fall war, bewiesen wohl oder übel diejenigen, die auf die Antriebskraft der Segel zurückgreifen mußten, weil sie einen Motorschaden gehabt hatten oder, häufiger, weil die Batterien leer waren. Das vielleicht beste Beispiel dafür ist die *Sea Spell*, eine Nicholson 32, die an der ARC 86 teilnahm und im Sommer 1988 im Rahmen der TRANSARC aus der Karribik nach Europa zurückkehrte. Als die Maschine, die auf dem Abschnitt von Bermuda zu den Azoren ausgefallen war, in Horta nicht rechtzeitig zur letzten Etappe nach Falmouth repariert werden konnte, beschlossen ihre Eigner ungeachtet der Aussicht, auf den letzten 1200 sm ohne Motor und Strom auskommen zu müssen, mit dem Rest der Flotte auszulaufen. Auch sie erreichten schließlich das Ziel, nachdem sie drei Wochen mit Gegenwind zu kämpfen hatten.

Optimale Leistung

Die meisten Teilnehmer an den früheren Umfragen waren sich einig, daß ein ausreichend kräftiger Motor für eine Tourenyacht unerläßlich sei. Das gilt besonders für den Pazifik, wo in den Laguneneinfahrten oft eine starke Gegenströmung herrscht und das Aufkreuzen wegen der geringen Breite der meisten Einfahrten fast unmöglich ist.

Um die Frage der optimalen Leistung ging es zum ersten Mal in der Pazifik-Umfrage. Alle Skipper wurden gefragt, ob sie ihren Motor für stark genug für das Boot und den jeweiligen Törn hielten. Die Mehrheit der Befragten befand die Motorleistung für ausreichend oder sogar für zu groß, aber immerhin ein Viertel hielt sie für zu niedrig. Im Schnitt ergab sich eine Leistung von 40 PS. Da die durchschnittliche Bootslänge 38 ft (11,5 m) betrug, erschien das Längen-Leistungs-Verhältnis angemessen. Eine sinnvollere Schlußfolgerung ließ sich jedoch bei einem

Blick auf die Yachten ziehen, die nach Meinung ihrer Eigner untermotorisiert waren. Bei einer durchschnittlichen Länge von 37 ft, also knapp unter dem Gesamtdurchschnitt, betrug die Motorleistung im Schnitt nur 24 PS, und das war den Eignern für den jeweiligen Törn nicht genug.

Die Frage der optimalen Leistung wurde auch bei der Umfrage zur idealen Tourenyacht gestellt. Drei Viertel der Skipper gaben eine Leistung zwischen 35 und 80 PS als ideal an, der Rest verteilte sich gleichmäßig auf höhere und niedrigere PS-Zahlen. Bei einem genaueren Blick auf die Zahlen wurde deutlich, daß viele Skipper sich stärkere Motoren wünschen, als allgemein als Norm angesehen wird; nahezu die Hälfte aller idealen Tourenyachten sollte mit Maschinen zwischen 50 und 80 PS ausgerüstet sein. Insgesamt ergab sich aus der Umfrage ein Schnitt von 52 PS. Wenn man diese Zahl in Verbindung setzt mit der für ideal gehalten Länge von durchschnittlich 41 ft (12,5 m) und der durchschnittlichen Verdrängung von 10,6 t, zeigt sich, daß die meisten Fahrtensegler einen leistungsstarken Diesel als wünschenswerte Ausstattung für ihre Tourenyacht ansehen. All dies sind hypothetische Zahlen, die aber die Ergebnisse aus früheren Umfragen bestätigen, nach denen der Trend allgemein zu leistungsstärkeren Motoren ging. Außerdem passen die Zahlen zu der Faustregel, daß die Motorleistung wenigstens 1 PS pro Fuß Bootslänge betragen soll.

Die meisten Leute wünschen sich eine stärkere Maschine wahrscheinlich nicht nur für den Fall von Schwierigkeiten oder potentiell gefährlichen Situationen, sondern auch für Flauten und Schwachwind. Doch trotz der sichtlichen Bereitschaft, lieber den Motor anzuwerfen, als auf Wind zu warten, wurde nach den Ergebnissen der Atlantik- und der Ausrüstungs-Umfrage weniger Kraftstoff für den Antrieb als für die Stromerzeugung verbraucht. Bis zu 76 Prozent des Kraftstoffs diente dem Aufladen der Batterien und nur 24 Prozent dem Antrieb des Bootes. Es kann kein Zweifel daran bestehen, daß die Nutzung der Maschine zum Laden der Batterien eine kostspielige und sicher nicht effiziente Gepflogenheit ist, zumal die meisten Boote auch noch über recht starke Dieselmotoren verfügten.

Abgesehen von der Leistung gab es bei der Umfrage zur idealen Tourenyacht verschiedene interessante Anregungen, die leider teilweise der praktischen Durchführbarkeit entbehrten. So wünschten sich mehrere Skipper eine Handstartvorrichtung für ihren Motor, hatten aber gleichzeitig den Wunsch nach einem großen leistungsstarken Motor geäußert, bei dem ein Handstart gar nicht möglich wäre. Viele Skipper sprachen sich für einen Faltpropeller aus, um den Wasserwiderstand zu reduzieren, während andere den Propeller lieber zum Antrieb eines Wellengenerators nutzen wollten. Ein Skipper wählte als ideale Lösung einen Propeller mit variabler Steigung, der sowohl beim Antrieb des Bootes als auch beim Betrieb des Generators an seiner Welle für eine maximale Leistung sorgen sollte. Eine dritte Lösung bestand aus einer getrennten Welle mit eigenem Propeller, der unabhängig vom Hauptpropeller einen Generator antreiben sollte.

Parallel zu den Hilfsmaschinen wurden auch das Kraftstoff-Fassungsvermögen und der Fahrtbereich unter Motor untersucht. In der Pazifik-Umfrage hatten die Boote im Schnitt ein Fassungsvermögen von 410 l, wobei für längere Törns oder Gegenden mit schlechter Dieselversorgung gelegentlich noch Kraftstoff in Kanistern an Bord genommen wurde. Der durchschnittliche Fahrtbereich unter Motor bei Flaute betrug 750 sm. In der Umfrage zur idealen Tourenyacht schwankten die

Angaben zum ausreichenden Fassungsvermögen zwischen 270 l und 540 l. Im Schnitt ergab sich ein Wert von 500 l.

Zuverlässigkeit

Um die Zuverlässigkeit von Dieselmotoren ging es zum ersten Mal bei der Suva-Umfrage, bei der die Durchschnittsnote 8,8 auf eine allgemeine Zufriedenheit mit den Motoren hinwies. Dabei wurden allerdings einige Fabrikate durchgehend besser bewertet, was aber nicht unbedingt auf die höhere Qualität der betreffenden Motoren zurückzuführen war, sondern häufig auf die bessere Ersatzteilversorgung und den besseren Service. Von den am häufigsten vertretenen Marken erhielt Perkins die höchste Durchschnittsnote (9,5), gefolgt von Ford (8,9) und Volvo (7,0). Daß der Perkins-Diesel besser bewertet wurde, lag einerseits an seiner Zuverlässigkeit und andererseits an der weltweiten Ersatzteilversorgung, die vielfach darauf zurückzuführen ist, daß für die Bootsmotoren teilweise die gleichen Teile Verwendung finden wie für schwere stationäre Maschinen und Lkw-Motoren. Das gilt gleichermaßen auch für Ford, während viele Besitzer von Volvo-Motoren darüber klagten, daß es außerhalb der großen Zentren schwer sei, Ersatzteile zu bekommen.

Bestätigung fanden die Ergebnisse früherer Umfragen in der Ausrüstungsumfrage, in der wiederum die Leistung der gebräuchlichsten Bootsmotoren untersucht wurde. Auch hier erhielt Perkins durchgehend die besten Noten sowohl für die Leistung als auch für die weltweite Ersatzteilversorgung. Auch Ford wurde in beiderlei Hinsicht hoch bewertet, während Yanmar zwar gute Noten für die Leistung bekam, hinsichtlich der Ersatzteile aber weniger Punkte erhielt, weil sie in manchen Gegenden nur schwer zu bekommen sind. Das war auch der Hauptkritikpunkt an Volvo- und Bukh-Motoren. Für weniger bekannte Fabrikate waren Ersatzteile fast überhaupt nicht zu bekommen. Aufgrund dieser Tatsachen wurde vielfach darauf hingewiesen, daß vor einem längeren Törn immer ein Sortiment der wichtigsten Ersatzteile gekauft werden müsse, darunter zumindest eine komplette Einspritzanlage, eine Zylinderkopfdichtung und andere wichtige Dichtungen, ein Keilriemen für die Lichtmaschine und Impeller für sämtliche Pumpen. Genau so wichtig ist ein Satz Werkzeug für den Motor, ein Werkstatthandbuch, eine Zeichnung mit allen Teilenummern und eine Liste mit sämtlichen Vertretungen des Herstellers. Eine weitere nützliche Anregung, der mehrere Skipper auch schon gefolgt waren, lautete, einen Einführungskurs in Wartung und Instandsetzung des betreffenden Motors zu besuchen. Derartige Kurse werden von einigen Herstellern für Neukäufer angeboten und scheinen nach Angaben der Skipper, die daran teilgenommen haben, überaus wertvoll zu sein, zumal man bei einem längeren Törn damit rechnen muß, daß der Motor Hunderte von Meilen von der nächsten Werkstatt entfernt ausfällt.

Dieselmotoren gelten zwar als die zuverlässigsten Maschinen, die der Mensch je erfunden hat, doch ist ihre Ausfallquote auf Segelbooten im Vergleich zu an Land betriebenen Exemplaren erstaunlich hoch. Nachdem ich mehrere Jahre ein Auto mit Dieselmotor gefahren habe und mich für die Zuverlässigkeit verbürgen kann, frage ich mich immer wieder, warum das bei Bootsmotoren nicht der Fall ist.

Wahrscheinlich sind mehrere Gründe dafür verantwortlich, darunter nicht zuletzt die Tatsache, daß Bootsdiesel in einer korrosionsfördernden Umgebung laufen, die auch dann ihren Tribut fordert, wenn das Aggregat ordnungsgemäß »seetauglich« gemacht wurde, was sich leider nicht von allen Motoren, die auf Yachten anzutreffen sind, behaupten läßt. Ein weiterer Grund für die häufigen Ausfälle liegt darin, daß die Motoren der meisten Yachten nur unregelmäßig und für kurze Zeit in Betrieb genommen werden und dann oft nicht unter ausreichender Last laufen, weil beispielsweise nur die Batterien aufgeladen werden müssen.

Über dieses Thema hatte ich ein langes Gespräch mit Chester Lemon, dem Skipper der *Honeymead*, einem exzellenten Dieselmechaniker, der seine Farm in Queensland verlassen hatte, um die Welt von See aus zu erleben. Chester hatte absolutes Vertrauen zu Dieselmotoren, und weil sein Auskommen als Farmer von ihnen abhängig gewesen war, wußte er, wie sie zu betreiben und in Ordnung zu bringen waren. Der wertvollste Tip, den er auf Lager hatte und an den ich mich seitdem sklavisch halte, war der, daß ein Dieselmotor unter Last laufen *muß*. Einen starken Diesel nur zum Antrieb einer kleinen Lichtmaschine laufen zu lassen reicht einfach nicht aus, und deshalb muß immer der Propeller mitlaufen, damit der Motor wenigsten unter Teillast steht. Eine Menge Probleme wurzeln in der weitverbreiteten Praxis, im Leerlauf nur die Batterien aufladen zu lassen. Nicht weniger schlecht ist es, den Motor nur zum Ablegen anzuwerfen und ihn nach wenigen Minuten wieder abzustellen, bevor er die empfohlene Betriebstemperatur erreicht hat. Eine wiederholte derartige Behandlung fordert auch vom zuverlässigsten Motor ihren Tribut.

Motorausfall

Wie ich im Laufe der Jahre speziell bei der ARC feststellen konnte, ist in den meisten Fällen nicht der Motor an sich defekt, sondern Hilfsaggregate wie Wasserpumpe, Anlasser und Lichtmaschine.

Ernsthafte Probleme gibt es oft mit unzureichenden Auspuffanlagen. Bei der ARC 87 drang beispielsweise Wasser durch den Auspuff der *Aeolus* in das Saugrohr ein und führte zu einem Kolbenfresser. Skipper Michael Parkin schaffte es, die Kolben wieder zu lösen, indem er ein Gemisch aus Paraffin und Öl in die Zylinder goß und drei Tage einwirken ließ. Dann klopfte er vorsichtig so lange auf den Kolben herum, bis sie sich bewegten, und säuberte den Motor gründlich. Er sprang beim ersten Versuch an. Sein Rat an andere Skipper lautete, darauf zu achten, daß in den Auspuff ein Rückschlagventil eingebaut ist, das das Eindringen von Wasser bei großen nachlaufenden Seen verhindert. Dieser Rat ist insofern von extremer Bedeutung, weil ich mehrere andere Fälle kenne, in denen als Ursache des Motorausfalls später das Eindringen von Seewasser über die fehlerhafte Auspuffanlage ermittelt wurde.

Als weitere Ursache für einen Kolbenfresser kommt gelegentlich die Einkreis- oder Direktkühlung in Frage. Dabei umspült das Kühlwasser den Motorblock und dringt direkt in den Motor ein, wenn eine Dichtung defekt ist. Ernsthafte Motorprobleme können weiterhin auf verschmutzten Kraftstoff zurückgehen, der Unreinheiten oder Wasser enthält. Beides sollte eigentlich abgeschieden werden, wenn der Motor ein ausreichendes Filtersystem hat, was aber bei vielen Serienyachten nicht der Fall ist. Manche Boote verfügen nicht einmal über einen gesonderten Wasserabscheider, und bei anderen nimmt der serienmäßig eingebaute Filter nur eine ganz geringe Menge Schmutz auf. Wer diesen Problemen aus dem Weg gehen will, baut zusätzlich zum werksseitig gelieferten Kraftstoffilter einen großen Filter und einen Wasserabscheider ein, der leicht zugänglich ist, damit er regelmäßig inspiziert werden kann. Die Kraftstoffleitung am Tank muß immer hoch genug über irgendwelchen Wasser- und Schmutzansammlungen am Grunde des Tanks sitzen. Außerdem muß der Tank regelmäßig über einen Stopfen im Tankboden entleert werden. Auf den meisten Booten wird überschüssiger Kraftstoff aus dem Motor über eine Rücklaufleitung wieder in den Tank geleitet. Besonders auf GFK-Schiffen verursacht der zurückfließende Kraftstoff durch seine Temperatur eine gewisse Kondensation. Das entstehende Kondenswasser sammelt sich unten im Tank und muß abgelassen werden, bevor es den Weg in die Kraftstoffanlage findet.

Ein wenig bekannter Übeltäter, der aber ernste Schäden an der Einspritzpumpe hervorrufen kann, ist ein Pilz, der in Dieseltanks wächst. Mit gelegentlich ein paar Tropfen einer fungiziden Lösung läßt sich dieses Problem verhindern, dessen sich allerdings kaum jemand gewahr ist. Eine der Yachten bei der ARC 87 mußte für teures Geld die Einspritzpumpe instand setzen lassen, nachdem dieser Pilz die gesamte Kraftstoffanlage verstopft hatte und die Pumpe dadurch schwer beschädigt worden war.

Außenborder

Eine weitere bemerkenswerte Veränderung, die sich in den vergangenen zehn Jahren vollzog, ist die zunehmende Nutzung von Außenbordern für das Beiboot. Im Vergleich zu früheren Umfragen sind diejenigen, die ihr Dinghi noch pullen, eine verschwindend kleine Minderheit. Der Hauptgrund dafür ist die weite Verbreitung von Schlauchbooten, die nun einmal schlecht zu pullen sind. Für ein Schlauchboot ist ein Außenborder besonders über größere Entfernungen praktisch unverzichtbar.

Bei der Pazifik-Umfrage hatten achtzig Prozent der Befragten für ihr Beiboot einen Außenborder. Von den acht vertretenen Marken erhielten Yamaha (9,1) und Suzuki (8,9) die höchsten Durchschnittsnoten. Es folgten Mariner mit 8,2, Johnson mit 8,0, Evinrude mit 7,6, Seagull mit 7,3 sowie Volvo und Mercury jeweils mit 7,0. Die Frage, ob sie einen Außenborder als wesentliche Ausrüstung einer Tourenyacht betrachteten, verneinte fast die Hälfte (42 Prozent) aller Skipper. Von denjenigen Skippern, die den entgegengesetzten Standpunkt vertraten, betonten mehrere, daß ein Außenborder sehr nützlich sei, wenn man weitab vom Ufer ankere oder Riffe und Flüsse erkunden wolle.

Bei der ARC 87 war der Anteil der Außenborder mit 82 Prozent zwar noch etwas höher, doch wollten weniger Skipper so weit gehen, den Außenborder als wesentlich zu bezeichnen. Die Erklärung dafür liegt wahrscheinlich in der Tatsache, daß die Yachten in den meisten Häfen auf dem Weg zu den Kanarischen Inseln längsseits liegen und das Beiboot, geschweige denn, einen Außenborder, kaum benötigen. Im

Pazifik hingegen liegen die Tourenyachten häufiger vor Anker, und der Weg an Land ist dort manchmal fast eine kleine Expedition. Dann ist ein verläßlicher Außenborder in der Tat nützlich, wenn nicht sogar wesentlich.

Beiboote

In früheren Umfragen hoffte ich festzustellen, ob ein festes oder ein aufblasbares Dinghi das ideale Beiboot ist. Überwiegend aufgrund des fehlenden Stauraums entscheiden sich die meisten Skipper heute für ein aufblasbares Beiboot, was aber nicht bedeutet, daß sie ein Schlauchboot auch für das Beste halten.

Bei der ersten Umfrage im Pazifik verteilten sich die Präferenzen gleichmäßig auf starre und aufblasbare Beiboote. Die Skipper sollten ihr jeweiliges Dinghi unter dem Gesichtspunkt der Brauchbarkeit als Allzweck-Beiboot bewerten. Von den 83 Beibooten in der Umfrage erhielten die 43 festen Dinghies im Schnitt die Note 8,6, während die Schlauchboote mit durchschnittlich 7,8 benotet wurden. Die festen Beiboote bestanden aus allen möglichen Materialien von Holz über Sperrholz und GFK bis hin zu Aluminium.

Um das gleiche Thema ging es in der späteren Pazifik-Umfrage, in der die 39 Schlauchboote die Durchschnittsnote 7,0 im Vergleich zu einer 8,7 bei den festen Tendern bekamen. Mehrere Skipper erklärten die besseren Noten der festen Dinghies damit, daß sie leichter zu pullen seien und eine rauhe Behandlung wie beim Anlanden an Korallenriffen und Felsstränden besser vertrügen. Außerdem eigneten sie sich besser für einen Außenborder, den sie aber eben aufgrund der Tatsache, daß sie sich besser pullen ließen, gar nicht benötigten. Auf der anderen Seite wurde auch auf die Nachteile eines festen Beiboots hingewiesen, beispielsweise auf die Tatsache, daß es zu viel Platz braucht, bei schwerem Wetter auch zur Gefahr werden kann, beim Tauchen zu nicht viel nütze ist und die ärgerliche Angewohnheit hat, vor Anker gegen die Yacht oder die Selbststeueranlage zu schlagen. Besonders bei den Yachten im Pazifik waren mehrere Beiboote mit Mast und Segeln ausgerüstet, um sie im Notfall auch als Rettungsboot benutzen zu können.

In der ARC-Flotte war der Anteil der Schlauchboote auf 88 Prozent gestiegen, da immer mehr Segler sich für ein Allzweck-Beiboot entscheiden. Bei der Umfrage zur idealen Tourenyacht ging es zwar nicht um Beiboote, doch einige Skipper ließen sich die Gelegenheit, ihr »ideales« Dinghi zu beschreiben, nicht entgehen. Das war in den meisten Fällen aus festem Material, und die künftigen Eigner vergaßen nicht, darauf hinzuweisen, daß sie darauf achten würden, daß ihre ideale Tourenyacht an Deck Platz für das Dinghi bieten würde. Aus diesem Grund sprachen sich einige für ein Glattdeck aus, während andere die Lösung im Dinghi selbst suchten, beispielsweise in einer zweiteiligen Bauweise. Die dritte Lösung ging von Davits aus, was allerdings nur dann praktikabel erscheint, wenn die Yacht einiges größer ist als die rund 12 m Lüa, die von der Mehrzahl als ideal bezeichnet wurde. Unabhängig vom Stauraum sollten einige ideale Beiboote einen transparenten Boden bekommen. Ein weiteres wünschenswertes Merkmal eines festen Beiboots war die

Möglichkeit, es mit Mast, Schwert und Ruder zum Segeln umrüsten zu können. Die Möglichkeit wurde nicht nur von begeisterten Jollenseglern angesprochen, sondern auch von Skippern, die die Verwendung des Beiboots als Rettungsboot als weiterer Sicherheitsfaktor betrachteten. In dieser Hinsicht machte der Vorschlag, Mast und Segel eines Surfboards so herzurichten, daß sie auch auf dem Dinghi Verwendung finden könnten, durchaus Sinn.

Ankergeschirr

Da die Anlegemöglichkeiten in den meisten Häfen außerhalb Europas und Nordamerikas ziemlich beschränkt sind, verbringen Fahrtensegler mehr Zeit vor Anker als am Pier oder Steg. Aus diesem Grunde wurden in zwei Umfragen im Pazifik detaillierte Untersuchungen zum Ankergeschirr auf Langfahrtenyachten angestellt. In der Umfrage zum Fahrtensegeln verwendete die Mehrheit aller Boote (85 %) ihren Hauptanker nur mit Kette. »Nur Kette« bedeutete, daß das betreffende Boot allein für den Hauptanker mindestens dreißig Meter Kette an Bord haben mußte, ein Wert, der auf den meisten Yachten allerdings um das Ein- oder gar Zweifache überschritten wurde.

Bei der Pazifik-Umfrage war der Prozentsatz der Yachten, die nur mit Kette ankerten, sogar noch höher (92 %), und praktisch alle waren mit mehr als 30 m Kette ausgerüstet. Die durchschnittliche Kettenlänge auf diesen Booten betrug 73 m, wobei mehrere Skipper ausdrücklich darauf hinwiesen, daß sie noch weitere Längen für den Zweit- oder gar Drittanker an Bord hätten. Das zeigt die Bedeutung, die Langfahrtensegler dem sicheren Ankerliegen unter allen Bedingungen beimessen.

In der Pazifik-Umfrage sollten die Skipper die Leistung ihres Hauptankers bewerten; dabei stellte sich heraus, daß der Pflugscharanker der weitestverbreitete Typ war. In den meisten Fällen handelte es sich um echte CQR-Anker, doch waren auch ein paar schlechte Imitationen zu finden. Das Gewicht der Pflugscharanker betrug im Schnitt 23,5 kg auf Schiffen über 12 m und 20,5 kg auf kleineren Booten. Meistens hatte der Anker ein höheres Gewicht, als für die jeweilige Schiffslänge als notwendig und angemessen betrachtet wird. Das galt gleichermaßen für die anderen Ankertypen. Der Danforth-Anker wog im Schnitt 29,5 kg auf Schiffen über 12 m und 24 kg auf kleineren Yachten. Der Bruce-Anker kam bei Booten unter 12 m durchschnittlich auf 16,8 kg. Mehrere Yachten führten zusätzlich noch schwerere Anker (von durchschnittlich 34 kg) mit, die nur für schwere Stürme oder Hurrikane vorgesehen waren. Die Mehrzahl aller Boote war ohne leichte Faltanker im Schnitt mit drei Ankern unterschiedlichen Typs und Gewichts ausgerüstet.

Für den Umgang mit dem schweren Ankergeschirr verfügten die meisten Yachten über Ankerspills mit Handkurbel (56 %) oder Elektroantrieb (30 %). Mehrere Besitzer handbetätigter Spills beklagten sich, daß diese nicht kräftig genug seien und in tiefem Wasser kaum etwas nützten. Die elektrischen Ankerspills waren allgemein leistungsfähiger und wurden als sehr nützlich empfohlen. Bei beiden Arten von Ankerspill tauchte häufig die Klage auf, daß nicht kalibrierte Kette auf dem Verholkopf rutschte.

Einer der Hauptgründe dafür ist in der Tatsache zu suchen, daß amerikanische Kette wie BBB, Proof Coil und High Test aus Material der sogenannten »Handelsgröße« hergestellt wird. Das bedeutet, daß sie 1/32 Zoll größer ist als die Nenngröße, während britische Kette aus Material in Nenngröße gefertigt wird. Tab. 19 zeigt die Nenngröße britischer und amerikanischer Kette und die entsprechenden metrischen Werte sowie den Prozentsatz, um den amerikanische Kette schwerer ist.

Tabelle 19 – Vergleich zwischen britischer und amerikanischer Ankerkette

Nenngröße (Zoll)	Metrischer Wert (mm)		Gewichtssteigerung (Prozent)
	Britisch	Amerikanisch	
5/16	7,93	8,73	21,0
3/8	9,73	10,32	17,4
7/16	11,11	11,91	14,8
1/2	12,70	13,49	12,9
9/16	14,29	15,08	11,4
5/8	15,88	16,67	10,3

Eine internationale Norm (ISO 4565) für Yachtankerketten zielt darauf ab, die Größen auf 6, 8, 10 und 12 mm zu standardisieren, um die Austauschbarkeit von Ketten sicherzustellen. Während die Hersteller in Europa diese Norm höchstwahrscheinlich übernehmen werden, könnte es sein, daß die Amerikaner bei ihren Handelsgrößen und Zollmaßen bleiben, so daß Ketten von den beiden Seiten des Atlantiks möglicherweise nie untereinander austauschbar sein werden. Falls diese Norm nicht von allen übernommen wird, muß man also bei getrenntem Kauf von Kette und Verholkopf darauf achten, ob die beiden zueinander passen.

Ankertechniken waren zwar an sich kein Thema bei den Umfragen, doch kamen auch dazu verschiedene Hinweise und wertvolle Anregungen. Tony van der Velde von der *Athabasca II* wies darauf hin, daß viele Segler mit wenig Erfahrung im Fahrtensegeln anscheinend nichts von der bewährten Methode kennen, den Anker durch Achterauslaufen unter Motor zu überprüfen bzw. sich eingraben zu lassen. Nachdem der Anker gefallen und die erforderliche Kettenlänge ausgesteckt ist, läuft man dabei achteraus, bis man spürt, daß der Anker gefaßt hat und hält. Besonders nützlich ist diese Methode an offenen Ankerplätzen oder an Stellen, wo man wie etwa in Lee hoher Berge mit starken Böen rechnen muß. Anzuraten ist sie auch immer dann, wenn die gesamte Crew von Bord geht, sei es auch nur für kurze Zeit.

Für bestimmte Umstände wurden auch noch andere Ankermethoden empfohlen, darunter das Vermuren, das sich besonders für Tidengewässer, Flüsse und alle Stellen eignet, an denen eine starke Strömung herrscht, die kentert. Dazu werden zwei Buganker verwendet, und zwar so, daß der eine vor dem Bug und der andere hinter dem Heck liegt, so daß das Boot in einem relativ kleinen Bogen schwojt und dabei entweder vom einen oder vom anderen Anker gehalten wird. Ohne Dinghi vermurt man das Boot wahrscheinlich am einfachsten, indem man zuerst den Zweitanker fallen läßt und ausreichend Kette oder Leine aussteckt, um den

Hauptanker an der gewünschten Stelle fallen lassen zu können. Beim Achterauslaufen wird dann die überschüssige Länge am Zweitanker aufgeholt, bis das Boot zwischen den beiden Ankern ruht. Wenn die Tide oder der Strom dann kentert,

Selbstgebautes Stahlschiff mit Heckplattform und sauber verstautem Heckanker

schwojt das Boot allmählich auf die andere Seite, so daß der Zweit- zum Hauptanker wird und umgekehrt.

Die Frage, ob ein Heckanker etwas nützt oder nicht, kam bei vielen Gelegenheiten zur Sprache; manche Segler schworen darauf, während andere ihn als reine Zeitverschwendung betrachteten. Mehrere der Befürworter regten an, eine feste Staumöglichkeit für den Heckanker vorzusehen. Zum Verstauen an der Reling eignet sich am besten der Danforth-Anker, weil er relativ flach ist. Für einen Pflugscharanker nimmt man besser einen speziellen Beschlag mit Rolle, wie er auf Serienbooten schon gelegentlich zu finden ist. Normalerweise sitzt am Heckanker nur ein kurzer Kettenvorlauf und daran die Ankerleine, die im Idealfall auf eine Rolle aufgeschossen ist. Bei manchen Booten ist diese Rolle fest an der Reling montiert, während sie bei anderen abnehmbar ist und an anderer Stelle verstaut wird. Um die Reserve-Ankerleine besser verstauen zu können, nimmt man am besten eine der verschiedenen flachen Leinen aus geflochtenem Polyester auf einer eigenen Rolle, die weniger Platz einnimmt und leichter zu handhaben ist.

Außer zu den Ankertechniken äußerten sich einige Skipper auch zum Anlegen mit dem Heck zum Pier. Diejenigen, die eine Zeitlang im Mittelmeer verbracht hatten, hatten mit dieser Art des Anlegens zu leben gelernt, bei der in einigem Abstand vom Pier der Buganker ausgebracht und das Boot dann achteraus meist in einen engen Liegeplatz zwischen zwei anderen Schiffen manövriert werden muß. Das ist besonders bei starkem Wind nicht immer ganz einfach. Weil das Wasser vom Propeller in die andere Richtung gedrückt wird, ist das Ruder bei Achterausfahrt zum Steuern des Bootes praktisch nutzlos, d. h., man muß eine andere Technik anwenden. Das Können und Geschick liegt darin, das Boot in Vorausfahrt richtig auszurichten und dann langsam achteraus zu manövrieren. Möglicherweise muß das Boot mit mehreren kurzen Schüben voraus ausgerichtet werden, während es unter Stecken von ausreichend Kette langsam achteraus auf den Pier zuläuft. Dabei sollten auf dem Achterdeck Festmacheleinen bereitliegen, die übergeben werden, sobald man in Wurfweite ist. Als Helfer bei zahlreichen Anlegemanövern habe ich viele Katastrophen erlebt, die meistens auf überhastete Aktionen und mangelnde Erfahrung zurückgingen. Am wichtigsten ist es, vor Beginn sämtliche Fender und Leinen zurechtzulegen und den einzelnen Crewmitgliedern genau ihre Aufgaben zu erläutern. Genau so wichtig ist es, ruhig zu bleiben und das überlegene Lächeln der »Experten« an Land zu ignorieren. Wenn das Manöver dann nicht so klappt, wie es sollte, bricht man es klugerweise ab und beginnt noch einmal von vorn.

Zubehör

Von den Skippern bei der Umfrage zur idealen Tourenyacht kamen verschiedenen Anregungen in bezug auf Zubehör. Neben der schon erwähnten festen Halterung für den Heckanker wurde darauf verwiesen, daß ein kurzer Bugspriet das Verstauen des Ankers und den Umgang mit ihm erleichtern könne. Mehrere Skipper betonten, das Ankergeschirr müsse großzügig dimensioniert sein, sich aber auch leicht handhaben lassen. Über die Hälfte der Befragten hielten ein elektrisches Ankerspill für wichtig oder sogar sehr wichtig. Auch selbstholende Winschen wurden für den Fall, daß das Budget reichte, als nützlich erachtet. Oft gewünscht wurde ein Sonnensegel, idealerweise in Verbindung mit einer Vorrichtungen zum Auffangen von Regenwasser. Für viele Skipper stand ein großzügiger Trinkwasservorrat hoch auf der Prioritätenliste, und mehrfach fand sich unter den Gegenständen auf der idealen Tourenyacht ein Trinkwasserbereiter. Wichtig, aber auf den meisten Booten nicht vorhanden, ist ein Anzeigeinstrument für den Inhalt des Trinkwassertanks. Bei mehreren idealen Tourenyachten wurden Anzeigeinstrumente für Trinkwasser und Kraftstoff als unerläßlich bezeichnet.

Aus sicherheitstechnischer Sicht wurde beispielsweise eine spezielle Nachtbeleuchtung nicht nur für den Kartentisch, sondern auch für den Salon, die Toilette und die Pantry gefordert. Wenn sich der Wachgänger nämlich nachts eine Tasse Kaffee machen will oder auf die Toilette muß, verdirbt ihm jeder Aufenthalt in Weißlicht die Nachtsicht.

Zur wesentlichen Ausrüstung auf jedem Boot gehört ein Radarreflektor, wie er jetzt bei der ARC auf Vorschlag mehrerer Skipper zwingend vorgeschrieben ist. Diese Entscheidung ging auch auf meine eigenen Beobachtungen aus der Vergangenheit zurück. Da die kleineren Yachten bei der ARC 87 drei Tage vor dem Rest der Flotte gestartet waren, wurden viele von ihnen auf dem Weg nach Barbados von größeren Yachten überholt. Dabei mußte der Skipper einer großen Yacht mit einem starken Radargerät an Bord erstaunt feststellen, daß mehrere kleine Boote, die er in Sichtweite passierte, auf dem Radarschirm kein Echo zeigten. Bei Anruf über UKW stellte sich heraus, daß die Skipper der betreffenden Boote teilweise den Radarreflektor abmontiert hatten, weil sie ihn bei der Atlantiküberquerung für unnötig hielten, und teilweise überhaupt keinen Reflektor an Bord hatten. Unter vielen Seglern herrscht sogar die Meinung, daß ein Aluminiummast ein derart gutes Echo auf dem Radarschirm hinterläßt, daß ein richtiger Radarreflektor nicht erforderlich ist. Das ist aber ein Trugschluß, der zu einem nicht berechtigten Gefühl der Sicherheit führt. Bei der ersten Kanaren-Regatta, die vor dem Start der ARC 87 zwischen den sieben Inseln der Gruppe stattfand, hatte ich die Gelegenheit, das Geschehen von der Brücke verschiedener Begleitschiffe zu beobachten, die die spanische Marine freundlicherweise bereitgestellt hatte. Da es sich um nur relativ wenige Yachten handelte, hielt ich es für eine simple Sache, alle direkt oder über Radar im Auge zu behalten. Ich brauchte nicht lange, um zu erkennen, daß eine kleine Yacht selbst auf einem modernen Marineradar aus nur wenigen Meilen Entfernung ein kaum sichtbares Echo hinterläßt, das besonders bei rauher See schnell in den Seegangsreflexen verschwindet. Die mit einem ordnungsgemäß installierten Radarreflektor ausgerüsteten Boot zeigten hingegen schon aus mehreren Seemeilen Entfernung ein gutes Echo.

Viele Skipper nutzten die Umfrage zur idealen Tourenyacht dazu, nicht nur ihre ideale Yacht zu entwerfen, sondern sie auch mit Merkmalen zu versehen, die auf den ersten Blick unbedeutend erscheinen, das Leben auf einem längeren Törn aber komfortabler und erfreulicher gestalten. Auf der Unterhaltungsseite meinten mehrere Skipper, das Boot solle schon im Ausrüstungsstadium mit einer Stereoanlage mit Kassettenrecorder ausgestattet werden, damit man beispielsweise die Lautsprecherkabel verdeckt verlegen könne. In den gleichen Bereich fiel der Wunsch nach einem guten Kurzwellenempfänger, mit dem es möglich sei, den BBC

World Service als beliebtesten Sender der Fahrtensegler zu empfangen und Wettervorhersagen beispielsweise von France International oder die Sturm- und Hurrikanwarnungen von WWV und WWVH zu hören. Auch Fernseher werden auf Tourenyachten immer beliebter, und wer der Versuchung erliegt, sollte sich auf jeden Fall ein Multinorm-Gerät anschaffen, das für die verschiedenen Systeme PAL im größten Teil Westeuropas und in Australien, Secam in Frankreich und seinen Besitzungen in der Karibik sowie NTSC in den Vereinigten Staaten und Kanada sowie auf den englischsprechenden Karibikinseln ausgelegt ist. Selbst Videorecorder gelten auf Tourenyachten heute nicht mehr als ungewöhnlich. Es gibt mittlerweile sogar Geräte, die an 12 V betrieben werden können.

Eine andere Art der Freizeitgestaltung, die unter den Gesichtspunkten Sicherheit und Spaß zu sehen ist, ist das Tauchen. Bei früheren Umfragen zeigte sich, daß auf fast allen Booten eine Schnorchelausrüstung und auf etwa zehn Prozent aller Yachten auch Flaschen und Kompressor zu finden waren. Es kann kein Zweifel daran bestehen, daß die Fähigkeit zum Tauchen ein wesentlicher Sicherheitsfaktor ist. Ich selbst mußte bei mehreren Gelegenheiten schon Maske und Schnorchel anlegen, um beispielsweise eine Leine zu lösen, die im Propeller unklar gekommen war, um den Klauen eines Hummertopfes zu entkommen, um einen unklaren Anker auszubrechen, um den Sitz eines Ankers zu überprüfen oder den Anker gar von Hand zu setzen, wenn es so aussah, als ob er nicht halten würde. Über Bord gegangene Gegenstände aus dem Wasser zu holen und den Rumpf vor einer längeren Fahrt noch einmal abzuschrubben war eine weitere Einsatzmöglichkeit für die Tauchausrüstung, ganz zu schweigen von dem reinen Vergnügen des Tauchens, Muschelsammelns oder Speerfischens und dem stillen Genießen der Welt unter Wasser.

Bei einem weiteren feuchten Vergnügen, das die Skipper der idealen Tourenyacht nicht zu erwähnen vergaßen, ging es um die richtige Flaschenlagerung. Das erinnerte mich an meine erste Umfrage, bei der zwei Skipper den Flaschenöffner als wichtigstes Instrument an Bord bezeichnet hatten. Das ist natürlich wie alles andere eine Sache der Prioritäten, und ein ideales Boot muß natürlich auch die persönlichen Eigenheiten des Skippers widerspiegeln. Es wäre ja wohl langweilig, wenn alle Boote identisch wären. Ein Skipper, der offensichtlich einem Glas Wein nicht abgeneigt war, wollte einen Edelstahltank installieren, um den Wein dort kaufen zu können, wo er wie etwa in Frankreich und Spanien billig und überall erhältlich ist, und um in Gegenden wie auf manchen Inseln in der Karibik und im Südpazifik, wo er teuer und kaum zu bekommen ist, immer einen guten Vorrat an Bord zu haben. Ein anderer Skipper war in seinen Vorstellungen sogar noch präziser: Auf seiner idealen Tourenyacht sollte es britisches Tetley Bitter vom Faß geben!

Ein Schiff für alle Jahreszeiten

Nach einer sechsjährigen Weltumsegelung und Hunderten von Gesprächen mit Langfahrtenseglern über alle nur möglichen Aspekte des Fahrtensegelns stand ich vor einer fast unlösbaren Aufgabe, als es darum ging, meine eigene neue Yacht zu entwerfen. Ich hatte das Gefühl, fast zu viel über all das zu wissen, was es zu vermeiden galt, und Gefahr zu laufen, ein Boot zu bekommen, das mit einer Menge zweckmäßiger Dinge ausgestattet war, dem es aber an Originalität fehlte. Damit das nicht passierte, stellte ich eine Liste der Prioritäten auf und versuchte, die weniger wichtigen Dinge aus meinem Kopf zu verdrängen. Die Liste der Prioritäten wurde dann schließlich unter den drei Gesichtspunkten Geschwindigkeit, Seetüchtigkeit und Bequemlichkeit zusammengestrichen.

In den Vorstellungen der meisten Segler muß eine Langfahrtenyacht schnell, robust und komfortabel sein, doch ist es erstaunlich, wie viele Boote diese drei grundlegenden Forderungen nicht erfüllen. Der Markt bietet eine ganze Palette schneller Tourenyachten, um deren Bequemlichkeit auf langen Fahrten es jedoch wie um ihre Robustheit fraglich bestellt ist. Auf der anderen Seite sind viele robuste und bequeme Schiffe quälend langsam, so daß lange Törns viele Tage länger dauern, als es nötig wäre. Aus diesen Gründen war ein völlig anderer Ansatz erforderlich, aus dem in enger Zusammenarbeit mit Bill Dixon, einem der führenden britischen Schiffbauingenieure, die Aventura 40 entstand, die alle drei Grundforderungen erfüllt. Der Prototyp dieser Konstruktion ist meine neue *La Aventura* die den Beweis für die Erfüllung dieser Forderungen erbringen sollte.

Neben Schnelligkeit und Robustheit gab es andere Faktoren, die ich für wichtig genug hielt, um sie in meine Prioritätenliste aufzunehmen. An erster Stelle stand dabei ein geringer Tiefgang. Nachdem mir mit meinem vorherigen Boot aufgrund des Tiefgangs viele schöne Ankerplätze versagt geblieben waren, fühlte ich mich zunächst stark von irgendeiner Art von Kielschwerter angezogen, beschloß aber infolge der Entwicklungen im Bereich der 12-m-Boote und der Vorteile eines Flossenkielers, die *La Aventura* mit einem Schwert mit Flossen auszurüsten. Die Flossen sind mit dem Schwert verschraubt und können für Instandsetzungsarbeiten abgenommen werden. Auf diese Weise läßt sich das Schwert durch eine schmale Öffnung im Deck, die normalerweise wasserdicht verschlossen ist, nach oben herausziehen. Wenn das Schwert aufgeholt ist, hat das Boot nur einen Meter Tiefgang, während die etwa 450 kg Bleiballast in den Flossen beträchtlich zur Stabilität beitragen, da das Gewicht tief unten konzentriert ist. Bei gefiertem Schwert liegt das Boot an Ankerplätzen mit unruhiger See zudem sehr ruhig, weil die Flossen das Stampfen und Rollen dämpfen. Bei aufgefiertem Schwert kann es auf den Flossen und den beiden Skegs trockenfallen. Das Doppelruder wurde nicht nur wegen des geringen Tiefgangs gewählt, sondern auch, weil sich das Boot damit besser steuern und treideln läßt.

Schnelligkeit

In der Vergangenheit scheinen Stahlschiff und Schnelligkeit ein Widerspruch in sich gewesen zu sein. Doch abgesehen von der Tendenz, ein Stahlschiff viel schwerer zu konstruieren, als es nötig ist, gibt es absolut keinen Grund, warum Stahlschiffe nicht schnell sein sollten. Sowohl Bill Dixon als auch Brian I'Anson, der Schiffbauer, sahen es als eine Herausforderung an, ein leichtes Stahlboot zu bauen und durch eine entsprechende Bautechnik dafür zu sorgen, daß der Rumpf robust und gleichzeitig möglichst leicht wurde. Das in Verbindung mit dem Unterwasserriß des Schiffes machte die *La Aventura* zu einem für ihre Größe und Verdrängung schnellen Schiff.

Auch die Besegelung sorgt dafür, daß die *La Aventura* unter fast allen Bedingungen schnell ist. Damit sie auch bei leichtem Wind gute Fahrt macht, erhielt sie ein Hochrigg, und die Kuttertakelung ermöglicht eine maximale Flexibilität. Aufgrund unserer ursprünglichen Planung und der Tatsache, daß die Crew meist nur aus meiner Frau Gwenda und mir bestehen würde, wurden Groß- und Vorsegel mit Hood-Rollreffanlagen ausgerüstet, die in Verbindung mit den selbstholenden Winschen und der Tatsache, daß alle Leinen ins Cockpit geführt sind, dafür sorgen, daß das Boot auch von einem allein gesegelt werden kann.

Seetüchtigkeit

Seetüchtigkeit geht Hand in Hand mit stabiler Bauweise und war eine meiner wesentlichen Prioritäten. Die Tatsache, daß in der letzten Zeit viele Boote auf hoher See verloren gingen, nachdem sie mit unbekannten Objekten kollidiert waren, ließ meine Wahl logischerweise auf ein Stahlschiff fallen. Außerdem hatte ich nicht vergessen, wie ich im Indischen Ozean mit der vorigen *Aventura* mit einem großen Baumstamm kollidiert war, der das Boot trotz der Tatsache, daß es unter Doppelfock mit sechs Knoten vor dem Wind lief, fast augenblicklich zum Stehen gebracht und ein großes Stück aus dem Kiel herausgeschlagen hatte. Aus diesen und ähnlichen Überlegungen führte nichts an einem Metallrumpf vorbei, und nachdem ich lange Zeit mit Aluminium geliebäugelt hatte, entschied ich mich wegen der höheren Festigkeit und der niedrigeren Kosten dann doch für Stahl.

Weitere Faktoren, die zur Seetüchtigkeit der *La Aventura* beitragen, sind ein wasserdichtes Kollisionsschott zwischen der Vorderkajüte und dem Rest des Schiffes, ein freies Deck, ein geschützter Steuerstand, nicht zu öffnende Bullaugen an der Seite und ein Minimum an Seeventilen. Eine Heckplattform erleichtert das Anbordklettern aus dem Wasser und dient zum Verstauen des Rettungsfloßes. Sie schützt außerdem die Selbststeueranlage und dient als Knautschzone bei einem Heckaufprall.

Komfort

Das Innere der *La Aventura* ist auf größtmögliche Bequemlichkeit für eine Crew ausgelegt, die nur selten mehr als vier, im Regelfall aber nur zwei Personen umfaßt. Der Schwertkasten war das bestimmende Element für die Innenausstattung, so daß der Salon und die Pantry sich im hinteren Teil des Bootes befinden. Der Wohnbereich ist völlig offen gestaltet, was den Eindruck der Geräumigkeit noch verstärkt. Vor dem Niedergang befinden sich zwei getrennte Kajüten, die durch ein wasserdichtes Schott von der Vorderkajüte getrennt sind. Da der Stauraum auf jeder Tourenyacht ein Problem darstellt, wird diese Vorderkajüte als Aufbewahrungsort für Schlauchboot, Außenborder, Ersatzsegel, Tauchausrüstung, Werkzeug, tragbaren Generator, Fender, Tauwerk usw. genutzt. Da von vornherein feststand, daß sich dieses Gewicht im Vorschiff befinden würde, wurde der Ballast entsprechend nach achtern verlagert.

Eines der Merkmale, das die *La Aventura* von ihrer älteren Schwester erbte, ist das feste Ruderhaus. In den sechs Jahren auf See hatten wir den Schutz vor Regen, Gischt und Sonne schätzen gelernt. Das Ruderhaus bedeutete zudem, daß der Wachgänger unabhängig von den draußen herrschenden Bedingungen immer warm und trocken saß. Außerdem bedeutete es einen Zugewinn an Sicherheit, da wir selbst bei schwersten Stürmen im Cockpit bleiben und die Situation im Auge behalten konnten.

Eines der eher unorthodoxen Merkmale unserer neuen Yacht besteht darin, daß das Steuerrad sich im Schutz des Ruderhauses befindet. Auch das geht auf die lange Zeit auf See zurück. Eine leistungsfähige Selbststeueranlage sorgte dafür, daß wir nur ganz selten von Hand zu steuern brauchten, und wenn das wirklich einmal der Fall war, dann bei sehr rauhen Bedingungen. Da die *La Aventura* sowohl mit einer Selbststeueranlage als auch mit einem leistungsfähigen Autopiloten von Brookes & Gatehouse ausgerüstet ist, sahen wir keinen Grund, einen zweiten Steuerstand außerhalb des Ruderhauses vorzusehen, so daß es bei nur einem Steuerstand blieb.

Eine weitere Neuerung im Hinblick auf die Selbststeueranlage war die Tatsache, daß sie in die Gesamtkonstruktion eingegliedert und nicht nachträglich eingebaut wurde. Der Ruderschaft der Hydrovane-Selbststeueranlage führt durch ein Loch in der Heckplattform, wodurch die Anlage nicht nur geschützt ist, sondern auch besser montiert werden kann. Sie funktioniert mit einem eigenen Hilfsruder, das auch als Notruder dienen kann, unabhängig von der Hauptruderanlage. Die kurze Pinne an der Anlage könnte gegebenenfalls auch in Verbindung mit einem kleinen Autopiloten verwendet werden.

Da einer der wesentliche Nachteile einer Doppelruderanlage in der Schwierigkeit besteht, bei wenig Fahrt auf beengtem Raum zu manövrieren, beschlossen wir, die *La Aventura* mit zwei Motoren mit Teignbridge-Faltpropellern auszurüsten. Zwei kleine Dieselmotoren anstelle eines großen Aggregats bieten weitaus mehr Vorteile als nur die bessere Manövrierfähigkeit. Sie bilden einen nicht zu unterschätzenden Sicherheitsfaktor, wenn man bedenkt, wie viele Yachten in Schwierigkeiten geraten, weil die einzige Maschine ausfällt oder sich nicht starten läßt, weil die Batterien leer sind. Bei zwei Motoren kann immer einer als Arbeitspferd zum Antrieb einer großen Lichtmaschine oder eines Kompressor-Gefriergeräts dienen. Ein wesentlicher Vorteil liegt in der Tatsache, daß man nur einen kleineren Motor zum Aufladen der Batterien und zur Erledigung aller sonstigen Arbeiten laufen zu lassen braucht und bei Bedarf, wenn mehr Leistung erforderlich ist, beide Motoren gleichzeitig anwerfen kann. Die meiste Zeit reicht ein Motor völlig aus. So braucht beispielsweise nur der Leemotor zu laufen, wenn man mit Motorhilfe Höhe segelt. Die *La Aventura* hat zwei identische 29-PS-Diesel von Perkins Perama, wobei der eine mit einer 90-A-Lichtmaschine anstelle der Serienlichtmaschine ausgerüstet ist. Der Ladestrom fließt über einen TWC-Regler, der für eine maximale Ausnutzung der Lichtmaschinenleistung sorgt.

Die *La Aventura* umfaßt viele andere eher ungewöhnliche Merkmale, die teils auf meine verschiedenen Umfragen und teils auf meine eigene Erfahrung zurückgehen bzw. von ihrer Vorgängerin übernommen wurden. Sie wurde ganz im Hinblick auf unsere eigenen Törnpläne gebaut, so daß sie möglicherweise den Vorstellungen anderer Segler absolut nicht entspricht. Aber in der Umfrage zur idealen Tourenyacht hatten ja auch viele Skipper angegeben, ihre Idealkonstruktion sei sehr von dem geplanten Segelrevier abhängig. Wir hatten damals einen Törn in den Südatlantik und von dort aus durch die Magellanstraße in den Pazifik geplant. Von dort aus sollte es über Tahiti und Hawaii nach Alaska und an der Küste von British Columbia entlang nach Kalifornien gehen. Das nächste Ziel waren dann die Inseln Mikronesiens, möglicherweise gefolgt von einem Abstecher nach Japan. Eine einjährige Verzögerung bei Bau und Ausrüstung der *La Aventura* sowie anderweitige Verpflichtungen zwangen uns dazu, unseren ehrgeizigen Plan zunächst einmal zu den Akten zu legen. Der einzige Ausgleich, den wir dafür bekamen, war eine sehr tüchtige und attraktive Tourenyacht, die zur Zeit im Rahmen der EUROPA 92 Rally eine Weltumsegelung unternimmt.

95

Elektronik

Im Hinblick auf Instrumentenausstattung und Ausrüstung hinkten Tourenyachten früher weit hinter Rennyachten her. Das hat sich aber mittlerweile dahingehend geändert, daß auch auf Tourenyachten modernstes Gerät zu finden ist. Auf vielen Booten bei der ARC sind die neuesten Navigationsgeräte installiert, und die Palette der Instrumente würde manch einen Rennyacht-Eigner vor Neid erblassen lassen.

Die Elektronik an Bord von Yachten war Teil mehrerer früherer Umfragen, doch bevor wir uns mit den Ergebnissen dieser Umfragen befassen, ist es vielleicht ganz sinnvoll, einen Blick auf den derzeitigen Stand der Technik in der Schiffselektronik zu werfen. Die Palette der Instrumente und Geräte ist nämlich heute so groß und ändert sich so schnell, daß es für viele Segler schwer ist, auf dem neuesten Stand zu bleiben.

Satellitennavigation

Die bedeutendste »Neuerung« im Bereich der Navigation war zweifellos die Satellitennavigation. Das Transit Navigation Satellite System wurde bereits 1968 eingeführt, doch es dauerte noch fünfzehn Jahre, bis Geräte zur Verfügung standen, die kompakt und günstig genug waren, um auch auf Yachten Verwendung zu finden. In den letzten Jahren wurde SatNav zum zuverlässigsten Navigationssystem, das die Seefahrt je gekannt hat. Es hat fast hunderttausend Nutzer, die meisten von ihnen Yachteigner.

Das von der US-Marine betriebene SatNav-System arbeitet mit mehreren Satelliten auf einer etwa 900 km hohen polaren Umlaufbahn, von denen normalerweise immer sechs in Betrieb sind. Jeder Satellit sendet im Abstand von zwei Minuten seine Positionsdaten, aus denen der Empfänger an Bord dann die Position des Schiffes errechnet. Die relativ niedrige Umlaufbahn bedeutet, daß der einzelne Satellit für den Empfänger jeweils nur etwa fünfzehn Minuten »sichtbar« ist und daß man in mittleren Breiten im Schnitt 107 Minuten auf den nächsten Durchgang warten muß. In höheren Breiten folgen die Durchgänge schneller aufeinander, während es am Äquator mehrere Stunden dauern kann, bis das System ein neues Besteck liefert. SatNav-Geräte geben nicht nur den wahren Schiffsort an, sondern koppeln mit Hilfe des eingebauten Computers zwischen den einzelnen Satellitendurchgängen selbständig weiter. Die meisten Geräte lassen sich zudem mit anderen wie etwa dem Autopiloten verbinden, so daß der menschliche Navigator beinahe überflüssig wird.

Das gegenwärtige SatNav-System reicht zwar nach einhelliger Meinung völlig für eine gewöhnliche Yacht auf Ozeanüberquerung, gilt aber für militärische Zwecke als unzureichend. Daher ist die US-Marine gegenwärtig dabei, es durch das genauere Global Positioning System (GPS, globales Positionsbestimmungssystem) zu ersetzen. Dieses GPS arbeitet unglaublich genau, wird jedoch in dieser Genauigkeit fast ausschließlich für militärische Zwecke zur Verfügung stehen. Allerdings gibt es eine weniger genaue Version für zivile Nutzer, darunter auch die Sportschiffahrt.

Das GPS sollte ursprünglich am Ende der achtziger Jahre voll einsatzbereit sein, mußte jedoch aufgrund von Problemen im Raumfährenprogramm Verzögerungen hinnehmen, so daß dem SatNav-System noch eine weitere Lebensspanne bevorsteht. Inzwischen gibt es Empfänger, die mit beiden System arbeiten, aber so teuer sind, daß die meisten Skipper sich wahrscheinlich mit dem gegenwärtigen System zufrieden geben werden, das noch mindestens bis zur Mitte der neunziger Jahre betrieben werden wird.

Hyperbolische Systeme

Dem SatNav-Verfahren um mehrere Jahre voraus waren zwei regionale Funkortungsverfahren, die, nachdem sie jahrelang fast ausschließlich von der Kriegs- und der Handelsmarine genutzt wurden, sich auch auf Yachten zunehmender Beliebt-

Kjell Heiberg von der *Makiki III* an seiner gut bestückten Navigationsstation

97

heit erfreuen. Das ältere der beiden ist das Decca-Verfahren, das seit dem Ende des 2. Weltkriegs zivil genutzt wird und die europäische Atlantikküste sowie Teile des Mittelmeeres abdeckt. Sein nordamerikanisches Gegenstück ist das Loran-Verfahren, das in den siebziger Jahren eingeführt wurde und überwiegend für die Küstennavigation genutzt wird, weil die Genauigkeit schnell abnimmt, wenn man sich weiter als 100 sm von der Küste entfernt. Beide Verfahren arbeiten mit einem Netz aus regionalen Gruppen oder Ketten, deren Genauigkeit davon abhängig ist, wie gut das Verfahren ein bestimmtes Gebiet überdeckt. Verbesserte Empfänger und Sender haben die Genauigkeit beider System in der letzten Zeit stark vergrößert. Das ist einer der Gründe dafür, daß Decca und Loran sich unter Seglern zunehmender Beliebtheit erfreuen. Der andere Grund ist der, daß die Geräte für Yachten kleiner geworden sind und jetzt viele Möglichkeiten bieten, die bislang nur bei SatNav zu finden waren. Auch der Preis macht sie für Fahrtensegler attraktiv. Man schätzt, daß Decca zu Beginn der neunziger Jahre etwa hunderttausend Nutzer haben dürfte, mehr als die Hälfte davon Segler aus Europa. Loran ist besonders in den Vereinigten Staaten weitaus stärker verbreitet; man geht für das Jahr 1990 von über einer halben Million Nutzer aus. Man spricht davon, das Loran-Verfahren auf den gesamten Nordatlantik auszudehnen und Westeuropa in dem gleichen Maße zu überdecken, wie es auf der anderen Seite des Atlantiks der Fall ist. Wenn das geschieht, bedeutet es möglicherweise das Aus für Decca. Damit wäre aber frühestens zum Ende des Jahrhunderts hin zu rechnen.

Ein Funkortungsverfahren, das in der Yachtschiffahrt keinen Fuß fassen konnte, ist Omega, das weltweit die Positionsbestimmung mit einer Genauigkeit von 2–4 sm ermöglicht. Omega wird fast ausschließlich in der Luftfahrt genutzt; der hohe Preis des Empfängers hat dafür gesorgt, daß nur ganz wenige Yachten damit ausgerüstet sind.

Radar

Ein weiteres Navigationsgerät, das ursprünglich für militärische Zwecke entwickelt wurde, sich aber zunehmender Beliebtheit unter Seglern erfreut, ist das Radar. Radar gab es früher nur auf den größten Yachten, und es dauerte viele Jahre, bis Radarantenne und -gerät auf eine Größe geschrumpft waren, die den Einbau auch auf der durchschnittlichen Tourenyacht gestattete. Der eigentliche Auslöser war jedoch der Übergang von der Leucht- zur Rasterabtastdarstellung, die ein nicht verschwimmendes Bild von der Umgebung des Schiffes zeichnet und ein Farbbild hoher Auflösung ermöglicht. Die neuesten Radargeräte können mit Loran- und SatNav-Empfänger, Echolot und anderen Geräten gekoppelt werden und zeigen die entsprechenden Daten auf dem Schirm an. Zu den weiteren technischen Eigenschaften gehört auch ein automatischer Annäherungsalarm, der ertönt, wenn das Radar ein Ziel in einem entsprechend eingestellten Abstand und mit einer bestimmten Peilung erfaßt – eine extrem nützliche Funktion zur Kollisionsverhütung.

Der einzige ernsthafte Nachteil besteht darin, daß trotz aller Verbesserungen an

Empfänger und Schirm die Antenne selbst nach wie vor sechzig bis neunzig Zentimeter lang sein muß, damit das Ziel in ausreichender Auflösung abgebildet wird. Auf kleineren Booten kann das zu Platzproblemen führen. Als viele Tourenyachten noch Zweimaster waren, war das Problem noch nicht so groß, weil die Antenne am Besan angebracht werden konnte. Beim gegenwärtigen Trend zu Einmastern wird die Sache schon etwas komplizierter. Die eine Lösung besteht darin, die Antenne vor der Saling anzubringen. Bei der zweiten Lösung bringt man einen etwa 2 m hohen Stab am Heck an, der gleichzeitig auch als Träger für den Windgenerator dienen kann. Beide Lösungen sind nicht ideal – wahrscheinlich die Erklärung dafür, daß viele Tourenyachten trotz seiner unbestreitbaren Vorzüge nicht mit Radar ausgerüstet sind.

Elektronische Karten und Plotter

Eine der großartigsten Neuerungen der letzten Jahre war die Entwicklung elektronischer Karten. Derzeit bieten sie jedoch nur begrenzte Informationen und sind für die genaue Navigation im Küstenbereich noch nicht zu gebrauchen. Ihr Hauptnachteil besteht darin, daß die ungeheuren Datenmengen, die in einer konventionellen Seekarte enthalten sind, einen Computer mit riesigem Speicherplatz erforderlich machen, wenn diese Daten graphisch auf dem Bildschirm dargestellt werden sollen. In der jetzigen Form kann das System für die Routenplanung nützlich sein und dem Navigator auf hoher See die Arbeit erleichtern, ist aber von zumindest zweifelhaftem Nutzen für die genaue Navigation. Elektronische Karten werden daher in absehbarer Zukunft nur begrenzt genutzt werden.

Besonders in der Küstenfahrt geht nichts über die althergebrachte Karte aus Papier. Für mich persönlich ist der Hauptnachteil der elektronischen Karte nicht die fehlende Detaildarstellung (ein Nachteil, der höchstwahrscheinlich sehr bald überwunden sein wird), sondern die Tatsache, auf einen Bildschirm blicken zu müssen, wann immer die Karte zu Rate gezogen werden muß. Dieser Blick auf den Bildschirm kann sogar gefährlich werden, und zwar speziell nachts, weil möglicherweise die Nachtsicht verloren geht, wenn man auf einen hellen Bildschirm statt bei Rotlicht auf eine Karte schaut. Die perfekte Antwort auf alle Zweifel und Fragen ist der elektronische Plotter, der alle Vorteile der neuesten mikroprozessorgestützten Standortbestimmungssysteme mit der Genauigkeit einer konventionellen Seekarte vereint. Ein elektronischer Plotter wie etwa der Navstar Yeoman kann die eigene Breite und Länge auf einer normalen Karte bestimmen und dazu Entfernungen und Peilungen zu jedem beliebigen Punkt auf der gerade benutzten Karte berechnen. Gleichzeitig zeichnet er ohne Verzögerung den augenblicklichen Schiffsort ein, wenn er mit einem kompatiblen Empfänger für Loran, Decca oder SatNav verbunden wird. Auf hoher See kann man ihn dazu verwenden, Großkreisrouten zu erarbeiten und dem Autopiloten die nötigen Anweisungen zu erteilen. In der Küstenfahrt besteht sein größter Vorteil darin, daß er das Koppeln extrem einfach und so genau wie möglich macht.

Instrumentenausstattung

Während die oben erwähnten neuesten Navigationssysteme teilweise als fakultativ gelten, sind wohl auf jedem Boot bestimmte grundlegende Instrumente vorhanden. Auch in diesem Bereich hat es in den letzten zehn Jahren beträchtliche Fortschritte gegeben, und die heutigen Instrumente können entweder einzeln oder als Teile eines integrierten Systems eingesetzt werden. Man macht sich mehr und mehr Daten zunutze, die praktisch auf Knopfdruck abgerufen werden können.

Echolot

Das Echolot ist wahrscheinlich eines der nützlichsten Instrumente auf der Tourenyacht. Es ist im Grunde ein einfaches Sonar, das mit Ultraschallwellen arbeitet, die von einem Geber im Rumpf ausgesandt werden. Die Wellen werden reflektiert, vom Geber aufgefangen und in einen elektrischen Impuls umgewandelt, der dann auf einer LCD- oder LED-Anzeige als Wassertiefe erscheint. Von den verschiedenen Echolot-Typen gelten die mit LCD-Anzeige nicht nur als leichter ablesbar, sondern auch als günstiger, weil sie weniger Strom verbrauchen. Bei der Wahl eines Echolots erhebt sich als wichtigstes die Frage, wie tief der Meßbereich gehen soll und wie viele Zusatzfunktionen erforderlich sind. Von der Rumpfform hängt es ab, ob ein oder zwei Geber benötigt werden. Für den Fahrtensegler ist wahrscheinlich ein Gerät mit Digitalanzeige die bessere Wahl, weil es mehrere nützliche Funktionen hat wie etwa wahlweise Anzeige in Fuß, Faden oder Meter sowie Flach- und Tiefwasseralarm.

Log

So, wie Lot und Leine vom Echolot abgelöst wurden, sind auch die Tage des Patentlogs gezählt. Auf der Mehrzahl der Tourenyachten finden sich heute elektronische Fahrtmesser, die meist recht einfach konstruiert sind. Die Flügel eines Impellers außen am Rumpf sind mit einer Reihe von Magneten bestückt. Dadurch, daß diese Magneten an einem Sensor vorbeilaufen, entstehen elektrische Impulse, die in Seemeilen bzw. Knoten umgesetzt werden.

Neben den in der Mehrzahl befindlichen Fahrtenmessern mit Impellern gibt es mehrere andere Typen, die sämtlich Vor- und Nachteile aufweisen. Ein ziemlich verbreiteter Typ arbeitet mit einem Propeller an einem kleinen Skeg, während die neuesten Geräte über transistorisierte Geber verfügen, die keine beweglichen Teile mehr haben und sowohl elektromagnetische als auch Schallimpulse verarbeiten können.

Anemometer

Die meisten Anemometer arbeiten nach dem gleichen Prinzip wie die einfachen Fahrtmesser, indem sie nämlich eine Drehbewegung des Geräts im Masttopp in elektrische Impulse umsetzen, die auf einem Gerät an Deck als Zahlen angezeigt werden. Das Gerät im Masttopp ist meistens ein Dreischalen-Anemometer, auf dem sich ein schlanker Windrichtungsanzeiger (Verklicker) befindet. Elektromechanische Anemometer haben teilweise mit den gleichen Problemen wie elektromechanische Fahrtmesser zu kämpfen, und zwar besonders im Hinblick auf die beweglichen Teile. Über kurz oder lang werden sie deshalb transistorisierten Geräten weichen müssen, von denen es bereits einige gibt.

Integrierte Systeme

In einer Welt voller Mikrochips und Datenverarbeitung können auch Tourenyachten nicht lange im Abseits stehen bleiben, so daß Boote ohne Computer bald nicht mehr die Regel, sondern die Ausnahme sein werden. Der erste Bereich, der computerisiert wurde, war die Erfassung von Daten durch verschiedene Instrumente. Der interessierte Navigator hat heute Zugriff auf eine ganze Palette von Informationen, die von den getrennten Verarbeitungseinheiten, an die die einzelnen Instrumente angeschlossen sind, bereitgestellt werden. Als Grunddaten werden Richtung und Geschwindigkeit des wahren Windes und Fahrt über Grund berechnet. Letztere ist nicht nur bei Regatten nützlich, sondern beispielsweise auch auf Vormwindkursen, weil sich daraus sofort absehen läßt, bei welchem Winkel zum Wind das Boot die schnellste Fahrt macht. Komplexere Daten lassen sich dann mit Hilfe der Eingaben aus anderen Quellen wie elektronischem Kompaß, Autopilot, SatNav, Decca oder Loran berechnen, wenn die integrierten Systeme immer weiter ausgebaut und verfeinert werden.

Satellitennavigation in der Praxis

Atlantik-Umfrage

Die erfolgreiche Überquerung des Atlantiks bzw. eines beliebigen Ozeans ist von vielen Faktoren abhängig, darunter an erster Stelle die genaue Navigation. Früher wurde bei einer Atlantiküberquerung das astronavigatorische Können des Skippers auf die Probe gestellt, doch heute unterscheidet sich die tägliche Navigationsroutine auf einer Tourenyacht durch die weite Verbreitung der Satellitennavigation ganz wesentlich von früheren Tagen. Es gehen zunehmend Segler mit nur wenig Erfahrung auf einen Hochseetörn, weil sie glauben, daß ihre Sorgen hinsichtlich der Navigation durch das SatNav-Gerät an Bord hinfällig geworden sind. Bei der Atlantik-Umfrage verfügte über die Hälfte (52) der auf beiden Seiten des Atlantiks befragten 100 Skipper über SatNav. 33 von ihnen bezeichneten SatNav als ihr hauptsächliches Navigationsmittel, während die anderen es in Verbindung mit dem Sextanten verwendeten. Alle hundert Boote hatten einen Sextanten an Bord, der je nach Verfügbarkeit von SatNav mehr oder weniger eingesetzt wurde.

Detailliertere Untersuchungen zur Satellitennavigation erfolgten im zweiten Teil der Umfrage, bei dem fünfzig Skipper unmittelbar nach Ankunft in der Karibik befragt wurden. Sechs von ihnen gaben zu, ihren Sextanten auf dem ganzen Törn nicht ein einziges Mal angerührt zu haben, wobei vier mir glaubhaft versicherten, sie seien erfahrene Navigatoren und hätten jederzeit auf die traditionelle Methode zurückgreifen können, wenn der SatNav-Empfänger ausgefallen wäre. Auf der anderen Seite hatten mehrere Skipper, sowohl erfahrene als auch unerfahrene, ihre SatNav-Geräte nicht nur zur Standortbestimmung, sondern auch zur Verbesserung ihrer Astronavigation benutzt, wobei fünfzehn SatNav-Besitzer ihre eigenen Berechnungen regelmäßig mit den SatNav-Standorten verglichen hatten. Alle sprachen sich für eine solche Praxis aus, da sie ihnen oft genug gezeigt habe, wie schlecht es vorher um die Genauigkeit gestanden hatte. Ein Skipper, der bis dahin geglaubt hatte, sein Fehlerbereich liege bei nur ein oder zwei Meilen, mußte feststellen, daß er sich in der Regel um fünf bis sechs Meilen geirrt hatte. Er führte das auf die große Dünung zurück, die es sehr schwer gemacht habe, den Sextanten ruhig zu halten und den wahren Horizont zu finden. Ein anderer Skipper sogar noch weiter und überprüfte sowohl seine eigenen Berechnungen als auch die SatNav-Daten, indem er sich über UKW die Positionsdaten vorbeifahrender Schiffe geben ließ.

Auf den 44 Booten, auf denen der Sextant zumindest gelegentlich benutzt wurde, erfolgten im Schnitt zwei Beobachtungen am Tag, darunter in den meisten Fällen ein Mittagsbesteck, das auf 18 Booten täglich genommen wurde. Auf weiteren elf Booten nahm man weniger häufig ein Mittagsbesteck und auf 15 Schiffen überhaupt nicht, und zwar entweder, weil man meinte, es sei ungenau, oder, weil man es bei den dauernden Rollbewegungen für zu schwierig erachtete. Es wurden fast ausschließlich Sonnenhöhen genommen, nur auf 13 Booten erfolgte von Zeit zu Zeit, aber nur ganz selten öfter als einmal während des gesamten Törns, eine Sternbeobachtung. Die anderen Himmelskörper fanden bei den Skippern sogar noch weniger Beachtung. Zwei Navigatoren arbeiteten mit Planeten und drei weitere mit dem Mond, und zwar meistens dann, wenn sich die Mond- mit den Sonnenstandlinien kreuzen ließen.

Von den SatNav-Besitzern hatten nur ein paar ihre Geräte die ganze Zeit eingeschaltet. Die meisten nahmen sie nur periodisch in Betrieb, um Strom zu sparen. Im Schnitt wurden die Empfänger täglich einmal für vier Stunden eingeschaltet, wobei die Dauer umso länger wurde, je näher der Landfall rückte. Am meisten benutzt wurde die Wegepunkt-Funktion. Mehrere Skipper wiesen darauf hin, daß sie von den anderen Funktionen mehr Gebrauch gemacht hätten, wenn andere Instrumente oder der Autopilot an den Empfänger angeschlossen gewesen wären. Obwohl ein großer Prozentsatz sich einzig auf den SatNav-Empfänger verließ, um die Position zu bestimmen, war auf jedem Boot zumindest ein Sextant mit den entsprechenden Reduktionstafeln an Bord. An die Stelle des nautischen Jahrbuchs treten nach und nach Navigationsrechner, in denen die Jahrbuchdaten mehrerer Jahre gespeichert sind. Fünfzehn Boote hatten einen solchen Rechner an Bord. Mehrere Navigatoren nahmen ihre Berechnungen mit Computerhilfe vor, teilweise mit selbst geschriebenen Programmen. 44 Skipper besaßen jedoch noch ein Jahrbuch für das laufende und 23 ein Jahrbuch auch für das folgende Jahr. Mehrere Skipper, die nicht weitsichtig genug gewesen waren, auch das nächste Jahrbuch anzuschaffen, mußten wohl oder übel erkennen, daß solche Dinge weder auf den Kanaren noch in der Karibik ohne weiteres zu bekommen sind; sie hofften, mit dem alten Jahrbuch zurechtzukommen, für das es eine Berichtigungsformel gibt.

Sämtliche SatNav-Besitzer betonten, daß die Tatsache, daß es diese Geräte gibt, keinerlei Einfluß auf ihre Entscheidung gehabt habe, unter die Langfahrtensegler zu gehen. Ein Skipper meinte: »SatNav hin oder her, ich wäre auf jeden Fall auf Fahrt gegangen, habe mit dem Gerät aber jetzt ein besseres Gefühl. Wie dem auch sei, Amerika ist kaum zu verfehlen. Schließlich ist Kolumbus auch hingekommen, und der hatte kein SatNav.« Ein anderer, der von der astronomischen Navigation keinerlei Ahnung hatte, wollte sie auf der Überfahrt lernen und sein SatNav dabei zum Überprüfen seiner Berechnungen benutzen. Ein Dritter hatte den Empfänger speziell gekauft, um seine astronomische Navigation zu verbessern. Er kam schließlich so weit, daß er sich mehr als je zuvor auf den Sextanten verließ und den SatNav-Empfänger auf einer Tourenyacht für weniger nützlich hielt als das Radargerät. Die Mehrheit der Skipper, und zwar sowohl SatNav-Besitzer als auch -Besitzlose, hatte die astronomische Navigation aus Büchern gelernt. Einige hatten sie sich auf früheren Törns bei anderen abgeschaut, und ein Drittel hatte spezielle Lehrgänge besucht, darunter drei qualifizierte Navigatoren, von denen zwei in der Handelsmarine gefahren waren und einer in der Luftwaffe gedient hatte.

Bei denjenigen, die einen Lehrgang mitgemacht hatten, handelte es sich in vielen Fällen um Skipper, die ihren Törn viele Jahre im voraus geplant hatten.

SatNav und Astronavigation bei der ARC

Bei beiden ARC-Umfragen galt die besondere Aufmerksamkeit der Satellitennavigation, die ja in relativ kurzer Zeit zum bedeutendsten Hilfsmittel der Navigation im Hochseesegeln geworden ist. Während SatNav bei der Atlantik-Umfrage auf 52 Prozent der Boote zu finden gewesen war, erreichte die Zahl bei der ersten ARC ein Jahr später schon 68 Prozent. Bei der zweiten ARC waren es schon 85 Prozent, so daß die Zeit nicht mehr fern sein dürfte, in der praktisch jede Langfahrtenyacht sich der Satellitennavigation als wichtigstem Hilfsmittel zur Positionsbestimmung bedient.

Ein Grund für die zunehmende Beliebtheit von SatNav ist zweifellos der niedrige Preis mancher Empfänger. Zum Glück sind die beträchtlichen Preissenkungen in den vergangenen Jahren nicht auf Kosten der Qualität gegangen. Die meisten Fabrikate sind sogar zuverlässiger geworden, wie die wenigen Meldungen über defekte Geräte bei der ARC zeigen. Und wenn es doch einmal Probleme gab, sorgte der Hersteller oder seine örtliche Vertretung für eine schnelle Abhilfe.

Dieser relativ zufriedenstellende Zustand spiegelt sich in den hohen Leistungsnoten für die verschiedenen Geräte wider. Um die Leistung der verschiedenen Fabrikate vergleichen zu können, sollten die 110 Skipper, die während der ARC 87 an der Umfrage zur Ausrüstung teilnahmen, Noten von 1 bis 10 verteilen. Diese Notenskala galt gleichermaßen auch für die Bewertung des Nutzens der einzelnen Geräte.

Die neun vertretenen Fabrikate erhielten im Schnitt die Note 9,1 für die Leistung. Die meisten Geräte (40%) stammten von Navstar, dessen verschiedene Modelle die Durchschnittsnote 9,3 erzielten. Zahlenmäßig an zweiter Stelle stand Walker (12%) mit einem Schnitt von 9,0, während die prozentual geringer vertretenen Geräte von Magnavox und Shipmate die Höchstnote 10 erzielten. Interessant war, daß sich die Reihenfolge von Walker (42%) und Navstar (25%) aus der ersten ARC bei der zweiten ARC umgekehrt hatte, wahrscheinlich als Folge der zwischenzeitlich herausgebrachten Navstar-Niedrigpreismodelle.

Die weite Verbreitung von SatNav unter Langfahrtenseglern hat aber offensichtlich nicht zum Niedergang der astronomischen Navigation geführt, da auf allen ARC-Yachten ein Sextant und, mit wenigen Ausnahmen, die nötigen Reduktionstafeln und das gültige nautische Jahrbuch an Bord waren. Nach Angaben der Skipper befand sich auf jedem Boot zumindest eine Person, die mit dem Sextanten ein genaues Besteck nehmen konnte. Auf fast der Hälfte der Yachten war der Skipper sogar nicht der einzige, der die hohe Schule der Astronavigation beherrschte. Das heißt allerdings nicht, daß das Können der Betreffenden auch auf die Probe gestellt wurde, denn die Standortbestimmung erfolgte auf vierzig Prozent aller Schiffe ausschließlich per SatNav. Der Sextant fand auf weniger als der Hälfte aller Boote (45%) regelmäßig und auf den verbleibenden fünfzehn Prozent nur selten Verwendung.

Die Bedeutung, die man der Satellitennavigation zumißt, zeigte sich auch in der

Tatsache, daß der SatNav-Empfänger bei dieser Umfrage als einziger Ausrüstungs-gegenstand für den Nutzen durchgehend höhere Noten erhielt als für die Leistung, und zwar 9,5 im Schnitt. Die Tatsache, daß fünfundsiebzig Prozent den Nutzen mit der Höchstnote 10 bewerteten, spricht für sich selbst und bedeutet vermutlich, daß SatNav für die Mehrzahl aller Hochseesegler mittlerweile als unverzichtbar gilt.

Ein weiterer signifikanter Faktor ist, daß das SatNav-Gerät auf der Mehrzahl der Boote (63%) die ganze Zeit eingeschaltet war. Auf manchen Yachten gab es dafür sogar eine eigene Batterie, die beispielsweise auf einem Boot direkt an den Windgenerator angeschlossen war, damit das Gerät unabhängig vom sonstigen Stromverbrauch jederzeit über Strom verfügte.

Funknavigation

Auch auf kleinen Booten findet Radar immer schnellere Verbreitung, wenn auch nicht im gleichen Ausmaß wie SatNav. Ein Viertel der Boote bei der Ausrüstungs-umfrage war mit Radargeräten ausgerüstet, wobei das mit dreizehn Exemplaren am stärksten vertretene Furuno-Radar im Schnitt die Leistungsnote 7,8 erhielt. Höher bewertet wurden nur die Geräte von Decca und Raytheon, mit denen fünf Boote ausgerüstet waren. Der Nutzen von Radar auf kleinen Yachten wurde im Schnitt mit nur 5,3 benotet, was zeigt, daß manche Nutzer die Notwendigkeit eines Radargeräts angesichts der wesentlichen Nachteile des hohen Stromverbrauch und der proble-matischen Antennenanbringung doch zumindest bezweifeln.

Noch auffallender war der Konsens bei Funkpeilgeräten, deren Nutzen im Schnitt mit der Note 4,9 bewertet wurde. Diese schlechte Note kam dadurch zustande, daß nur knapp die Hälfte aller Boote (46%) mit einem solchen Gerät ausgerüstet war. Das am häufigsten vertretene Fabrikat war Lokota, das bei achtzehn Exemplare die Durchschnittsnote 7,4 für die Leistung erhielt. Die zwölf Seafarer-Funkpeilgeräte kamen auf 7,7; nur für die sieben Sailor-Geräte gab es mit 8,8 eine höhere Durchschnittsnote.

Die niedrigen Noten für den Nutzen wurden natürlich dadurch beeinflußt, daß mitten auf dem Ozean kaum Bedarf an Funkpeilungen besteht, weil man die meiste Zeit außer Reichweite ist. Ähnlich niedrige Noten gab es für den Nutzen des Decca-Navigators, und zwar hauptsächlich, weil das Decca-Verfahren den Bereich zwischen den Kanarischen Inseln und der Karibik nicht überdeckt. Die Decca-Geräte erhielten die Note 4,9 für den Nutzen und die Note 7,7 für die Leistung.

Wetterfax

Wetterfax kam in der Ausrüstungsumfrage um keinen Deut besser weg: Die zwölf Geräte erhielten im Schnitt die Note 5,7 für die Leistung und sogar noch weniger (4,6) für den Nutzen. Mehrere Besitzer klagten darüber, daß die Ausdrucke oft unleserlich seien und es unmöglich machten, einer Vorhersage zu erstellen. Die schlechte Qualität der Ausdrücke ging in der Regel auf die zum jeweiligen Zeitpunkt herrschende Wellenausbreitung zurück, wobei der jeweilige Drucker die Sache gelegentlich auch nicht besser machte.

In den früheren Umfragen waren nur wenige Boote mit Wetter-Faksimileschreibern ausgerüstet, deren Besitzer aber meistens hohe Bewertungsnoten verteilt hatten. Das steht im Gegensatz zu den Ergebnissen der Ausrüstungsumfrage und entzieht sich einer logischen Erklärung. Mehrere Skipper, die bei den früheren Umfragen nicht über Wetterfax verfügten, wiesen darauf hin, daß sie über Amateurfunk Kontakt mit anderen Yachten aufnähmen, die Wetterfax an Bord hätten. Andere hatten sich mit Hilfe von Decodern ihr eigenes Wetterfax gemacht. Wieder andere verfügten über Morsedecoder, um die umfassenderen Wetterinformationen der Seefunkstellen entschlüsseln zu können. Viele Eigner von Yachten mit Amateurfunkgeräten wiesen darauf hin, daß sie ihre Gerät hauptsächlich zum Empfang von Wetterdaten verwendeten. Das galt ganz besonders für diejenigen, die keine Sendelizenz besaßen.

Instrumente

Weitaus bessere Noten bekamen die Standardinstrumente für Windgeschwindigkeit, Windrichtung und Fahrt, und zwar sowohl für die Leistung als auch für den Nutzen. Tab. 20 zeigt die Durchschnittswerte für die bei der ARC am häufigsten vertretenen Fabrikate. Auf den meisten Booten (69%) befanden sich Instrumente von Brookes & Gatehouse, die durchweg bessere Noten erhielten als die anderen Fabrikate, wenn man einmal von Datamarine-Geräten absieht, die nur auf einer Handvoll amerikanischer Yachten zu finden waren.

Tabelle 20 – Qualitative Bewertung der Instrumente in der Ausrüstungsumfrage

	Windgeschw.	Windricht.	Speedometer	Log
Brookes & Gatehouse	8,8	9,1	9,2	8,8
Stowe	5,2	8,3	7,3	7,7
VDO	9,0	7,8	7,8	8,2
Walker	8,7	8,5	8,7	9,3
Datamarine	10,0	10,0	10,0	10,0
Sumlog			7,3	7,6
Leistung (gesamt)	8,0	8,7	8,4	8,7
Nutzen (gesamt)	7,4	8,5	7,4	8,2

106

Funkgeräte

Noch bis vor gar nicht langer Zeit waren Fernfunk-Sender-Empfänger hauptsächlich wegen des hohen Preises auf Tourenyacht ziemlich selten anzutreffen. Das änderte sich mit der weiteren Verbreitung von Amateurfunkgeräten, deren Anschaffung oft gar nicht so teuer ist. Für den Nahbereich sind die meisten Boote heute mit UKW-Funk ausgerüstet, und mittlerweile ist der Punkt erreicht, daß eine Tourenyacht *ohne* irgendeine Art von Funkgerät etwas Ungewöhnliches ist. Die Zahlen sprechen für sich und zeigen bei den verschiedenen Umfrage eine stetige Zunahme der Boote mit Sender-Empfängern von UKW-Geräten bis zu Einseitenband-(SSB-)- und Amateurfunkgeräten.

UKW-Funk

Der UKW-Funk ist seit zwei Jahrzehnten das Standard-Kommunikationsmittel in der Küstenfahrt und im Verkehr von Schiff zu Schiff. Seit den Tagen der Sechs- und Zwölfkanalgeräte hat der Wettbewerb unter den Herstellern dazu geführt, daß heute immer mehr Kanäle angeboten werden. Pro Gerät braucht man heute nur noch einen einzigen Kristall, aus dem der eingebaute Mikroprozessor jede beliebige Mengen von Frequenzen synthetisiert. Damit die vielen Kanäle auch genutzt werden können, gibt es Absuchschaltungen und Speicherchips. Die meisten Modellen verfügen über eine Überwachungsfunktion, die das gleichzeitige Abhören von Kanal 16 und einem beliebigen anderen Kanal gestattet. Noch ausgeklügeltere Geräte können das gesamte Frequenzband oder eine bestimmte Gruppe von Kanälen absuchen und haben einen Speicher, aus dem bestimmte Frequenzen sofort wieder aufgerufen werden können. In den letzten Jahren sind die Geräte außerdem immer kleiner und nahezu unglaublich kompakt geworden.

Der UKW-Funk erfreut sich in der Tat einer bemerkenswerten Verbreitung und hat ein Stadium erreicht, in dem eine Yacht ohne UKW-Funktelephon fast undenkbar ist. Das zeigt sich besonders bei einem Vergleich der Ergebnisse verschiedener Umfragen. Von den früheren Umfrage befaßte sich speziell die im Pazifik mit dem Thema UKW-Funk. Bei den kleinsten Booten verfügte nur eines von vieren über ein UKW-Funktelephon, das zudem nur ganz selten benutzt wurde. Bei den Schiffen über 9 m waren es drei von vier (76%), wobei fast die Hälfte der Skipper angab, das Gerät nicht sehr oft zu benutzen, bestenfalls beim Anlaufen eines Hafens oder um mal mit Bekannten auf anderen Yachten zu sprechen. Auf die Frage nach dem Nutzen hielten denn auch mehrere Skipper ihr UKW-Funktelephon für den nutzlosesten Gegenstand an Bord. Ungefähr ein Drittel nutzte das UKW-Gerät häufiger, darunter ein Skipper, der es rund um die Uhr eingeschaltet ließ, und ein weiterer, der in neuseeländischen Gewässern ein UKW-Netz aufgebaut hatte. Manche Segler verwendeten ihr Funktelephon dazu, mitten auf dem Ozean andere Schiffe anzurufen, um sich beispielsweise die genaue Position geben zu lassen oder um eine Kollision zu verhüten. Bei drei Skippern hing die Nutzungshäufigkeit von dem jeweiligen Revier ab; sie benutzten das Funktelephon im Pazifik nur selten, in amerikanischen Gewässern und in der Karibik hingegen die ganze Zeit. Dieser regionale Unterschied erklärt wahrscheinlich, warum die Noten bei den Yachten in der Pazifik-Umfrage viel niedriger ausfielen als bei der Atlantik- und der Ausrüstungsumfrage. Schließlich ist die Gelegenheit, zwischen den kleineren Pazifikinseln über UKW zu telephonieren, wirklich stark eingeschränkt.

Der höhere Anteil von UKW-Funktelephonbesitzern unter den Teilnehmern der ARC 86 (93%) ging auf die Tatsache zurück, daß die UKW-Einrichtungen in Europa, Nordamerika und der Karibik weiter entwickelt sind und daß die Geräte besser und zu einem relativ niedrigen Preis zu bekommen sind. Um den Frequenzbereich und die Anzahl der Kanäle ging es nur in der ARC-Umfrage. Außer einigen wenigen Booten, die wegen der zumeist älteren Modelle nur auf eine begrenzte Anzahl von Kanälen Zugriff hatten, konnten fast alle auf das volle Angebot internationaler, amerikanischer und anderer Seefunkkanäle zugreifen. Bei der ARC 87 war der Prozentsatz der Yachten mit UKW-Funk schon auf 95 Prozent gestiegen.

Die Verbreitung von UKW-Funktelephonen auf Tourenyachten läßt sich teilweise auch dadurch erklären, daß die Geräte in vielen Teilen der Erde, und zwar besonders in Nordamerika und Westeuropa, unverzichtbar sind, weil mehr und mehr Hafenbehörden, Zolldienststellen, Marinas und Yachtclubs davon ausgehen, daß sie von einlaufenden Booten über UKW angerufen werden. Auch sicherheitstechnische Überlegungen spielen beim Kauf eines UKW-Funktelephons insofern eine Rolle, als mehr und mehr Yachten mit tragbaren Geräten ausgerüstet werden, die im Notfall mit in das Rettungsfloß genommen werden können. In letzter Zeit hat es einige Fälle gegeben, in denen schiffbrüchige Crews schneller gerettet wurden, weil sie ihr UKW-Gerät anstelle von Leuchtraketen verwenden konnten. CB-Geräte konnten sich auf Tourenyachten nicht durchsetzen, waren aber bei allen Umfragen auf einer Reihe von Booten vertreten. In allen Fällen waren sie nur in der Küstenfahrt eingesetzt worden. In allen späteren Umfragen war nur eine kleine Zahl von Yachten mit CB-Funk ausgerüstet, nämlich eine bei der Pazifik-Umfrage und sieben bei der ersten ARC.

Einseitenband-Funk

Der größte Nachteil des UKW-Funks besteht darin, daß seine Reichweite auf 20 bis 25 Meilen begrenzt ist, wobei allerdings Landfunkstellen mit starken Richtantennen auch größere Reichweiten erzielen. Die Alternative für das Hochseesegeln ist deshalb der Einseitenband-(SSB-)Funk, der zumindest theoretisch weltweit zu empfangen ist. Unter gewissen Bedingungen gibt es im Bereich des 2-MHz- und des 23-MHz-Bandes, die für den Seefunk reserviert sind, Frequenzen, auf denen sich jeder Punkt der Erde erreichen läßt. Je nach verwendeter Frequenz reicht die Bodenwelle bis zu 150 Meilen über die Kimm hinaus, während die Raumwelle von der Ionosphäre reflektiert wird und Tausende von Meilen vom Sender entfernt wieder auf die Erde trifft. Der Dreh bei diesen Fernverbindungen besteht darin, daß man weiß, welche Frequenzen bei Tag und Nacht unter den gegebenen Umständen für eine optimale Wellenausbreitung sorgen. Erleichtert wird dies dem Funker durch technische Fortschritte in der Funkgerätekonstruktion, die bei den meisten Geräten heute eine digitale Frequenzwahl ermöglichen. Wie beim UKW-Funk werden die Frequenzen synthetisiert, so daß viele Kanäle verfügbar sind. Die meisten Hersteller programmieren die aufgrund des vorgesehenen Segelreviers und des Zielgebiets der Anrufe wahrscheinlich benötigten Frequenzen fest ein. Bei einigen dieser Frequenzen handelt es sich um Kanäle der UIT (Internationale Fernmelde-Union), über die der internationale Fernsprechverkehr abgewickelt wird. Eine weitere Entwicklung, die zu einer besseren Ausbreitung beiträgt, ist die automatische Antennenabstimmung. Die Antenne braucht dabei nicht mehr manuell auf die benutzte Frequenz abgestimmt zu werden; diese Aufgabe übernimmt auf Knopfdruck eine Automatik.

Trotz dieser Entwicklungen wird der SSB-Funk auf Tourenyachten nur wenig genutzt, zweifellos hauptsächlich aufgrund der Tatsache, daß die Geräte im Vergleich zu UKW- und Amateurfunkgeräten teurer sind. Bei der Suva-Umfrage fanden sich auf zwanzig Prozent der Yachten Seefunkgeräte, die allerdings von ihren Nutzern keine sehr guten Noten erhielten. Der relativ hohe Prozentsatz ging auf die große Zahl von australischen Yachten zurück, die damals noch mit den mittlerweile aus dem Verkehr gezogenen Zweiseitenband-Geräten ausgerüstet sein mußten.

Bei der Pazifik-Umfrage war der Anteil der mit SSB-Funk ausgerüsteten Booten auf zehn Prozent gesunken, und auf nur einer Yacht wurde das Gerät fast jeden Tag benutzt. Zwei andere Skipper brauchten es fast überhaupt nicht; sie hatten es nur für den Notfall an Bord. Bei der ersten ARC belief sich der Anteil der Schiffe mit SSB-Funk auf dreizehn Prozent, was in etwa dem Schnitt aller Hochseeyachten mit Seefunk entspricht. Wie zu erwarten war, stieg der Prozentsatz mit der Größe der Yachten. Bei der ARC waren zwei Drittel aller Schiffe über 15 m mit SSB-Funk ausgerüstet.

Amateurfunk

Viele Fahrtensegler bevorzugen als Alternative den Amateurfunk, ein globales Kommunikationsmittel mit klar definiertem Zweck. Die dem Amateurfunk zugewiesenen Frequenzbänder überschneiden sich teilweise mit denen des SSB-Seefunks, da beide Systeme sich der gleichen Übertragungstechnik und ähnlicher Geräte bedienen. Der Hauptunterschied liegt im Preis: Ein Amateurfunkgerät kostet nur halb so viel wie ein SSB-Gerät oder gar noch weniger. Dieser Kostenfaktor und das Gefühl, daß in einem Notfall jeder Amateurfunker irgendwo auf der Welt immer einen anderen erreichen wird, haben viele Segler zu dem Entschluß kommen lassen, ihre Boote mit Amateurfunkgeräten auszurüsten. Ein ernsthaftes Hindernis ist jedoch die Tatsache, daß man eine Lizenz benötigt, wenn man nicht mit dem Gesetz in Konflikt geraten will. Die praktische Prüfung, bei der man Kenntnisse im Morsen und technisches Wissen nachweisen muß, ist ziemlich schwer, so daß viele Geräte-Besitzer keine Lizenz haben. Da die meisten das Gerät nur aus Gründen der Sicherheit gekauft haben, begnügen sie sich in der Regel mit dem Mithören, und wer ohne Lizenz zu senden versucht, wird meist schnell entdeckt und aufgefordert, aus dem Äther zu verschwinden. Ich habe aber noch von keinem echten Notfall gehört, in dem die Bruderschaft der Amateurfunker dem betroffenen

Segler ihre Hilfe verweigert hätte, weil er nicht im Besitz eines gültigen Rufzeichens und der entsprechenden Lizenz war.

Der Anteil der Yachten mit Amateurfunk war bei den früheren Umfragen im Pazifik relativ hoch. Darin spiegelt sich die Ansicht vieler Segler wider, daß der Amateurfunk in entlegeneren Gegenden der Erde das effizienteste und zweckmäßigste Mittel ist, um mit dem Rest der Welt in Verbindung zu bleiben. Mehr als alles andere geht seine Beliebtheit unter Fahrtenseglern darauf zurück, daß es gut organisierte maritime Netze gibt, die von begeisterten Amateurfunkern an Land betrieben werden. Diese Netze sind auf Yachten auf See zugeschnitten und zeichnen nicht nur deren Position auf, wenn sie sich anmelden, sondern übermitteln auch Wetterberichte und allgemeine Informationen. Genaue Informationen über das Wetter, und zwar besonders langfristige Vorhersagen, sind für jeden, der auf einen langen Hochseetörn geht, von besonderem Interesse, und wegen dieser Service-Leistungen der Funknetze sind viele Tourenyachten mit Amateurfunk ausgerüstet worden.

Eine interessante Entwicklung bei den neuesten Allband-Amateurfunkgeräten geht dahin, daß sie auch die Seefunkfrequenzen und damit die Wetterinformationen über SSB empfangen können. Gegenwärtig dürfen Amateurfunker mit diesen Geräten auf den Seefunkfrequenzen nicht senden, was allerdings technisch durchaus möglich ist.

Bei den früheren Umfragen unter Yachten, die ihren Heimathafen seit langer Zeit nicht mehr gesehen hatten, war etwa ein Drittel mit Amateurfunk ausgerüstet. Auf die Frage nach der Zuverlässigkeit und dem Nutzen gaben fast alle Skipper die Höchstnote 10. Mehr als die Hälfte gab an, das Gerät intensiv zu nutzen, oft einmal oder sogar zweimal täglich. Auch diejenigen, die es weniger häufig benutzten, bewerteten es als äußerst nützlich für den Fall eines Notfalls.

Für Giancarlo Damigella von der Coconasse, Lehrer bei der italienischen Kreuzerabteilung, ist der Amateurfunk eine Möglichkeit, während seiner langen Abwesenheit mit seiner Frau Rosy in Verbindung zu bleiben

110

Bei der ARC 86 lag der Anteil der Yachten mit Amateurfunk mit 25 Prozent etwas niedriger, wahrscheinlich, weil viele nicht die Absicht hatten, den Nordatlantik zu verlassen, um auf eine Weltumsegelung zu gehen, auf der ein Amateurfunkgerät mehr genutzt hätte. Auffällig ist der hohe Prozentsatz amerikanischer Yachten, die mit Amateurfunk ausgerüstet sind. Das zeigte sich zum ersten Mal bei der Suva-Umfrage, an der ein höherer Prozentsatz amerikanischer Yachten beteiligt war als bei den anderen Umfragen und bei der von dreißig amerikanischen Schiffen sechzehn über Amateurfunk verfügten. Auch die drei kanadischen Yachten bei der Umfrage waren mit Amateurfunk ausgerüstet. Derselbe Trend wurde bei der Pazifik-Umfrage deutlich, bei der neun von vierzehn amerikanischen Booten über Amateurfunk verfügten. Auf den Yachten aus anderen Nationen war der Anteil der Amateurfunker viel niedriger. Bei der Atlantik-Umfrage waren die Amerikaner zwar nicht am zahlreichsten vertreten, verfügten aber über die meisten Amateurfunkgeräte, und bei der ersten ARC war genau die Hälfte (24 von 48) aller amerikanischen und kanadischen Yachten mit Amateurfunk ausgerüstet.

Der große Prozentsatz von Amateurfunkgeräten auf amerikanischen Touren-yachten erklärt sich möglicherweise aus der Tatsache, daß man in den Vereinigten Staaten leichter eine Lizenz erhält als in manchen europäischen Ländern, in denen die Bestimmungen vielfach strenger sind. Außerdem kann man sich in den USA über eine Kontaktperson in das Telephonnetz einschalten lassen. In der Regel wählt man von See aus einen Funkamateur in der Nähe der anzurufenden Person. Dieser Funkamateur wird dann gebeten, den Rufenden auf das Telephonnetz aufzuschal-ten, so daß man oft von hoher See aus ein Telephongespräch führen kann, das nur wenig mehr kostet als ein Ortsgespräch. Viele amerikanische Segler bedienen sich dieser Möglichkeit, um regelmäßig mit Familienangehörigen und Freunden zu sprechen, während sie irgendwo auf dem Erdball auf Törn sind. In den meisten anderen Ländern ist es verboten, das Amateurfunkgerät als Telephon zu benutzen. Wenn es erlaubt wäre, verfügten zweifellos mehr nichtamerikanische Yachten über diese Ausrüstung.

Umfrage zur idealen Tourenyacht

Im Hinblick auf das Gebiet der Elektronik zeigte die Umfrage zur idealen Tourenyacht zweifelsfrei, daß für den einen entbehrlich ist, was der andere als wesentlich betrachtet. Die ARC-Flotte selbst war ein echtes Spiegelbild des Stands der Technik in der Schiffselektronik, wobei manche Yachten vor neuestem Gerät strotzten, während andere sich mit den grundlegenden Instrumenten zufrieden gaben. Die Skipper sollten angeben, wie wichtig verschiedene elektronische Geräte für ihre ideale Yacht wären, so daß sich eine Reihung vornehmen ließ. An erster Stelle stand UKW-Funk, der von der Mehrheit als sehr wichtig bezeichnet wurde. Überraschend kam das allerdings nicht, da während der Atlantiküberquerung innerhalb der ARC-Flotte mit großem Erfolg ein UKW-Netz betrieben wurde. Interessant ist jedoch die veränderte Einstellung zum UKW-Funktelephon, das noch zehn Jahre zuvor in der Pazifik-Umfrage von vielen Skippern an Bord einer Tourenyacht für nutzlos gehalten wurde.

Fast ebenso hoch bewertet wie UKW-Funk wurde ein SatNav-Gerät, das nahezu zwei Drittel der Skipper (102) als sehr wichtig bezeichneten. Auf die nächsten Plätze kamen – in absteigender Reihenfolge – Speedometer, Anemometer, Amateurfunk-gerät, Radar, SSB-Funkgerät, Wetterfax und Decca-Gerät. Letzteres erhielt zwar wegen seiner räumlichen Begrenzung die wenigsten Punkte, wurde aber wie auch Loran von einigen Skippern in bezug auf bestimmte Gebiete höher bewertet.

Stromerzeugung und -verbrauch

Eine der wesentlichen Schlußfolgerungen aus der Atlantik-Umfrage lautete, daß der Stromverbrauch vielen Skippern ernsthafte Kopfschmerzen bereitete, die sie oft nur dadurch zu lindern wußten, daß sie den Stromfresser abschalteten. Eines der Geräte, die zunehmend auf Tourenyachten eingesetzt werden und den Stromver-brauch drastisch in die Höhe treiben, ist der Autopilot. Der SatNav-Empfänger verbraucht vergleichsweise weniger Strom, doch hörte ich von mehreren Skippern, daß sie ihr Gerät nach dem Ablegen in Las Palmas zunächst dauernd eingeschaltet gelassen, dann aber ausgeschaltet hatten, als ihnen bewußt wurde, wie schnell sich die Batterien entleerten. Weitaus weniger Skipper gingen so weit, auch den Autopiloten abzuschalten, was beweist, daß sich die meisten Segler, wenn sie die Wahl zwischen einer genauen Position und der Arbeit am Steuerrad hätten, für die eigene Bequemlichkeit entscheiden würden.

Zu den Punkten, nach denen auf beiden Seiten des Atlantiks gefragt wurde, gehörten die Kapazität der Batterien und die Ladetechniken. Dabei kamen einige interessante Ergebnisse ans Tageslicht. Die meisten Boote besaßen zwei oder drei Batterien, die in der Regel ausreichend dimensioniert waren, um eine normale Belastung zu verkraften. Im Schnitt ergab sich pro Boot eine Kapazität von 336 Ah, wobei allerdings zu berücksichtigen ist, daß in diesem Wert acht Yachten mit über 500 Ah Eingang gefunden haben, was für normale Tourenyachten doch ziemlich ungewöhnlich sein dürfte. Ohne diese acht Boote fiel der Schnitt auf 260 Ah. Jede einzelne Batterie leistete im Schnitt 105 Ah, was darauf zurückzuführen war, daß viele Skipper anstelle der werftseitig vorgesehenen normalen Autobatterien Hochleistungsbatterien einbauen. Autobatterien mit nur 50 oder 60 Ah reichen vielleicht für Wochenendtörns, aber nicht für längere Hochseetörns, auf denen viel mehr Strom verbraucht wird.

Auf den Booten mit zwei Batterien war im allgemeinen eine als Startbatterie reserviert, während die Yachten mit drei Batterien zwei davon für allgemeine Verbraucher und eine als Startbatterie benutzten. Die Mehrzahl der Boote bei der Atlantik-Umfrage lud die Batterien mit dem Hauptmotor auf; vier Yachten mit hohem Strombedarf besaßen einen gesonderten Dieselgenerator, und ein Boot mit geringem Stromverbrauch war mit Solarzellen ausgerüstet.

Da der Stromverbrauch allen, die einen Hochseetörn planen, große Kopfschmer-zen bereitete, bat ich jeden einzelnen Skipper um Tips und Anregungen auf der Basis seiner eigenen Erfahrungen. Ein traditionell veranlagter Segler meinte, man solle sich wieder auf Petroleumlampen besinnen, stand mit dieser Meinung aber ziemlich allein da. Eine Verringerung der Zahl der Stromverbraucher wurde auch von James Starling von der *Windshift* vorgeschlagen, der es als Fehler betrachtete, nur mit Autopilot zu steuern, und den Vorteil einer Windfahnensteuerung herausstellte. Weiterhin war er der Meinung, es müßten alternative Wege zur Stromerzeugung genutzt werden. Diese Ansicht teilte nahezu ein Viertel aller Skipper; sie waren sich einig in Hinsicht darauf, daß Wind- und Wassergeneratoren sowie – bei genügend Platz an Deck – Solarzellen viele Vorteile böten. Keith Hill hatte auf seiner *Currikee* seit fünf Jahren Solarzellen verwendet, die genügend Strom erzeugten, um das SatNav-Gerät täglich zwei- oder dreimal anzustellen. Von Sven Holmberg von der *Annatria*, von Beruf Elektronikingenieur, kam der Tip, eine Batterie nur für den SatNav-Empfänger vorzusehen, die dann geladen werden könne, wenn das Gerät nicht in Betrieb sei, um dann bei Bedarf eine gleichmäßige Spannung zu liefern. Auch Windgeneratoren fanden ihre Befürworter, und zwar besonders, wenn sie in Verbindung mit einem Wassergenerator betrieben werden konnten. Robert Bittner von der *Lorebella* hatte seinen im Wasser nachgeschleppten Generator intensiv genutzt, bis der Propeller einem hungrigen Fisch zum Opfer gefallen war.

Bei der Atlantik-Umfrage wurde auch der Stromverbrauch genauer untersucht. Abgesehen von den Positionslichtern waren der Autopilot, der SatNav-Empfänger und die Gefrierbox die größten Verbraucher, und zwar in der genannten Reihenfolge. Geräte, die – wie etwa das Amateurfunkgerät – nur bei Bedarf eingeschaltet wurden, waren nach allgemeiner Ansicht keine großen Stromverbraucher. Viele Skipper ärgerten sich darüber, daß ihr Autopilot mehr Strom verbrauchte, als man ihnen gesagt hatte. Das lag möglicherweise daran, daß das Gerät auf den Vormwindkursen bei der Atlantiküberquerung viel härter arbeiten mußte, um den Kurs zu halten. Mehrere Skipper ließen verlauten, daß sie ihre Batteriekapazität vor dem nächsten Törn vergrößern und zu einer alternativen Methode der Stromerzeugung greifen würden, um nicht von einer einzigen Lademöglichkeit abhängig zu sein.

Strom bei der ARC

Da der Energiebedarf auf Tourenyachten beständig zunimmt, wurden bei der zweiten ARC im Rahmen der Ausrüstungsumfrage detaillierte Untersuchungen zu Stromverbrauch und -erzeugung angestellt. Die Skipper sollten dabei Stellung nehmen zu Stromverbrauch, verschiedenen Möglichkeiten der Stromerzeugung und Ladetechniken. Weiterhin waren sie aufgefordert, ihre eigenen Anregungen weiterzugeben. Dabei ergaben sich viele wertvolle Tips. Mehrere Skipper betonten, sie hätten bei der Ankunft auf Barbados über dieses Thema viel mehr gewußt als beim Auslaufen aus dem Heimathafen und rückblickend vieles anders gemacht. Im Vergleich zu den Ergebnissen früherer Umfragen waren die ARC-Yachten jedoch weitaus besser für die Anforderungen gerüstet, die an ihre Batterien gestellt wurden. Leider war das aber nicht immer der Fall, wie einige Skipper auf ihre Kosten feststellen mußten.

Auf den ARC-Yachten waren im Schnitt drei Batterien mit einer Kapazität von je

90 Ah vorhanden. Als Gesamtkapazität ergab sich ein Wert von 290 Ah pro Yacht. Da die meisten Skipper (82 %) mit ihren Vorkehrungen zufrieden waren, ist dieser Wert vielleicht ein ganz guter Anhaltspunkt, wenn es um den eigenen Bedarf geht.

Einige Serienboote waren zwar noch mit normalen Autobatterien ausgerüstet, doch auf den meisten Yachten fanden sich statt dessen Hochleistungsbatterien, die aber leider gelegentlich die Ansprüche, die man an eine Hochleistungsbatterie stellt, nicht erfüllten, wie die betroffenen Besitzer nach einer Saison harter Beanspruchung feststellen mußten. Mehrere Skipper wiesen darauf hin, daß der Säurestand bei warmem Wetter häufiger überprüft werden müsse, und zwar besonders, weil sich die Batterie auf den meisten Booten an einem warmen und knapp bemessenen Platz befinde. Auch die sogenannten wartungsfreien Batterien erwiesen sich als Enttäuschung, weil sie teilweise austrockneten.

Schuld ist jedoch nicht immer die Qualität, zumal die Batterien auf einer Tourenyacht oft einer Beanspruchung ausgesetzt sind, für die sie nicht vorgesehen sind. In vielen Fällen wurden die Batterien so unregelmäßig aufgeladen, daß sie dem Zustand der Tiefentladung schon gefährlich nahe waren. Sowohl bei der ARC als auch bei der TRANSARC sprang auf mehreren Booten nach Überqueren der Ziellinie der Motor nicht mehr an, weil die Batterie leer war. In den meisten Fällen war der Stromverbrauch in den beiden letzten Tagen vor dem Landfall größer als normal gewesen, und als es an der Zeit war, den Motor anzuwerfen, war die Batterie zu schwach, um ihn durchzudrehen. Da die meisten Boote ihre Batterien über den Motor laden, bedeutete das in der Regel, daß sie in den Hafen geschleppt werden mußten.

Bei der Ausrüstungsumfrage luden 93 Prozent aller Boote die Batterien mit Hilfe des Motors auf, der dazu im Schnitt eindreiviertel Stunden am Tag lief. Mehrere Yachten kamen zwar auf eine wesentliche längere Betriebsdauer des Motors, doch bei über der Hälfte aller Boote lief er zu Ladezwecken weniger als zwei Stunden am Tag.

Trotz des im Vergleich zu früheren Umfragen höheren Stromverbrauchs hatten nur 24 Prozent der Yachten einen diesel- oder benzingetriebenen Hilfsgenerator an Bord. Letztere waren in allen Fällen tragbar und dienten als Notstromaggregat. Die fest eingebauten Dieselgeneratoren auf einigen großen Yachten wurden sowohl zum Aufladen der Batterien als auch zum Betrieb verschiedener Geräte mit 110 oder 240 V verwendet, beispielsweise für Kocher, Mikrowellenherde, Fernseher und Videospiele.

Eine steigende Zahl von Yachten verfügt über alternative Möglichkeiten der Stromerzeugung, meistens einen Windgenerator, der auf 28 Yachten zu finden war. Da es sich bei diesen Booten überwiegend um Einmaster handelte, befand sich der Generator in der Regel auf einem eigenen Mast im Heck, der teilweise auch als Träger für die Radarantenne diente. Mehrere Windgeneratoren wurden erst kurz vor dem Start angeschafft, weil die betreffenden Skipper auf dem Weg nach Las Palmas erkannt hatten, daß ihre bis dahin getroffenen Vorkehrungen für einen größeren Stromverbrauch nicht ausreichen.

Die meisten Skipper waren mit der Leistung ihres Windgenerator im Hafen und auf See zufrieden, wiesen aber darauf hin, daß auf Vormwindkursen der scheinbare Wind oft zu leicht gewesen sei, um einen ausreichenden Ladestrom zu erzeugen. Bei sehr starkem Wind mußte der Generator andererseits besonders vor Anker gelegentlich ausgekuppelt werden, weil sonst die Gefahr bestand, daß die Dioden durchschmorten, und weil das ganze Boot unangenehm vibrierte.

Auf sieben Booten wurden Wassergeneratoren verwendet, die im allgemeinen für einen guten Ladestrom sorgten. Einige Skipper äußerten jedoch Vorbehalte, und zwar hauptsächlich wegen des Wasserwiderstandes, der die Fahrt nach ihren Schätzungen je nach Bootsgröße um einen halben bis einen Knoten verminderte. Außerdem verwiesen sie darauf, daß es bei schneller Fahrt sehr schwer sei, den Generator einzuholen. Ein weiterer Nachteil beim Schleppen eines Generators besteht darin, daß man nicht gleichzeitig eine Angelschnur nachschleppen kann. Das gilt es ernsthaft zu bedenken, weil frischer Fisch auf einem langen Törn eine willkommene Abwechslung auf der Speisekarte ist, wie viele ARC-Teilnehmer bei der Atlantiküberquerung feststellen konnten.

Eine andere Art von Generator, der aus der Strömung des Wassers Energie erzeugt, sitzt direkt an der Propellerwelle. Die wenigen Skipper, die einen solchen Generator besaßen, waren voll des Lobes, sprachen aber auch von einem gewissen Wasserwiderstand.

Solarzellen scheinen diese Probleme zum Teil lösen zu können, waren aber nur auf zwölf Prozent der Yachten anzutreffen. Das liegt möglicherweise daran, daß erst einmal an Deck ein geeigneter Platz gefunden werden muß. Auf einigen Yachten waren die Solarzellen denn auch nicht fest installiert, sondern wurden nur im Hafen angebracht.

Schlußfolgerungen

In diesem Kapitel ging es um das meiner Ansicht nach größte Problem auf Tourenyachten, nämlich die elektrischen und elektronischen Geräte und den Strom, den sie verbrauchen. Für jeden, der ein Boot für das Hochseesegeln ausrüstet, lautet der logische erste Schritt, eine nach Prioritäten geordnete realistische Aufstellung zu machen, bevor er tatsächlich etwas kauft. Wichtig ist auch, daß Instrumente und Gerät auf das geplante Revier abgestimmt werden. In diesem Zusammenhang gilt zudem zweifellos das alte Sprichwort, daß nur Reiche es sich leisten können, billige Sachen zu kaufen, unvermindert weiter, da es sich langfristig wahrscheinlich auszahlt, Fabrikate bekannter Hersteller zu kaufen, die teilweise eine weltweit gültige mehrjährige Garantie auf ihre Erzeugnisse geben.

Ich habe aus meinen Kontakten mit jährlich Hunderten von Seglern den Eindruck gewonnen, daß zunehmend erwartet wird, daß an Bord alles von irgendeinem Gerät erledigt wird. Auf diese Weise wird so mancher Segler zum Sklaven seiner Ausrüstung, was dem Segeln einen großen Teil des Vergnügens nimmt. Unter den Fahrtenseglern macht sich heutzutage eine gewisse Knopfdruckmentalität breit, wie sich an der zunehmenden Zahl von Tourenyachten zeigt, die anstelle der Windfahnensteuerung einen Autopiloten verwenden, dessen wesentlicher Nachteil darin besteht, daß er dauernd auf elektrische Energie angewiesen ist.

Interessant bei der Umfrage zur idealen Tourenyacht war die Feststellung, daß mehrere erfahrene Skipper trotz der Tatsache, daß sie im Hinblick auf Konstruktion und Ausrüstung praktisch freie Hand hatten, die Notwendigkeit betonten, alles möglichst einfach zu halten, oder sogar auf Einfachheit um jeden Preis bestanden. Maurice Pilkington von der *Maid of Moraira* faßte die Meinung dieser Skipper in die folgenden Worte: »Je mehr Elektronik an Bord ist, desto größer werden die Probleme, und wenn diese Geräte auf See ausfallen, kann man kaum etwas dagegen tun. Tourenyachten müssen in jeder Hinsicht autark sein, und was man nicht mit eigenen Mitteln reparieren kann, darf man nicht zur wesentlichen Ausrüstung zählen.« Anschließend erzählte er von einem Skipper, dessen SatNav auf hoher See ausgefallen war und der seine Position daraufhin nur noch mit einer Genauigkeit von sechzig Seemeilen schätzen konnte. Fälle wie dieser zeigen, wie wichtig der Hinweis vieler Skipper ist, daß die Sicherheit des Schiffes letztlich unabhängig davon, wieviel Ausrüstung man an Bord aufhäuft, vom Können der Crew bestimmt wird.

Was die Funkausrüstung angeht, so gehört das UKW-Funktelephon auf Tourenyachten mittlerweile fast zur Standardausstattung, und angesichts des relativ niedrigen Preises gibt es keinen Grund, warum nicht jeder Fahrtensegler über ein solches Gerät verfügen sollte. Die einzige Frage dabei lautet, ob es ein tragbares oder ein fest eingebautes sein sollte. Die einfachste Antwort darauf heißt, beides, wenn man es sich leisten kann. Handgeräte sind äußerst nützlich, da man mit ihnen aus dem Dinghi heraus oder von Land aus Verbindung mit der Yacht aufnehmen kann. Im Extremfall kann man sie mit in die Rettungsinsel nehmen, und viele Segler haben denn auch eins in ihrer Notausrüstung. Für das Handgerät sollte man einen geeigneten wasserdichten Beutel kaufen, da die als spritzwassergeschützt angebotenen Behältnisse kein Salzwasser mögen. Fest eingebaute Geräte sollten eine permanente Antenne im Masttopp haben, die die Reichweite merklich vergrößert.

Zu Fernverbindungen ist zu sagen, daß es letztlich von jedem selbst abhängt, ob er sich für SSB- oder für Amateurfunk entscheidet. SSB-Funk bietet allerdings insofern zwei eindeutige Vorteile, als man erstens für die Lizenz nur wenig mehr Mühen aufwenden muß als für ein UKW-Sprechfunkzeugnis und als zweitens nur auf bestimmten Seefunkfrequenzen rund um die Uhr ein Sicherheitsnetz betrieben wird. Davon abgesehen sind Teilnehmer an Land, die keine Amateurfunker sind, außer in den USA und Kanada nur über SSB-Funk zu erreichen. Außerdem sind über SSB geschäftliche Anrufe erlaubt, was beim Amateurfunk nicht der Fall ist. Weiterhin kann man über SSB Wetterinformationen empfangen und auf dem Wetterfax ausdrucken lassen. Schließlich kann man mit SSB-Geräten noch die Amateurfunkfrequenzen abhören.

Die Anschaffung eines SSB-Funkgerätes ist daher von mehreren Faktoren abhängig, darunter in erster Linie von der Überlegung, ob man dauernd eine Verbindung mit dem Festland benötigt, was bei vielen Fahrtenseglern nicht der Fall sein dürfte. Die Anschaffungskosten selbst liegen nicht mehr so hoch, weil die Gerätepreise in den letzten Jahren auf ein annehmbares Niveau gefallen sind. Wenn die Entscheidung zugunsten eines SSB-Gerätes ausfällt, braucht man noch ein automatisches Antennenabstimmgerät dazu. Bei all dem darf man jedoch nicht vergessen, daß die meisten SSB-Geräte viel Strom verbrauchen. Das gilt gleichermaßen auch für Amateurfunkgeräte, die für viele Segler eine akzeptable Alternative darstellen.

Wenn nach Abwägung aller Faktoren ein Amateurfunkgerät als die bessere Lösung erscheint, bleibt einem nichts anderes übrig, als eines anzuschaffen. Dabei darf man dann aber auch die entsprechende Lizenz nicht vergessen. Sicherlich falsch wäre es, den Amateurfunk als SSB-Funk des kleinen Mannes zu betrachten. Dem Amateurfunk liegt eine völlig andere Konzeption zugrunde, derer sich viele segelnde Nutzer, und zwar meistens die lautesten Verfechter seiner Vorzüge, gar nicht bewußt zu sein scheinen. Gegründet mit dem Anbruch des Funkzeitalters, zielte und zielt diese wahrhaft internationale Vereinigung der Funkamateure darauf ab, ihren Anhängern die wechselseitige Kommunikation über den Äther zu ermöglichen. Daß man das Image der Exklusivität dadurch zu erhalten versucht, daß Kandidaten sich einer Prüfung im Morsen unterziehen müssen, das dann nie mehr gebraucht wird, ist im Zeitalter des Sprechfunks wohl nicht mehr angebracht. Auf der anderen Seite ist es meiner Meinung nach aber ebenso falsch, das Gerät nur als Mittel für billige Telephongespräche mit der Familie zuhaus zu benutzen, denn das ist nicht der Sinn und Zweck des Amateurfunks.

Für den Hochseesegler liegt die Anziehungskraft des Amateurfunks im wesentlichen im Aspekt der Sicherheit begründet. Die überall auf der Erde aus dem Boden gewachsenen maritimen Netze spielen eine wichtige Rolle für die Sicherheit der Fahrtensegler, und ich bin der Meinung, daß eine Erleichterung der Voraussetzungen für den Erwerb der entsprechenden Lizenzen und Zeugnisse dazu führen würde, daß weitaus mehr Yachten legal mit dieser Art Funk ausgerüstet werden. Viele Boote haben einzig und allein aus Gründen der Sicherheit Amateurfunk an Bord, doch die Besitzer machen sich strafbar, wenn sie ihr Gerät benutzen. Das geschieht besonders in entlegeneren Gegenden, wo wenig Kontrollmöglichkeiten bestehen, obwohl sich die Einstellung der Leitstellen in den letzten Jahren beträchtlich verhärtet hat und illegale Amateurfunker brüsk aufgefordert werden, aus dem Äther zu verschwinden. Bei einem Notfall, an dem eine Yacht mit unlizensiertem Funkgerät beteiligt wäre, würden andere Funkamateure zweifellos ihr Bestes geben, um Hilfe zu leisten, doch gegenwärtig dürfte es sicherer sein, ein Amateurfunkgerät nicht ohne Lizenz zu betreiben bzw. SSB-Funk anzuschaffen.

Nach mehr als zehn Jahren mit Untersuchungen zu verschiedenen Aspekten des Fahrtensegelns meine ich, daß der Stromverbrauch zu den ernsthaftesten Problemen gehört, denen sich der Langfahrtensegler gegenübersieht. Diese Ansicht geht auf die Tatsache zurück, daß die Stromerzeugung und die mit ihr verbundenen Probleme die häufigste Klageursache unter den Teilnehmern der beiden ersten ARC-Regatten waren.

Es dürfte zwar schwer sein, aus den Hunderten von Beiträgen zu den verschiedenen Umfragen eine einzige allgemein gültige Schlußfolgerung zu ziehen, doch scheint weitgehend Übereinstimmung darüber zu bestehen, daß der Stromverbrauch ein Problem ist, dessen man sich weit vor Antritt eines Törns annehmen muß. Zuerst kommt eine realistische Berechnung des voraussichtlichen täglichen Strombedarfs. Der dabei erhaltene Wert wird dann verdoppelt. Die Batteriekapazität muß mindestens doppelt so hoch sein, wobei die Starterbatterie über einen gesonderten Stromkreis verfügen sollte. Verbrauch und Batteriekapazität bestimmen dann die Leistung der Lichtmaschine. Die mit dem Motor gelieferte Lichtmaschine ist dabei oft nicht stark genug.

Ein Hilfsladegerät ist auf Yachten mit hohem Stromverbrauch nahezu unverzichtbar. Bei Booten mit Gefrierbox an Bord ist die beste Lösung ein motorgetriebener Kompressor, so daß beim Kühlvorgang gleichzeitig die Batterien aufgeladen werden. Auf Booten mit einigermaßen vernünftigem Stromverbrauch scheint ein Wassergenerator die bessere Lösung für unterwegs zu sein und ein Windgenerator sich besser für den Betrieb im Hafen zu eignen. Unter der Voraussetzung, daß an Deck genügend Platz vorhanden ist, kommen auch Solarzellen in Frage, wobei allerdings auf Yachten, die Platz genug dafür haben, der Verbrauch in der Regel höher ist als die bescheidene Leistung der Sonnenzellen.

Das Transatlantik-Netz

Die Beliebtheit des Amateurfunks unter Langfahrtenseglern geht teilweise auf die Effizienz der verschiedenen Netze zurück, die von Funkamateuren an Land betrieben und geleitet werden. Neben ihrer Effizienz werden die Betreiber der Netzleitstellen nicht selten als Freunde betrachtet, deren Stimmen manch einsamen Segler trösten, wenn er auf einer langen Fahrt mit Problemen zu kämpfen hat. Mein erster Kontakt mit der Kameradschaft im Äther erfolgte im Südpazifik, wo die Stimme von Colin Bush, der uns in Neuseeland willkommen hieß, nicht wenige Unentschlossene dazu bewog, die Route zur Bay of Islands einzuschlagen. Kurze Zeit später traf ich in Vanuatu den Betreiber der dortigen Netzleitstelle, als er nach der Arbeit die Wettervorhersage von der französischen Radiostation holte, um sie zu übersetzen und seiner wartenden Herde maritimer Nutzer zu übermitteln. Die zahlreichen maritimen Funknetze, die überall auf der Welt entstanden sind, lassen sich wohl am besten am Beispiel eines der wichtigsten beschreiben, des Transatlantik-Netzes.

Das Nervenzentrum des Transatlantik-Netzes befindet sich auf Grand Turk, einer kleinen Insel zwischen Puerto Rico und den Bahamas. Die größte Ansiedlung auf dieser wenig bekannten und noch weniger besuchten Insel ist Cockburn Town mit einer Bevölkerung von viertausend Seelen, das auch die Hauptstadt von Turks and Caicos, eine der wenigen verbliebenen britischen Kolonien, ist. Cockburn Town ist ein schläfriges Städtchen, in dem abgesehen von den gelegentlich einlaufenden Yachten kaum etwas den Tagesrhythmus unterbricht. Grand Turk geriet bei zwei Gelegenheiten kurz in die Schlagzeilen der Weltpresse, nämlich einmal in den sechziger Jahren, als der erste Amerikaner im Weltraum nach seinem historischen Flug dort an Land gebracht wurde, und dann wieder etwa zwanzig Jahre später, als der Ministerpräsident in Florida wegen Drogenschmuggels verhaftet und ins Gefängnis gesteckt wurde.

Für Sheila Laing, die mit dem Rufzeichen VP5SL die Netzleitstelle betreibt, sind die Gespräche mit Seglern auf der Fahrt über den Atlantik eine erfreuliche Abwechslung vom täglichen Trott, seit sie sich aus dem aktiven Geschäftsleben zurückgezogen hat. In fünf Jahren als Kummerkastentante im Äther mußte sie sich mit jeder nur denkbaren Situation und Frage befassen, seien es Tips zur medizinischen Behandlung von Skipper und Schiffskatze, Rezepte zur Rettung von Bananen, die alle gleichzeitig reiften oder gar Möglichkeiten, mit denen man verhindern könnte, nachts im Cockpit von fliegenden Fischen getroffen zu werden. Wenn sie die Antwort nicht weiß wie etwa in dem Fall eines Skippers, der die mathematische Formel zur Berechnung des Volumens eines zylindrischen Tanks benötigte, um zu berechnen, wieviel Trinkwasser er noch hatte, wendet Sheila sich an ihre andere Hälfte Robin VP5GT, der ebenfalls begeisterter Funkamateur ist. Dies war übrigens eine der seltenen Gelegenheiten, bei denen sie fremde Hilfe in Anspruch nehmen mußte. Auf schwierigere medizinische Fälle hat sie sich vorbereitet, indem sie einen Arzt aus dem städtischen Krankenhaus überredete, kranke Segler gegebenenfalls über Funk zu beraten.

Nachdem sie mehrere Jahre ein Importgeschäft auf den Inseln betrieben hatten, beschlossen Robin und Sheila, nach dem Rückzug aus dem Geschäftsleben weiterhin auf Grand Turk zu bleiben, wo sie den besten Teil des Jahres verbringen. Nur im Sommer, wenn die Schwüle ihren Höhepunkt erreicht und im Nordatlantik sowohl auf dem Wasser als auch im Äther Ruhe herrscht, ziehen sie sich auf eine 12-m-Yacht in der Chesapeake Bay zurück, mit der sie dann die Ostküste hinauf- und hinuntersegeln.

Das Netz wurde in den siebziger Jahren von Bill Trayfors ins Leben gerufen, einem Angehörigen des amerikanischen diplomatischen Dienstes in Marokko, der es dann an Mel Cole, einen Funkamateur in Boston übergab. Auf der Suche nach einer Relaisstation für den Fall schlechter Funkbedingungen entdeckte Mel die Laings und überredete Sheila zum Mitmachen im Netz, das sie schließlich 1984 vollständig übernahm. In Betrieb ist es von Oktober bis Mai täglich zwischen 1300 und 1400 GMT auf 21400 MHz.

Die Hauptfunktion des Netzes ist es, den Weg von Yachten auf Atlantiküberquerung zu verfolgen und ihnen alle entsprechenden Wetterdaten zu übermitteln. Dazu holt sich Sheila regelmäßig die neueste Vorhersage von der Wetterstation der US-Küstenwache in Portsmouth, Virginia, und ergänzt sie mit den Daten, die sie über ihr eigenes Wetterfax direkt aus dem Hauptquartier der US-Marine in Norfolk bezieht. Täglich um 1330 GMT sendet sie die Wetterinformationen für den Bereich südlich von 32°N und westlich von 35°W.

Am meisten zu tun ist im November und Dezember, und zwar nicht nur, weil dann die meisten Yachten den Atlantik in Richtung Karibik überqueren, sondern auch, weil sich das Netz um die ARC kümmert, die viele neue Stimmen mit sich bringt, die ihm teilweise bis zum Ende des Törns erhalten bleiben. Ab Januar kommen Stimmen aus dem Südatlantik hinzu, wenn Boote aus Europa Kurs auf Brasilien setzen, das als Zielpunkt einer Atlantiküberquerung immer beliebter wird, während andere vom Kap der Guten Hoffnung aus auf der klassischen Route nordwärts segeln. Der Verkehr läßt Ende März langsam nach und hört im Sommer dann praktisch auf, weil in der Hurrikansaison nur ganz wenige Tourenyachten den Atlantik überqueren.

Sheilas 600-Watt-Station liegt optimal an der höchsten Stelle von Grand Turk etwa 23 m über dem Meeresspiegel. Da zwischen der kleinen Insel und Afrika nichts außer Wasser liegt, können sich die Funkwellen in der Regel ungehindert ausbreiten. Falls doch Probleme auftauchen, kann Sheila sich auf Nebenleitstellen abstützen, die an strategisch günstigen Punkten rund um den Nordatlantik verteilt sind. Für die bestmögliche Überdeckung sorgen Laurie Mayhead in Southampton, Robin Page-Blair in Florida, Trudi Smyth auf Barbados und gelegentlich Douglas Conrad aus Nova Scotia. Laurie Mayhead, G3AQC, ist mit über einem halben Jahrhundert Funkerfahrung der Veteran unter ihnen. Als begeisterter Segler mit einer 13-m-Yacht in Dubrownik will er jetzt nach seiner Pensionierung an einer der nächsten ARC-Veranstaltungen teilnehmen.

Von besonderer Bedeutung war das Engagement des Netzes bei der ersten ARC für Trudi Smyth, deren Sohn Martin als Crewmitglied auf der *Peter Rabbit* an der Regatta teilnahm. Die regelmäßige Verbindung zum eigenen Sohn war natürlich etwas ganz anderes als die Gespräche mit den körperlosen Stimmen, denen die Leitstellen nur ganz selten einmal ein Gesicht zuordnen können. Die meisten über den Äther geschlossenen Bekanntschaften enden zwar, wenn der Landfall erfolgt ist, doch gibt es auch ein paar regelmäßige Netzteilnehmer wie etwa Bob Salmon, einen Überführungsskipper und mehrfachen Teilnehmer am Whitbread-Rennen um die Welt. Die meisten anderen regelmäßigen Teilnehmer sind nur mit ihren Rufzeichen bekannt, beispielsweise Peter G3FWB. Veteran zweier ARC-Veranstaltungen und der entsprechenden Rücktörns ist Ernst Torp, ebenfalls regelmäßiger Netzteilnehmer.

Das Transatlantik-Netz steht in enger Verbindung mit dem britischen Netz auf 14303 MHz, das Bill Hall, G4FRN, von Cobham in der Grafschaft Surrey aus betreibt. Bei der ARC 87 wurde Bill direkt in des Geschehen einbezogen, da die Fernsehgesellschaft TVS aus Southampton einen Dokumentarfilm drehte. Die Filmemacher hatten dafür drei Yachten ausgewählt, nämlich die britische *Admiral's Lady*, die australische *Drina* und die amerikanische *Bucephalus*. Als von der letzteren ein Defekt in der Video-Ausrüstung gemeldet wurde, flitzte TVS-Direktor Bob Franklin nach Cobham, um das Problem über Funk zu lösen. Bills Elektronik-Kenntnisse kamen ihm dabei ganz gelegen, und der Defekt konnte schließlich auf einen Batterie-Ladefehler zurückgeführt werden. Das ist die Art von Notfall, die Bill viel lieber ist als die Situationen, in denen es, wie mehrfach geschehen, um Leben oder Tod geht. Eine der dramatischsten Rettungsoperationen, an denen er beteiligt war, spielte sich ab, als ein Katamaran auf der Rückkehr von den Azoren nach England bei schwerem Wetter in der Biskaya auseinanderzubrechen begann. Ein Funkamateur auf einem Boot im Solent fing auf 14303 MHz einen Notruf auf und alarmierte über UKW die Küstenwache. Von Kinloss startete ein Nimrod-Flugzeug und suchte die Biskaya nach der in Not geratenen Yacht ab. Zwischen dem Flugzeug und dem Netz bestand eine ständige Verbindung, und schließlich wurde die Yacht 200 sm vor Ushant gefunden. Nachdem ein Hubschrauber aus Culdrose in Cornwall wegen mangelnder Reichweite hatte zurückkehren müssen, wurde die Bootsbesatzung von einem französischen Hubschrauber aus Brest geborgen.

Notfälle wie dieser machen die Vorteile des Amateurfunks deutlich. Sheila und Robin Laing sind davon überzeugt, daß viele Segler sich allein aus dem Grund für Amateurfunk entscheiden, daß sie immer jemanden erreichen können. Sheila hat zwar etwas gegen illegale Nutzer, die im Netz nicht geduldet werden, würde in einem echten Notfall aber nicht zögern zu helfen, ob der Betroffene nun eine Lizenz hat oder nicht. Robert ist absolut der Meinung, daß Funkamateure alles unternehmen müssen, um ein ordnungsgemäßes Zeugnis zu erwerben, und belegt seinen Glauben an die Bedeutung des Amateurfunks mit einem passenden Beispiel.

Auf der 24-m-Motoryacht *Honeybee III* starb auf der Fahrt von den Jungferninseln nach Florida der Kapitän. Kein anderes Crewmitglied konnte navigieren, und niemand an Bord besaß eine Funklizenz, doch der Bruder des Kapitäns schaffte es, einen Ruf über das Amateurfunkgerät abzusetzen, das zum Glück noch auf die Frequenz des amerikanischen Interkontinentalnetzes eingestellt war. Der Ruf wurde von einem kanadischen Amateur aufgefangen, der mit Robin als der dem

Schiff nächsten Station Verbindung aufnahm. Robin verbrachte die ganze Nacht über einer auf dem Fußboden ausgebreiteten Karte und sprach die Yacht durch das riffübersäte Gebiet, bis sie am nächsten Morgen sicher vor Grand Turk lag. Robert zweifelte nicht daran, daß die *Honeybee III* ohne Amateurfunk wohl auf ein Riff gelaufen wäre.

Verhalten auf See

Ich wundere mich oft angesichts der Naivität mancher Fragen von Küstenseglern, die anscheinend große Schwierigkeiten haben, sich das Leben an Bord während eines langen Hochseetörn vorzustellen. Sie sind häufig erstaunt, wenn ich ihnen zu erklären versuche, daß die meisten Fahrtensegler ein ganz normales Leben führen mit regelmäßigen Mahlzeiten und dem gelegentlichen Abendtrunk, wobei die Nächte allerdings von den unvermeidlichen Wachen unterbrochen werden. Das Wort Routine mag vielleicht als der falsche Ausdruck für das Leben auf See erscheinen, hat aber auf gut geführten Schiffen eine gewisse Berechtigung.

Wache

Um das Verhalten auf See ging es in einer Reihe von Umfragen, bei denen alle Aspekte, die zusammen einen Tag auf hoher See ausmachen, ausführlich mit Skippern und ihren Crews erörtert wurden. Das Wachegehen ist zweifellos eine anstrengende Aufgabe, und der Fragesteller, der einmal von mir wissen wollte, ob wir uns jeden Abend in die Koje legten, lag nicht völlig falsch, da einige wenige Segler ihr Boot nachts tatsächlich der Selbststeueranlage und dem lieben Gott überlassen. Auf den meisten Yachten ist jedoch in der Regel jemand wach und paßt auf.

Beim Wachegehen gibt es von Boot zu Boot enorme Unterschiede. Einige Skipper verzichten auf regelmäßige Wachen, während andere ihre Yacht in dieser Hinsicht wie ein Schiff der Marine führen. Das hängt unter anderem davon ab, ob ein Autopilot oder eine Windfahnensteuerung vorhanden ist und wie stark die Crew ist. Bei den Umfragen unter hundert Langfahrtenyachten im Pazifik zeigte sich, daß auf den meisten Booten, auf denen regelmäßig Wache gegangen wurde, nur nachts eine feste Wacheinteilung bestand. Bei Booten mit einer zweiköpfigen Besatzung wurde die Nacht in der Regel in vier dreistündige Abschnitte mit je zwei Wachen und zwei Freiwachen eingeteilt. Ähnlich war es bei dreiköpfigen Besatzungen, wo dann jeweils ein Crewmitglied pro Nacht zwei Wachen hatte. Auf Yachten mit größeren Crews, und zwar besonders auf manuell gesteuerten, galt im allgemeinen ein zweistündiger Wachrhythmus. In den meisten Fällen wurden auch ältere Kinder in die Wachen einbezogen, wobei ihnen allerdings Nachtwachen erspart blieben.

Auch bei der Atlantik-Umfrage wurden die Wachgewohnheiten untersucht. Um ihre Wachsamkeit zu testen, fragte ich jeden Skipper, wie viele Schiffe er und seine Crew gesehen hätten, nachdem sie die Kanarischen Inseln hinter sich gelassen hatten. Im Schnitt hatte jedes Boot vier andere gesichtet, doch bei einem genaueren Blick zeigte sich, daß die Zahlen auf den Booten mit regelmäßigen Wachen viel höher lagen als auf den Booten, auf denen die Crew nur gelegentlich Ausguck hielt. Drei Einhandsegler bekamen kein einziges anderes Boot zu Gesicht, während auf einem anderen Boot, das die ganze Zeit manuell gesteuert wurde, vierzehn andere Schiffe gesichtet wurden, und zwar Großschiffe und Yachten in etwa demselben Prozentsatz. Da Massen von Yachten den Atlantik etwa zur gleichen Zeit überqueren, werden solche Begegnungen mitten auf hoher See langsam zur Regel, statt die Ausnahme zu bleiben. Dabei ist das Vergnügen manchmal nur einseitig, wie die Skipper der *Nabulus* und der *Freelife* feststellen mußten, die nachts auf Yachten trafen, die ohne Lichter und bar jeden Lebenszeichens in etwa 30 m Abstand an ihnen vorbeigeisterten, auf Kurs gehalten von ihren Selbststeueranlagen.

Begegnungen mit der Großschiffahrt beschränkten sich in der Regel auf die Ätherwellen, über die einige Skipper vorbeifahrende Schiffe anriefen. Diese Anrufe wurden aber nicht immer erwidert, und Cornelius Roon mit der *Springer* mußte sogar zweimal ein Ausweichmanöver fahren, weil das betreffende Schiff auf Kollisionskurs blieb, ohne daß jemand auf der Brücke zu sehen gewesen wäre und offensichtlich auch ohne daß Funkwache gegangen wurde. Die unter Yachtskippern verbreitete Annahme, daß Wachegehen und Lichterführung abseits der Schiffahrts-straßen nicht so wichtig sind, bedarf einer dringenden Überprüfung, zumal man bei der gegenwärtigen Praxis der Berufsschiffahrt, die Route nach dem Wetter zu wählen, auch abseits der klassischen Schiffahrtsstraßen überall mit Begegnungen der unangenehmen Art rechnen muß.

Auf allen Yachten wurde die Wachdisziplin besser, wenn man sich dem Land näherte oder sich in der Nähe bekannter Schiffahrtsstraßen befand. Dann wurde sogar auf den Booten, die es auf hoher See damit nicht so genau genommen hatten, Wache gegangen. Das war sicherlich eine kluge Entscheidung, denn schon meine früheren Untersuchungen zum Verlust von fünfzig Tourenyachten hatten gezeigt, daß mangelndes Wachegehen die häufigste Einzelursache für die Verluste gewesen war. Mehr als die Hälfte dieser Katastrophen hätten sich wahrscheinlich vermeiden lassen, wenn jemand auf Wache gewesen wäre.

Jederzeit Ausguck zu halten spielt zweifellos eine ganz wichtige Rolle in der Gefahrenminderung, und auch bei navigatorischen Fehlern kann ein Paar gute Augen noch eine Katastrophe verhüten. Die Tatsache, daß auch moderne Schiffe mit den neuesten Instrumenten Schiffbruch erleiden, zeigt deutlich, daß ein guter Ausguck auch durch das ausgeklügeltste Gerät nicht überflüssig gemacht wird. Ein Viertel der Boote aus der vorhin erwähnten Untersuchung ging auf Riffen verloren, und mindestens die Hälfte von ihnen hätte gerettet werden können, wenn rechtzeitig entsprechende Maßnahmen ergriffen worden wären. Die neuseeländische Yacht *Maamari* segelte an der Küste von Papua Neuguinea und wartete darauf, daß ein Feuer in Sicht kam, das den Kurswechsel anzeigen sollte. Das Feuer war jedoch nicht in Betrieb, und der Kurs führte auf ein Riff zu. Der Wachgänger jedoch sah und hörte das Riff, und das Boot entging der Katastrophe. Riffe sind zwar auf dem Radarschirm nicht immer gut zu erkennen, doch bricht sich an ihnen außer bei ruhigstem Wetter in Luv einer Insel immer das Wasser, so daß sie auch in dunkelster Nacht sicht- und hörbar sind. Auch in Lee einer Insel sind Riffe oft zu sehen, und zwar besonders bei Dünung.

Eine weitere Ursache für den Verlust kleiner Yachten sind Kollisionen mit Großschiffen. Die Zeit, in der es für motorgetriebene Schiffe selbstverständlich war, einem Segler auszuweichen, sind nämlich vorbei. Die Berufsschiffahrt will oft den Kurs nicht ändern und kann es meist auch nicht so schnell, wie sie vielleicht möchte. Deshalb geht man besser davon aus, daß ein Großschiff auf Kollisionskurs seiner Ausweichpflicht nicht nachkommt, und weicht selbst aus.

Das Wachegehen darf auch abseits bekannter Schiffahrtsstraßen nicht vernachlässigt werden, da auch die verlassensten Seegebiete von Fischereifahrzeugen, Kriegsschiffen, Forschungsschiffen, Unterseebooten und anderen Yachten befahren werden. Bei einem speziellen Zwischenfall kollidierten nachts vor Tonga zwei Tourenyachten, zum Glück bei geringer Fahrt und ohne daß größerer Schaden entstand. Beide Skipper waren überzeugt gewesen, daß das Gebiet so verlassen war, daß das Wachegehen unnötig sei, und hatten auch keine Lichter geführt. Nachdem die beiden den Schock der leichten Kollision überwunden hatten, stellten sie zu ihrem Vergnügen überrascht fest, daß sie sich kannten und seit der Abfahrt von Kalifornien nicht mehr gesehen hatten.

Die Neigung, bei Hochseetörns auf das Wachegehen zu verzichten, ist nicht notwendigerweise ein Zeichen der mangelnden Erfahrung, da auch viele erfahrene Skipper zugeben, daß sie sich nachts schlafen legen, und zwar teilweise infolge einer Gewohnheit aus vergangenen Zeiten, in denen Großschiffe und Yachten abseits der Schiffahrtsstraßen eine Seltenheit waren. Auch ist Schiffbruch nicht unerfahrenen Skippern vorbehalten, was sich daran ablesen läßt, daß die Skipper von über der Hälfte der verlorengegangenen Boote aus der erwähnten Untersuchung viele tausend Seemeilen zurückgelegt hatten, bevor das Desaster zuschlug.

An der ARC wird kritisiert, daß sie aufgrund der in der hohen Teilnehmerzahl begründeten Sicherheit unerfahrene Segler anzieht, für die eine Atlantiküberquerung sonst nicht in Frage käme. Darin mag zwar ein Körnchen Wahrheit liegen, doch die Realität stellte sich bei der ersten und bei der zweiten ARC ganz anders dar. Über ein Drittel (39%) der Skipper bei der ARC 86 hatte den Atlantik vorher schon einmal überquert, einige sogar mehrfach. Auch von den verbleibenden 61 Prozent, die noch keine Atlantiküberquerung zu Buche stehen hatten, gab die Mehrheit an, sie hätte den Atlantik auch ohne die ARC überquert. Für insgesamt achtzehn Prozent stellte die ARC den Anreiz für die Atlantiküberquerung dar, wobei die meisten wegen des Wettbewerbscharakters der Veranstaltung gekommen waren. Eine ähnliche Situation zeigte sich bei der ARC 87, bei der der Anteil der Skipper mit Hochsee-Erfahrung noch etwas höher lag.

Von den verschiedenen Sicherheitsmaßnahmen bei der ARC am meisten geschätzt wurden vermutlich die täglich betriebenen Notfallnetze auf UKW und SSB. Diejenigen, die um der Gesellschaft willen an der ARC teilnahmen, bedienten sich des UKW-, SSB- und Amateurfunks auch, um mit anderen Booten in Verbindung zu bleiben. Die Verbindung wurde aber nicht nur über Funk gehalten, sondern auch optisch, da bis auf drei alle Teilnehmer andere Yachten sichteten, und zwar im Schnitt zehn. Ein besonders aufmerksamer Skipper meldete, er habe 53 andere Boote gesichtet.

Wieder war es keine Überraschung, daß viele Segler, die weniger Yachten gesichtet hatten, es mit dem Wachegehen nicht so genau nahmen. Das unterstrich einmal mehr, wie wahr die bei einer früheren Umfrage getroffene Feststellung eines

Skippers ist, der meinte: »Nur diejenigen, die nicht Wache gehen, sichten keine Schiffe auf See; wir sehen dauernd welche.« So weit Mike Morrish, der aus eben diesem Grund beschloß, mit seiner *Fortuna* ohne Selbststeueranlage um die Welt zu segeln, damit immer jemand im Cockpit sein mußte.

Lichterführung

Die Lichterführung bei Dunkelheit ist ein weiteres Thema, bei dem die Meinungen geteilt sind und die Praxis sehr unterschiedlich aussieht. Bei der Pazifik-Umfrage gab die Hälfte der Skipper an, auf hoher See keinerlei Lichter zu führen, um Energie zu sparen. Eine Reihe von Skippern ließ die Positionslichter brennen, wenn sie sich auf bekannten Schiffahrtsstraßen befanden. Über ein Drittel aller Boote führte jederzeit irgendein Licht im Masttopp, sei es ein weißes Rundumlicht, die vorschriftsmäßige Dreifarbenlaterne oder, in einigen Fällen, ein weißes Stroboskoplicht. Auf den übrigen Booten wurde bei Dunkelheit eine Sturmlaterne in das Rigg gehängt, wobei ein Skipper allerdings bemerkte, daß dadurch seine Nachtsicht beeinträchtigt wurde, und auf ein Topplicht zurückgriff.

Die Lichterführung steht sowohl mit dem Wachegehen als auch mit dem Stromverbrauch in Zusammenhang, so daß diese Aspekte bei der Atlantik-Umfrage zueinander in Beziehung gesetzt wurden. Der Hauptgrund dafür, daß keine Lichter geführt werden, ist nicht das Verlangen, nicht gesehen zu werden, sondern der Wunsch, Energie zu sparen, und zwar nicht nur auf den Yachten, die über die volle Palette elektronischer Instrumente verfügen. Siebzehn der befragten Skipper gaben an, daß sie auf See nur selten Lichter führten, und neun weitere schalteten die Lichter nur ein, wenn sie ein anderes Schiff sichteten. Um jedoch ein anderes Schiff zu sichten, muß jemand Wache gehen, was auch auf den meisten dieser 26 Boote regelmäßig der Fall war, während die Skipper von fünf weiteren Yachten zugaben, weder Lichter zu führen, noch regelmäßig Wache zu gehen. Trotz der besonderen Wachprobleme auf Einhandbooten führten drei der sieben Einhandsegler auch keine Lichter. Die anderen vier gestanden ein, sich nachts oft hinzulegen, aber zu versuchen, alle paar Stunden aufzuwachen, um nach dem Rechten zu sehen. Ordnungsgemäße Wachen gab es nachts nur auf zwei Dritteln aller Boote.

Das Problem, daß keine Lichter geführt wurden, um Strom zu sparen, lösten einige Skipper dadurch, daß sie Petroleumlampen verwendeten oder ein Topplicht mit einer schwächeren Glühbirne führten und die vorgeschriebenen Lichter nur bei Bedarf einschalteten. Mehrere klagten über die starken Birnen in manchen Dreifarbenlaternen, die eine durchschnittliche Batterie in zwei oder drei Nächten entleeren könnten. Das war einer der wesentlichen Gründe dafür, daß viele Skipper die Lichter schließlich ganz ausschalteten. Austin Whitten, der mit der *Discovery II* an der ARC 87 teilnahm, rät allen, die sich um den Stromverbrauch Sorge machen, die Standardglühbirne im Topplicht vor einem langen Hochseetörn gegen eine schwächere auszutauschen.

Der Atlantik im November und Dezember wird mit einer vielbefahrenen

126

vierspurigen Schnellstraße verglichen, da außer der ARC-Flotte dann noch viele andere Yachten unterwegs sind. Dieses geschäftige Treiben schätzen diejenigen, die es beruhigt, unterwegs andere Yachten zu sehen, aber andere, die dem Argument, daß die Masse Sicherheit bedeutet, nichts abgewinnen können, macht es besonders angesichts der teilweise schlechten Wachmoral besorgt. Aus den Angaben der ARC-Skipper geht hervor, daß auf fast allen Booten Wache gegangen wurde, im Hinblick auf Lichterführung und Radarreflektoren aber laxere Sitten herrschten. Im Hinblick auf die Praxis, bei Annäherung eines anderes Schiffes die Lichter einzuschalten, verwiesen mehrere Skipper auf die Überraschung, die es für den Wachgänger bedeutet, wenn auf einer anscheinend leeren Wasserfläche in unmittelbarer Nähe plötzlich Lichter auftauchen. Wenn sich in einer dunklen Nacht mit hohen Seen zwei Yachten so verhielten, meinten die Skipper, könnten sie einander gefährlich nahe kommen, bevor sie für den jeweils anderen sichtbar würden. All diese Faktoren haben zu einer Änderung der ARC-Regeln geführt, nach denen jetzt Lichterführung und Führen eines Radarreflektors bindend vorgeschrieben sind.

Kollision

Die häufigste Einzelursache dafür, daß Yachten auf hoher See verloren gehen, ist eine Kollision, sei es mit einem Schiff, einem Wal, einem Container, einem Baumstumpf oder einer ganzen Palette unbekannter Gegenstände, die massenweise in den Weltmeeren zu treiben scheinen. Einige Yachten sind spurlos verschwunden, so daß es keinerlei Anhaltspunkt für die Ursache gibt. So manche Kollision ließe sich vermeiden, und der kluge Skipper, der darauf besteht, daß jederzeit Ausguck gehalten wird, kann die Gefahr auf ein Mindestmaß verringern. Trotz der nicht zu bestreitenden Gefahren durch alle möglichen Gegenstände besteht die Hauptgefahr nach wie vor dahin, mit einem Großschiff zu kollidieren bzw., was eher der Fall sein dürfte, von ihm versenkt zu werden. Niemand weiß, wie viele Opfer die Großschiffahrt unter Yachten gefordert hat, und hier dürfte auch die plausibelste Erklärung für das mysteriöse Verschwinden so mancher Yacht zu suchen sein. In einigen wenigen Fällen wurde die Crew von dem betreffenden Schiff gerettet, doch meistens verschwand die unglückliche Yacht ohne jede Spur. Häufig bemerkt die Besatzung des Großschiffs die Kollision nicht einmal, wie sich an dem Tanker zeigte, dessen Wulstkiel beim Einlaufen in New York die Überreste einer GFK-Yacht zierten. Die einzige Möglichkeit, dieser Gefahr zu entgehen, besteht darin, ständig Wache zu gehen und der Großschiffahrt mit dem Respekt zu begegnen, den sie verdient. Leider läßt sich auch bei größter Aufmerksamkeit besonders nachts nicht jede Art von Kollision verhüten, so daß ein stabiler und robuster Rumpf besondere Bedeutung erhält. Aber auch der stabilste Rumpf hält die Wucht bestimmter Kollisionen nicht aus. Ich denke hier in erster Linie an die Möglichkeit, von einem auftauchenden oder auf Sehrohrtiefe fahrenden U-Boot gerammt zu werden.

Auf diese Möglichkeit weisen mehrere Kollisionen mit nicht identifizierten Gegenständen hin, darunter die der 9-m-Yacht *Nanesse*, die auf der Fahrt von der

Karibik zu den Bermudas sank. Ihr Skipper Francois Erpicum hörte ein merkwürdiges Klingeln von außerhalb seines Bootes. Als er an Deck ging, um nachzuschauen, erfolgte ein harter Stoß, und sein Boot begann sofort vollzulaufen. Er hatte kaum noch Zeit, seine Rettungsinsel zu Wasser zu bringen, bevor es sank. Bei einer anderen mysteriösen Kollision, an der ein U-Boot beteiligt gewesen sein könnte, sank die Slup *Napoleon Solo* auf der Fahrt von den Kanarischen Inseln in die Karibik. Unter ähnlichen Umständen ging die *Misty Blue* verloren. Beide rammten mitten auf dem Atlantik ein Unterwasserhindernis und wurden dabei so stark beschädigt, daß sie fast sofort sanken.

Gleichermaßen unerklärlich war die Kollision der *Traigh*, einer UFO 31, auf dem Weg zu den Kanarischen Inseln. Bei hellstem Tageslicht und mit allen Mann an Deck war ein lauter Knall das erste Anzeichen dafür, daß sie ein Hindernis unter Wasser gerammt hatte. Der Aufprall war heftig genug, um das Ruder abzuscheren und den Kiel so schwer zu beschädigen, daß die Yacht in den nächsten Hafen geschleppt werden mußte. Tatort war die Irische See, aus der mehrere Zwischenfälle mit Fischerbooten und U-Booten dokumentiert sind. U-Boote stellen die Anwesenheit von Überwasserschiffen anhand der Geräusche fest, so daß es ratsam sein dürfte, den Motor mitlaufen zu lassen, wenn man in U-Boot-Übungsgewässern segelt, bzw. den Motor anzustellen, wenn im Wasser Klingelgeräusche zu vernehmen sind.

Auf ähnliche Weise sanken im Südpazifik die beiden neuseeländischen Yachten *Southern Kiwi* und *Pono* nach einer Kollision mit einem unbekannten Gegenstand. In allen obigen Fällen konnte sich die Crew in die Rettungsinsel retten, aus der sie später aufgefischt wurde und über die Katastrophe berichten konnte. Es gibt jedoch mehrere Fälle, in denen die betroffene Yacht spurlos verschwand wie beispielsweise die *Ponsonby Express* zwischen Fidschi und Neuseeland und die *Valhalla* zwischen Samoa und Tonga. Über die Ursachen wird man immer nur spekulieren können. Von Joshua Slocum bis Alain Colas verschwinden immer wieder Segler mitsamt ihren Booten ohne jede Erklärung. Konstruktionsbedingte Defekte und Gasexplosionen sind zwar nie völlig auszuschließen, doch der Hauptverdacht ruht auf Kollisionen. Selbst wenn wie in den obigen Fällen die Crew gerettet wird, wird der wahre Übeltäter nur selten bekannt, da sich die meisten dieser unerklärlichen Kollisionen merkwürdigerweise bei Nacht ereigneten.

Ich weiß von vielen weiteren Kollisionen, die glücklicherweise nicht alle katastrophale Folgen hatten. Bei den beiden ersten ARC-Regatten gab es mehrere Beinahekollisionen. Bei der ARC 87 kam es zu zwei Kollisionen mit unbekannten Objekten, beide Male nachts, wobei eine Yacht einen schweren Ruderschaden erlitt. Dramatischer war der Zwischenfall mit der deutschen Yacht *Joy*, die sich in einem riesigen Fischnetz verfing, das mitten auf dem Atlantik schwamm. Die Yacht verwickelte sich derart in das Netz, daß die Familie Kellner sie nicht aus eigener Kraft frei bekam. Ihre Rufe über UKW wurden schließlich von einer großen Motoryacht gehört, die auf dem Weg in die Karibik war und zu Hilfe eilte. Es bedurfte der vereinten Anstrengungen zweier Taucher, um die *Joy* aus dem Netz zu befreien. Sie lief weiter nach Barbados, wo sie aus dem Wasser genommen werden mußte, um das Ruder zu reparieren.

Sowohl bei der ARC 86 als auch bei der ARC 87 gab es mehrere Kollisionen mit Walen, die für die betroffenen Yachten aber ohne ernste Folgen blieben. Die dänische Yacht *Elektra* meldete 1987 allerdings Schäden an der Beplankung. Nach dem Blut im Wasser zu urteilen, hatte der Aufprall dem Wal weher getan als dem Boot. Ironischerweise handelte es sich bei der *Elektra* um eine Spaekhugger-Yacht, was auf Dänisch Killerwal bedeutet. Auch die *Northern Quest* meldete nach ihrer Kollision einen größeren Schaden am Wal als am Boot. Auf der *Molla III* und der *Summerwind* machte man sich bei der ARC 86 Sorgen, weil die verletzten Wale in Bootsnähe blieben. Die Crews konnten sie dann jedoch vertreiben, indem sie die Motoren anließen. In den letzten Jahren werden aufgrund des internationalen Fangstopps vermehrt Wale gesichtet. Manche Skipper mögen sich ja über den Anblick dieser Geschöpfe in der Weite des Meeres freuen, doch die meisten vertreten die Ansicht, daß Yachten und Wale nicht zueinander passen, und halten lieber geziemenden Abstand. Wale zeigten zwar in der Vergangenheit schon mal ein gewisses Interesse an Yachten, doch handelte es sich dabei nie um offene Aggressivität, sondern um eine Art von Neugier, die allerdings durchaus unangenehme Gefühle hervorrufen kann, wenn das Tier doppelt so groß ist wie die Yacht.

Mysteriöse Kollisionen wurden in der Vergangenheit oftmals auf Wale zurückgeführt, und zwar hauptsächlich wegen deren Angewohnheit, an der Wasseroberfläche zu schlafen und sich durch nichts stören zu lassen, ganz bestimmt nicht durch eine Segelyacht, die sich fast geräuschlos durch das Wasser bewegt. Zufallskollisionen mit Walen könnten tatsächlich für einige der Verluste verantwortlich sein, denn direkte, nicht provozierte Angriffe von Walen kommen wirklich nur ganz selten vor. Ein solcher Angriff widerfuhr der neuseeländischen Yacht *Dauntless* auf der Heimreise von Neukaledonien. Während sie bei Flaute motorte, kamen drei Pottwale in Sicht. Der kleinste von ihnen, ein junges Kalb, schwamm auf das Boot zu. Vielleicht weil sie Gefahr witterte, rammte die Mutter die Yacht mittschiffs und durchstieß den Rumpf. Während sich das Wasser vom Blut rot färbte, griff auch der Bulle an und hob die Yacht praktisch aus dem Wasser. Die Crew schaffte es gerade noch, in die beiden mitgeführten Rettungsinseln zu gehen, bevor das Boot sank. Sie wurde innerhalb von vierundzwanzig Stunden gerettet, weil sie ihr Amateurfunkgerät mitgenommen hatte, für das sich eine Antenne und eine Batterie in der Notausrüstung befand.

Ob absichtlich oder zufällig, die Möglichkeit einer Kollision mit einem Wal macht vielen Seglern erhebliche Kopfschmerzen. Diejenigen, die einer solchen Kollision schon einmal knapp entgangen sind, weisen darauf hin, daß es für ein Ausweichmanöver nie zu früh sein kann. Wenn sich ein Wal dem Schiff nähert und Interesse zeigt, muß man alles nur Mögliche tun, um ihn abzuschrecken, sei es, daß man den Motor anläßt, oder daß man Öl, Diesel oder Petroleum ins Wasser kippt. Ein weiterer Rat lautet, keine hellen Antifouling-Farben zu verwenden, da das Boot von unten dann wie der Bauch eines Wals aussieht und Killerwale zum Angreifen verleiten könnte.

Bruch im Gut

Bei den verschiedenen Umfragen, die sich auch mit der Ausrüstung befaßten, trat eine Vielzahl von Defekten und Ausfällen zu Tage, die aber in der Mehrzahl der Fälle keine ernsthaften Folgen hatten und von der Crew provisorisch repariert werden konnten. Zum Glück mußte sich nur eine kleine Zahl von Skipper mit dem Verlust

Trauriges Ende einer Atlantiküberquerung: Die italienische Yacht Elisa erreicht St. Vincent mit gebrochenem Mast

ihres Mastes abfinden, dem wohl traumatischsten Erlebnis eines jeden Seglers. In all diesen Fällen hatte es vorher einen Bruch in der Takelage gegeben. Zu wissen, daß die Zahl der Tourenyachten, die den Mast verlieren, extrem klein ist, bietet eine gewisse Beruhigung, wobei ich sogar vermute, daß die Zahl heute angesichts der steigenden Zahl von Yachten prozentual noch kleiner ist. Aus der breiten Palette gemeldeter Defekte und Brüche habe ich nur diejenigen ausgewählt, die auch für andere Segler relevant sind.

Der Törn zu den Kanarischen Inseln, sei es aus dem Mittelmeer über Gibraltar oder aus dem Ärmelkanal durch die Biskaya, war schon immer eine gute Probefahrt für neue, unerprobte Boote und Crews. Dabei konnten viele Skipper die Hochseetüchtigkeit ihrer Yachten beurteilen, bevor sie auf die Atlantiküberquerung gingen. Die Resultate waren jedoch nicht immer zufriedenstellend. Es wurde beunruhigend viel Bruch und qualitativ schlechte Arbeit gemeldet, oftmals auch von den teureren Yachten. Leider gibt es eine Reihe von Bootsbauern, die Boote auf den Markt bringen, die den harten Anforderungen eines Hochseetörns nicht gewachsen sind, trotzdem aber als Hochsee-Tourenyachten verkauft werden. Ein Beispiel dafür war die Yacht, die kurz vor Gran Canaria von einer Sturzsee erwischt wurde. Der Rudergänger, der einen Sicherheitsgurt trug, fiel gegen den Relingsdraht, woraufhin eine der Relingsstützen mitsamt einem Stück GFK aus dem Deck gerissen wurde. Für den Skipper war das eine unerfreuliche Art und Weise, feststellen zu müssen, daß seine Relingsstützen nicht ordnungsgemäß verbolzt waren und jegliche

Verstärkung unter den Bolzen fehlte. Noch schlimmer war die grobe Inkompetenz eines bekannten Bootsbauers, der ein neues Boot lieferte, bei dem die Achterstage durch das Deck verbolzt, aber nicht zu ordnungsgemäßen Püttings geführt waren. Beim Gegenanknüppeln hob sich das gesamte Achterdeck, und fast wäre der Mast verloren gewesen. Der Bootsbauer versuchte sich mit der Behauptung aus der Verantwortung zu stehlen, das Deck sei von der Sonne im Mittelmeer geschwächt worden!

Von einem weiteren Beispiel für schlampige Arbeit erfuhr ich bei der Kanaren-Regatta 1988. Der Eigner einer neuen Serienyacht wollte sich am Ende einer Jungfernfahrt durch das Mittelmeer der Regatta-Flotte in Arrecife anschließen. Bis zur Ankunft vor Gomera hatte das Boot nie vor Anker gelegen, weil es in allen vorher angelaufenen Häfen Anlegemöglichkeiten gegeben hatte. Kurz nachdem der Anker im Hafen von San Sebastian gefallen war, pfiff eine kräftige Bö über den Ankerplatz hinweg. Der Skipper befand sich zufällig noch auf dem Vordeck. Zu seinem Erstaunen mußte er mit ansehen, wie sich die Ankerkette streckte und sofort darauf das Ankerspill aus dem Deck gehebelt wurde. Bei der Inspektion stellte man fest, daß die Verstärkung für das Spill, ein rechteckiges Stück Bootsbausperrholz, auf das Deck laminiert und das Spill darauf mit zwei 1 1/4″-Holzschrauben befestigt worden war.

Dieser Vorfall, der zum Glück keine ernsten Folgen hatte, erinnerte mich an den Bericht des Vormanns eines Rettungsbootes der britischen Seenotrettung, der schon viele Yachten aus Seenot gerettet hatte. Er schrieb in diesem Bericht unter anderem, daß keine einzige unter den GFK-Yachten, mit denen er es zu tun gehabt hatte, über einen ausreichend stabilen Befestigungspunkt für die Schleppleine verfügt habe. In diesen Fällen habe die Schleppleine dann immer direkt am Mast befestigt werden müssen, weil weder die Klampen noch das Ankerspill die Belastung ausgehalten hätten. Das obige Beispiel wäre auch ein solcher Fall gewesen und wirft ein Licht auf die Gefahren, die man auf sich nimmt, wenn man einen Hochseetörn mit einem Boot unternimmt, das möglicherweise nicht einmal für einen Wochenendtörn an der Küste geeignet ist. Vor dem Kauf eines neuen Bootes muß der Bootsbauer darüber informiert werden, wie und wo man segeln will, damit Decksbeschläge, Püttings usw. ordnungsgemäß verankert und sicher befestigt werden. Beim Kauf einer gebrauchten Yacht muß der neue Eigner all diese Dinge sorgfältig überprüfen, damit er später keine unangenehmen Überraschungen erlebt.

Neben den oben erwähnten Pechvögeln wiesen auch mehrere andere Skipper darauf hin, daß den Bootsbauern klar gemacht werden müsse, daß sie für die wesentlichen sicherheitstechnischen Dinge verantwortlich sind und von ihren Kunden nicht erwarten können, die der Sicht entzogenen Konstruktionsdetails zu kennen. Wenn ordnungsgemäße Augplatten und Püttings sowie Verstärkungen unter den Decksbeschlägen nicht zur Serienausstattung gehören, muß das in der Auftragsbestätigung deutlich gesagt werden, denn alles andere wäre eine unverantwortliche Fahrlässigkeit.

Die Verantwortung der Bootsbauer und Hersteller von Schiffsausrüstungen umfaßt auch den Kundendienst für ihre Produkte; die verschiedenen Umfragen brachten viele Fälle von schlechtem Kundendienst, aber auch das vorbildliche Verhalten mancher Hersteller zu Tage. Ich hörte einerseits, daß Gerät auch nach Ablauf der Garantiezeit noch kostenlos repariert wurde, und andererseits, daß sich manche Hersteller schon kurz nach dem Kauf außerstande erklärten, Reparaturen vorzunehmen. Manche Hersteller sind offensichtlich nicht bereit, sich ihrer Verantwortung zu stellen, und sich auch nicht bewußt, wieviel Macht und Einfluß die internationale Seglergemeinde hat. All diese Beispiele, ob gut oder schlecht, machen die Runde, wo immer sich Fahrtensegler treffen, und finden eine enorme Zuhörerschaft, wenn sie über UKW- oder Amateurfunk weitererzählt werden. So erlebte ich beispielsweise am Kai in Las Palmas, wie der örtliche Vertreter eines internationalen Elektronikunternehmens einen frustrierten Segler davon abzuhalten versuchte, über Funk von der schäbigen Behandlung zu erzählen, die er von der Zentrale erfahren hatte, indem sie sich weigerte, sein erst vor kurzem erworbenes und bereits defektes Radargerät zu ersetzen.

Die lange Atlantiküberquerung führte auf den hundert Booten, die an der Umfrage teilnahmen, zu allen möglichen Brüchen im Gut, wobei die hohe Ausfallquote sich in der Tatsache zeigte, daß 31 Skipper die Defekte als über den normalen Verschleiß hinausgehend bezeichneten. Die meisten wurden anscheinend dadurch verursacht, daß die Bedingungen härter als normal waren, wobei das konstante Rollen bei stürmischem Passatwind Schwächen aufzeigte, die sonst vielleicht nie zu Tage getreten wären.

Die meisten Brüche traten an Mast- und Baumbeschlägen auf, die teilweise den rauhen Bedingungen einfach nicht gewachsen waren. Auf vier Booten brach die Großschotbefestigung bzw. die Befestigung des Baumniederholers, weil sie nach Angaben der Skipper nur punktgeschweißt waren. Auf drei von diesen Booten konnten nur provisorische Reparaturen durchgeführt werden. Nur Robert McLaughlin von der *Karaka* konnte seinen Lümmelbeschlag ordnungsgemäß instand setzen, weil er ungewöhnlicherweise das notwendige Schweißgerät an Bord hatte.

Viel Bruch gab es bei Spinnakerbäumen, die intensiv zum Ausbaumen von Focks, Genuas, Blistern und natürlich Spinnakern genutzt wurden. Durch die dauernden Bewegungen brachen Endbeschläge, Gleitschienen und Mastbeschläge. Auch hier lag der Schwachpunkt in den Beschlägen, wobei die Skipper in einigen Fällen meinten, der Bruch hätte sich vermeiden lassen, wenn der Baum mit weniger Spiel am äußeren Ende stabiler befestigt worden wäre. Auch die Bäume selbst waren teilweise nicht stabil genug. Auf zwei Booten schoben sich Teleskopbäume zusammen und waren nicht wieder auszufahren. Einer der betroffenen Skipper wies darauf hin, daß Teleskopbäume in voll ausgezogenen Zustand der größten Belastung unterliegen, in eben diesem Zustand aber auch am schwächsten sind, so daß es kein Wunder ist, daß es zu Problemen kommt.

Lange Abschnitte auf Vormwindkurs forderten ihren Tribut auch von Fallen und vom Rigg. Drei Yachten verloren das Fockfall, das in zwei Fällen am Drahtspleiß riß. Bei einem weiteren Fall brach der Wirbelschäkel im Masttopp beim Segeln unter Blister. Bei der Überprüfung stellte sich heraus, daß der Edelstahl porös war. Qualitativ minderwertige Edelstahlbeschläge hätten auch auf drei Booten leicht zum Verlust des Mastes führen können, wenn die Crews nicht aufgepaßt hätten. Auf der *Kanga* brach das Walzterminal des Vorstags am Masttopp, so daß der Mast nur noch vom Fockfall gehalten wurde. Da eine Reparatur auf See nicht möglich war, wurde das Vorstag durch ein Reservefall ersetzt. Ähnliches Glück hatte die Crew der *Springer*. Während sie auf dem Vordeck eine Apfelsine schälte, bemerkte

Wilhelmina Roon zufällig einen breiten Riß in dem Verbindungsstück zwischen dem Rollreff und dem Beschlag am Vorsteven. Es mußte ein Notstag angebracht werden, wozu jemand in den gefährlich schwankenden Mast aufentern mußte. Auf der *Aotearoa* brach eine Oberwantpütting. Der Edelstahlstab, der die Pütting hielt, scherte im Boot ab, und nur ihre schnelle Reaktion bewahrte die Crew vor dem Mastverlust. Nicht immer war die Schuld beim Edelstahl zu suchen, denn auf der *Sea Messenger* ging der Bruch des Wasserstags beispielsweise auf ein fehlerhaftes Glied in der verzinkten Ankerkette zurück. In allen vier Fällen zeigten sich die Skipper davon überzeugt, daß der Mast über Bord gegangen wäre, wenn das Boot zu dem betreffenden Zeitpunkt nicht vor dem Wind gelegen hätte.

An der Ruderanlage traten fast genau so häufig Defekte auf wie im Rigg, auch hier verursacht durch lange Vormwindstrecken, auf denen das Ruder die ganze Zeit hart arbeiten mußte. Auf einem Boot brachen die Steuerseile gleich zweimal, und auf einem anderen wurde die gesamte Ruderanlage aus den Verankerungen gerissen, weil keine ausreichende Verstärkung für die Schrauben vorhanden war. Auch Selbststeueranlagen und Autopiloten kamen nicht ungeschoren davon, meist aufgrund der Tatsache, daß sie für die Funktion, die sie übernehmen sollten, unterdimensioniert waren. Einige der weniger leistungsstarken Autopiloten hielten der dauernden Belastung durch den kräftigen Passat nicht stand.

Auf mehreren Booten waren verformte oder gerissene Segel zu beklagen, was die Skipper aber meist auf das Alter der Segel oder auf eigene Nachlässigkeit gegenüber einem eventuellen Schamfilen zurückführten. Sehr häufig rissen die Segel an den Nähten, wenn das Garn nachgab. UV-Strahlung wirkt sich zuerst auf das Garn aus, wie sich auch an zwei Rollfocks zeigte, die – ohne UV-Schutz – kurz nach dem Auslaufen ihr Leben aushauchten. In den meisten Fällen wurden die Segel unverzüglich repariert, wenn Segelnähmaschien an Bord waren; auf der *Duen*, dem weitestgereisten Boot aus der Umfrage, bediente sich Albert Fletcher der ungewöhnlichen Methode, Flicken mit Kontaktkleber aufzusetzen. Er betonte, daß er diese Methode nur anwende, weil seine Segel über zehn Jahre alt seien und durch neue Nähte nur noch mehr geschwächt würden, weil die Einstiche mit der Nadel wie eine Perforation wirkten. Einige Skipper verwiesen darauf, daß sich mit selbstklebenden Flicken nicht nur gerissene Segel reparieren, sondern auch ältere Segel verstärken ließen.

Die Defekte und Brüche folgten bei den beiden ersten ARC-Regatten mit insgesamt über vierhundert Yachten aller Arten und Größen fast demselben Schema, wobei Fallen, Bäume, Autopiloten und Segel den Großteil unter sich ausmachten. Schamfilen und verstärkte Nutzung von Spinnakern und anderen Beisegeln verursachten alle möglichen Schäden an Fallen, Blöcken und Schäkeln, und in einigen Fällen bestand die einzige Lösung darin, daß jemand in den Mast aufenterte, um die erforderliche Reparatur durchzuführen oder das gerissene Fall auszutauschen.

Spinnaker- und Klüverbäume brachen aus verschiedenen Gründen, in der Regel aber, weil sie nicht stabil genug waren. In einem Fall mußte der Baum abgeschrieben werden, weil das zum Anbringen des Hangers dienende Auge aus Edelstahldraht durchgescheuert war, so daß sich der Baum zunächst verbogen hatte und dann gebrochen war. Der betroffene Skipper schlug vor, das Auge von Anfang an durch einen Schäkel zu ersetzen. Von den etwa ein Dutzend Bäumen, die auf der Atlantiküberquerung abgeschrieben werden mußten, gingen mindestens drei tatsächlich über Bord, doch dafür darf man die Hersteller wohl nicht verantwortlich machen.

Auch mit Fockrollern gab es Probleme; unter anderem brachen auf zwei Booten die Profile, so daß die Roller für den Rest des Törns nicht mehr zu gebrauchen waren. Insgesamt bekam ich den Eindruck, daß sich die Defekte und Brüche teilweise hätten vermeiden lassen, wenn die Boote weniger hart gesegelt worden wären. Einige Skipper gaben auch bereitwillig zu, daß sie zumindest teilweise selbst Schuld hatten. Ulf Lindstrom von der *Merita* erklärte mir auf Barbados: »Wir hatten auf dieser Atlantiküberquerung mehr Bruch als auf den vorhergehenden zwölftausend Seemeilen auf hoher See.« An den meisten Skippern gingen die Defekte und Brüche jedoch anscheinend spurlos vorüber, auch wenn sie gewisse unangenehme Folgen hatten wie beispielsweise auf der *Eldevika*, wo Skipper Jan Holvik wegen des defekten Gefrierfachs seinen Scotch ohne Eis trinken mußte, oder auf der *Tai Tai*, die als einzigen ernsthaften Zwischenfall auf dem Fragebogen die wiederholten Niederlagen des Skippers beim Backgammon vermerkte.

Bei der ARC 87 war der Wind insgesamt leichter als im Jahr davor, und die meisten Brüche im Gut wurden durch die Dünung und durch das Rollen verursacht. Auch hier lagen die Bäume wieder an der Spitze. Bei beiden Regatten kamen zwar auch einige Patenthalsen als Ursache in Frage, doch in der Mehrzahl waren die Bäume einfach nicht stabil genug für die Belastungen bei einem langen Hochseetörn. Spinnakerbäume kamen kaum besser weg, und mehrere Yachten erreichten Barbados mit beschädigten Spieren. Der Bruch am Großbaum hätte sich in einigen Fällen mit einem Bullenstander verhüten lassen, da mehrere Skipper zugaben, daß die meisten unfreiwilligen Halsen unter Fahrt mit der Selbststeueranlge oder dem Autopiloten passiert waren.

Aus den Kommentaren zur Überfahrt ging hervor, daß viele Skipper nicht auf die Auswirkungen mehrerer Wochen mit dauernden Rollbewegungen vorbereitet waren. Dasselbe galt wohl für die Ausrüstung, da viele schwache Mast- und Baumbeschläge brachen. Das Schamfilen von Fallen war ebenfalls wieder ein wesentlicher Schwachpunkt. Auch gab es wieder so manchen Autopiloten, der der Belastung von 2700 sm Atlantik nicht gewachsen war, so daß einige Crews ziemlich verstimmt auf Barbados ankamen, nachden sie mehr von Hand gesteuert hatten, als sie es sich vorgestellt hatten.

Das Wetter war für einen eventuellen Bruch nicht immer verantwortlich zu machen, obwohl Böen für ein paar gerissene Segel sorgten. Diejenigen, die vorher noch nicht in den Tropen gewesen waren, wurden von diesen Ministürmen oft überrascht, und zwar besonders nachts. Abgesehen von Böen mit bis zu 30 kn und mehr ging der Wind bei der ARC 87 nur selten über 25 kn hinaus. Nur fünfzehn Prozent aller Yachten trafen auf der Fahrt nach Barbados auf Wind über 35 kn, der aber längstens einen Tag lang anhielt und sich in der Regel in vier bis acht Stunden auswehte.

Mehrere Yachten hatten Probleme mit dem Ruder. Eine von ihnen, die *Tosca B*, eine Dolphin 31, verlor das gesamte Ruder etwa 80 sm vor Barbados. Aus unerklärlichen Gründen, vermutlich Materialermüdung, wurde der Ruderschaft abgeschert, so daß das Ruder abfiel. Ruderlos wurde die Yacht schließlich nach Barbados geschleppt. Ein anderes Boot beendete die ARC mit einer Notpinne, nachdem die Steuerseile gebrochen waren.

Es gab zwar ein paar Notfälle, in denen externe Hilfe in Anspruch genommen werden mußte, aber die meisten Defekte und Brüche wurden mit Bordmitteln behoben, wobei die Skipper großes Improvisationstalent bewiesen. Dieses Improvisationstalent braucht man als Fahrtensegler auch, wenn man auf See überleben will. Mehrere Skipper bewiesen bei der ARC 87 bewundernswerten Einfallsreichtum. Einer, der seinen Spinnakerbaum verloren hatte, baumte einfach die Genua mit

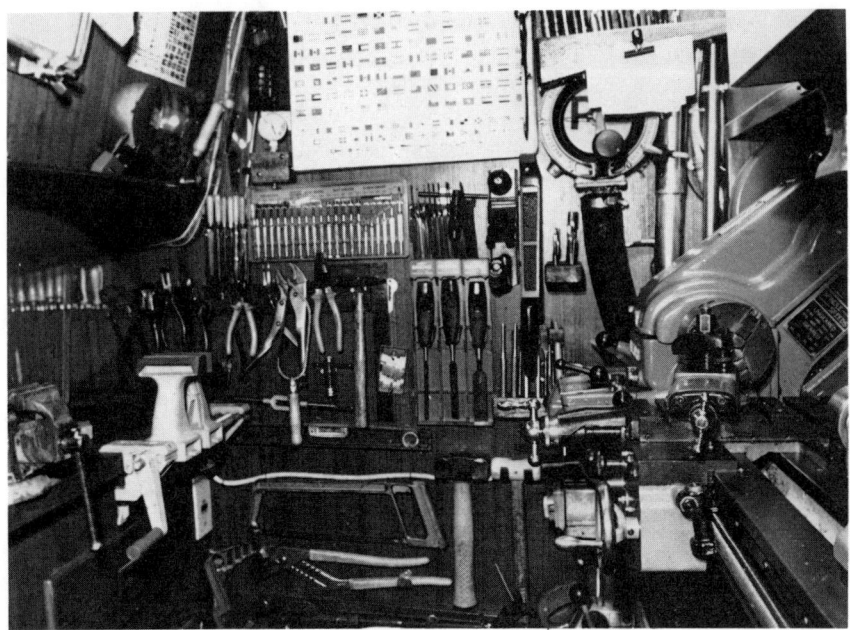

Gut aufgeräumte Werkstatt auf der *Athabasca II*, in der in einem Notfall die meisten Reparaturen durchgeführt werden können

dem Mast seines Surfbretts aus, um weiter vor dem Wind laufen zu können. Auf der *Whim of Arne* wurde nach dem Verlust des Vorstags auch das Surfsegel einem guten Zweck zugeführt. Unter einer Notbesegelung aus Sturmsegel und Trysegel sorgte es für zusätzliche Fahrt, indem es am Fuß des behelfsmäßig verstagten Mastes angebracht wurde.

Arne Ringdal von der *Maria Two* schaffte das Unmögliche, indem er eine Verbindung herstellte zwischen Philip Benson auf der *Tina III*, die nur mit UKW-Funk ausgerüstet war, und seiner Frau in den Vereinigten Staaten. Dazu nahm Arne über sein SSB-Gerät Verbindung mit Norwegen auf, von wo aus eine telephonische Verbindung mit den USA hergestellt wurde. Indem er dann den Handapparat seines UKW-Gerätes, über das der Kontakt zur *Tina III* bestand, umgekehrt an den Handapparat seines SSB-Gerätes hielt und jeweils die entsprechende Sende- und Empfangstaste drückte, konnten die beiden Teilnehmer ein beinahe normales Gespräch führen. Fast unglaublich, aber wahr!

Genau so einfallsreich, aber anstrengender waren die Versuche von Mark Prior von der *Beam Ends*, die Batterien aufzuladen, nachdem der Motor nicht mehr ansprang. Als erstes baute er die Lichtmaschine aus und versuchte, sie mit einem Handbohrer zu betreiben. Als das nicht funktionierte, versuchte er es über das Hinterrad eines Fahrrades. Als auch das fehlschlug, verband er die Lichtmaschine über einen Ersatzkeilriemen mit der Schwungscheibe seines Außenborders, der dazu in einer speziellen Halterung saß. Zur Kühlung befand sich der Antrieb in einem oben aufgeschnittenen Behälter mit Wasser. Zum Schutz vor der Hitze hielt er die Lichtmaschine dabei in einer Schlinge aus Plastikeinkaufstaschen. Das Unternehmen war anstrengend, aber erfolgreich. Die Batterien erhielten genug Ladung, um den Motor wieder anspringen zu lassen.

Verlassen des Schiffes

Zum Glück war keiner der Notfälle bei den beiden ersten ARC-Veranstaltungen so ernst, daß er zum Sinken der betroffenen Yachten geführt hätte. Als einziges Boot ging im Jahre 1987 die *Bamaca* verloren, weil sie aufgrund eines Navigationsfehler vor der Küste von Barbados auf ein Riff lief. Dabei schwamm ein Crewmitglied an Land, während die anderen sich in der Rettungsinsel selbst retteten. Dieses Beispiel zeigt, wie wichtig eine Rettungsinsel an Bord sein kann. Daß eine Rettungsinsel an Bord sein muß, ist eine der Grundregeln der ARC, die eingeführt wurde, weil manche Segler immer noch ohne diese lebenswichtige Ausrüstung auf Fahrt gehen.

Die Frage, warum das so ist, wurde zum ersten Mal im Südpazifik und dann wieder unter den Teilnehmern an den Umfragen auf den Kanaren und in der Karibik untersucht, wo von hundert Yachten auf beiden Seiten des Atlantiks nur achtzig über eine Rettungsinsel verfügten. Die Skipper der zwanzig Boote ohne Rettungsinsel wurden gefragt, warum sie auf eine solche Insel verzichtet hätten und welche Vorkehrungen sie für den Fall getroffen hätten, daß sie gezwungen seien, das Schiff zu verlassen. Sieben gaben an, sie hätten das Vertrauen in Rettungsinseln verloren, nachdem sie Berichte gelesen hätten, nach denen sie in schwerem Wetter gekentert seien oder sich nicht aufgeblasen hätten. Für fünf Skipper waren die Kosten der Hauptgrund und für vier weitere mit kleineren Booten der fehlende Platz. Weiter angeführt wurden die Probleme mit der regelmäßigen Wartung unterwegs und die fehlende Steuerfähigkeit einer Rettungsinsel. Letzteres war für einige Skipper der Grund dafür gewesen, sich nach Alternativen zu einer Rettungsinsel umzusehen. Zwei Yachten verfügten über ein Holzbeiboot, das mitsamt Mast und Segeln an Deck gestaut war und im Notfall als Rettungsboot dienen sollte. Auf weiteren sechs Yachten ohne Rettungsinsel sollten im Notfall Schlauchboote zum Einsatz kommen, die in zwei Fällen mit Kohlendioxidflaschen zum schnellen Aufblasen ausgerüstet waren.

Fünf Skipper hatten ein Tinker-Dinghi angeschafft, das auch als Rettungsboot dienen kann, eine richtige Rettungsinsel aber nicht ersetzt. Dieses Dinghi, das sich theoretisch genau so schnell aufblasen läßt wie eine Rettungsinsel, aber über Vorrichtungen zum Segeln verfügt, hat sich in den letzten Jahren eine gewisse Popularität erworben. Während des Aufenthalts auf Barbados versuchte John Douglas vom Katamaran *Golden Goose*, sein Tinker-Dinghi unter den simulierten Bedingungen eines erzwungenen Vonbordgehens zu Wasser zu lassen, um dem Hersteller anschließend einen Videofilm des Vorgangs als Werbematerial zu schicken. Bei dem – fehlgeschlagenen – Versuch, das Dinghi in der angegebenen Zeit aufzublasen und zu Wasser zu bringen, bediente sich Johns australische Crew jedoch leider einer Sprache, mit der der Film auf den Index für jugendgefährdende Machwerke geraten wäre, so daß er meines Wissens nie gesendet wurde.

Mehrere Skipper gaben als Grund dafür, keine Rettungsinsel an Bord zu haben, völliges Vertrauen in ihre Yacht an, und auf drei Booten waren keinerlei Vorkehrungen für ein Verlassen des Schiffes getroffen worden. Zwei davon waren aus Stahl, beim dritten handelte es sich um einen Katamaran, den sein Eigner für unsinkbar hielt.

Die Yachten ohne Rettungsinsel sind zwar in der Minderheit, doch schon die Tendenz ist gefährlich. Trotz ihrer negativen Seiten haben sie in den letzten Jahren viele Menschenleben gerettet, und die wenigen Ausfälle wurden meiner Ansicht nach übertrieben herausgestellt. In manchen Ländern ist auf jeder seegehenden Yacht eine regelmäßig gewartete Rettungsinsel vorgeschrieben, aber in denjenigen Ländern, in denen die Entscheidung dem Skipper überlassen bleibt, muß man sich schließlich auch der Möglichkeit stellen, daß man die Yacht aufgeben muß, um sein Leben zu retten. Feuer an Bord wäre beispielsweise ein Fall, in der man auch ein ansonsten unsinkbares Boot in kürzester Zeit verlassen muß. Eine selbstaufblasende Rettungsinsel könnte dann über Leben und Tod entscheiden.

Rettungsinseln

Die ernste Natur dieser Sache veranlaßte mich, parallel zur Atlantik-Umfrage eine gesonderte Untersuchung zu Rettungsinseln und den Gründen, aus denen sie nicht mitgeführt werden, anzustellen. Nach dem ersten Teil der Umfrage, der auf Gran Canaria stattfand, wurden auf verschiedenen Inseln in der Karibik (Barbados, St.

Vincent und Grenadinen) die Skipper von 85 Yachten befragt. Dabei ergaben sich mehrere interessante Aspekte. Erstens stammten viele Rettungsinseln aus zweiter Hand und waren entweder zusammen mit einem gebrauchten Boot oder getrennt gekauft worden. Zweitens waren nicht wenige Skipper bereit, eine für die Größe ihrer Yacht ungeeignete, oft viel zu große Rettungsinsel zu kaufen, wenn der Preis stimmte oder die Insel als Sonderangebot zu haben war.

Es mag zwar verlockend sein, eine größere Rettungsinsel als erforderlich zu kaufen, doch das könnte sich als Bumerang erweisen, weil eine nicht bis zur vollen Tragkraft beladene Rettungsinsel bei schwerem Wetter kentern kann. Die Insassen der Rettungsinsel übernehmen die Funktion von Ballast, und eine große Insel, die nur halb voll ist, könnte bei starkem Wind möglicherweise zu leicht sein. Auf der anderen Seite wurde bei einem simulierten Überlebenstest im Golf von Mexiko festgestellt, daß es in einer voll beladenen Rettungsinsel sehr schnell ungemütlich wurde, weil nicht alle Insassen gleichzeitig ruhen konnten. Angesichts dieser Tatsachen ist es vielleicht vernünftig, eine Rettungsinsel zu nehmen, die für zwei Personen mehr als die normale Crew ausgelegt ist, d. h., eine 6-Mann-Insel für eine vierköpfige Crew und eine 8-Mann-Insel für eine sechsköpfige Crew.

Während der Umfrage stellte sich bald heraus, daß viele Skipper kaum etwas über ihre Rettungsinsel wußten; die meisten hatten keine Ahnung, ob sie regelmäßig gewartet worden war oder ob sie einen einfachen oder einen doppelten Boden hatte, und nur einige wenige wußten, warum ein doppelter Boden besser ist. Weiterhin war die Mehrzahl nicht darüber informiert, welchen Inhalt das Notpäckchen hatte bzw. ob überhaupt ein Notpäckchen vorhanden war. Nur die Skipper von Rennyachten und französische Segler kannten das Notpäckchen ihrer Rettungsinsel. In Frankreich ist für jede seegehende Yacht eine Rettungsinsel mit dem entsprechenden Notpäckchen für das geplante Seegebiet vorgeschrieben.

Die wesentlichen Vorteile eines doppelten Bodens sind der größere Schutz gegen Beschädigungen, der höhere Komfort und, was besonders in kalten Klimata wichtig ist, die bessere Isolierung. Was den Inhalt der Notpäckchen angeht, so zeigte der erwähnte Test im Golf von Mexiko, daß das Standardpäckchen kaum genug Verpflegung enthält, um eine normale Person die nominellen drei Tage am Leben zu erhalten, die es nach Meinung der Hersteller dauert, bis eine schiffbrüchige Crew gerettet ist. Alle Hersteller bieten wahlweise größere Notpäckchen an, aber auch das umfassendste davon ist nur auf wenige Tage berechnet. Weil Rettungsinseln gezwungenermaßen klein und kompakt sind, dürfen die Notpäckchen nicht zu viel Platz einnehmen; insbesondere die Wassermenge ist zu gering bemessen. Deshalb sollte für den Fall, daß man das Schiff verlassen muß, immer zusätzlich Wasser bereitstehen. Nicht weniger wichtig ist es, das Notpäckchen um eine sinnvoll zusammengestellte persönliche Notausrüstung zu ergänzen, wie sie weiter unten beschrieben ist.

Ein weiterer Faktor, der bei den Vorkehrungen zum Verlassen des Schiffes zu bedenken ist, ist die Tatsache, daß mit hoher Wahrscheinlichkeit die meisten, wenn nicht sogar alle Crewmitglieder seekrank werden, und zwar auch diejenigen, die an Bord der Yacht damit keine Probleme gehabt haben. Es wird empfohlen, daß jeder ein Medikament gegen Seekrankheit nehmen sollte, bevor er die in die Insel steigt, und zwar am besten eine Stunde vorher. Bei einer schnell sinkenden Yacht wird das natürlich nicht gehen, doch wenn sich die Möglichkeit des Sinkens längere Zeit vorher abzeichnet, sollten alle Crewmitglieder diesen Rat befolgen. Manche Rettungsinseln werden vom Hersteller mit entsprechenden Mitteln ausgestattet.

Die Skipper, die lange Hochseetörns ohne Rettungsinsel unternahmen, gaben als Grund dafür in der Regel den schlechten Ruf der Inseln an. Besonders auffällig war das bei amerikanischen Skippern, die mehrfach von negativen Berichten in der Presse sprachen. Einer, der gelegentlich auch als Überführungsskipper arbeitete, verwies darauf, daß Überführungsskipper wenig Vertrauen in eine Rettungsinsel setzten. Sie wollten sich lieber auf sich selbst verlassen, statt hilflos in einer Rettungsinsel zu sitzen. Leider hatte er keine Alternative anzubieten, so daß ich gezwungenermaßen meinen eigenen Schluß ziehen mußte, nämlich, daß auch der unabhängigste und autarkeste Skipper vermutlich lieber hilflos in einer Rettungsinsel sitzt, als mitten auf hoher See im Wasser zu planschen.

Auch auf den Charteryachten in der Karibik war der Trend zu beobachten, daß keine Rettungsinseln mitgeführt wurden. Der Stützpunktleiter eines der größten Vercharter erklärte dazu, daß Rettungsinseln völlig überflüssig seien. Alle seine Yachten seien mit UKW-Funk ausgerüstet, hätten ein großes GFK-Dinghi im Schlepp und sollten nie außer Sichtweite von Land sein. Mehr oder weniger dieselben Gründe wurden auch von anderen Vercharterern genannt. Hinzu kam oft noch das Argument des Platzsparens.

Eines der immer wieder erwähnten Probleme war die regelmäßige Wartung in Gebieten außerhalb Westeuropas und Nordamerikas. Sobald die heimischen Gewässer hinter ihnen lagen, hatten viele Skipper größte Mühe gehabt, einen qualifizierten Fachmann zu finden, und deshalb die Wartung ganz und gar eingestellt. Mehrere klagten über schlechten Service und waren aus diesem Grunde dazu übergegangen, ihre Rettungsinsel selbst zu warten. Das sollte man wie bei allen Spezialgeräten aber nicht auf die leichte Schulter nehmen und nach Möglichkeit einem entsprechend ausgebildeten und ausgerüsteten Fachmann überlassen.

Die Skipper wurden weiterhin gefragt, ob sie jemals eine Rettungsinsel benutzt hätten. Nur einer war einmal dazu gezwungen gewesen, und ein paar andere hatten den Umgang mit der Rettungsinsel im Rahmen eines Überlebenstrainings gelernt, das höchstes Lob fand, weil man dabei lernt, wie man die Insel zu Wasser bringt, aufrichtet und einsteigt. Lobende Worte kamen auch zu den Kundendienststellen, bei denen man beim Öffnen der Rettungsinsel dabei sein und sogar die Reißleine ziehen darf, um einmal zu sehen, was danach passiert. Der Skipper der *Ocean Mermaid* empfahl die Praxis einer Firma auf Mallorca, die vom Inhalt der inspizierten Rettungsinseln Photos macht, damit der eventuell abwesende Besitzer später sehen kann, warum gewisse Dinge ausgetauscht werden mußten.

Die Mehrzahl aller Rettungsinseln waren an Deck verstaut, sei es auf dem Kajütdach, dem Vor- oder dem Achterdeck oder an einer geschützteren Stelle in Cockpitnähe. Besonders bei den Rettungsinseln, die in einen Segeltuch-Tragesack verpackt waren, wurde eine leicht zugängliche, geschützte Stelle beim Cockpit bevorzugt. Das ist auch sicherlich anzuraten, wenn man an die begrenzte Zeit denkt, die einem noch bleibt, wenn das Boot ein großes Leck bekommen hat und schnell sinkt.

Serienboote werden zunehmend in Cockpitnähe mit einem speziellen Stauraum für die Rettungsinsel ausgestattet. In diesem Zusammenhang wurde darauf verwiesen, daß es in einem Notfall möglicherweise Probleme bereitet, den schweren

Behälter aus einem tiefen Schapp zu hieven, und zwar besonders, wenn das betreffende Crewmitglied verletzt oder nicht besonders kräftig ist. Dieses Problem hatte man auf der *Amel Mango* durch eine spezielle Talje gelöst, mit deren Hilfe auch das körperlich schwächste Crewmitglied die Rettungsinsel zu Wasser bringen konnte. Auf Yachten ohne eine derartige Vorrichtung sollte man im Hafen ausprobieren, ob auch alle Crewmitglieder in der Lage sind, die Rettungsinsel zu Wasser zu bringen, wenn das Schiff verlassen werden muß.

Notausrüstung

Bei den Gesprächen über ein eventuelles Verlassen des Schiffes fragte ich die Skipper, ob sie einen Beutel oder Behälter vorbereitet hätten, den sie in einem Notfall schnell schnappen und mitnehmen könnten. Nur etwa die Hälfte hatte tatsächlich eine solche Notausrüstung vorbereitet; bei den anderen diente meine Frage mehrfach als Anlaß dazu, daß sie sich mit der Sache befaßten. Oft wurde ich selbst zum Befragten, wenn nämlich die Betreffenden von mir wissen wollten, woraus die Notausrüstung anderer Segler bestand und was das Wesentliche an einer Notausrüstung sei. Aus den Bestandteilen der vorhandenen Notausrüstungen wurde deutlich, daß das, was die einen als unerläßlich ansahen, für andere durchaus entbehrlich war. Trotz der Tatsache, daß sie auf einen langen Hochseetörn gingen, hatten einige der weniger erfahrenen Crews so gehandelt, als ob sie jederzeit in Reichweite von schnellen und leistungsfähigen Rettungsdiensten seien und erwarteten, in kürzester Zeit gerettet zu werden. Im Gegensatz dazu lag die Betonung bei den anderen, die über beträchtliche Erfahrung verfügten und lange über dieses Thema nachgedacht hatte, darauf, lange Zeit ohne Hilfe von außerhalb überleben zu können.

Aus der Vielzahl unterschiedlicher Notausrüstungen, die teils nur das absolute Minimum enthielten und teils darauf ausgelegt waren, die Crew bis zu zwei Monate am Leben zu erhalten, habe ich die besten Ideen und häufigsten Vorschläge zu folgender Liste zusammengestellt:

Verpflegung: Sortiment aus Trockennahrung und Konzentraten, die nicht alle mit Wasser aufbereitet werden müssen; Verpflegung in selbsterhitzenden Dosen; Schokolade; Traubenzucker

Medikamente: Erste-Hilfe-Ausrüstung; Vitaminpräparate; Abführmittel; Sonnenschutzmittel mit hohem Lichtschutzfaktor (Sunblocker); Schmerzmittel; Mittel gegen Seekrankheit; persönliche Medikamente

Sicherheit: EPIRB (Seenotfunkboje); Signalpatronen (in gesondertem wasserdichtem Behälter) oder Signalpistole; UKW-Handsprechfunkgerät, Ersatzbatterien und Antenne; Seewasserfärber; Taschenlampe mit Batterien; Signalspiegel; Reservetreibanker; Überlebenshandbuch

Verschiedenes: Wasserbereiter; Messer (Taschenmesser mit verschiedenen Werkzeugen); Tasse oder Becher; Löffel; Plastikteller; Angelzeug; Dosenöffner; Schwamm; Sortiment Plastikbeutel

Persönliche Dinge: Reisepaß, Geld; Papier und Bleistift; Lesestoff; Spielkarten; Würfel

Komfort: Überlebensanzug oder -decke (Aluminium); Kleidung zum Wechseln; Sonnenhut; Sonnenbrille; Schirm (als Schutz vor Sonne und Regen, zum Auffangen von Regenwasser, ggf. als Segel, wenn stabil genug)

Navigation: Kompaß; Plastiksextant; nautisches Jahrbuch oder Navigationsrechner; Monatskarte(n)

Jean-Charles Maurer führt auf der *Eureka* zwei gut bestückte Überlebenscontainer mit, die er regelmäßig überprüft

Diese Liste basiert auf dem Inhalt von etwa fünfzig Notausrüstungen, zu dem mehrere Skipper wertvolle Anregungen beisteuerten. So tauscht etwa Jean-Charles Maurer, der auf dem Achterdeck der *Eureka* zwei Plastikbehälter mit allen für das Überleben wesentlichen Dingen mitführt, jeden Monat die in einem der Behälter befindliche Monatskarte aus, um für den Fall, daß er in die Rettungsinsel gehen muß, Informationen über die zu erwartenden Wind- und Strömungsverhältnisse zu haben. Giancarlo Damigella, der für eine italienische Segelschule Navigationskurse abhält, weist der Crew der *Coconasse* vor jedem Törn genau ihre Aufgaben für den Notfall zu. Zwei Mann müssen die Rettungsinsel zu Wasser bringen, zwei lassen das Schlauchboot und die Wasserkanister zu Wasser, und der Funker muß einen Notruf absetzen und die Seenotfunkboje aussetzen. Mehrere Skipper wiesen darauf hin, daß ein UKW-Handsprechfunkgerät besser sei als Signalmunition, wenn es darum gehe, die Aufmerksamkeit eines passierenden Schiffes zu erregen. Dazu braucht wohl nicht besonders betont zu werden, daß, wenn ein Handsprechfunkgerät an Bord ist, die Batterien natürlich immer voll geladen sein müssen.

Die meisten Notausrüstungen befanden sich in Plastikbehältern mit breiter Öffnung und Schraubverschluß. Die Behälter müssen natürlich schwimmen, wasserdicht sein und über eine Möglichkeit verfügen, sie an der Rettungsinsel oder am Dinghi festzuzurren. Auf den meisten Booten waren sie am Niedergang unter den Stufen oder unter dem Tisch verstaut. Leicht zugänglich standen auch ein paar Wasserkanister bereit, weil die Notausrüstung selbst meist kein Wasser enthielt. Vieles spricht dafür, die Wasserkanister an Deck zu verzurren. Sie dürfen nicht ganz voll sein, damit sie schwimmen, wenn sie über Bord geworfen werden.

Unter all den Themen, mit denen ich mich in den verschiedenen Umfragen befaßt habe, ist das Verlassen des Schiffes wohl das unbeliebteste. Und trotzdem konnte ich feststellen, daß diejenigen, die ernsthaft darüber nachgedacht hatten, gern über ihre Vorbereitungen sprachen, während die anderen, die sich dieser Möglichkeit nicht stellen wollten und meinten, das passiere immer nur anderen, auch keine oder fast keine Vorbereitungen getroffen hatten. Meine Fragen ließen sie manchmal nachdenklich werden und führten gelegentlich zu einer Änderung der Einstellung. Am besten erinnere ich mich an einen Skipper, der mir stolz vorführte, wie er seine Yacht mit Hilfe mehrerer Auftriebskörper, die an Druckluft-Tauchflaschen angeschlossen waren, unsinkbar gemacht hatte.

»Das ist ja alles sehr beeindruckend,« sagte ich zu ihm. »Aber was ist, wenn ein Brand ausbricht?« Sein Gesichtsausdruck verdüsterte sich schlagartig, denn an diese Möglichkeit hatte er überhaupt nicht gedacht.

Die meisten Fahrtensegler glauben fest daran, daß doppelt genäht besser hält. Wenn es um das eigene Leben geht, wäre es vielleicht gar nicht so schlecht, noch eine dritte Naht hinzuzunehmen.

…und *Jellicle* tanzt noch immer im Mondlicht

Sowohl auf meinen Fahrten als auch bei meiner journalistischen Arbeit war es mir vergönnt, einige außergewöhnliche Segler kennenzulernen, von denen jedoch keiner einen solch unauslöschlichen Eindruck bei mir hinterließ wie Mike Bailes. Als ich zum Auftakt der Pazifik-Umfrage im neuseeländischen Opua eintraf, hätte mich nichts mehr freuen können, als zu sehen, daß dort das 7,6-m-Folkboat *Jellicle* vor Anker schwojte. Zuvor hatte ich Mike zum letzten Mal in Port Vila auf Vanuatu gesehen, wo er einer Gruppe Fischer, die auf dem Kai im Kreis um ihn herum saßen, in fließendem Bislama Unterricht in Seemannschaft und Navigation erteilte. Nachdem ich bei einer früheren Umfrage in Tuvalu Ausrisse aus seinem Leben gehört hatte, war ich entschlossen gewesen, mehr über diesen Mann zu erfahren. Also hatte ich den Kassettenrecorder in Gang gesetzt und Mike bei einer oder zwei Flaschen französischen Weins überredet, mir seine Geschichte zu erzählen.

Seit den sechziger Jahren durchstreift Mike die Weltmeere mit seiner *Jellicle*, benannt nach der bei T.S. Elliot zu findenden Katze, die im Mondlicht tanzte. Die *Jellicle* ist einfach, um nicht zu sagen spartanisch ausgestattet. Für einen Motor hat Mike keine Verwendung, er verläßt sich lieber auf einen langen Riemen und einen Satz Segel, die tipptopp in Ordnung gehalten werden. Unter Deck zwischen sauber aufgeschossenen Leinen, Körben und Säcken mit Grundnahrungsmitteln befinden sich zwei Kojen, ein Kartentisch und ein einfacher Primuskocher. Mikes Vorbilder sind die Oldtimer wie etwa Joshua Slocum, und sein Ziel ist es, ein genau so einfaches Leben zu führen, in dem Luxus keinen Platz hat. Mike liebt sein kleines Folkboat, und zwar nicht nur, weil er es wie ein Dinghi segeln kann, sondern auch, weil er der See gern ganz nahe ist.

Die Liebe zur See hat Mike sein ganzes Leben lang begleitet. Seinen Platz in der Geschichte hat er, wie er im Spaß erzählt, dadurch errungen, daß er der erste Offizier in der Geschichte der königlich britischen Marine war, der zweimal vor einem Kriegsgericht stand, beide Male für schuldig befunden wurde und trotzdem ehrenhaft und mit voller Pension als Korvettenkapitän entlassen wurde. Beim ersten Mal war er Erster Offizier auf einem U-Boot und an der Entwicklung eines schnellen Turbomotors mit einem neuartigen Treibstoff beteiligt. Seine Aktentasche mit all den geheimen Unterlagen über den neuen Motor verschwand aus der Ecke der Kneipe, in die er sie gestellt hatte, um mit ein paar Kameraden etwas zu trinken. Mike und sein Vorgesetzter wurden der Fahrlässigkeit für schuldig befunden, erhielten aber nur geringfügige Strafen.

143

Von schnellen U-Booten wandte Mike sich der Überlebensfähigkeit in Rettungs-
booten zu und versuchte zu beweisen, daß lange Fahrten in diesen offenen Booten
auch heute noch möglich sind, wie es Kapitän Bligh vor langer Zeit vorexerziert
hatte. Nach ein paar kurzen Törns im Auftrag der Marine stellte Mike eine Crew für
eine Atlantiküberquerung zusammen. Die Pläne waren schon recht weit gediehen,
als der Törn im letzten Augenblick von der obersten Führung als zu riskant
gestrichen wurde. Wie jeder gute Offizier akzeptierte Mike die Entscheidung. Das
galt auch für die Crew mit Ausnahme eines jungen Mannes, der schon an den
anderen Fahrten mit Mike teilgenommen hatte. Aufs äußerste enttäuscht und
abgeschreckt von weiteren zehn Jahren in der Marine ohne jede Aussicht auf
Abenteuer, drohte der junge Mann mit Selbstmord. Aus Verantwortungsgefühl
schrieb Mike ihm einen Brief und riet ihm, lieber aus der Marine auszuscheiden, als
sich das Leben zu nehmen. Der Brief wurde gefunden, und Mike sah sich unter der
Anklage der Anstiftung zur Desertion im Gefängnis wieder. Wiederum wurde er für

Mikes Bailes hat mit
seiner *Jellicle* im ver-
gangenen Vierteljahr-
hundert mehr als 100
000 sm zurückgelegt

144

schuldig befunden. Das Gericht zeigte sich allerdings verständig genug, um ihm zuzubilligen, daß er in gutem Glauben gehandelt habe, und sah von einer Strafe ab.

Mike war allerdings bereits zu dem Entschluß gekommen, daß er von der Marine die Nase voll habe, und als sich zwei Jahre später die Gelegenheit bot, nahm er seinen Abschied – in allen Ehren und mit voller Pension. Er kaufte die *Jellicle*, die ja nicht viel größer als das Rettungsboot eines Schiffes ist, und machte sich daran zu beweisen, daß lange Hochseefahrten mit einem solchen Boot sehr wohl machbar sind.

Mikes Heimat ist heute der unermeßliche Pazifik, wo er mit der *Jellicle* über 100 000 sm zurückgelegt und dabei jede Inselgruppe südlich des Äquators besucht hat. Mike spricht mehrere pazifische Sprachen sowie fließend Französisch und ist eine wahre Goldgrube des Wissens, was die Geschichte und die Kulturen im Pazifik angeht. Mehrere Jahre hatte er seinen Stützpunkt auf Tonga, wo er eine Schiffahrtsschule für junge Tonganer betrieb und von Zeit zu Zeit ein Handelsschiff führte. Der jüngeren Generation der seefahrenden Inselbewohner vergessene und neue Kenntnisse zu vermitteln verschaffte ihm Zufriedenheit und war ihm gleichzeitig eine lohnende Beschäftigung.

In den letzten zehn Jahren fährt Mike mit jungen Insulanern als Crew und bringt ihnen das Segeln in der Praxis bei. Eines seiner ersten Crewmitglieder, überall als Tonga Bill bekannt, ließ sich vom Virus des Fahrtensegelns anstecken und baute sich aus zusammengesuchtem Holz ein eigenes 5,5-m-Boot. Nachdem er mehrere Jahre im Pazifik gesegelt hatte, setzte Bill Kurs auf den Indischen Ozean in der Absicht, die Welt zu umsegeln. Das letzte, was man von ihm hörte, war, daß er vor Réunion endgültig vor Anker gegangen war und eine französische Lehrerin heiraten wollte. Mikes nächster Schüler, Pita Filitonga, war schon im Alter von achtzehn Jahren so qualifiziert, daß er als Steuermann eines der klassischen Kanus führte, die Tausende von Meilen von Vanuatu zum Festival der pazifischen Kunst auf Papua Neuguinea fuhren. Pita heiratete schließlich eine Architektin aus Sydney und ließ sich in Australien nieder. In Neuseeland war Mike mit seinem neuesten Crewmitglied Wari Farea. Seine »Söhne«, wie er sie nennt, scheinen unter seiner Obhut zu gedeihen, und 1988 konnte er stolz vermelden, Pate von drei »Crew-Enkeln« zu sein, die alle seinen Namen tragen.

Am Morgen meiner Abreise aus Port Vila traf ich Mike mit einer langen Leine über der Schulter.

»Wohin soll's denn gehen?« fragte ich.

»Glaub es oder nicht, zum Gefängnis. Ich habe die Erlaubnis, Kurse über Seemannschaft abzuhalten.«

»Und wofür ist der Tampen?«

»Heute sind Knoten und Spleißen dran.«

»Dann paß mal auf, daß sie nicht zu viel über Strickleitern lernen,« neckte ich ihn.

»Dieses Mal kämst du nicht vor ein Gericht der königlichen Marine.« Als ich Mike mehrere Jahre danach in Neuseeland wiedersah, erzählte ich ihm noch einmal, wie sehr mich damals der Gedanke belustigt hatte, daß er den Gefangenen den Umgang mit Tauwerk beibrachte. Sein Gesicht verzog sich zu seinem typischen Grinsen.

»Das war eine der besten Sachen, die ich je gemacht habe,« antwortete er. Augenscheinlich hatte einer der Gefangenen aus politischen Gründen gesessen, und als es zur Unabhängigkeit und einem damit verbundenen Regierungswechsel kam, wurde er Minister in der neuen Regierung. Mit solchen Kontakten kümmerte Mike sich wieder vermehrt um Vanuatu und arbeitete auch wieder als Lehrer an einer neuen Schiffahrtsschule. Die Vanuatuaner betrachten Mike genau so als Teil der Familie, wie er seine jungen Crewmitglieder als Söhne bezeichnete.

Verheiratet mit der *Jellicle* und dem Pazifik, verläßt Mike jedes Jahr in der Hurrikanzeit die tropische Zone und segelt in die Sicherheit Neuseelands, das für ihn zunehmend zur Heimat geworden ist. Die Jahre haben von der *Jellicle* ihren Tribut gefordert, und im Juni 1987 ging es nicht wie gewöhnlich nach Vanuatu zurück. Statt dessen wurde sie in Whangarei aus dem Wasser genommen. Sechs Monate später lag sie immer noch hoch und trocken. Mike schrieb: »Nach ein paar vorsichtigen chirurgischen Eingriffen wird sie jetzt an Backbord neu beplankt und erholt sich in der Zwischenzeit an einem Tropf mit Hausmittelchen und Leinöl.« Er würde seine *Jellicle* nach wie vor um nichts in der Welt weggeben. »Meine Gefühle ihr gegenüber sind wie die eines jungen Mannes, der mit 23 das einfache und ganz normale Mädchen von nebenan geheiratet hat und seitdem eine glückliche Ehe führt.«

Mike Bailes ist immer noch mit der *Jellicle* verheiratet und tanzt mit ihr im Mondlicht.

Leben auf See

Napoleon dachte bestimmt nicht an Hochseesegler, als er sagte, eine Armee marschiere mit dem Magen, doch sinngemäß läßt sich dieser Spruch durchaus auf das Fahrtensegeln übertragen, denn die Verpflegung der Crew ist ein wesentlicher Aspekt, wenn es auf dem Boot glücklich und zufrieden zugehen soll. Die Mahlzeiten sind auf einem langen Törn immer eine willkommene Abwechslung, was sich auch daran zeigte, daß die Crews, die ich vor dem Start zur Atlantiküberquerung auf den Kanaren befragte, sich nicht wenige Gedanken über die Verproviantierung machten. Später in der Karibik sprach ich dann mit fünfzig Skippern, die die Atlantiküberquerung gerade abgeschlossen hatten, detaillierter über dieses Thema, um zu sehen, wie gut sie mit ihrer Verproviantierung zurecht gekommen waren.

Verproviantierung

Die Mehrzahl der Skipper zeigte sich zufrieden mit der Verproviantierung; mit Ausnahme eines Bootes, auf dem vor der Ankunft auf Barbados der Proviant ausgegangen war, gab es keinerlei ernsthafte Probleme. Das auf den Kanarischen Inseln gekaufte frische Obst und Gemüse hielt sich gut, und zwar besonders dann, wenn es sorgfältig von Hand ausgesucht worden war. Mehrere Crews bezeichneten Gurken, Kohl, Kürbisse und Zitronen als guten Kauf, und auf einem Boot hielten sich die im grünen Zustand gepflückten und sorgfältig gelagerten Tomaten ganze vier Wochen. Der Lagerung kommt bei Frischprodukten eine entscheidende Bedeutung zu. Mehrere Crews empfahlen in diesem Zusammenhang, frisches Obst und Gemüse hängend in Netzen aufzubewahren. In eine ähnliche Richtung ging der Vorschlag, Gemüse wie Kartoffeln und Zwiebeln an einem dunklen Platz zu lagern. Hingewiesen wurde außerdem darauf, daß das Obst regelmäßig inspiziert und in der Reihenfolge gegessen werden müsse, in der es reift. Das auf den Kanaren am häufigsten gekaufte Obst waren Orangen, die sich extrem gut hielten. Mehrere Crews, und zwar besonders diejenigen, die keine Kühlmöglichkeit an Bord hatten, bedauerten, nicht mehr gekauft zu haben. Viele Leute rieten dazu, für eine Atlantiküberquerung oder einen anderen langen Törn reichlich Obst einzuplanen.

Allgemein wurde das Lebensmittelangebot auf den Kanarischen Inseln für ausreichend gehalten; die Crews, die den Weg über die Kapverden genommen hatten, wiesen jedoch darauf hin, daß die Auswahl an Frischprodukten und nicht verderblichen Lebensmitteln dort nicht so gut sei. Von anderer Seite kam der

Hinweis, daß Reis und ähnliche Trockennahrungsmittel in spanischen und portugiesischen Ländern wegen des Vorhandenseins von Käfern und Motten nur in kleinen Mengen gekauft und in luftdichten Behältern aufbewahrt werden sollten, damit nicht der restliche Proviant befallen wird, wenn diese netten kleinen Tierchen wirklich auftreten sollten.

Besondere Kritik zogen sich spanische Streichhölzer zu; sie galten als äußerst gefährlich, weil beim Anzünden die Köpfe abbrachen und brennend durch die Gegend flogen. Auf einem Boot erlitt ein Crewmitglied dabei eine unangenehme Gesichtsverletzung.

Um das Kochen unterwegs zu vereinfachen, hatte eine Crew vor der Abfahrt große Mengen gekocht, diese in kleinere Portion unterteilt und in die Tiefkühltruhe gepackt, um sie dann nach Bedarf aufzutauen und zu erwärmen. Auf Tiefgefrorenes kann man auch sehr gut bei rauhem Wetter zurückgreifen. Ein anderer erfahrener Fahrtensegler empfahl Dosensuppen als am einfachsten und schnellsten zubereitende und zudem äußerst nahrhafte Mahlzeit bei rauhem Wetter. Ein weiterer Smutje schwor auf in Beutel eingeschweißte Nahrungsmittel, die man in Salzwasser kochen könne, um Frischwasser zu sparen. Weil es schwierig ist, auf einem andauernd rollenden Boot zu kochen, sollten auf einem längeren Törn auch ausreichend Snacks und leichte Mahlzeiten an Bord sein. Zweifel wurden an dehydrierten Nahrungsmitteln geäußert, da zu ihrer Zubereitung zusätzlich Frischwasser benötigt werde.

Bei der Ankunft in der Karibik waren viele Skipper desillusioniert angesichts der hohen Preise der importierten Lebensmittel und der im Vergleich zu Europa mangelhaften Auswahl. Das galt besonders für die kleineren Inseln, auf denen es nicht so viele Läden gibt. Die häufigste Empfehlung der befragten Skipper lautete, sich in Europa möglichst weitgehend mit Trocken- und Dosennahrung sowie anderen nicht verderblichen Produkten zu verproviantieren. Einige meinten sogar, es sei ratsam, Proviant für sechs Monate oder den gesamten Aufenthalt in der Karibik an Bord zu nehmen, wenn die Tragfähigkeit des Bootes das erlaube und genügend Stauraum vorhanden ist.

Trotz aller Verbesserungen auf dem Gebiet der Kühlgeräte, mit denen ich mich später noch befassen werde, verzichten viele Fahrtensegler noch immer darauf, und zwar hauptsächlich, um nicht jeden Tag den Motor laufen lassen zu müssen, um die Kühlung sicherzustellen. Tiefgefrorene Nahrungsmittel waren nur auf wenigen Booten zu finden; für die langfristige Aufbewahrung stellte Dosennahrung nach wie vor den größten Anteil am Proviant. Getrocknete und gefriergetrocknete Nahrungsmittel gewinnen zunehmend an Beliebtheit, und auf den meisten Booten ist eine ausgewogene Mischung aus allen Arten von Proviant zu finden. Bei allen Umfragen hatten nur ganz wenige Crews ihren gesamten Proviant in der Tiefkühltruhe. Ich hörte allerdings von mehreren Fällen, in denen ein Defekt an der Tiefkühltruhe dafür gesorgt hatte, daß die Crew für den Rest des Törns nahezu keinerlei genießbare Nahrung mehr gehabt hatte. Die Crew einer australischen Yacht verwendete auf der Fahrt von Kapstadt nach Rio de Janeiro ihre verdorbenen Filetsteaks als Köder, fing aber nur Haie damit. Denken sollte man auch daran, daß in einigen Ländern, speziell in den USA und Australien, gefrorenes Fleisch an Bord beim Einklarieren konfisziert wird, und deshalb möglichst mit leerer Tiefkühltruhe dort eintreffen. Auch andere Lebensmittel wie Eier, geräuchertes Fleisch, Frischobst und Gemüse, werden eingezogen, so daß man seinen Proviant am besten so bemißt, daß er bei der Ankunft aufgebraucht ist.

Die meisten Leute verproviantierten sich für drei bis sechs Monate, wobei sie versuchten, größere Mengen bestimmter Lebensmittel in Ländern zu kaufen, wo sie billiger oder qualitativ besser waren. Anzuraten ist es auch, die Vorräte an bestimmten Dingen wie etwa H-Milch, Butter in der Dose, Trockenei usw., die es nicht überall gibt, aufzustocken, nicht zu vergessen gewisse Luxusgüter und anderes, das in den Entwicklungs- und Schwellenländern nicht zu bekommen ist. Nicht zuletzt sollte man versuchen, zollfreie Spirituosen zu kaufen, wo immer es geht oder wenig kostet. Auch Wein sollte man vor einer Fahrt in entlegene Gegenden in großen Mengen kaufen, da eine Flasche Wein beispielsweise auf vielen Inseln im Pazifik und in der Karibik fast ein Vermögen kostet.

Brotbacken

Um das wichtigste Nahrungsmittel, unser täglich Brot, ging es unter anderem auch in der Atlantik-Umfrage. Auf zwei Dritteln der Boote wurde während der Atlantiküberquerung Brot gebacken; die Häufigkeit lag zwischen täglich und einmal in der Woche und betrug in der Regel alle zwei bis drei Tage. Dabei kam eine Vielzahl von Methoden zur Anwendung. Die meisten Bäcker stellten ihr Brot auf die traditionelle Weise mit Trockenhefe im Backofen her, wobei einer statt der Hefe Backpulver nahm. Die wenigen, die Fertigmischungen verwendeten, priesen diese Methode als die einfachste. Auf mehreren Booten wurde das Brot im Schnellkochtopf gebacken, und einige skandinavische Segler arbeiteten mit einer speziellen Brotdose, die auf den Kocher gestellt wird und ein ringförmiges Brot ergibt. Auch Mikrowellenherde, die immer häufiger auf Tourenyachten zu finden sind, wurden zunehmend zum Brotbacken eingesetzt. Auf einem Boot wurde das Brot anschließend unter dem Grill gebräunt, während auf einer anderen Yacht vorgebackenes Brot aus industrieller Fertigung verwendet wurde, das nur noch acht Minuten im Ofen benötigte.

Nach dem, was ich hörte, und nach meinen eigenen, nicht sehr erfolgreichen Versuchen auf diesem Gebiet enthält das Vaterunser, auf Segler und Seglerinnen unserer Zeit bezogen, eine Menge Wunschdenken. Von daher überrascht es nicht, daß auf vier Booten während der Atlantiküberquerung nur ein einziges Mal Brot gebacken wurde; die eine Crew beklagte sich, ihr Brot sei steinhart und ungenießbar gewesen, und hatte statt dessen Pfannkuchen gebacken. Eine andere Crew, die ohne großen Erfolg verschiedene Methoden ausprobiert hatte, meinte, es sei wohl zweckmäßig, das Brotbacken erst einmal zu Hause zu üben, wenn man keinerlei Erfahrung auf diesem Gebiet habe.

Auf einem Drittel aller Boote wurde erst gar nicht versucht, Brot zu backen. Wenn eine Gefriertruhe an Bord war, wurde darin oft auch das Brot aufbewahrt, auf einem Boot volle hundert Scheiben. Andere hatten Dauerbrot an Bord, beispielsweise deutsches Schwarzbrot, das man auf den Kanarischen Inseln kaufen kann. Eine Crew empfahl, frisch gebackenes Brot mit Weinessig einzustreichen, in Frischhaltefolie einzuwickeln und in einem Plastikbeutel zu verstauen. Auf diese Weise hielt es sich zwölf Tage. Der Weinessig sei nicht herauszuschmecken gewesen. Die restlichen

Crews lösten das Problem mit dem täglichen Brot, indem sie ein brötchenartiges Buttergebäck machten oder statt Brot Kekse, Knäckebrot oder Schiffszwieback aßen.

Wasser

Die meisten Boote, die an der Atlantik-Umfrage teilnahmen, verließen die Kanarischen Inseln mit vollen Tanks und und ein paar zusätzlichen Kanistern an Deck, die für den Notfall bestimmt waren. Die durchschnittliche Wassermenge an Bord betrug 182 Liter pro Person. Als Durchschnittverbrauch ergaben sich 100 l/ Person, was einem Tagesverbrauch von 4,5 l/Person sehr nahe kommt. Auf fünf Booten lag der Verbrauch mit über 200 l/Person viel höher, und auf elf Booten brauchte jedes Crewmitglied nicht einmal 45 l. Unweigerlich höher war der Wasserverbrauch auf Yachten mit Duschen und Druckwasseranlagen, während auf den drei Booten, denen das Wasser ausging, der persönliche Tagesverbrauch 150 l betrug, mehr, als der Skipper angenommen hatte.

Am wenigsten Wasser verbrauchte mit 20 l ein Paar, das täglich einen Liter frischen Orangensaft trank, sich aber auf der gesamten Überfahrt zugegebenermaßen nicht ein einziges Mal mit Frischwasser wusch. Niedrig war der Wasserverbrauch in der Regel auf Booten, auf denen die Crew Flüssigkeit in anderer Form wie etwa Bier und Fruchtsaft zu sich nahm.

Niedriger war der durchschnittliche Wasserverbrauch auf den Booten, die an der ARC teilnahmen, nämlich 81 l/Person bei der ARC 87. Diese Zahl liegt nur knapp unter derjenigen aus der Atlantik-Umfrage, doch um sicherzugehen sollte man für einen Hochseetörn mindestens 2,25 – 4,5 l pro Person und Tag bunkern. Das ist das absolute Minimum, und trotzdem scheint es noch Skipper zu geben, die nicht richtig planen können. Bei der ARC 87 trafen drei Boote völlig ohne Wasser auf Barbados ein, eines davon auch ohne Proviant. Leichte Winde hatten dazu geführt, daß die Fahrt länger als geplant dauerte. Wenn ein Notfall eingetreten wäre, hätten die Crews echte Probleme bekommen. Die meisten Skipper nehmen die Atlantiküberquerung jedoch mit vollen Tanks in Angriff; bei der ARC 86 waren beispielsweise im Schnitt 286 l Wasser pro Person an Bord.

Ein wertvoller Tip von Seiten der ARC-Teilnehmer gilt möglicherweise nicht nur für Las Palmas, sondern auch für andere Gegenden der Erde. Da der Geschmack des Leitungswassers nicht gerade der beste war, kauften viele Skipper mehrere große Plastikflaschen mit Trinkwasser, die in allen Supermärkten erhältlich sind. Das und die Praxis, zusätzlich ein paar Wasserkanister an Bord zu verstauen, ist äußerst empfehlenswert, da es ein Fehler ist, sämtliches Wasser in einem einzigen Tank zu bunkern, wo es ja unterwegs verschmutzt werden könnte.

Das Frischwasser-Fassungsvermögen schwankte auf den Booten beträchtlich, wobei allerdings die meisten speziell zum Fahrtensegeln gebauten Yachten mindestens 450 l Wasser an Bord hatten, und zwar in der Regel in nur einem Tank, was aus den obigen Gründen nicht die beste Lösung sein dürfte. Entweder zur Ergänzung oder als Alternative waren mehrere Boote zusätzlich mit Falttanks ausgerüstet worden, meistens kleinere Serienyachten, deren Skipper meinten, für einen längeren Törn reiche das Fassungsvermögen des serienmäßigen Tanks nicht aus.

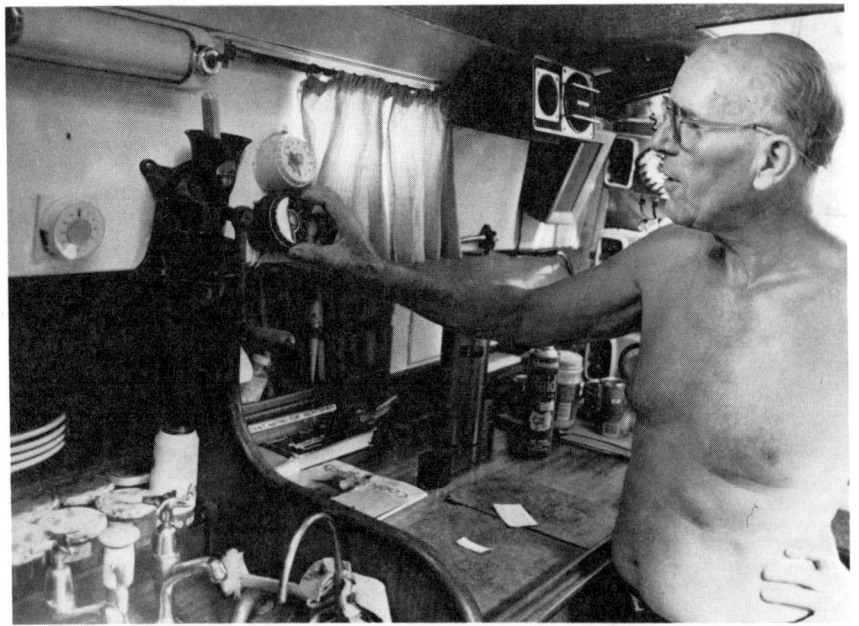

Bei den Booten, die bei der ARC 87 an der Ausrüstungsumfrage teilnahmen, betrug das durchschnittliche Frischwasser-Fassungsvermögen in festen Tanks knapp 480 l, was die meisten Skipper als ausreichend betrachteten. Trotzdem führten mehrere Boote zusätzlich Kanister an Deck mit, und zwar überwiegend Boote, deren eingebaute Tanks kleiner als der Durchschnitt waren. In einigen Fällen dienten die Kanister an Deck als Notreserve für den Fall, daß das Schiff aufgegeben werden müßte.

Eine Möglichkeit, sich der ständigen Sorge über den Wasserverbrauch zu entledigen, besteht darin, das Schiff mit einem Wasserbereiter auszurüsten, was aber auf Tourenyachten noch relativ selten der Fall ist. Bei der Atlantik-Umfrage besaß nur eine Yacht einen Wasserbereiter, während der Anteil der mit einem solchen Gerät ausgerüsteten Boote bei der ARC schon auf etwa fünf Prozent der Gesamtteilnehmerzahl gestiegen war. Dabei handelte es sich überwiegend um die größeren und teureren Yachten. Ein paar Skipper wiesen auf den hohen Stromverbrauch der Geräte hin, was aber kein allzu großes Problem zu sein schien, da alle Boote, die einen Wasserbereiter an Bord hatten, auch über einen Dieselgenerator verfügten.

Mit dem generellen Trend zur Elektrifizierung einher geht die zunehmende Ausrüstung mit Druckwasseranlagen, die auf vielen Serienyachten heute zur Standardausrüstung gehören. Nach gerade mal zwölf Prozent der Boote bei der Pazifik-Umfrage waren bei der Atlantik- und der Ausrüstungsumfrage schon mehr als dreißig Prozent mit einer solchen Anlage ausgestattet. Mehrere Skipper wiesen jedoch darauf hin, daß sie unterwegs nur mit der Hand- oder Fußpumpe arbeiteten und auf die Druckanlage nur zurückgriffen, wenn reichlich Wasser zur Verfügung stehe.

Warmwasser und Duschen finden ebenfalls immer größere Verbreitung; die Zahl der Boote mit dieser Ausstattung hat sich im Vergleich zu früheren Umfragen mehr als verdoppelt. In den meisten Fällen wird das Wasser durch einen Wärmetauscher im Kühlkreislauf des Motors erwärmt. In der Regel ist der Warmwassertank außerdem mit einem elektrischen Heizstab ausgerüstet, der benutzt wird, wenn das Boot in einer Marina Landanschluß hat. Unabhängige Wassererhitzer, in der Regel mit Flüssiggas betrieben, waren nur auf wenigen Booten zu finden.

Mehrere Boote verfügten über tragbare Decksduschen, häufig in Verbindung mit speziellen Wassersäcken. Diese schwarzen Plastiksäcke haben ein Fassungsvermögen von etwa zehn Litern und bieten eine sehr wirkungsvolle Möglichkeit, durch die Sonneneinstrahlung zu warmem bis heißem Wasser zu kommen. Am Baum eingehängt, geben sie eine ausgezeichnete Warmwasserdusche im Cockpit ab. Auf einem Boot wurde das warme Wasser im Toilettenraum in einen großen Behälter gegossen, wie er zum Verspritzen von Insektiziden benutzt wird, eine einfallsreiche Art, ohne Strom zu einer warmen Dusche mit Druckwasser zu kommen.

Kühlung

Die Zahl der Boote mit Kühlgeräten nimmt zwar ständig zu, doch wird von vielen Skippern bezweifelt, ob diese Geräte auf einer Tourenyacht wirklich zu gebrauchen sind. Bei der Ausrüstungsumfrage waren die meisten der Befragten der Meinung, eine Kühlbox sei nützlich, wollten sich aber zu einem Gefriergerät nicht so zustimmend äußern. Signifikant ist möglicherweise, daß viele von denen, die sich gegen Gefriergeräte aussprachen, schon längere Zeit auf Fahrt gewesen und zu dieser Entscheidung gekommen waren, weil sie entweder gelernt hatten, ohne ein solches Gerät auszukommen, oder das Vertrauen in seine Zuverlässigkeit verloren hatten. Bei meinen verschiedenen Umfrage bin ich auf eine beträchtliche Anzahl von Booten gestoßen, auf denen das Gefriergerät defekt war und oft für andere Zwecke verwendet wurde.

Bei der Atlantik-Umfrage verfügte nahezu die Hälfte aller Boote über Kühlboxen, von denen allerdings während der Atlantiküberquerung nur etwa zwei Drittel in Betrieb waren. Die übrigen waren abgeschaltet, um Strom zu sparen. Auf die Frage nach dem Nutzen der Kühlbox antworteten sieben Skipper mit sehr nützlich und zehn mit recht nützlich; nur vier äußerten Zweifel am Nutzen einen solchen Geräts. Dabei betonten alle, daß eine Kühlbox zwar nicht wesentlich sei, das Leben an Bord aber angenehmer machen könne, zumal ein kühler Drink an heißen Tagen in den Tropen durchaus zu schätzen sei. Weiter wurde darauf hingewiesen, daß eine Kühlbox besonders nützlich sei zum Kühlen von Butter und Margarine sowie zum Aufbewahren angebrochener Dosen und Milchpackungen.

Trotz der Vorteile, die eine Kühlbox auch unterwegs bietet, wird sie in der Regel viel häufiger im Hafen benutzt, und zwar besonders dann, wenn ein Landanschluß zur Verfügung steht. Auf mehreren Booten waren die Kühlboxen unabhängig von der Hauptstromversorgung an Solarzellen oder Windgeneratoren angeschlossen.

Auf den neun Booten mit Gefriergeräten waren sieben dauernd in Betrieb, was nicht erstaunlich ist angesichts der Tatsache, daß vier Skipper es als sehr nützlich bezeichneten, zwei als recht nützlich und nur einer als reinen Luxus. Mehrere Skipper wiesen darauf hin, daß ein Gefriergerät auf einem langen Törn gut zur Aufbewahrung von Lebensmitteln im allgemeinen und frisch gefangenem Fisch im besonderen geeignet sei. Der wesentliche Nachteil eines Gefriergeräts besteht

Thermosäcke sorgen ohne aufwendige Installationsarbeiten für eine warme Dusche

153

darin, daß es viel Strom verbraucht und daß der Motor oder ein gesonderter Generator mindestens einmal täglich laufen muß, damit das Gerät seine Funktion erfüllt. In einigen Fällen wurde die mangelhafte Isolierung von Seiten der Bootsbauer kritisiert, die diesem Aspekt nach Meinung der Skipper nicht die nötige Aufmerksamkeit geschenkt hatten.

Brennstoff zum Kochen

Obwohl viele Segler nach wie vor eine Abneigung gegen Gas an Bord haben, hat sich Propan bzw. Butan anscheinend als Brennstoff durchgesetzt. Bei der Atlantik-Umfrage waren siebzig Prozent der Boote mit Gaskocher ausgerüstet, in der Ausrüstungsumfrage dann schon fast neunzig Prozent. Dabei wurden in der Atlantik-Umfrage überwiegend die großen, für den Hausgebrauch vorgesehenen Propan- und Butanflaschen verwendet. Nur ein Drittel war mit den kleineren Camping-Gaz-Flaschen ausgestattet. Auf achtundzwanzig Prozent der Boote wurde mit Petroleum gekocht und auf einem Boot mit Spiritus. Bei der Ausrüstungs-umfrage war Petroleum auf weniger als sieben Prozent aller Boote zu finden, und drei Prozent kochten mit Strom.

Trotz der Tatsache, daß sich das Verhältnis zwischen Gas und Petroleum zunehmend zugunsten des ersteren verschiebt, zeigt sich insofern eine interessante Entwicklung, als Camping-Gaz-Kocher immer weiter auf dem Vormarsch sind. Möglicherweise liegt das daran, daß Camping-Gaz-Flaschen in Europa und speziell am Mittelmeer leichter zu bekommen bzw. nachzufüllen sind. Noch vor gar nicht langer Zeit war Camping Gaz außerhalb Europas nahezu unbekannt, doch heute werden die Flaschen bei Füllstationen in der Karibik und sogar auf einigen Pazifikinseln akzeptiert.

Wie schwierig es ist, Brennstoff zu bekommen, war Gegenstand der Befragungen auf den Kanarischen Inseln und in der Karibik. Soweit normale Gasflaschen betroffen waren, hatten die meisten Crews keine Probleme, sie am Mittelmeer und auf den Kanaren füllen zu lassen, obwohl es in den einzelnen Ländern unterschiedli-che Ventile gibt. Schwierigkeiten gab es auf Booten, die nicht mit europäischen Gasflaschen ausgerüstet waren. Da die Ventile leider nicht weltweit genormt sind, nehmen vorsichtige Skipper die entsprechenden Adapter mit, die an den meisten Füllstationen nicht zu finden sind, weil sie nur auf das Füllen der eigenen Flaschen eingerichtet sind, bei denen es zudem auch in einem einzigen Land noch unterschiedliche Ventiltypen gibt. Noch weniger Probleme gab es unter den ARC-Teilnehmern, was möglicherweise bedeutet, daß die meisten Füllstationen in den bekannten Segelrevieren sich auf die verschiedenen Flaschen, die bei ihnen landen, eingestellt haben.

Ein paar ganz vorsichtige Skipper, die weniger weit verbreitete Gasflaschentypen an Bord hatten, führten als Reserve noch Camping-Gaz-Kocher mit, und zwar meistens einflammige, die direkt auf die Flasche geschraubt werden. Zwei Skipper hatten ihren Kocher so umgerüstet, daß er sowohl mit Propan als auch mit Camping Gaz betrieben werden konnte. Ein Einhandsegler mußte während der gesamten

Atlantiküberquerung seinen kleinen einflammigen Camping-Gaz-Kocher benutzen, nachdem sein Petroleumkocher mehrfach durch unsauberes Petroleum verstopft war, das er in Spanien gekauft hatte. Die Schwierigkeit, sauberes Petroleum zu finden, wurde von mehreren Skippern auf beiden Seiten des Atlantiks erwähnt. Das höchste Lob erhielt das Petroleum aus der DESA-Raffinerie auf Teneriffa. Brennspiritus scheint noch schwerer zu bekommen zu sein; außerhalb Portugals und Spaniens muß man ihn oft in der Apotheke kaufen.

Die britischen Calorgasflaschen lassen sich auf einigen Karibikinseln nur schwer füllen, und in anderen Gebieten muß man oft mit dem Leiter der Füllstation verhandeln, damit er die Flaschen auf eine vielleicht etwas unorthodoxe Weise füllen läßt, wenn der richtige Adapter nicht verfügbar ist. Dieses Problem tritt auch bei Camping-Gaz-Flaschen auf, die in einigen Ländern mit Propan befüllt werden müssen. Bei den größeren Gasflaschen ist der Wechsel von Butan zu Propan nicht zu empfehlen, weil sich daraus unerwartete Probleme ergeben können. Propan wird normalerweise in den tropischen Ländern verwendet und kann an für Butan ausgelegten Brennern insofern zu Schäden führen, als sie leicht ausbrennen und häufiger ersetzt werden müssen. Bei einem Wechsel von Butan zu Propan sollte auch der Regler ausgetauscht oder zumindest auf seinen Durchsatz hin überprüft werden. Drei Skipper, die ihre Camping-Gaz-Flaschen auf den Kanarischen Inseln hatten füllen lassen, wiesen außerdem darauf hin, daß die Flaschen noch in der Füllstation nachgewogen werden sollten, weil sie oft nicht ordentlich gefüllt würden. Zwei von diesen Skippern ging während der Atlantiküberquerung das Gas aus, und eine Crew mußte sich in der Woche vor dem Landfall mit kalter Küche begnügen, wenn man einmal von ein paar Dosensuppen absieht, die sie auf dem Motor erwärmte – nicht gerade die effizienteste Art und Weise, auf See eine warme Mahlzeit zu bereiten.

Treibstoff für den Motor

Die Treibstoffmenge, die die einzelnen Boote bei den verschiedenen Umfragen an Bord hatten, schwankte je nach Bedarf und Fahrtenrevier, wobei die Mehrheit längere Törns stets mit vollen Tanks antrat. Bei der Atlantik-Umfrage ergab sich ein Schnitt von 486 l, in dem aber vier Boote mit jeweils über 900 l enthalten waren. Unter Auslassung dieser vier Boote sank der Schnitt auf realistischere 309 l. Auf die gleiche Weise ergab sich für die Atlantiküberquerung insgesamt ein Dieselverbrauch von 159 l pro Boot, der aber auf 113 l sank, wenn die vier größten Verbraucher nicht berücksichtigt wurden. Die meisten Skipper bezeichneten die mitgeführte Menge als ausreichend. Nur drei Boote mußten auf den Kapverdischen Inseln auftanken, zwei davon, weil sie nach dem Start auf den Kanaren wegen Flaute eine Woche lang motoren mußten, und als drittes ein Motorsegler, der auf allen Hochseefahrten den Motor zu Hilfe nahm, wenn die Fahrt unter vier Knoten fiel.

Der Durchschnittsverbrauch erscheint für eine Ozeanüberquerung im Passatgürtel zwar recht hoch, geht aber nicht so sehr auf die Nutzung des Motors zum Antrieb, als vielmehr zum Laden der Batterien zurück. Das zeigte sich an der Tatsache, daß der Treibstoffverbrauch auf mehreren Boote beträchtlich niedriger war, weil sie entweder nicht über Autopilot, SatNav oder Gefriergerät verfügten oder ihre Batterien auf andere Weise aufluden. In den meisten Fällen wurde mehr Treibstoff zum Laden der Batterien verbraucht. Das gilt besonders für die ARC, bei der die Skipper die Zahl der Betriebsstunden angeben mußten, in denen der Motor als Antrieb genutzt worden war. Die meisten Boote nehmen die Atlantiküberquerung mit vollen Tanks in Angriff, und der meiste Treibstoff ist bei der Ankunft in der Karibik noch vorhanden. Trotzdem sollte man vor langen Fahrten immer volltanken, da man möglicherweise gezwungen sein könnte, lange Zeit zu motoren, wenn es beispielsweise zu einem Mastbruch oder einem medizinischen Notfall kommt, der einen schnellen Landfall erforderlich macht.

Aus diesen Gründen wurden in der Umfrage zum Fahrtensegeln auch das Fassungsvermögen der Tanks und der Fahrbereich unter Motor untersucht. Beim Fassungsvermögen ergab sich ein Schnitt von 409 l/Boot, wobei mehrere Skipper für längere Törns und in Revieren, in denen die Dieselbeschaffung problematisch war, zusätzlich Treibstoff in Kanistern an Bord hatten. Der durchschnittliche Fahrbereich unter Motor betrug bei Flaute 750 sm/Boot; daraus errechnete sich ein durchschnittlicher Verbrauch von 1,8 l/h. Auf die Frage nach der Mindestmenge Treibstoff meinten einige Skipper, für einen langen Törn müsse immer so viel Treibstoff an Bord sein, daß man ein Viertel bis ein Drittel der Gesamtstrecke unter Motor zurücklegen könne, falls ein Notfall eintrete.

Umfrage zur idealen Tourenyacht

Pantry und Komfort an Bord waren Gegenstand eingehender Untersuchungen in der Umfrage zur idealen Tourenyacht. Dabei sollten die Skipper wie bei der Instrumentenausstattung die relative Bedeutung verschiedener Dinge bewerten. Obwohl die Meinungen vielfach geteilt waren, herrschte Einigkeit darüber, daß ein Mikrowellenherd an Bord absolut nicht notwendig sei, und auch eine zweite Toilette wurde nicht für erforderlich gehalten. Die meisten Fahrtensegler hätten nach Möglichkeit gern eine Kühlbox, wohingegen ein Gefriergerät als weniger wichtig galt. Viele meinten, eine Druckwasseranlage sowie eine Dusche würden das Leben an Bord angenehmer machen, doch der Wunsch nach fließend Warmwasser war in starkem Maße von dem jeweiligen Fahrtenrevier abhängig. Mehrere Skipper wiesen darauf hin, daß sich das Problem Dusche und Warmwasser in warmen Klimata mit einem der schwarzen Plastikbeutel lösen lasse.

Das mancherorts anzutreffende Problem, Frischwasser zu bekommen, veranlaßte viele Fahrtensegler, sich in dieser Hinsicht autark zu machen, indem sie entweder mit einem Sonnensegel Regenwasser auffingen oder einen Wasserbereiter anschafften. Letzter wurde in mehreren Fragebögen als vorteilhaft aufgeführt. Die meisten Skipper waren sich darin einig, daß auf einer Tourenyacht ausreichend Wasser vorhanden sein muß, wenn kein Wasserbereiter zur Verfügung steht. Jeder Skipper gab die für seine ideale Tourenyacht optimale Frischwassermenge an. Dabei ergab sich ein Schnitt von 568 l.

Der beliebteste Brennstoff für den Kocher ist weiterhin Gas, für das sich 138

Skipper aussprachen. Die anderen wählten Petroleum (17), Diesel (2), Spiritus (1) und Strom (2). Ein paar weitere hätten sich für Elektrokocher entschieden, wenn die Stromerzeugung auf See einfacher wäre. Da diese Frage für den Segler von heute so wichtig ist, waren die Skipper auch aufgefordert anzugeben, welchen Energieerzeuger sie auf ihrer idealen Tourenyacht installieren würden. Zwar war die Mehrheit (90) damit zufrieden, die Batterien mit dem Motor aufzuladen, doch sollten auch erneuerbare Energiequellen genutzt werden. Solarzellen (72) und Windgeneratoren (69) wurden dabei am häufigsten genannt, während Hydro- oder Schleppgeneratoren auf nur zwölf idealen Yachten genutzt werden sollten. Mehrere Skipper meinten, ein mit dem leerlaufenden Propeller gekoppelter Generator sei wirkungsvoller als ein Schleppgenerator. In vielen Fällen wurden zwei oder gar drei verschiedene Stromerzeuger aufgeführt, deren Leistung jeweils maximal genutzt werden sollte. Am häufigsten genannt wurden dabei ein Wellen- oder Schleppgenerator für die See und ein Windgenerator für den Hafen.

Es dürfte kaum Zweifel daran geben, daß der Betrieb des Motors zum Laden der Batterien zum einen kostspielig und zum anderen nicht sehr effizient ist, zumal die meisten Skipper für ihre ideale Tourenyacht einen leistungsstarken Diesel gewählt hatten. Wahrscheinlich unter Berücksichtigung dieser Tatsache wiesen die meisten Skipper darauf hin, daß der Treibstoffvorrat angemessen sein müsse. Die Angaben reichten dabei auf der Mehrzahl der Boote von 270 bis 545 l; der Schnitt betrug 500 l.

Finanzen

Nichts kann die Freude am Fahrtensegeln mehr verderben als Geldmangel. So manche Traumreise kam schon wegen einer leeren Kasse zu einem traurigen Ende, und zwar meistens nicht wegen eines unvorgesehenen Notfalls oder einer großen Reparaturrechnungen, sondern weil der Betreffende ohne angemessene Reserven in der Hoffnung ausgelaufen war, irgendwie werde sich schon alles regeln. Manchmal ist das ja auch so, in den meisten Fällen aber eben nicht, und dann können sinkende Wechselkurse oder unerwartet höhere Allgemeinkosten das Ende der Reise bedeuten.

Die Kosten des Fahrtensegelns sind in den vergangenen zehn Jahren in mehreren Umfragen untersucht worden, doch um zu einer genaueren Einschätzung zu kommen, wurden die Teilnehmer an der Kommunikationsumfrage bei der ARC 86 gebeten, ihre tatsächlichen Ausgaben getrennt nach Versicherungsprämien, Reparatur und Instandhaltung und laufenden Kosten aufzuführen.

Die durchschnittliche Versicherungsprämie betrug 2900 DM, in den meisten Fällen etwas mehr als ein Prozent des Schiffswertes, wobei die Prämien bei den weniger teuren Booten proportional höher lagen. Viele Boote mußten für die Atlantiküberquerung eine Sonderprämie zahlen. Daraufhin kündigten einige Skipper ihre Versicherung als Ganzes, weil sie meinten, das Risiko bei der Überquerung rechtfertige die zusätzlichen Ausgaben in Höhe von fünfundzwanzig bis fünfzig Prozent der Jahresprämie keinesfalls.

Knapp über zwei Drittel (69%) der Boote waren versichert; für die restlichen einunddreißig Prozent gab es verschiedene Gründe, keineswegs immer finanzieller Natur, warum sie nicht versichert waren. In einigen Fällen war eine Versicherung nicht möglich, weil sie nicht über die für die Atlantiküberquerung geforderte dreiköpfige Crew verfügten. Diese relativ neue Bestimmung ist in den Versicherungsbedingungen der meisten Gesellschaften enthalten und hat am härtesten die erfahrenen Paare getroffen, die schon jahrelang zusammen segeln. Einige von diesen Paaren mußten für die Überquerung ein weiteres Crewmitglied an Bord nehmen, während andere lieber ohne Versicherung fuhren, ihre Police aber in der Karibik erneuern wollten. Manchmal gibt es Probleme, wenn man eine ausgelaufene Police erneuern will, weil einige Versicherungen darauf bestehen, daß das Boot vorher neu vermessen wird, möglicherweise, um sicherzugehen, daß es auch tatsächlich am Zielpunkt angelangt ist. Andere Gesellschaften sind jedoch bereit, die Police wieder aufleben zu lassen, wenn sie ein förmliches Schreiben erhalten, in dem der Eigner erklärt, daß das Boot die Überquerung unbeschädigt überstanden hat und jetzt in der Karibik kreuzt.

Bei der Kommunikationsumfrage machten 107 Yachten präzise Angaben zu den laufenden Ausgaben und den Instandhaltungskosten. die laufenden Ausgaben beliefen sich im Schnitt auf 5600 DM pro Boot, überwiegend für Treibstoff und Liegegebühren. Meiner Ansicht nach sind etwa 15 – 20 DM pro Tag das absolute Minimum für einen Törn, bei dem man eine gewisse Zeit in Marinas verbringt und das Boot einmal im Jahr aus dem Wasser nimmt.

Von den obigen Kosten abgesehen, betrug das Jahresbudget dieser ARC-Teilnehmer für Reparaturen und Instandhaltung im Schnitt etwa 3500 DM, und zwar von den bescheidenen 450 DM auf einem kleinen Boot bis zu den beeindruckenden 30000 DM bei einer großen Yacht, die auch im Chartergeschäft eingesetzt wurde. In den meisten Fällen standen die Instandhaltungskosten in direktem Zusammenhang mit der Schiffsgröße, aber auch mit dem Lebensstandard des Eigners, da viele Skipper, die mit wenig Geld auskommen mußten, möglichst viel selbst reparierten.

Die Annahme, daß für neuere Boote niedrigere Reparaturrechnungen auflaufen, erwies sich nur selten als richtig, denn auf fast allen neuen Yachten in der ARC-Flotte ging im ersten Jahr eine Menge schief. Die geringsten Instandhaltungskosten hatten Yachten, die drei bis fünf Jahre alt waren, und zwar entweder, weil deren Eigner nach und nach alles in Ordnung gebracht hatten, oder, weil sie gelernt hatten, mit Defekten zu leben. Einer der großen Erfolge bei der ARC ist der vor dem Start in Las Palmas stattfindende Flohmarkt, auf dem verstimmte Skipper versuchen, ihren nutzlosen Krimskrams jemand anderem anzudrehen.

Bei einem Blick auf die Entwicklung der Reparaturkosten in den letzten zehn Jahren zeigt sich, daß sie auch unter Berücksichtung der Inflation und anderer Faktoren überproportional gestiegen sind. Angesichts der zunehmenden Zahl von Tourenyachten betrachten die Mechaniker und Techniker in ausländischen Häfen die Segler anscheinend als fette Beute, und zwar besonders in Marinas. Deshalb tut man manchmal besser daran, defektes Gerät auszubauen und in die Werkstatt zu bringen, statt den Techniker zur Yacht kommen zu lassen.

Insgesamt waren die Instandhaltungskosten auf den weniger teuren Booten relativ höher, und zwar hauptsächlich aufgrund des höheren Gerätewertes im Verhältnis zu den Kapitalkosten des Fahrzeugs. Die jährlichen Aufwendungen betrugen zwischen 1,5 bis 2 Prozent des tatsächlichen Wertes der meisten Yachten und bis zu fünf Prozent bei den Booten, die einen Wert von ca. 60000 DM hatten.

Die einzigen Kosten, die real anscheinend nicht gestiegen sind, sind die Lebenshaltungskosten. Man kann heute sogar vergleichsweise billiger auf Fahrt gehen als noch vor einem Jahrzehnt. Mit Ausnahme einiger weniger Länder hat der Anstieg der Lebensmittelpreise nicht mit der Inflation Schritt gehalten; auch internationale Flüge und anderes wie Post, Telephon, Mietwagen und Treibstoff sind ebenfalls relativ billiger. Da es im Lebensstandard und in den individuellen Bedürfnisse so große Unterschiede gibt, ist es unmöglich, die Kosten des Fahrtensegelns generell genau anzugeben. Nach den Angaben der ARC-Teilnehmer und aus anderen Umfragen würde ich jedoch für Fahrten im Nordatlantik einen Betrag von etwa 1000 DM pro Person und Monat veranschlagen. Viele ARC-Teilnehmer kamen mit beträchtlich weniger aus, und für genauso viele andere war es kein Problem, eine Menge mehr auszugeben. Wie beim Passat, der nur selten mit der *durchschnittlichen* Windstärke 4 weht, ist es auch beim Geld: Jeder Mensch versteht unter Durchschnitt etwas anderes.

Antifouling

Eine Position, die im Jahresbudget für jede Tourenyacht Berücksichtigung finden muß, ist der regelmäßige Anstrich des Unterwasserschiffes. Wie regelmäßig, hängt davon ab, wo das Boot in den Häfen unterwegs aus dem Wasser genommen werden kann und wieviel Geld in der Fahrtenkasse ist. Nach meinen Feststellungen werden die Abstände, in denen ein Boot aus dem Wasser genommen wird, umso größer, je länger das Boot von seinem Heimathafen entfernt ist. In der Atlantik-Umfrage wurde dieses Thema eingehend behandelt; dabei ging es sowohl auf den Kanarischen Inseln als auch in der Karibik um den Zustand des Antifouling-Anstrichs, wobei natürlich die sinnvollere Bewertung erst nach der Atlantiküberquerung vorgenommen werden konnte.

Von den fünfzig Booten, die in der Karibik befragt wurden, waren sieben auf den Kanaren aus dem Wasser genommen worden und hatten einen neuen Antifouling-Anstrich erhalten. Weitere fünf Crews hatten ihre Unterwasserschiffe vor dem Törn abgeschrubbt, und die übrigen 38 Yachten waren mit Unterwasserschiffen ausgelaufen, deren Zustand nach Angaben der Skipper zwischen absolut sauber und fürchterlich bewachsen lag. Die meisten Boote erreichten die andere Seite des Atlantik in mehr oder weniger demselben Zustand, wobei allerdings sieben Skipper meinten, der Zustand ihres Antifouling-Anstrichs habe sich von schlecht zu sehr schlecht gewandelt. Fünf von ihnen gaben zu, daß sie auf den Kanarischen Inseln den Anstrich wohl besser erneuert hätten.

Bei genauerem Hinsehen zeigte sich sofort, welche Auswirkungen der Bewuchs am Unterwasserschiff auf die Leistung hat. Obwohl diese Boote im Schnitt 12 m lang waren, brauchten sie mit knapp 25 Tagen für die Atlantiküberquerung drei Tage länger als der Durchschnitt anderer Boote gleicher Länge. Der schlechte Zustand ihrer Unterwasserschiffe ging auf die Tatsache zurück, daß der letzte Anstrich sechs Monate zurücklag. Die seit dem letzten Anstrich durchschnittlich vergangene Zeit betrug bei den 43 Booten, die auf den Kanaren keinen neuen Unterwasseranstrich erhalten hatten, viereinhalb Monate, ziemlich genau die Zeit, die seit dem Auslaufen aus dem Heimathafen verstrichen war.

Die meisten Skipper schienen sich über den Zustand ihres Antifouling-Anstrichs keine großen Gedanken zu machen; sie erwarteten eine Haltbarkeit von mindestens sechs Monaten. Das war in den meisten Fällen aber zu optimistisch gedacht, da die Boote überwiegend aus West- und Nordeuropa kamen, wobei der Übergang zwischen kaltem und warmem Wasser oft sehr plötzlich erfolgte. Am besten machten sich unter diesen Bedingungen die selbstpolierenden Kopolymer-Anstriche, eine Kombination aus Harzen und Bioziden in einer löslichen Grundfarbe. Da die Beschichtung voll löslich ist, löst sie sich nach und nach auf, gibt dabei frische Biozide frei und wird so zunehmend glatter. Deshalb muß der Anstrich häufiger erneuert werden, was wegen der fehlenden Anlagen auf den Kanarischen Inseln nicht immer einfach, in der Karibik aber fast durchgehend schwierig ist. Das wachsende Umweltbewußtsein hat in der letzten Zeit zur Entwicklung neuer Kopolymer-Anstriche auf Kupferbasis mit genau bestimmter Löslichkeit geführt. Diese Antifouling-Anstriche sind weniger schädlich für die maritime Flora und Fauna und sollen genauso wirkungsvoll sein wie die früheren Anstriche, die mittlerweile verbotene Bestandteile wie etwa Triorganozinnverbindungen enthielten.

Praktisch alle Boote trafen in der Karibik mit Seepocken unter dem Heck und an der Wasserlinie ein, meist in den Bereichen, in denen das Wasser durchlüftet ist. Diese Kreaturen lassen sich offensichtlich weder durch Antifouling-Anstriche noch durch normale Farbe stören; am besten schrubbt man sie einfach ab. Die Crew der *Duen* erledigte das während einer Flaute mitten auf dem Atlantik. Sie schrubbte dabei den gesamten Rumpf mit Putzschwämmen ab, was zeigt, wie sehr sich der Skipper um die Pflege seines Holzschiffes in den Tropen kümmert.

Bei den ARC-Yachten betrug die seit dem letzten Anstrich des Unterwasserschiffs vergangene Zeit im Schnitt vier Monate, für Tourenyachten ein relativ kurzer Zeitraum. Dafür gab es jedoch zwei gute Gründe. Der erste lag in der Tatsache, daß die meisten Boote erst wenige Monate zuvor aus dem Heimathafen ausgelaufen waren, um sich in Las Palmas der ARC-Flotte anzuschließen, und der zweite war in dem Wunsch der meisten Skipper zu suchen, bei der ARC gut abzuschneiden. Daher waren nur wenige bereit, die 2700 sm lange Atlantiküberquerung mit einem bewachsenen Unterwasserschiff in Angriff zu nehmen.

Schußwaffen

Im Hinblick auf die Bestimmungen über Schußwaffen gibt es von Land zu Land enorme Unterschiede, und wenn Schußwaffen an Bord sind, kann es wegen der damit verbundenen Formalitäten zu gewissen Schwierigkeiten kommen. In einigen Ländern werden Schußwaffen auf dem Boot unter Zollverschluß genommen, doch meistens müssen sie für die Dauer des Aufenthalts in einem bestimmten Hafen oder Land von Bord. Die Rückgabe am Abend vor dem Auslaufen ist manchmal nicht so einfach, so daß es ratsam ist, schon bei der Ablieferung die Absprachen zu treffen.

Von hundert befragten Skippern hatten 38 Schußwaffen an Bord, von denen sich viele nicht sicher waren, ob es ratsam sei, als Fahrtensegler eine solche Waffe mitzuführen. Ob mit oder ohne Schußwaffe, alle Skipper wurden nach ihrer Meinung zu diesem Thema gefragt und gebeten, Stellung zu nehmen und eventuelle Anregungen zu machen. Die Mehrheit sprach sich entschieden gegen Schußwaffen aus, darunter auch Skipper, die eine Waffe besaßen. Nur elf Skipper betrachteten eine Schußwaffe als unerläßlich für den eigenen Schutz. Sechs Skipper, die gegen Schußwaffen an Bord waren, wiesen aber darauf hin, daß der Besitz einer Waffe in bestimmten Gebieten zu rechtfertigen sei, wenn auch nicht gerade im Südpazifik, wo die Umfrage stattfand. Für einige Skipper, die keine Waffe mitführen wollten, bestand die Lösung darin, berüchtigte Gebiete zu meiden. In diesem Zusammenhang sprachen 21 Skipper von Kolumbien und andere von bestimmten Gegenden in Mittelamerika, in der Karibik und im Bereich der Bahamas.

Mehrere Skipper bezeichneten ihre Schußwaffe als reines Abschreckungsmittel, das keinesfalls für die Offensive gedacht sei. Am wenigsten erwartet kam die Ablehnung jeglicher Schußwaffen an Bord seitens André Fily, eines pensionierten Offiziers der französischen Gendarmerie, der auf seiner *Stereden Vor* keine Waffen haben wollte, weil er meinte, sie machten mehr Ärger, als sie wert seien. Aufgrund der Nachteile von Waffen an Bord hatten mehrere Skipper Tränengas-Sprühdosen erworben, die sie als akzeptable Alternative zum Zwecke der Selbstverteidigung betrachteten. Willy Zech, der Skipper der *Spirit of Cockpit*, meinte dazu: »Es ist doch wohl weitaus besser, wenn sich ein Verdächtiger im Cockpit die Augen ausweint, als feststellen zu müssen, daß man den Vetter des örtlichen Polizeichefs erschossen hat.«

Ähnlich äußerten sich die Skipper bei der Atlantik-Umfrage, bei der die Zahl der mit Schußwaffen ausgestatteten Yachten beträchtlich niedriger war. Weniger als ein Fünftel (18%) der Boote, die an der Atlantik-Umfrage teilnahmen, hatten Schußwaffen an Bord; ähnlich war die Situation auf den ARC-Yachten. Bei den Gesprächen darüber wurde mehrfach darauf hingewiesen, daß es dumm sei, die Waffen beim Einklarieren wegen der paar Formalitäten nicht anzugeben, zumal man in ernsthafte Schwierigkeiten gerät, wenn die Behörden sie später durch Zufall doch entdecken.

Tiere an Bord

Ähnliche Überlegungen gelten für Tiere, denn es gibt ein paar Länder, in denen die illegale Einfuhr eines Tieres genauso hart bestraft wird wie der Versuch, eine Schußwaffe vor dem Zoll zu verbergen. In einigen weiteren Ländern sind die Bestimmungen extrem streng, was wohl der Hauptgrund dafür ist, daß die Zahl der Tourenyachten mit Tieren an Bord im Verlauf der Jahre immer kleiner geworden ist. Im Vergleich zur Umfrage zum Fahrtensegeln, bei der noch dreizehn Boote ein Tier an Bord gehabt hatten, waren es fünf Jahre später nur noch fünf von fünfzig Booten, auf denen sich ein Haustier fand. Haustier an Bord oder nicht, das ist eine schwierige Frage, die man sich sehr sorgfältig überlegen sollte, bevor man auf lange Fahrt geht.

Dieses Thema war Gegenstand zweier Umfragen, bei denen drei Viertel der Befragten sich klar gegen Tiere an Bord aussprachen. Viele Befragte betonten, sie möchten Tiere, hielten es aber für grausam, sie in der Enge einer Segelyacht zu halten. Ilse Gieseking von der *Lou V* gab zu, es sei ein großer Fehler gewesen, einen Hund mit auf die Weltumsegelung zu nehmen, und zwar hauptsächlich, weil dadurch ihre Bewegungsfreiheit in vielen Ländern eingeschränkt worden sei. In manchen Häfen hätten sie nicht einmal längsseits anlegen dürfen und in anderen seien häufig Beamte vom Gesundheitsamt an Bord gekommen, um sicherzustellen, daß der Hund nicht an Land mitgenommen wurde.

Ein Lebewohl für die *Duen*

Mit dem Gefühl der Zufriedenheit nach einer erfolgreichen Atlantiküberquerung schwojte ein Dutzend Boote sanft vor Anker in der Carlisle Bay auf Barbados. Alle Formen und Größen waren vertreten, im Wind flatterten die Flaggen vieler Nationen. Doch mein Auge fiel sofort auf den lackierten Rumpf und die graziösen Linien einer großen Yacht von klassischer Schönheit. Mein Herz hüpfte vor Freude, als ich die *Duen* erkannte, die ich zum letzten Mal vor fünf Jahren auf der anderen Seite der Erde in Sydney gesehen hatte.

Ich schnappte mir ein Dinghi und war in Nullkommanichts an Bord, um Dottie und Albert Fletcher in die Arme zu schließen. Es sprudelte nur so aus uns heraus, als wir versuchten, die Geschehnisse der vergangenen Jahre in Worte zu fassen und die Tausende von Meilen zu beschreiben, die wir in dieser Zeit zurückgelegt hatten. Jeder Fahrtensegler kennt diese ganz besondere Freude, die man verspürt, wenn man unerwartet alte Freunde trifft, diese Wärme, die aus den Erinnerungen an gemeinsame Ankerplätze und die gemeinsame Liebe zur Freiheit der Meere entsteht. Unter den vielen Fahrtenseglern, die ich kenne, gehören die Fletchers und ihre unverwechselbare *Duen* zu den bemerkenswertesten. Mit ihrer charakteristischen Lockerheit und Spontaneität luden Dottie und Albert mich sofort zu einem Törn im Bereich der Grenadinen ein, auf dem sie mir im Verlauf mehrerer schöner Abende noch einmal erzählten, wie die *Duen* von einem schäbigen Fischerboot zur anmutigen Segelyacht wurde.

Anfang der siebziger Jahre genossen Dottie und Albert in Kalifornien ein angenehmes Leben. Sie hatten alles, was sie wollten, bis auf eines – Abenteuer. Als Kapitän der Landstraße in Kalifornien und Nevada verbrachte Albert seine Freizeit damit, alte Boote zu restaurieren, wobei es ihn am meisten interessierte, deren defekte Motoren wieder zum Laufen zu bringen. Dieses Interesse an Motoren fand auch darin seinen Ausdruck, daß die Fletchers regelmäßig mit einem kleinen Motorboot vor der Küste Kaliforniens kreuzten – bis sie eines Tages vor Seattle auf einen Colin-Archer-Doppelender stießen und auf einmal erkannten, daß dieses massiv gebaute Fahrzeug das Schiff ihrer Träume war und daß es nichts besseres für ihre geplante Weltreise gab. Dieser Wechsel vom Motor zum Segel muß in Alberts Genen vorherbestimmt gewesen sein, denn seine Familie stammte aus Maine und hatte vor langer Zeit mehrere Grand-Banks-Schoner besessen. Alberts Urgroßmutter hatte sogar als Kapitän auf dem eigenen Schoner an der Ostküste mit Holz gehandelt.

Die Fletchers brauchten einige Zeit, um herauszufinden, woher das Colin-Archer-Boot, das all ihre Träume beherrschte, stammte. Als das jedoch klar war, packten sie sofort ihre Sachen und flogen nach Norwegen. Dort endete ihre Suche in dem Augenblick, in dem sie in einem kleinen Fischerhafen die *Duen* zu Gesicht bekamen, die inmitten anderer Fischerboote, deren Eigner ihr Geschäft mit staatlicher Hilfe aufgegeben hatten, dazu verurteilt war, still vor sich hinzurotten. Die *Duen* war 1939 als eines der letzten Boote vor Kriegsbeginn gebaut worden und zeugte mit ihren 15 m Länge von bester norwegischer Schiffsbaukunst. Albert warf einen genauen Blick unter das rostige Fischereigeschirr an Deck und sah einen massiven, gut erhaltenen Rumpf, dessen klassische Linien, gebaut für die Anforderungen der heimatlichen Gewässer, versprachen, eine seetüchtige Tourenyacht abzugeben.

Mit ihrem uralten Rapp-Einzylinder und dem großen Ruderhaus und ohne jede Segelausrüstung strafte die *Duen* ihren Namen, der auf Norwegisch »Taube« bedeutet, Lügen und war ganz offensichtlich nicht in der Lage, irgendwo auf Fahrt zu gehen. Albert und Dottie beschlossen, sich in Norwegen niederzulassen, und arbeiteten vom frühen Morgen bis zum späten Abend daran, die *Duen* außen von allem Überflüssigen zu befreien und innen völlig auszuschlachten. Die Stärke ihres Rumpfes war beeindruckend: Die 23 × 23 cm starken Spanten waren im Abstand von nur 18 cm angeordnet, die 5 cm dicke Beplankung aus Pechkiefer wurde von vier Doppelsätzen Stringern gehalten. In den klirrend kalten Wintermonaten arbeiteten sie an der Innenausrüstung, und als das Wetter allmählich wärmer wurde, wandten sie sich dem Rigg zu. Zu Anfang wurde die *Duen* als Gaffelketsch mit zwei gedrungenen Masten getakelt. Dieses für die rauhe Nordsee entwickelte Kurzrigg kam der mangelnden Erfahrung der Fletchers im Umgang mit einem so schweren Fahrzeug entgegen. Schritt um Schritt wurde aus der *Duen* die Tourenyacht, von der sie geträumt hatten, und nach achtzehn Monaten harter Arbeit waren sie schließlich so weit, daß die Segel gesetzt werden konnten.

Die *Duen* zu segeln lernten die Fletchers, während es vor Einbruch des nächsten Winters immer an der Küste entlang nach Süden ging. Nachdem sie sich auch im Mittelmeer umgeschaut und mittlerweile volles Vertrauen in ihr Schiff und die eigene Seemannschaft hatten, gingen Dottie und Albert auf ihre erste Ozeanüberquerung. Die langsame Fahrt über den Atlantik und das anschließende gemütliche Kreuzen in der Karibik verstärkte ihren anfänglichen Eindruck, daß sie ein wirklich bequemes und seetüchtiges Boot besaßen, daß aber gelegentlich quälend langsam war. Da half nur eine radikale Lösung, und so unterzog sich die *Duen* am Strand von Bequia einer vollständigen Metamorphose. Am schwersten fiel Albert der Abschied von dem alten Motor, treffend Rapp das Monster genannt, der mit Druckluft gestartet werden mußte und kaum die Anforderungen an eine Hilfsmaschine auf einer Tourenyacht erfüllte. Stündlich mußten siebzehn Stellen geölt, zwölf Schmiernippel umgedreht und fünf Dochte befüllt werden – auf See in einem heißen, stickigen Motorraum eine aufwendige und unerfreuliche Arbeit. Das Monster wurde also gegen einen modernen Dieselmotor ausgetauscht und kam auf den Schrott. Das hohe Ruderhaus nahm den gleichen Weg, um das Gewicht und die Windangriffsfläche des Bootes zu verkleinern. Durch den größeren Platz an Deck konnten Baum und Gaffel verlängert werden; zusätzliche Segelfläche wurde durch einen Toppmast gewonnen. Sämtliche neuen Spieren dechselte Albert selbst am Strand unter Mithilfe einiger Bequianer, die den stämmigen Kalifornier als einen der ihren ansahen. Wie wahr das war, erlebte ich, als Bequia mit der *Duen* zwölf Jahre nach ihrem ersten Besuch anliefen und die Bewohner, die für Segelyachten kaum

164

mehr als ein flüchtiges Interesse aufbringen, Albert wie einen lange vermißten Bruder begrüßten. Ein Mann, der seine eigenen Spieren baute, war offensichtlich ein Mann nach dem Geschmack dieser Nachfahren der alten Bedford-Walfänger.

Auf ihrer vierzehnjährigen Weltumsegelung mußte die *Duen* noch mehrere weitere Umwandlungen über sich ergehen lassen, denn Albert suchte ständig nach weiteren Möglichkeiten, Takelung und Leistung zu verbessern, ohne die klassischen Linien zu verändern. Nach zahllosen Versuchen und nicht weniger Fehlern erklärte er sich schließlich zufrieden, als das jetzige Rigg mit insgesamt 223 Quadratmetern Segelfläche feststand. Es ist ein unvergeßliches Bild, wenn diese alterslose Dame unter vollem Zeug mit zehn Knoten dahingleitet und so manches GFK-Boot, das ihr Enkel sein könnte, hinter sich läßt.

Die Instandhaltung eines so großen Schiffes erfordert viel harte Arbeit, vor der Albert aber noch nie zurückgeschreckt ist. »Indem wir die *Duen* tiptop in Ordnung halten, schützen wir nicht nur unser Kapital, sondern auch uns selbst,« meinte Dottie dazu. Das Leben bestand jedoch nicht nur aus Arbeit, denn die Fletchers wußten sehr wohl, sich zu vergnügen. Vierzehn Jahre lang befuhren sie alle Meere der Welt; dabei verbrachten sie mehrere Jahre im Südpazifik und genossen das Abenteuer, das sie hatten finden wollen. Oft waren ihre Kinder und später auch die Enkel mit von der Partie, häufig auch andere Crewmitglieder, meist junge Leute, die lernen wollten, ein klassisches Schiff zu segeln, dessen Toppsegel von Hand gesetzt werden mußten. Die Atmosphäre auf der *Duen* war immer entspannt und zufrieden. Alles drehte sich um Dottie mit ihrem ansteckenden Humor und dauerndem Lachen. Ein typisches Beispiel dafür, wie man auch aus frustrierenden Situationen noch ein Vergnügen machen kann, ergab sich, als sie während ihrer letzten Atlantiküberquerung in eine absolute Flaute gerieten. Herunter mit den Segeln, heraus mit den Instrumenten, und die Nacht verging wie im Fluge, während Albert zur Gitarre sang, Dottie auf der Ukulele klimperte, Sohn Toby die Bongos bearbeitete und der Rest der Crew mit allem Musik machte, was zu finden war.

So, wie man sich nach zwölf Jahren auf Bequia an Albert erinnerte, erinnert man sich der Fletchers an zahllosen Orten auf der ganzen Welt. Albert, der sich selbst als zwanghaften Werkzeugsammler bezeichnet, hat die *Duen* mit einer kompletten Werkstatt ausgerüstet, mit deren Hilfe er auf vielen abgelegenen Inseln und in vielen Dörfern Reparaturen durchführen konnte, sei es auf anderen Tourenyachten oder, häufiger, am defekten Außenborder eines Inselbewohners, der dadurch wieder auf Fischfang gehen konnte. Die *Duen* hat überall, wo sie war, als stille Botschafterin des amerikanischen Goodwill gewirkt. Dottie und Albert, Kinder der Sechziger, in denen man hoffte, daß Liebe die Welt verändern würde, wenn sie nur stark genug sei, sind in ihrer echten Freundlichkeit und Menschlichkeit dieser Philosophie treu geblieben. Auch heute noch wollen sie sich nicht von der Welt des Materialismus vereinnahmen lassen. Das zeigte sich auf Bequia, als die Fletchers den schmerzhaften Beschluß faßten, die *Duen* zu verkaufen. Das Abenteuer war zu Ende; sie hätten es mit ihrem perfekten Boot ohne weiteres fortsetzen können, meinten aber übereinstimmend, es sei an der Zeit, etwas anderes zu tun und nach einer neuen Herausforderung zu suchen. Doch nach einer so langen Liebesbeziehung wollten sie sichergehen, daß die *Duen* weiterhin voll gesegelt würde und nicht als Spielzeug in irgendeiner Marina ihr Leben beendete. Getreu ihrem Idealismus und ihren Prinzipien schlugen Dottie und Albert das beträchtlich höhere Angebot eines reichen Schweizers, der sich auf den ersten Blick in die *Duen* verliebt hatte, aus und verkauften sie an eine kanadische Stiftung, die es Kindern aus unterprivilegierten Familien ermöglichen will, segeln zu lernen. Der Abschied von dem Schiff, das sie liebevoll geschaffen hatten und das ihnen über 100 000 sm ein sicheres Heim gewesen war, war schmerzhaft; doch die Trennung wurde durch die Tatsache gemildert, daß die *Duen* unter ihren neuen Eignern und mit Toby Fletcher als Crewmitglied als erste neue Aufgabe die Operation Sail in New York schmücken sollte.

Der Faktor Mensch

Auf einer langen Ozeanüberquerung ist man weitab von Reparaturmöglichkeiten und Rettungsdiensten; die Crew muß daher in der Lage sein, selbst mit unvorhergesehenen Defekten und Notfällen fertig zu werden. Weil das vielen Seglern größere Sorge bereitet, befaßte ich mich deshalb im letzten Teil der Atlantik-Umfrage mit den Problemen, Defekten und medizinischen Notfällen, die die fünfzig befragten Skipper während ihrer gerade abgeschlossenen Atlantiküberquerung erlebt hatten. Weiterhin fragte ich, ob sich ihre Erwartungen erfüllt hätten und ob sich in der langen Zeit in der Enge eines kleinen Bootes psychische Probleme gezeigt hätten. Dabei kamen viele interessante Beobachtungen im Hinblick auf die Crew heraus. Nachdem ich mehrere Male entweder vom Skipper oder von den Crewmitgliedern beiseite genommen wurde, um diese Frage in vertraulicherem Rahmen zu erörtern, beschloß ich, dieses wichtige Thema weiter zu verfolgen, indem ich einfach den Kassettenrecorder laufen ließ, statt die Betreffenden zu unterbrechen bzw. mir Notizen zu machen.

Da Defekte und Bruch im Gut an anderer Stelle behandelt werden, will ich mich in diesem Kapitel auf den wichtigsten Faktor an Bord einer Yacht konzentrieren, auf den Menschen. Den weisesten Ausspruch zu diesem Thema hörte ich von einem Arzt, der im Rahmen der TRANSARC auf der *Candide* von Antigua nach Bermuda segelte. Dr. Steenstra meinte, viele Skipper bemühten sich, vor Antritt eines Hochseetörns alles darüber zu lernen, wie die verschiedenen Ausrüstungsgegenstände funktionierten und wie sie zu reparieren seien, vergäßen dabei aber oft, sich über den wichtigsten Gegenstand an Bord zu informieren, nämlich den eigenen Körper. Wenn dann etwas schiefgehe, wüßten sie nicht, was sie tun sollten, weil sie nur wenig oder gar keine Vorstellungen davon hätten, wie die Maschine Mensch funktioniert.

In der Praxis sieht es nicht ganz so schlimm aus, weil auf der Hälfte der hundert im Pazifik befragten Boote zumindest eine Person und oft auch mehrere vor dem Auslaufen einen Erste-Hilfe-Lehrgang besucht hatten. Auf nicht wenigen Yachten besaß mindestens ein Crewmitglied die nötigen Kenntnisse aufgrund einer medizinischen Ausbildung als Arzt, Krankenschwester, Zahnarzt oder Apotheker.

Erste-Hilfe-Lehrgänge befassen sich jedoch nur selten mit psychologischen Fragen, und aus diesem Grunde versuchte ich herauszufinden, welche Auswirkungen das Zusammenleben auf engen Raum bei einer Ozeanüberquerung, die im Schnitt drei Wochen dauerte, hatte. Die Offenheit, mit der meine Fragen sowohl von den Skippern als auch von ihren Crews beantwortet wurden, verschaffte mir einen guten Einblick in die psychologische Seite des Lebens an Bord, ein Aspekt, der bei allen Gesprächen über die Schönheit des Fahrtensegelns oft ignoriert wird.

Die Probleme, die vierzehn von fünfzig Booten meldeten, wurden in den meisten Fällen nicht als ernsthaft beschrieben, sondern als normale Spannungen, mit denen man immer rechnen muß, wenn mehrere Menschen auf engem Raum zusammenleben. Bei näherem Hinsehen kam ich zu der interessanten Feststellung, daß in allen Fällen, in denen Konflikte auftraten, diese nicht zwischen Mitgliedern ein und derselben Familie ausgetragen wurden, sondern zwischen Crewmitgliedern, die nicht miteinander verwandt waren. Fast ohne Ausnahme herrschte auf den Booten, auf denen bis dahin Fremde als Crewmitglieder für die Atlantiküberquerung angeheuert worden waren, eine gespannte Atmosphäre, wobei Skipper und neues Crewmitglied immer nur die Fehler des anderen sahen. Im Gegensatz dazu war die Atmosphäre sichtlich harmonischer, wenn die Crew schon seit längerer Zeit zusammen gesegelt hatte, und zwar unabhängig davon, ob die einzelnen Crewmitglieder miteinander verwandt waren oder nicht. Ein ähnlich einvernehmliches Klima herrschten auf Booten mit großen Crews, die stark für das gemeinsame Segeln motiviert waren wie etwa auf der *Asterias*, deren siebenköpfige Crew vom schlesischen Yachtclub von den polnischen Behörden die Genehmigung für einen sechsmonatigen Atlantiktörn erhalten hatte. Ein anderes offensichtlich zufriedenes Schiff war der Rahsegler *Svanhild* mit einer Gruppe junger norwegischer Lehrer, die ihre Ersparnisse in einen Topf geworfen hatten, um eine Weltumsegelung zu machen.

Größe der Crew

Die Anzahl der Crewmitglieder mag durchaus eine Rolle dabei spielen, wie groß die Langeweile und die Spannungen auf einer langen Fahrt werden. Nach den

168

Statistiken waren die Yachten, die beispielsweise 1987 im Bereich Whangarei nach Neuseeland einklarierten, in der überwiegenden Mehrzahl (41%) von nur zwei Personen bemannt; zwanzig Prozent hatten eine drei- und dreizehn Prozent eine vierköpfige Crew. Auf den restlichen Booten reichte das Spektrum vom Einhandsegler bis zur dreizehnköpfigen Crew. Im Schnitt ergaben sich 2,9 Crewmitglieder pro Boot.

Im Gegensatz dazu betrug die Crewstärke bei der Atlantik-Umfrage fast vier Personen pro Schiff. Dabei ist allerdings zu berücksichtigen, daß die durchschnittliche Stärke der ständigen Crew etwas über zwei Personen betrug und über die Hälfte aller Boote die Anzahl ihrer Crewmitglieder nur für die Atlantiküberquerung verdoppelt hatte. Auf der Mehrheit der Boote (60%) bestand die ständige Crew aus Mitgliedern ein und derselben Familie, meist Paare. Auf sieben Booten kamen insgesamt fünfzehn Kinder in allen Altersgruppen vom Baby bis zum Teenager hinzu. Einzigartig war ein Boot, auf dem zwei Kinder die Atlantiküberquerung mit ihren Großeltern machten, die Boot und Enkelkinder bei den Eltern auf Martinique abliefern wollten. Auch ältere Kinder segelten zusammen mit ihren Eltern, einige in den Zwanzigern, einige sogar noch älter wie etwa der, der sich von seinem über sechzigjährigen Vater dabei helfen ließ, sein neu erworbenes Boot in die Vereinigten Staaten zu überführen. Die Mehrzahl der Crewmitglieder auf den einzelnen Booten war irgendwie miteinander verwandt, wobei drei Frauen ihren Männern lieber in die Karibik nachflogen, weil sie lange Törns nicht ausstehen konnten.

Eine ungewöhnliche Crew fand sich auf der französischen Yacht *Jeloa*. Die fünf frischgebackenen Universitätsabsolventen hatten keine Stellen gefunden und beschlossen, gemeinsam das Angenehme mit dem Nützlichen zu verbinden. Sie überredeten einen Bekannten, ihnen für ein Jahr seine Yacht zu überlassen, und handelten mit mehreren Herstellern von Schiffsausrüstungen und nautischem Gerät Franchise-Verträge aus. Ihre Route führte sie nach Westafrika, Brasilien, Französisch Guayana, auf die karibischen Inseln, die Bermudas und die Azoren, wo sie die entsprechenden Geschäfte zu einem Import der verschiedenen Waren vom Ölzeug über Naßtauchanzüge bis zu Surfbrettern zu bewegen versuchten.

Ähnlich wie in der Atlantik-Umfrage betrug die Zahl der Crewmitglieder bei der ARC 87 vier Personen, wobei nur zweiundzwanzig Prozent der Boote von zwei-, einundzwanzig Prozent von drei- und fünfundzwanzig Prozent von vierköpfigen Crews geführt wurden. Im Jahr zuvor bei der ARC 86 war der Anteil der zweiköpfigen Crews mit dreißig Prozent größer gewesen.

Die im Vergleich zum Pazifik größere Zahl der Crewmitglieder bei den Transatlantik-Veranstaltungen geht möglicherweise auf mehrere Faktoren zurück, darunter zum Teil sicherlich auch die Tatsachen, daß dort ein Wettbewerbselement vorhanden ist und daß die guten Flugverbindungen es Freunden und Gästen relativ einfach machen, eine gewisse Zeit mitzusegeln. Die vor kurzem ergangene Bestimmung der Versicherungsgesellschaften, nach der die Crew bei einer Ozeanüberquerung aus mindestens drei Leuten bestehen muß, zwang viele Paare dazu, ein weiteres Crewmitglied an Bord zu nehmen. Weitere Faktoren sind die günstige Lage des Nordatlantiks für Europäer und Amerikaner sowie die wachsende Zahl großer Yachten und Hochseesegelschulen, die den Atlantik mit entsprechend größeren Crews überqueren.

Die Zusammensetzung der Crews zeigt in den verschiedenen Umfrage eine mehr oder weniger gleichbleibende Mischung aus jung und alt, männlich und weiblich. Bei der ARC ist auf achtzig Prozent der Boote mindestens eine Frau an Bord. 1986 waren vierunddreißig Kinder unter sechzehn und dreiundzwanzig Skipper über sechzig vertreten. 1987 waren es jeweils etwas weniger, nämlich fünfundzwanzig unter sechzehn und fünfzehn Skipper über sechzig, dafür aber auch drei Skipper, die die siebzig überschritten hatten. Entsprechend größer war die Anzahl der älteren Crewmitglieder mit einem halben Dutzend über Siebzigjähriger. Das zeigt, daß das Alter beim Fahrtensegeln kein Hindernis ist. Mehrere jüngere Crews mußten sich bei der ARC sogar zu ihrem Erstaunen Booten geschlagen geben, deren Crews mehr als doppelt so alt waren. Auf See zählt eben Erfahrung und Ausdauer oft mehr als körperliche Kraft. Generell läßt sich sagen, daß die älteren Leute mit großer seglerischer Erfahrung weitaus weniger Schwierigkeiten mit der zeitlichen Dauer der Atlantiküberquerung hatten.

Unterwegs

Die lange Fahrt über den Atlantik, teilweise als langweilig bezeichnet, hatte unterschiedliche Auswirkungen auf die Betroffenen, von denen einige nach etwa zehn Tage auf See über eine Erscheinung klagten, die sich am ehestens als »Kajütfieber« bezeichnen ließe. Verschlimmert wurde die Situation noch durch das ungewöhnliche rauhe Wetter, das die Crews dazu zwang, längere Zeit unter Deck zu verbringen. Unter solchen Umständen macht es einen großen Unterschied aus, ob man eine getrennte Kajüte hat oder nicht, denn der Mangel an Privatsphäre war die Hauptursache der gereizten Atmosphäre auf allen Booten, auf denen es zu Konflikten kam. Das Fehlen eigener Kajüten wurde auch auf den Booten bedauert, die ausschließlich von Angehörigen ein und derselben Familie geführt wurden. So beklagte sich beispielsweise ein Mädchen im Teenageralter bitterlich darüber, daß ihm gar keine andere Wahl geblieben sei, als sich mit ihrem jüngeren Bruder eine Kajüte zu teilen. Der Platzmangel machte sich auf See oft noch schlimmer bemerkbar als im Hafen, da viele auf der Überfahrt länger als sonst üblich schliefen. Zur Überwindung der Monotonie wurden überwiegend Spiele veranstaltet, Musik gehört, gelesen und geangelt.

Die Einsamkeit kann genauso schlimm sein wie das zu enge Zusammenleben mit anderen Menschen. Ein Einhandsegler, der besonders lange für die Atlantiküberquerung gebraucht hatte, beschrieb, wie schmerzhaft das lange Alleinsein für ihn gewesen sei. Den schlimmsten Augenblick habe er an Weihnachten erlebt, als er feststellen mußte, daß seine einzige Flasche Wein, die er extra für diesen Tag an Bord hatte, zu Essig geworden war.

Kaum Reibungen gab es auf den Booten, deren Crews möglichst effizient segeln wollten und dazu öfter die Segel wechselten und gelegentlich von Hand steuerten. Es ist nicht erstaunlich, daß diese Yachten auch die schnellsten Zeiten vorlegten. Die Skipper mehrerer solcher Boote bemerkten dazu, daß diese erfreuliche Atmosphäre im Hafen oft schlechter geworden sei, weil dort weniger zu tun gewesen sei, die Crewmitglieder sich um das Dinghi gestritten hätten und der Platzmangel sich

stärker bemerkbar gemacht habe als auf See, wo die Crew sich auf dem Schiff verlaufen konnte.

Einige dieser Aspekte wurden auch bei der ARC wieder untersucht, und zwar besonders der Faktor Langeweile, der auf einer langen Ozeanüberquerung zu Schwierigkeiten führen kann. Zweifellos hilft die Tatsache, daß manche Skipper die ARC als richtige Regatta betrachten, der Langeweile insofern ab, als die Crew auf den Beinen gehalten wird, um eine gute Leistung zu erzielen. Auch denjenigen Skippern, die nicht vom Sportsgeist getrieben wurden, vermittelte die ARC eine neue Dimension des Denkens, so daß weitaus weniger als erwartet über Langeweile geklagt wurde. Das Wetter spielt immer eine wichtige Rolle, und als der Passat im Jahre 1987 erst spät einsetzte, waren viele Crews über ihr unerwartet langsames Vorankommen schon reichlich frustriert. Tim Aitken von der *Airwave* fand, mehrere Tage bei leichtem Wind unter Spinnaker zu laufen, sei schrecklich langweilig. Die 38 m lange *Gloria* war unter diesen Bedingungen so mühelos zu segeln, daß die Langeweile mit Videofilmen bekämpft werden mußte. Nach Angaben von Eigner Mikael Krafft bestand das einzige Problem in der täglichen Debatte, welcher Film denn nun angeschaut werden sollte.

Anheuern einer Crew

Crewmitglieder für die Atlantiküberquerung zu finden schien kein Problem für die Skipper zu sein, im Gegenteil. Die meisten Absprachen waren bereits weit im voraus getroffen worden, und in den meisten Fällen kamen die Crewmitglieder per

Flugzeug auf die Kanarischen Inseln. In Las Palmas wartete jede Menge Leute auf eine Mitsegelmöglichkeit, die sich aber nur sehr selten ergab, und zwar wahrscheinlich wegen des teilweise etwas unkonventionellen Aussehens dieser Tramper zur See. Auf allen Charteryachten, die in die Karibik überführt wurden, fuhren mit Ausnahme der Skipper, die diese Arbeit zum Teil schon seit mehreren Jahren machten, unbezahlte Kräfte. Außerdem gab es einige Boote, auf denen die Crewmitglieder für die Fahrt bezahlt hatten, und zwar oft im Rahmen eines Navigationslehrgangs oder Segelkurses, der von einem Yachtclub oder einer Segelschule veranstaltet wurde.

Seit der Atlantik-Umfrage habe ich durch die ARC und ähnliche Veranstaltungen eine Menge über das Thema Mitsegeln gelernt. Ich werde dauernd nach Mitsegelmöglichkeiten gefragt, kann aber nur wenige vermitteln, weil es weitaus mehr potentielle Crewmitglieder gibt als Skipper, die tatsächlich jemanden suchen. Aus der Sicht des Möchtegern-Crewmitglieds ist als erstes zu sagen, daß nur wenige Skipper bereit sind, jemanden direkt am Anleger anzuheuern, und daß es deshalb besser, billiger und weniger zeitaufwendig ist, sich vorab um die Sache zu kümmern. Das geschieht am besten durch eine Anzeige in den entsprechenden Zeitschriften oder durch Aufnahme in die von Vereinen, Verbänden und speziellen Agenturen geführten Mitseglerkarteien.

Weiter ist zu beachten, daß die Zeiten, in denen Crewmitglieder ohne finanzielle Eigenleistung an Bord willkommen waren, großenteils vorüber sind, und daß die meisten Eigner erwarten, daß der Betreffende zumindest die Kosten für seine Verproviantierung selbst trägt. Viele Segler mit knappen Budget versuchen sogar, ihre Kasse aufzubessern, indem sie zusätzliche Crewmitglieder an Bord nehmen, die einen nicht unbeträchtlichen Beitrag zum eigenen Unterhalt und zum Unterhalt des Schiffes leisten. Das ist zwar kein Verchartern im eigentlichen Sinne, kommt diesem aber doch recht nahe, und wenn die Bedingungen dabei nicht von Anfang an ganz klar sind und beide Parteien nicht genau wissen, was sie erwarten können, kommt es anschließend auf der einen oder anderen Seite zu einer großen Enttäuschung. Relativ leicht findet man immer noch einen Platz auf Charteryachten, die am Ende der Saison in ein anderes Revier überführt werden. Einige der größeren Yachten haben eine ständige Crew, doch das ist richtige Arbeit, bei der man sich sein Geld hart verdienen muß.

Aus Sicht des Skippers versteht man sehr schnell, warum es für so viele potentielle Crewmitglieder fast unmöglich ist, einen freien Platz zu bekommen. Das vielleicht größte Problem liegt darin, daß so mancher Möchtegern-Mitsegler irgendwie falsche Vorstellungen hat und den Yachteigner für naiv genug hält, ihm einen billigen Urlaub zu ermöglichen. Viele sind nicht bereit, für die Zeit auf dem Boot zu bezahlen, oder vermitteln durch ihr Äußeres den Eindruck, sie könnten gar nichts bezahlen, selbst wenn sie wollten. In der Praxis ist es die äußere Erscheinung, von der sich die meisten Skipper abschrecken lassen, und es überrascht mich gar nicht, daß einige der Gestalten, die sich in Häfen wie Gibraltar und Las Palmas herumtreiben, nie einen Platz bekommen.

Als Skipper muß man sich der Probleme bewußt sein, die sich ergeben können, wenn man ohne sorgfältige Überlegung und ohne die betreffende Person zu kennen jemanden an Bord nimmt. Ein halbstündiges Gespräch auf dem Pier vor dem Auslaufen zu einem mehrwöchigen Törn reicht einfach nicht aus, um die Eignung des Betreffenden beurteilen zu können. Das gilt auch für den umgekehrten Fall, da viele Mitsegler erst mitten auf dem Ozean feststellen, warum ein bestimmter Skipper es noch nie geschafft hat, seine Crew länger zu halten. Die wesentlichen Punkte, die es zu bedenken gilt, sind die Verpflichtungen, die der Eigner gegenüber einem Crewmitglied eingeht, z. B. die Haftung bei Verletzungen, Tod oder sonstigen Vorkommnissen. Der Skipper ist weiterhin gesetzlich verpflichtet, ggf. für den Rücktransport seiner Crew zu sorgen, und zwar an den ständigen Wohnort und nicht an den Ort, an dem der Betreffende an Bord genommen wurde. Deshalb bestehen die meisten Skipper darauf, daß die unterwegs angeheuerten Crewmitglieder im Besitz eines gültigen Rückreisetickets vom vorgesehenen Zielhafen bis in ihr Herkunftsland sind. Wenn ein solches Ticket nicht vorhanden ist, versuchen manche Skipper sich dadurch rückzuversichern, daß sie von dem betreffenden Crewmitglied eine entsprechende Geldsumme fordern, die erst nach Verlassen der Yacht wieder ausbezahlt wird. Einige Skipper gehen sogar noch weiter und setzen einen formellen Vertrag auf, der detailliert die jeweiligen Verpflichtungen enthält und von beiden Seiten vor einem unabhängigen Zeugen unterzeichnet wird.

Ich habe in diesem Zusammenhang in den letzten Jahren zahllose Geschichten gehört, unter denen das vielleicht beste Beispiel das des Skippers ist, der von der Einwanderungsbehörde auf Barbados gezwungen wurde, seinen Mitsegler auf seine Kosten nach Ghana zurückfliegen zu lassen. Der Skipper hatte den Mann in Las Palmas mehr aus Mitleid als aus einem echten Bedarf heraus an Bord genommen. Kurz nach der Ankunft auf Barbados sah er sich dann mit der Forderung auf Rückführung konfrontiert, und es blieb ihm nichts anderes übrig, als den Mann per Linienflug nach Accra reisen zu lassen, was ihn etwa zweitausend Dollar kostete.

Ich wundere mich immer wieder, wie viele Leute trotz aller Horrorstories nach wie vor bereit sind, nur Stunden vor einer Ozeanüberquerung spontan Mitsegler an Bord zu nehmen. Bei der ARC geschieht das jedes Jahr, und das Ergebnis läßt sich in der Regel daran ablesen, daß Skipper und Mitsegler buchstäblich innerhalb weniger Minuten nach der Ankunft in der Karibik getrennte Wege gehen. Einer dieser Skipper wies andere, die möglicherweise vor der gleichen Frage stehen, darauf hin, daß man es sich sehr genau überlegen müsse, bevor man eine fremde Person an Bord nimmt. Mit zwei kleinen Kindern an Bord hatten er und seine Frau beschlossen, ein zweites Paar mitzunehmen, um auf der Überfahrt eine kleine Hilfe zu haben. Das Problem hatte dann nicht darin bestanden, daß die beiden Paare nicht miteinander zurechtkamen, sondern darin, daß das zweite Paar sich unablässig gestritten und bekriegt hatte. Die Situation war so schlimm, daß der Skipper beschlossen hatte, die beiden auf den Kapverden abzusetzen, was aber durch starken Wind vereitelt wurde. Er warnte alle anderen davor, jemanden für einen langen Törn an Bord zu nehmen, auf dem es nicht möglich ist, ihn unterwegs wieder von Bord zu schicken. Dieser Ratschlag gilt gleichermaßen für potentielle Crewmitglieder, da es wahrscheinlich ebenso viele Fälle schwieriger Skipper gibt. Die Frage gegensätzlicher Charaktere ist sehr sorgfältig zu bedenken, da sie ernsthafte Folgen haben kann, die in seltenen Fällen bis hin zum Mord reichen.

Generell läßt sich nach meinen Erfahrungen aus den letzten Jahren sagen, daß die Skipper am ehesten mit Crewmitgliedern zufrieden sind, die einiges an Segelerfahrung haben, darunter nach Möglichkeit einen längeren Törn. Letztlich wird das Klima an Bord von der Persönlichkeit des Skippers bestimmt, und ich habe im

Gegensatz zu den oben aufgezeigten Problemen auch viele Boote erlebt, auf denen die Mitsegler kamen und gingen, immer aber durch das Können und die charakterlichen Eigenschaften des Eigners zu einer zufriedenen Crew zusammengeschweißt wurden.

Erwartungen

Ich wollte mit den obigen Beispielen nicht als Unheilsprophet auftreten, sondern nur auf einige Probleme hinweisen, die man meiden kann und muß. Der Spaß am Fahrtensegeln wird oft durch subjektive Faktoren verdorben, und dazu trägt in der Regel mangelnde Erfahrung nicht unwesentlich bei. Für die meisten Leute erfüllt sich mit dem Fahrtensegeln ein lang gehegter Traum, und dazu kann ich aus meiner eigenen Erfahrung sagen, daß die Zahl glücklicher und zufriedener Fahrtensegler weitaus größer ist als die Zahl derjenigen, die ihre Entscheidung für das Fahrtensegeln bedauern. Anläßlich der Atlantik-Umfrage konnte ich mich eingehender mit diesem Thema befassen und die daraus entstandenen Schlußfolgerungen später durch Beobachtungen bei der ARC ergänzen.

Die Überquerung des Atlantiks ist für die meisten Segler ein einzigartiges Erlebnis, und das anschließende Gefühl, etwas geleistet zu haben, ist völlig berechtigt. Für viele der Befragten war das der erste größere Hochseetörn gewesen, so daß ich am Schluß der Gespräche die Crew, nicht nur einfach den Skipper, fragte, ob die Atlantiküberquerung ihren Erwartungen entsprochen hätte. In neun Fällen war diese Frage irrelevant, weil die Crews schon vorher lange Hochseetörns

174

gemacht hatten oder sich gerade auf einer Weltumsegelung befanden. Vielleicht, weil das Wetter in diesem Jahr etwas rauher als üblich war und der Passat heftiger als erwartet wehte, gab eine erstaunliche hohe Zahl (15) von Skippern ohne Zögern an, die Überfahrt habe nicht ihren Erwartungen entsprochen und sei schlechter gewesen. Positiver reagierten elf Skipper, nach deren Angaben die Atlantiküberquerung besser als erwartet gewesen war und die weniger Schwierigkeiten gehabt hatten und mit sich und ihren Booten zufrieden waren. Dazu könnte man noch mehrere andere rechnen, die nach ihrem ersten langen Hochseetörn das Gefühl hatten, etwas Großartiges geleistet zu haben, obwohl die Überquerung selbst nicht immer ihren Erwartungen entsprochen hatte. Weitere drei Skipper gaben an, die Fahrt sei gut verlaufen, sie seien aber nicht begierig darauf, dieses Erlebnis in der nächsten Zukunft zu wiederholen.

Bei einem genaueren Blick auf die verschiedenen Ursachen der Unzufriedenheit stellte sich heraus, daß am häufigsten als Grund angegeben wurde, die Atlantiküberquerung sei unbequemer als erwartet verlaufen. Dabei wurde deutlich, daß vielen eine ungewöhnliche Kreuzdünung die Überfahrt verdorben hatte. Ein paar beklagten sich auch über die Langeweile und das dreiwöchige enge Zusammenleben auf engem Raum. Das war überwiegend auf Booten der Fall, auf denen es Reibereien in der Crew gegeben hatte, und zwar meist mit zusätzlich angeheuerten Crewmitgliedern. Klagen kamen aber auch von unterbemannten Booten, auf denen die Crews das Wachegehen und die Schlafunterbrechungen als sehr ermüdend empfunden hatten. Auf Booten mit größeren Crews, die aktiv segelten, schien man hingegen aus der Atlantiküberquerung mehr Befriedigung zu ziehen. Am wenigsten Klagen waren von den Einhandseglern zu hören, von denen nur einer zugab, sich an Weihnachten doch sehr einsam gefühlt zu haben, als ihm klar geworden sei, daß er mindestens fünf Wochen benötigen würde.

In einigen wenigen Fällen spiegelte sich in der Enttäuschung der Skipper ihr Ärger über manche Autoren wider, nach deren Beschreibungen sie geglaubt hatten, eine Atlantiküberquerung heiße ständig blauer Himmel, Schäfchenwolken, stetiger Passat mit 15 kn und fliegende Fische an Deck, die nur darauf warteten, gebraten zu werden. Teilweise ging die Frustration auch auf den Mangel an Erfahrung zurück, der dazu geführt hatte, daß die Betreffenden entweder ein ungeeignetes Boot gewählt oder sich nicht richtig vorbereitet und verproviantiert hatten. Mehrere Crews beschwerten sich nämlich über das schlechte Essen, und auf einem Boot ging sogar ein paar Tage vor dem Landfall der Proviant aus.

Der Mangel an seglerischer Erfahrung und dessen Auswirkungen auf die Crew wurde besonders deutlich im Falle von zwei Vätern, die zugaben, sich wegen der Verantwortung für die Familie extreme Sorgen gemacht zu haben. Der eine war bei der Ankunft in der Karibik geistig und körperlich völlig erschöpft, nachdem er aus Angst vor dem bevorstehenden Landfall die letzten Nächte nicht geschlafen hatte. Der Wind war sehr stark gewesen, und wegen seiner begrenzten Kenntnisse in der Astronavigation hatte er sich völlig auf die Satellitennavigation verlassen müssen, ohne überprüfen zu können, ob das Gerät genau arbeitete. Deshalb war es keine Überraschung, daß er seine größte Befriedigung nicht aus der Atlantiküberquerung an sich bezog, sondern aus dem sicheren Landfall auf Barbados, dessen Lage sich schließlich aus dem starken Licht der Scheinwerfer am Flughafen ergab.

Gleichermaßen offen sprach ein anderer Skipper mit Familie über seine

Enttäuschung. Er gab an, auf See Ruhe und Frieden gesucht, aber nur Anspannung und Unsicherheit gefunden zu haben. Er hatte sich Sorgen gemacht wegen der hohen nachlaufenden Seen und seiner offensichtlichen Unfähigkeit, mit einem eventuellen Notfall fertig zu werden, und deshalb beschlossen, den Törn bei der ersten Gelegenheit abzubrechen. Das war eine schmerzliche Erkenntnis für jemanden, der dreißig Jahre lang von einer solchen Fahrt geträumt, sich aber nie Gedanken um die praktische Seite dieses Traumes gemacht hatte. Die Ironie des Ganzen war, daß seine Frau, die sich nur widerwillig auf den Traum ihres Mannes eingelassen hatte, das Segeln lieben gelernt hatte und den Törn gern fortgesetzt hätte.

Am zufriedensten waren in der Regel diejenigen, die dem Leben auf See positiv gegenüberstanden, sowie diejenigen, die willens waren, aus den eigenen Fehlern zu lernen und nicht bei der ersten Schwierigkeit aufzugeben. Der gleiche Schluß ergab sich bei der ARC-Umfrage, bei der ebenfalls die Hauptursache dafür, daß das Vergnügen von ein wenig Enttäuschung gedämpft wurde, in mangelnder geistiger und praktischer Vorbereitung lag.

Was die Vorbereitungen für die Fahrt angeht, so dauerten sie auch dann, wenn der Törn lange im voraus geplant war, in der Praxis mit durchschnittlich fünf Monaten gar nicht so lange. Auf einem Drittel der Boote war sie mit weniger als zwei Monaten sogar noch beträchtlich kürzer. Viele Skipper waren deshalb nur ungenügend vorbereitet aus dem Heimathafen ausgelaufen, weil sie wohl planten, den Rest vor der eigentlichen Atlantiküberquerung irgendwo unterwegs zu erledigen. Mehrere unter ihnen mußten jedoch feststellen, daß das nicht so einfach war, wie sie gedacht hatten, und bedauerten anschließend, daß sie die nötigen Arbeiten nicht dort erledigt hatten, wo es die erforderlichen Anlagen gab. Wie bei früheren Umfrage ging es auch hier überwiegend um die Reparatur elektronischer Geräte, die Wartung von Rettungsinseln und den Antifouling-Anstrich des Unterwasserschiffs in den an der Strecke liegenden Häfen.

Seekrankheit

Die Seekrankheit ist und bleibt ein Problem, das sich sowohl auf die Psyche als auch auf die Physis auswirkt und unter dem erstaunlich viele Segler in mehr oder weniger starkem Ausmaß leiden, und zwar Frauen häufiger als Männer. Auf über einem Drittel der Boote in der Pazifik-Umfrage litt jeweils mindestens ein Crewmitglied darunter. In der Mehrzahl der Fälle traten die schlimmsten Anfälle von Seekrankheit in den ersten Tagen auf See im Anschluß an einen langen Hafenaufenthalt auf. Auch mehrere Kinder hatten darunter zu leiden, doch da sie nicht aktiv segeln mußten, konnten sie sich in der Regel einfach hinlegen, bis es ihnen besser ging. Die meisten unter denjenigen, die nur gelegentlich seekrank wurden, nahmen keine Medikamente und hatten offensichtlich gelernt, mit diesem Problem zu leben.

Zum zweiten Mal ging es um dieses Thema bei der Atlantik-Umfrage, bei der die äußeren Bedingungen allerdings insofern anders als in den meisten Jahren waren, als eine unangenehme Kreuzdünung herrschte. Trotz dieser Tatsache fiel wiederum auf, daß die meisten Segler das Problem der Seekrankheit relativ gelassen sahen und es nicht allzu ernst nahmen, wenn sie tatsächlich seekrank wurden. Da die Atlantiküberquerung erst begann, nachdem alle bereits etwas gesegelt hatten, waren die meisten Leute, die unter der Seekrankheit litten, bereits so weit, daß sie sich damit abgefunden hatten. Die häufigste Erscheinung war ein Gefühl der Übelkeit zu Beginn der Fahrt, das anhielt, bis den Betroffenen Seebeine gewachsen waren. Die meisten von denen, die anfällig für die Seekrankheit waren, bereiteten sich entsprechend vor, indem sie vor dem Auslaufen entsprechende Medikamente nahmen.

Am beliebtesten waren Scopolaminpflaster und Stutgeron, wobei allerdings mehrere Leute darüber klagte, daß Stutgeron schläfrig mache. Eine ganz andere Methode wendete die Crew der Schweizer Yacht *Deles* an. Sie benutzte ein Gerät, bei dem der Betroffene in liegender Stellung über Anschlüsse hinter den Ohren zwei Minuten lang einem hochfrequenten Ton ausgesetzt wurde. Die Crew versicherte mir, mit dieser Methode, die keinerlei Nebenwirkungen habe, ließen sich Anfälle von Seekrankheit problemlos verhindern. Ein weiteres erfolgreiches Gegenmittel waren anscheinend Armbänder, die auf einen bestimmten Punkt am Handgelenk Druck ausübten. Da die Seekrankheit jedoch auf jeden Menschen andere Auswirkungen hat, helfen Mittel, die dem einen guttun, dem anderen möglicherweise überhaupt nicht.

Unter einem schweren Anfall von Seekrankheit hatte ein strammer junger Mann bei der ARC 87 zu leiden. Er war so krank, daß er kurz vor dem Koma stand und der besorgte Skipper, der um das Leben des jungen Mannes fürchtete, Kurs auf die Kapverdischen Inseln setzte, von wo der Kranke nach Hause geflogen wurde. Ein anderer, der ebenfalls schwer seekrank wurde, nahm Beruhigungsmittel und andere Medikamente, um schlafen zu können.

Mehrere Leute, denen es von Zeit zu Zeit übel wurde, gaben an, daß das keine negativen Auswirkungen auf die Führung des Bootes gehabt habe. Eine zuckerkranke Seglerin wies darauf hin, daß Diabetiker besonders darauf achten müßten, sich nicht zu übergeben, da das den Insulinhaushalt des Körpers durcheinanderbringe. Für sich persönlich sah sie darin aber keinen Grund, auf das Segeln zu verzichten. Nützlich war auch der Bericht einer anderen Seglerin, die schwanger geworden war, nachdem sie bei Anfällen von Übelkeit unwissentlich ihre Pille erbrochen hatte.

Medizinische Notfälle

Die Liste der medizinischen Notfälle, von denen ich bei den verschiedenen Umfragen hörte, ist so lang und umfassend, daß man daraus ein ganzes Buch machen könnte. Die meisten unter ihnen waren zum Glück nicht ernsthaft und ließen sich schnell und wirkungsvoll mit den verfügbaren Bordmitteln behandeln. In das vorliegende Kapitel habe ich nur diejenigen Beispiele aufgenommen, die für andere relevant sind. Der Schwerpunkt liegt dabei auf den Notfällen aus jüngster Zeit, die in der Atlantik- und in der ARC-Umfrage gemeldet wurden.

Auf den Booten, die an der Atlantik-Umfrage teilnahmen, verursachten das ständige Rollen und die ziemlich rauhen Bedingungen mehrere Verletzungen, wobei die Zahl der ernsthaften Notfälle allerdings relativ klein war. Einige dieser Verletzungen hätten sich jedoch mit etwas Vorsicht vermeiden lassen.

Bernhard Witt von der *Kiwitt* bekam die rechte Hand in den Großschotblock und zog sich dabei eine tiefe Fleischwunde zu. Da sich das Boot nur 100 sm nördlich der Kapverdischen Inseln befand, wurde beschlossen, die Hand dort behandeln zu lassen, doch das schlechte Wetter war ein derartiges Hindernis, daß man wieder Kurs auf die Karibik setzte. Die Wunde wurde sorgfältig ausgewaschen und desinfiziert und die Hautränder mit Pflaster fixiert. Antibiotika dienten zur Verhinderung einer Infektion, und nach einer Woche war die Wunde fast verheilt. Antibiotika halfen auch dem Einhandsegler John Gregory von der *Tahaki* bei einer schweren Entzündung infolge eines Kratzers, den er sich kurz vor dem Auslaufen beim Schwimmen im Hafen von Las Palmas zugezogen hatte.

Ein äußerst frustrierender Unfall passierte Gunnar Tornqvist von der *Vagabond* beim Abnehmen des Spinnakerbaums. Der mastseitige Beschlag zerbrach, der Baum glitt ihm aus den Händen und fiel auf das Deck. Er sprang einmal auf, knallte wieder auf das Deck, und als Gunnar ihn zu fassen versuchte, machte er noch einen Satz über die Reling und war verschwunden. In seinem Ärger über den Verlust des Baumes stampfte Gunnar hart mit dem Fuß auf, trat dabei gegen einen Lüfter und brach sich den Fersenknochen. Der Fuß mußte fest bandagiert werden, und Gunnar konnte mehrere Wochen kaum gehen. Ebenfalls bei der Arbeit auf dem Vordeck wurde Waltraud Bittner von der *Lorebella* vom Spinnakerbaum am Kopf getroffen. Der Wangenknochen war zum Glück nicht gebrochen, und die Schwellung wurde mit Eisbeuteln in Grenzen gehalten. Marlies Grossmann von der *Hol di ran* erlitt auf dem Vordeck eine Verletzung, als sie bei über sechs Knoten Fahrt eine Pütz Seewasser heraufholen wollte. Der heftige Zug der schweren Pütz führte zu einer Zerrung im Rückenbereich, die mehrere Tage stark schmerzte und nur mit Hilfe des Muskelrelaxans Norgesic etwas gemildert werden konnte.

Wie schlimm ein Notfall auf See ist, bei dem die Crew allein nichts ausrichten kann, zeigte sich an den beiden folgenden Fällen. Die Crew der *Pentreath of Rock* machte sich ernsthafte Sorgen, als Janet Bookock plötzlich aus unerfindlichen Gründen stark erweiterte Pupillen bekam. Ihre Versuche, über UKW Verbindung mit vorbeifahrenden Schiffen aufzunehmen, blieben erfolglos, so daß der Crew nicht anderes übrig blieb, als weiterhin Kurs auf Barbados zu halten. Janets Zustand besserte sich allmählich, doch die Beklemmung angesichts einer unbekannten Krankheit verdarb die Überfahrt gründlich. Die Crew der *Gypsy Dane* hatte mehr Glück, als Fiona Long kurz nach dem Auslaufen mit Kurs St. Lucia hohes Fieber und Bauchschmerzen bekam. Sie erreichte über UKW ein sowjetisches Forschungsschiff, das aus der Antarktis kam, konnte aber wegen der Dünung nicht längsseits gehen. Die Russen schickten ihre eigene Barkasse mit Dolmetscher und Arzt, der darauf bestand, Fiona wegen Verdacht auf Blinddarmentzündung ins Schiffslazarett mitzunehmen und auf die Kanarischen Inseln zurückzubringen. Obwohl das russische Schiff extra einen Umweg gemacht hatte, durfte es die Kanarischen Inseln nicht anlaufen, so daß die Patientin vor Las Palmas von einem Lotsenboot übernommen werden mußte. Im Krankenhaus stellte sich dann heraus, daß sie eine schwere Nierenentzündung hatte.

Ake Sundström von der *Kalea II* hatte insofern extremes Glück, als sein Unfall bei der Ankunft auf Barbados geschah. Bei dem Versuch, ein verklemmtes Luk mit dem Messer zu öffnen, brach die Klinge ab und flog ihm ins Auge. Im Krankenhaus befand sich zufällig ein Augenarzt, der sofort operierte und das Auge rettete. Als ich Ake zwei Jahre danach auf Bermuda wiedersah, war das Auge völlig geheilt. Der Unfall erinnerte mich an eine ähnliche Augenverletzung, die ein Segler erlitten hatte, als er in unserer Nähe in Whangarei lag. Er wurde in die Ambulanz des nächsten Krankenhauses geschafft, wo der Arzt ihn mit dem Ausruf begrüßte: »Sie müssen von einer der Yachten im Hafen kommen!«

»Stimmt,« antwortete unser Nachbar. »Aber woher wissen Sie das?«

»Nur Yachties kommen mit so blöden Unfällen hierher,« erwiderte der Doktor und machte sich daran, ihn zu verarzten.

An dieser Bemerkung des Arztes ist sicherlich etwas Wahres, und bei einem Blick auf die verschiedenen Verletzungen bei der ARC bin ich bestimmt der Letzte, der nicht zugeben würde, daß viele durch Unvorsichtigkeit und Sorglosigkeit verursacht wurden. An der Spitze stehen Verletzungen durch den Baum, meist am Kopf. Irgend jemand hat mal berechnet, daß eine Yacht bei einer durchschnittlichen Atlantiküberquerung etwa hunderttausend Rollbewegungen vollführt. Von daher ist es keine Überraschung, wenn nach 99 999 gutgegangenen Bewegungen ein Crewmitglied im falschen Augenblick den Kopf hebt und mit dem übergehenden Baum auf Kollisionskurs gerät. Fahrlässiger handelte da schon der Skipper, der der Bedrohung auf der gesamten Überfahrt entging, sich dann aber selbst außer Gefecht setzte, als er sich kurz nach der Ankunft auf Barbados in voller Länge im Cockpit aufrichtete und dabei vergaß, daß der Baum jetzt direkt über ihm ruhte.

Die meisten Verletzungen durch den Baum gingen aber auf – geplante und ungeplante – Halsen zurück wie etwa bei Courtenay Bollay auf der *Snow Goose*, die von der Großschot an Kopf und Oberkörper getroffen wurde und noch eine Woche später schwarze und blaue Striemen hatte. Ebenfalls vom Baum getroffen wurde ein Crewmitglied auf der *Silver Apple*, deren Skipper Tony van Hee den Vorfall in der Rennerklärung folgendermaßen beschrieb: »Baum knallte gegen Kopf. Harter Schädel! Patient überlebte.«

Am einfachsten geht man zweifellos der Gefahr, die von einem überkommenden Baum ausgeht, aus dem Wege, indem man einen Bullenstander verwendet. Obgleich die meisten Leute dazu eine Handtalje nehmen, ist es besser, den Bullenstander ganz vorn am Bug durch einen Block und wieder zurück ins Cockpit zu führen, wo er dann bei einer Halse ganz einfach losgeworfen werden kann. Sehr effizient ist die Methode, an der Baumnock permanent ein Drahttau anzubringen, dessen freies Ende bei Nichtgebrauch in der Nähe des Lümmelbeschlags an der Baumunterseite belegt wird. Dann ist auch bei voll aufgefierter Großschot die sichere Handhabung des Bullenstanders gewährleistet, weil man am freien Ende des Drahttaues eine Leine anbringen kann, ohne sich außenbords lehnen zu müssen. Die Leine wird dann am Bug belegt oder durch einen Block wieder nach hinten geführt. Zum Halsen löst man die Leine vom Drahttau und steckt auf der anderen Seite eine neue Leine an.

Als Hindernis erweist sich ein Bullenstander nur, wenn in einem Notfall die Segelführung schnell geändert werden muß, beispielsweise bei einem Ausweichmanöver oder wenn plötzlich eine Bö einfällt. Derartige Böen können in den Tropen sehr gefährlich sein; bei Tage sieht man sie zwar in der Regel herannahen, doch bei Nacht schlagen sie meist ohne Vorwarnung zu. Da die Windgeschwindigkeit dabei schnell auf dreißig oder gar vierzig Knoten ansteigt, dürfte es am besten sein, vorausschauend zu reffen oder zumindest die Schoten zu fieren. Letzteres ist mit einem gut gesicherten Baum nicht immer ganz einfach, so daß man, wenn Böen zu erwarten sind, besonders gut aufpassen oder das Risiko eingehen muß, ohne Bullenstander zu segeln. Beachtung verdient dieses Thema besonders angesichts der Tatsache, daß die meisten Verletzungen durch den Baum bei Patenthalsen passierten, zu denen es in der Regel kam, wenn das Boot unter Autopilot oder Selbststeueranlage lief.

Häufig kommt es auch zu Verbrennungen wie beispielsweise während der ARC 86 bei Werner Stumpe von der *Antaia*, der sich mit kochendem Wasser übergoß und im Brustbereich Verbrennungen zweiten Grades erlitt. Er hatte zum Glück spezielle Brandsalbe dabei, doch die Wunde heilte nur sehr langsam, und die Haut hatte sich auch ein Jahr danach noch nicht völlig erholt.

Ein schlimmer Sturz eines seiner Crewmitglieder, das über die Genuawinch gestolpert war, zwang Skipper Mike Hindmarsh von der *Palaemon* zur Rückkehr nach Las Palmas, wo die Wunde im Krankenhaus genäht wurde. Wäre der Unfall weiter draußen auf See passiert, hätte eine entsprechende Behandlung mit Bordmitteln kaum erfolgen können. Die *Katrina* mußte nach Teneriffa zurückkehren, um die richtigen Medikamente für ein Crewmitglied zu bekommen, das unter einer Insulinreaktion litt und mit der einzigen Dosis Glukogen an Bord behandelt worden war.

Es gab noch mehrere andere Fälle aus der kleinen Chirurgie, z. B. auf der *Gimlet* einen Schnitt in der Handfläche, der jedoch von den beiden Ärzten in der Crew genäht und fachgerecht versorgt werden konnte. Puja Graham von der *Lionheart* erlitt eine schlimme Platzwunde und eine Gehirnerschütterung, als sie bei einer plötzlichen Rollbewegung des Bootes einen Handgriff verfehlte, zwei Meter rückwärts stürzte und mit dem Hinterkopf aufschlug. Ihr Mann Henry holte sich über Amateurfunk Rat, rasierte die Haare um die drei Zentimeter messende Platzwunde ab und nähte sie zusammen. Wie schlimm diese Verletzung hätte werden können, zeigte sich an der Tatsache, daß Puja noch bei der Ankunft auf Barbados unter Kopfschmerzen und Schwindelgefühlen zu leiden hatte.

Erste Hilfe

Die Tatsache, daß fast alle Notfälle mit Bordmitteln behandelt werden konnten, zeigt, wie wichtig es ist, einen gut bestückten Notfallkoffer an Bord zu haben und zumindest grundlegende Kenntnisse in Erster Hilfe zu besitzen. Sowohl bei der ARC- als auch bei der Atlantik-Umfrage kannten die meisten Crews zumindest die Grundprinzipien der Ersten Hilfe, und auf allen Booten gab es ein Handbuch mit Hinweisen zur Behandlung von Verletzungen und anderen medizinischen Notfällen.

Bei der Pazifik-Umfrage hatte auf der Hälfte aller Boote mindestens eine Person einen Erste-Hilfe-Lehrgang besucht. Das gleiche Ausmaß an Bereitschaft zeigte sich in der medizinischen Ausrüstung an Bord. Der Notfallkoffer wurde auf vierzig von hundert Booten als umfassend bestückt, auf vierundfünfzig als ausreichend und auf nur sechs Yachten als gerade dem Minimum entsprechend bezeichnet. Er muß für Hochseetörns natürlich besser ausgestattet sein als im Küstenbereich. Wer regelmäßig Medikamente braucht, muß darauf achten, daß er für die Fahrtdauer genügend an Bord hat. Für einen längeren Törn abseits unmittelbarer medizinischer Versorgung sollte folgendes an Bord sein:

Watte
Wasserfester Klebeverband in verschiedenen Größen
Schmetterlingspflaster zum Zusammenziehen von Wundrändern
Sterilisierte Gaze
Binden
Elastische Binden
Steriler Verband für Verbrennungen
Schere, Pinzette, Sicherheitsnadeln
Thermometer
Einwegspritzen
Sterile Nadeln mit Fäden
Hautdesinfektionsmittel wie Cetrimid, Chlorhexidin oder Jodtinktur
Lokalanästhetikum zum Säubern und Nähen größerer Wunden
Tropfen zur lokalen Betäubung zum Entfernen von Fremdkörpern aus den Augen

Tropfen und Salbe gegen Augenentzündungen, z. B. Chloramphenicol
Ohrentropfen gegen bakterielle Infektionen
Antibakterielle Creme gegen infizierte Verbrennungen und Geschwüre, z. B. Neomycinsulphat, Silbersulphadiazin

Antibiotisches Puder oder Spray, z. B. Neomycinsulphat; ist in den Tropen meist besser als Creme

Antihistamincreme gegen Insektenstiche und Sonnenbrand
Tabletten oder Pflaster gegen Seekrankheit
Antihistamintabletten gegen allergische Reaktionen auf Lebensmittel, Insektenstiche, Quallen, Korallenstacheln usw.

Antibiotika: Zwei Breitbandantibiotika, darunter

- ein Penicillin wie Ampicillin oder Amoxycillin (für Kinder auch als Sirup erhältlich) und
- ein Tetracyclin (nicht für Kinder unter 12 und Schwangere; große Dosen können Blinddarmentzündung unterdrücken)

Analgetikum z. B. Paracetamol oder Aspirin (letzteres wirkt auch entzündungshemmend) gegen leichte Schmerzen und Pentazozin gegen stärkere Schmerzen

Sulfonamid gegen Infektionen im Harntrakt
Abführmittel
Tabletten gegen Durchfall (für Kinder Kaolinmixtur)
Schlaftabletten als Einschlafhilfe für Patienten mit starken Schmerzen
Promethazin-Elixier wie Phenergan als Beruhigungsmittel für kranke Kinder und
gegen allergische Zustände, Übelkeit usw.
Mittel gegen Pilzbefall
Insektenschutzmittel
Sonnenschutzlotion
Malariamittel zur Vorbeugung

Die vorstehende Liste beruht auf den Gattungsbegriffen, nicht auf den Markenbe-
zeichnungen.

Im Hinblick auf das zu wählende Antibiotikum sollte man den Rat eines Arztes
einholen, da manche Leute empfindlich auf Penicillin reagieren und Antibiotika
generell nicht auf die leichte Schulter genommen werden dürfen. Die Einnahme des
falschen Antibiotikums kann bei Entzündungen zu einer falschen Diagnose und
gelegentlich zu einer Verschlechterung des Krankheitsbildes führen. Anzuraten ist
die Mitnahme von Einwegspritzen und -kanülen für den Fall, daß man in Ländern, in
denen diese Technik nicht benutzt wird, eine Injektion braucht. Dort läuft man ein
beträchtliches Risiko, sich durch falsch sterilisierte und mehrfach verwendete
Spritzen eine schwere Infektion, Hepatitis oder gar AIDS zu holen. Speziell für
abgelegene Gegenden tut man gut daran, sich nach den erforderlichen Impfungen
zu erkundigen, z. B. gegen Gelbfieber in einigen Ländern Südamerikas. Das Fehlen
der entsprechenden Bescheinigung kann dazu führen, daß man sich an Ort und
Stelle impfen lassen muß. So wurde vor kurzem die gesamte Crew eines Bootes in
Brasilien mit einer einzigen Nadel gegen Gelbfieber geimpft.

Bei der Zusammenstellung des Notfallkoffers zieht man am besten seinen
Hausarzt zu Rate, weil der am besten weiß, was erforderlich ist. Die meisten Ärzte
verschreiben auch bestimmte rezeptpflichtige Medikamente von der Giftliste, wenn
man ihnen den Grund dafür erklärt.

Die Bestimmungen über die Einfuhr von Medikamenten sind von Land zu Land
unterschiedlich, wobei manche Zollbeamte beispielsweise starke Schmerzmittel wie
Morphin generell beschlagnahmen. In anderen Ländern sind die Gesetze wieder
äußerst großzügig, so daß man dort vieles, was es – wie etwa Antibiotika –
üblicherweise nur auf Rezept gibt, frei kaufen kann. Viele Skipper nutzen eine
solche Gelegenheit, um ihre Bestände aufzufüllen oder diejenigen Medikamente,
die das Verfallsdatum überschritten haben, zu ersetzen. Die Ärzte unter den
befragten Skippern wiesen darauf hin, daß die Medikamentenbestände regelmäßig
erneuert werden müßten, und zwar speziell Antibiotika, deren Wirkung durch
Alterung und Aufbewahrung bei tropischem Klima nachlasse. Sie könnten aber
trotzdem weiter verwendet werden, wobei allerdings eventuell die Dosierung
heraufzusetzen sei.

Wie gefährlich es sein kann, Antibiotika ohne ordnungsgemäßen ärztlichen Rat
zu nehmen, zeigte der Fall von Mac Macauley, dem Skipper der *Acheta*, der schwer
erkrankte, während er vor einer abgelegenen Insel 70 sm vor der mexikanischen
Küste vor Anker lag. Seine Frau June beschrieb die Symptome über Funk und

erhielt den Rat, ihm Tetracyclin zu verabreichen. Macs Zustand wurde jedoch immer schlechter, so daß seine Frau das Boot schließlich auf eigene Faust zum Festland segelte, wo ein Arzt Hepatitis diagnostizierte und für die richtige Behandlung sorgte. Es stellte sich heraus, daß man ihnen über Funk etwas völlig Falsches geraten hatte, denn das starke Antibiotikum Tetracyclin darf bei Verdacht auf Leber- oder Nierenerkrankungen keinesfalls genommen werden.

Weltweite Gesundheitsgefahren

Es kann kein Zweifel daran bestehen, daß das Leben auf See gesunder ist als ein Platz hinter dem Schreibtisch mit all den Viren und Bakterien, die über Lüftungs- und Klimaanlagen in das Büro eindringen. Doch während auf einem Segelboot Infektionen nur selten vorkommen und gesundheitliche Probleme meist auf irgendwelche Unfälle zurückgehen, lauern an den schönsten tropischen Ankerplätzen Gesundheitsgefahren auf jeden unvorsichtigen Segler.

Malaria

Die schlimmste Geißel ist die Malaria, die sich in den letzten Jahren auch wieder in Gebiete ausgebreitet hat, in denen sie vorher ausgerottet worden war. Eine der wesentlichen Ursachen liegt in der Tatsache, daß die meisten Stämme des Malaria-Überträgers mittlerweile gegen die entsprechenden Mittel resistent sind. Auch die weltweite Zunahme des Reiseverkehrs hat zur Verbreitung der Krankheit beigetragen, indem Reisende, deren Blut infiziert ist, in malariafreien Gegenden von Mücken gestochen werden und dadurch den Überträger weitergeben. Man schätzt, daß es jedes Jahr über 350 Millionen Malariafälle gibt, von denen etwa 1 Million tödlich verläuft, meistens bei kleinen Kindern.

Die Malaria wird durch einen Parasiten hervorgerufen, der in das Blut gelangt, wenn jemand von der *Anophelesmücke* gestochen wird, die überwiegend in der Abenddämmerung aktiv ist. Die Symptome einer leichten Malaria ähneln denen einer ganz gewöhnlichen Erkältung, doch in schwereren Fällen kommt es zu hohem Fieber, Zerstörung von Blutkörperchen, Gewichtsverlust und eventuell Koma und Tod. Es gibt mehrere Arten des Parasiten, die alle mehr oder weniger virulent und mehr oder weniger resistent gegen Medikamente sind. Besonders gefährlich ist der Stamm *Plasmodium falciparum*, der die Blutgefäße im Gehirn angreift und die tödliche Hirnmalaria hervorruft.

Eine Malaria zieht man sich nicht auf hoher See zu, sondern an der Küste. Ein rundum geschützter Ankerplatz mit ruhigem Wasser ist ironischerweise genau der Ort, an dem man am ehesten von einer Malariamücke gestochen wird. Als erstes muß man daher versuchen, keinen Mückenstich zu bekommen. Dazu braucht man entsprechende Abwehrmittel in Lotion-, Salben oder Sprayform. Die Geräte, die mit hochfrequenten Tönen arbeiten, scheinen nicht sehr wirkungsvoll zu sein. Vor

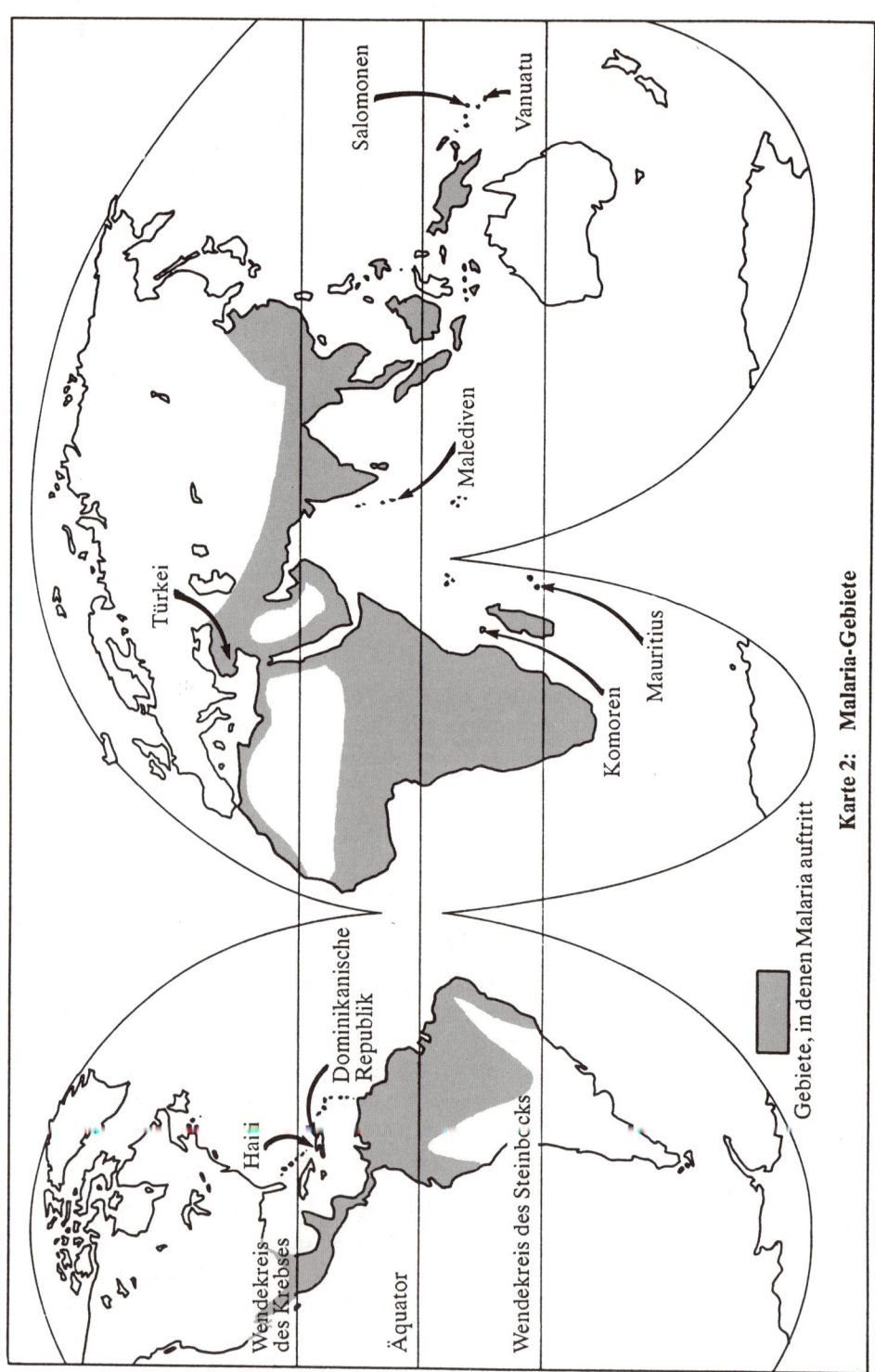

Gebiete, in denen Malaria auftritt

Karte 2: Malaria-Gebiete

Salomonen

Vanuatu

Malediven

Türkei

Mauritius

Komoren

Dominikanische
Republik

Haiti

Wendekreis
des Krebses

Äquator

Wendekreis des Steinbocks

184

offene Luken und Türen bzw. direkt über die Koje kommt ein Moskitonetz. Teilweise werden die Luken heute schon serienmäßig mit feinmaschigem Fliegendraht versehen. In den Tropen macht es aber gerade einen Teil des Vergnügens aus, an warmen Abenden draußen im Cockpit zu sitzen, und bei solchen Gelegenheiten sollte man in malariaverseuchten Gebieten den Körper möglichst weitgehend bedecken und langärmelige Hemden und lange Hosen tragen, was natürlich nicht unbedingt angenehm ist.

Der Malariaparasit braucht Wärme, um zu überleben, und das zeigt sich auch darin, daß die Länder, in denen die Malaria eine Gefahr darstellt, sich in einem breiten Gürtel über die Tropen erstrecken (Karte 2). Ganz Mittelamerika von Mexiko über Belize, Honduras und Costa Rica bis zum Panamakanal sowie Südamerika von Brasilien bis hinunter nach Peru sind von der Plage betroffen. Die Nordküste Südamerikas mit Guayana, Venezuela und Panama ist eines der Hochrisikogebiete mit resistenten Stämmen. Die Karibikinseln sind bis auf Haiti und die Dominikanische Republik malariafrei. In fast allen afrikanischen Ländern besteht eine gewisse Gefahr, wobei für Senegal, Gambia und Guinea Malariaprophylaxe anzuraten ist. Von den Kapverdischen Inseln gibt es ebenfalls Berichte über Malariafälle. Aden, Djibouti und die Länder am Roten Meer liegen im Malariagürtel, sind aber nicht so gefährlich wie Kenia und seine ostafrikanischen Nachbarländer, in denen resistente Stämme vorkommen.

Die Mittelmeerländer sind relativ malariafrei, wobei allerdings für die Türkei, Ägypten, Marokko und Algerien eine Malariaprophylaxe zu empfehlen ist. Im Indischen Ozean wurde von den Seychellen bislang keine Malaria gemeldet, doch die Malediven, Sri Lanka, die Komoren, Madagaskar und Mauritius liegen im Malariagürtel. Im größten Teil Südostasiens einschließlich Indonesien, Thailand, Philippinen und Malaysia finden sich resistente Stämme, wobei Singapur aufgrund der strikten behördlichen Vorkehrungen eine bemerkenswerte Ausnahme bildet. Der Südpazifik ist sauber bis auf den westlichen Teil von Vanuatu bis zu den Salomonen und nach Papua Neuguinea, wo die Malaria in den letzten Jahren besonders heftig gewütet hat. Nach entsprechenden Berichten erkrankte auf den dreißig Yachten, die die Zyklonsaison auf den Salomonen verbrachten jeweils mindestens ein Crewmitglied an Malaria; in einem Fall endete die Krankheit tödlich.

Im allgemeinen findet sich die Anophelesmücke weniger in Städten als auf dem Land. Doch als Segler besucht man ja meist die abgelegeneren einsamen Ankerplätze. Auch die Jahreszeit, d. h., ob es feucht oder trocken ist, kann eine Rolle spielen. Bei Törns in einem der oben genannten Gebiete sollte man auf jeden Fall eine Woche vor der Abfahrt mit der Malariaprophylaxe beginnen und die Tabletten noch bis einen Monat nach dem Verlassen des Gebiets weiternehmen, damit alle Malariaerreger im Blut zuverlässig vernichtet werden. Welches Mittel für ein bestimmtes Gebiet in Frage kommt, erfährt man beim Arzt oder beim Gesundheitsamt. Chloroquin wurde in der Vergangenheit weitgehend angewandt und wirkt in den meisten Fällen; doch gerade gegen dieses Mittel ist der Erreger resistent geworden. Amodiaquin hat schwere Nebenwirkungen, die vor allem das Knochenmark betreffen und in einigen Fällen zum Tode führten, und wird nicht mehr empfohlen. Das neue Mittel Mefloquin, das gegen die chloroquin-resistenten Stämme zu wirken verspricht, wird in einigen Gebieten angewandt, doch da es sich noch in der Erprobung befindet, gehen die Meinungen der Ärzte auseinander. Die

Tendenz geht dahin, es nur für die Therapie einzusetzen. Kurz gesagt, an erster Stelle steht die Einnahme von Chloroquin einmal wöchentlich in Verbindung mit Proguanil einmal täglich, da diese Kombination die geringsten Nebenwirkungen hat. In Regionen mit resistenten Stämmen, etwa in Mittel- und Südamerika, Südostasien, Ozeanien und Ostafrika, sollte man wöchentlich Pyrimethamin-Tabletten in Verbindung mit Chloroquin nehmen.

Da die Malaria weltweit eine so große Gefahr darstellt, wird in mehreren Zentren nach einem Impfstoff geforscht, den es aber trotz einiger Fortschritte für die breite Öffentlichkeit noch nicht gibt. Hinweise zur Lage in den verschiedenen Regionen und zu den entsprechenden Medikamenten für die Malariaprophylaxe erhält man in den meisten Ländern beim Gesundheitsamt.

Schutz der Gesundheit

Beim Gesundheitsamt erfährt man auch, welche anderen Vorsichtsmaßnahmen, Impfungen und Immunisierungsmaßnahmen für bestimmte Regionen erforderlich sind. Eine andere von Mücken übertragene Krankheit ist das Gelbfieber, für das es allerding zum Glück eine Schutzimpfung gibt, die aber nur bei bestimmten Stellen vorgenommen werden kann. Das Impfzeugnis gilt zehn Jahre und muß gegenwärtig hauptsächlich in Südamerika und Afrika vorgelegt werden. Gefordert wird eine Impfung gegen Gelbfieber in Brasilien, Panama, Senegal und Gambia. Zu empfehlen ist sie auch für Venezuela, Guayana und Französisch Guayana.

Außerhalb Europas, Nordamerikas, Australiens und Neuseelands sollten die Impfungen gegen Polio und Typhus auf dem laufenden sein. Außerhalb dieser Regionen ist bei Essen, Trinken und Hygiene peinlich genaue Sorgfalt erforderlich, um der Gefahr zu entgehen, nicht nur an Polio oder Typhus, sondern auch an infektiöser Hepatitis zu erkranken. Gegenwärtig läuft weltweit eine Kampagne zur Polio-Schutzimpfung, um diese Krankheit in gleicher Weise auszurotten, wie es einst mit den Pocken geschah.

Überall auf der Welt besteht bei offenen Wunden die Gefahr einer Tetanusinfektion. Deshalb muß die Tetanusimpfung alle fünf Jahre aufgefrischt werden. Nicht nur zum Schutz vor Tetanus, sondern als allgemeine Vorsichtsmaßnahme müssen alle Kratzer und Schnitte, so klein sie auch sein mögen, besonders in den Tropen gründlich gewaschen und desinfiziert werden, da es unter feuchtwarmen Bedingungen blitzschnell zu einer Infektion kommen kann. Viele Segler, die längere Zeit in tropischen Gewässern waren, hatten mit diesen infizierten Schnitt- und Schürfwunden zu tun; manchmal entwickelten sich daraus richtige Geschwüre. Die Infektion wird dabei von Bakterien der Gattung *Staphylococcus* hervorgerufen, die nur sehr schwer mit Hilfe von Antibiotika auszurotten sind, wenn sie sich erst einmal im Blut befinden.

Ciguatera

Eine weitere Gefahr in tropischen Gewässern ist die *Ciguatera*. Diese Art der Fischvergiftung gilt seit der Zeit, in der sie zum ersten Mal von Columbus

186

beschrieben wurde, als eine etwas mysteriöse Angelegenheit, für die zeitweise über vierhundert Fischarten verantwortlich gemacht wurden, wobei eine bestimmte Art in der einen Region giftig war und in der anderen nicht. Sogar innerhalb ein und derselben Lagune gab es diesen Unterschied. Heute weiß man zwar mehr über die Ciguatera und ihre Ursachen, doch gibt es immer noch keinen zuverlässen Test, mit dem sich außerhalb des Labors feststellen läßt, ob ein Fisch giftig ist oder nicht. Auch an einer einfachen Behandlungs- und Heilungsmethode fehlt es noch. Das ist der Kern des Problems, aus dem sich eine ganze Reihe lokaler Hilfsmittel und Tests entwickelt hat, die aber meistens nicht verläßlich sind.

Nicht alle, die ciguatoxischen Fisch essen, zeigen anschließend die gleichen Symptome, wobei es allerdings in der Regel innerhalb weniger Stunden zu Erbrechen oder Durchfall kommt. Charakteristische Erscheinungen bei Ciguatera sind ein Kribbeln um den Mund herum und ein prickelndes Gefühl in Fingern und Zehen. Durch eine Änderung der Sinnesempfindungen kann es dazu kommen, daß normales Wasser wie Mineralwasser schmeckt und eine Dusche wie ein Trommelfeuer aus winzigen elektrischen Schlägen wirkt. In vielen Fällen wird der Patient sehr geschwächt, und es kann Wochen oder gar Monate dauern, bis er sich völlig erholt hat. Bei einer schweren Vergiftung können Muskellähmungen und -krämpfe auftreten, die gelegentlich über eine Atemlähmung zum Tode führen. Es ist nur eine symptomatische Behandlung möglich, z. B. Antihistamine gegen das Kribbeln und Jucken. Eine vielversprechende Therapie könnte die intravenöse Gabe von Kalziumglutonat mit den Vitaminen B6 und B12 sein, die anscheinend dafür sorgen, daß die gesteigerte Aufnahme von Natrium durch die Zellen, wie man sich gegenwärtig die Wirkungsweise des Gifts erklärt, wieder zurückgeht.

Als Ursache für die Ciguatera fand ein Team der medizinisch-ozeanographischen Forschungsstelle in Tahiti unter der Leitung von Dr. Raymond Bagnis eine winzige einzellige Pflanze, die einer Alge ähnelt. Normalerweise leben auf einem Korallenriff nur wenige von diesen mikroskopisch kleinen Pflanzen, doch unter bestimmten Umständen vermehren sie sich drastisch. Über die Fische, die sich von diesen Planzen ernähren, gelangt das Gift dann in die Nahrungskette. Die Fische selbst merken von dem Gift nichts, aber es reichert sich in ihrem Fleisch an. Wenn dann ein Raubfisch einen dieser kleinen Fische verspeist, übernimmt er mit einem Biß das gesamte Gift, das sich in dem kleineren Fisch ein Leben lang angereichert hat.

In Französisch Polynesien sind in den letzten zwanzig Jahren alle Fälle von Ciguatera sorgfältig aufgezeichnet worden, und aus diesen Unterlagen konnte Dr. Bagnis ein paar interessante Schlüsse ziehen. So war es beispielsweise bei jedem größeren Auftreten von Ciguatera auf dem betreffenden Korallenriff ein oder zwei Jahre zuvor zu einer Störung oder zu Schäden gekommen, sei es durch einen natürlichen Vorgang wie etwa einen Zyklon oder einen schweren Sturm oder durch menschliche Eingriffe wie die Sprengung einer neuen Durchfahrt, die Ablagerung von Schrott und sonstigen Müll oder den Bau von Kais und Wellenbrechern. Anscheinend vermehrt sich die toxische Mikroalge gern auf neuen Flächen, und das bedeutet, daß der Mensch sich mit seinen Eingriffen in die natürlich gewachsene Struktur des Riffs selbst in Gefahr bringt.

Fälle von Ciguatera kommen fast überall vor, wo sich im Pazifik, im Indischen Ozean und in der Karibik Korallenriffe finden. An Steilküsten ohne Riffe gibt es im allgemeinen keine giftigen Fische, und alles, was man auf hoher See fängt, ist in der

Regel ohne weiteres eßbar. In Französisch Polynesien hat die Zahl der Ciguatera-Fälle in den letzten 25 Jahren zugenommen, und zwar ganz signifikant auf den Marquesas, einigen Atollen der Tuamotus und den Gambier-Inseln. Auch von anderen Pazifikinseln wurden ein paar Fälle gemeldet, die jedoch nicht systematisch untersucht wurden.

In der Karibik leitete das CAREC (Karibisches Zentrum für Epidemiologie) ein regionales Überwachungsprogramm ein, dem die leichten Fälle aber oft nicht bekannt weden. Ciguatera wurde im Laufe der Jahre von den meisten Karibikinseln gemeldet, am häufigsten aus dem nördlichen Teil von Puerto Rico bis Montserrat einschließlich Jungfern-Inseln, Anguilla, St. Maarten, St. Barts, St. Kitts und Nevis, Antigua und Barbuda. Wiederholt kamen Meldungen von Jamaika, den Bahamas und Florida. Auf offener See ist das Angeln mit Schleppleine zwar normalerweise ungefährlich, doch gibt es viele ciguatoxische Fische über den Untiefen zwischen Antigua und den Jungfern-Inseln, und zwar besonders im Bereich von Anguilla Bank, Redonda und Saba. Selten sind Ciguatera-Fälle südlich von Guadeloupe und fast unbekannt auf den großen Zentralinseln Guadeloupe, Dominica, St. Lucia, Martinique und St. Vincent. Gelegentlich wird Ciguatera von den Grenadinen und Barbados gemeldet.

Die Tatsache, daß von April bis Oktober mehr Fälle gemeldet werden, läßt darauf schließen, daß es in der Karibik zu einer jahreszeitlich bedingten Zunahme kommt. Vermehrt trat die Ciguatera in einem Zeitraum von sechs Monaten bis zu zwei Jahren auf, nachdem der Hurrikan David die Insel Dominica und der Hurrikan Allen Puerto Rico heimgesucht hatten. Danach ist auch im Gefolge des Hurrikans Gilbert (1988) verstärkt mit Ciguatera zu rechnen.

In Verbindung mit Ciguatera am häufigsten genannt werden die größeren Raubfische wie Roter Schnapper, Barsch, Amberfisch und Barrakuda. Sämtliche übergroßen Fische sind sicherlich mit Vorsicht zu genießen. Dr. Boyd-Scobie vom CAREC rät allen Seglern, die angeln wollen, sorgfältig auf das zu achten, was die Fischer über gefährliche Bereiche oder Abschnitte eines Riffs zu sagen haben, den Tests auf Giftigkeit aber keinesfalls zu trauen, ob sie nun auf Silbermünzen beruhten oder auf dem Nichtvorhandensein von Fliegen! Giftige Fische kommen meist aus ganz bestimmten Bereichen, und wenn man die erst einmal kennt, meidet man eben den entsprechenden Fisch. Es gibt aber so viele eßbare Fische, daß es eine Schande wäre, wenn man beim Fahrtensegeln auf frischen, geschmackvoll zubereiteten Fisch verzichten würde. Das Risiko läßt sich dabei auf ein Mindestmaß beschränken, wenn man den Fisch sofort nach dem Fang ausnimmt und darauf verzichtet, den Kopf, das Fleisch in Kopfnähe, den Rogen, die Leber und andere Innereien zu essen, in denen sich das Gift konzentriert. Da die Giftigkeit in direktem Verhältnis zur gegessenen Menge steht, beschränkt man sich bei Fisch unbekannter Herkunft am besten auf kleine Portionen. Eine andere Möglichkeit besteht darin, zu Mittag ganz wenig von dem Fisch zu essen und den Rest am Abend aufzutischen, wenn sich in der Zwischenzeit keine negativen Wirkungen gezeigt haben.

Ich sprach mit mehreren Crews, überwiegend im Südpazifik, die unter Ciguatera gelitten hatten. Einige waren empfindlich geblieben und hatten keinen Fisch mehr essen können, ohne daß die Symptome wieder auftraten. Ein Mitglied einer dieser Crews, ein Arzt, gab zu, daß er es eigentlich hätte besser wissen müssen und keine Muräne essen dürfen, eine Fischart, die zu denen gehört, bei denen man am ehesten mit Ciguatera rechnen muß. Von den vielen Seglern im Südpazifik waren viele von dieser Fischvergiftung betroffen, davon aber nur wenige schwer, in einem Fall allerdings so schwer, daß der Betroffene starb.

Meningoenzephalitis

Meeresfrüchte werden auch in Verbindung gebracht mit der *eosinophilen Meningo-enzephalitis*, einer sehr schwächenden Erkrankung, an der einige Segler im Bereich der Fidschi-Inseln zu leiden hatten und ein Mädchen auf einer Tourenyacht starb. Die Infektion, die von starken Kopfschmerzen, Übelkeit und Erbrechen gekennzeichnet ist, wird von den Larven des Lungenwurms der Ratte hervorgerufen. Dieser Erreger durchläuft einen komplizierten Lebenszyklus mit mehreren Larvenstadien in Zwischenwirten wie Schnecken, Süßwassergarnelen, Landkrebsen und Fischen. Auf den Menschen übertragen werden die Larven, wenn man rohe Meeresfrüchte oder Gemüse ist, das von Schnecken verunreinigt wurde. Die Larven dringen in das zentrale Nervensystem ein und verursachen die obigen Symptome sowie, seltener, Fieber, Verwirrung, Krämpfe und Beeinträchtigung der Sehfähigkeit. Die Mehrheit der Betroffenen erholt sich völlig, doch das kann mehrere Monate dauern. Eine bestimmte Therapie gibt es nicht. Die Krankheit trat früher überwiegend in Südostasien, speziell in Thailand auf, doch in den letzten Jahren haben sich auch die Ratten in mehreren Pazifikländern mit dem Wurm infiziert. Es gibt Meldungen über entsprechende Erkrankungen aus Australien, Papua Neuguinea, Westsamoa, Amerikanisch Samoa, Tonga und Fidschi. Die einfachste Vorsichtsmaßnahme besteht natürlich darin, daß man in diesen Regionen Salate und sonstige Rohkost sehr gut wäscht und auf rohe Meeresfrüchte verzichtet. In Restaurants, in denen man nicht genau weiß, wie das Essen zubereitet wird, meidet man Salat und Rohkost.

Botulismus

Daß man Obst und Salat waschen muß, ist seit vielen Jahren bekannt. In Lebensmitteln befinden sich immer Bakterien, Hefen und Schimmelpilze, die aber die richtigen Bedingungen benötigen, um sich vermehren und die Gifte produzieren zu können, die die verschiedenen Arten von Lebensmittelvergiftungen hervorrufen. An Bord ist diese Gefahr besonders dann, wenn keine Kühlung vorhanden ist, immer gegeben, weil Feuchtigkeit und Temperatur für perfekte Wachstumsbedingungen sorgen. Ein Gericht zu Hause vorzukochen, um es dann auf einen Wochenendtörn mitzunehmen, spart zwar Zeit, kann aber schon gefährlich sein. Schnellkochtöpfe sind auf Yachten weit verbreitet und haben zweifellos insofern ihre Vorteile, als sie die Kochzeit verringern und den Brennstoffverbrauch senken. Man wiegt sich jedoch in einem falschen Gefühl der Sicherheit, wenn man den Schnellkochtopf als Mittel zur Sterilisation beim Einkochen betrachtet. Die Praxis,

Eintopf für mehrere Tage zu kochen, einen Teil davon zu essen und den Schnellkochtopf dann unter vollen Druck zu setzen und langsam abkühlen zu lassen, ohne den Deckel abzunehmen, ist keine Garantie dafür, daß wirklich alle Mikroorganismen und Toxine unschädlich gemacht sind. Der Schnellkochtopf ist nicht völlig dampfdicht, und an denselben Stellen, an denen Dampf entweicht, kann Luft von außen eindringen.

Lebensmittel müssen richtig eingemacht werden, weil sonst Gefahr droht durch *Clostridium botulinum*, ein Bakterium, das einen der für den Menschen giftigsten Stoffe bildet. Clostridium botulinum kommt in winzigen Mengen in vielen Nahrungsmitteln vor, gedeiht aber erst richtig bei Luftmangel, so daß es sich in einem Einmachglas oder einer Dose ausgezeichnet vermehren kann, wenn nicht richtig sterilisiert worden ist. Es produziert ein Toxin, das in kleinsten Mengen tödlich wirkt. Das Einmachen mit Hilfe des Schnellkochtopfes findet in letzter Zeit auf Yachten immer mehr Anhänger und wird auch in verschiedenen Büchern und Zeitschriftenartikeln propagiert, ist aber nach Angaben des britischen Ministeriums für Landwirtschaft, Fischerei und Lebensmittel und der Hersteller der Schnellkochtöpfe bei Fleisch, Geflügel und Gemüse absolut ungeeignet. Damit sämtliche Sporen des Cl. botulinum vernichtet werden, ist über längere Zeit eine Temperatur von 121° C erforderlich. Diese hohe Temperatur über dem Siedepunkt von Wasser wird im Schnellkochtopf dadurch erreicht, daß der Dampf am Entweichen gehindert und Druck aufgebaut wird. Die Schnellkochtöpfe haben aber kein Anzeigegerät, an dem man ablesen könnte, ob die Temperatur erreicht und über den erforderlichen Zeitraum gehalten wird.

Zum Einmachen braucht man spezielle Einkochtöpfe aus schwererem Material, die mit einem Manometer ausgestattet sind. Dabei muß man sich exakt an die Bedienungsanleitung halten, damit Druck und Temperatur über die vorgegebene Zeit gehalten werden.

Cl. botulinum reagiert empfindlich auf Säure, so daß man saurere Lebensmittel wie die meisten Obstsorten problemlos mit Hilfe eines normalen Schnellkochtopfes einmachen kann. Dabei sollten aber luftdicht abschließende Behälter verwendet werden, damit nach dem Einkochen keine anderen Mikroorganismen eindringen. Lebensmittel, die wie etwa Tomaten an der Grenze liegen, lassen sich mit Zitronensaft ansäuern. Das meiste Gemüse ist jedoch nicht sauer genug und sollte deshalb nicht mit dem Schnellkochtopf eingemacht werden. In den Vereinigten Staaten konnten mehrere Fälle von Botulismus darauf zurückgeführt werden, daß selbst eingemachte Tomaten nicht sauer genug gewesen waren.

Zum Glück ist der Botulismus eine extrem seltene Erscheinung, doch zu anderen Lebensmittelvergiftungen ist es auf Yachten schon oft gekommen. Eine Möglichkeit, dieser Gefahr zu entgehen, besteht darin, die Pantry immer sehr sauber zu halten, die Lebensmittelvorräte sorgfältig zu überprüfen und alles Verdächtige wegzuwerfen. Dosen, die Beschädigungen wie Dellen und Ausbuchtungen an den Nähten zeigen und aus denen beim Öffnen Schaum austritt, gehören in den Abfall.

Dieses Kapitel liest sich zwar möglicherweise wie ein Katalog der Schrecken, die auf den ahnungslosen Segler lauern, soll aber nur die Aufmerksamkeit auf mögliche Gefahren lenken, die man leicht übersieht. Mit Vorsicht und Aufmerksamkeit lassen sich all diese Fallen für das Wohlergehen meiden oder zumindest auf ein Minimum beschränken.

Ein echter Wikinger

Nachdem ich in etwa fünfzehn Jahren Hunderte von Skippern interviewt habe, brauche ich nicht lange, um mir ein Bild davon zu verschaffen, wie das Klima an Bord einer Yacht ist. Bei all den Booten, auf denen Spannungen zwischen den Crewmitgliedern herrschen, gibt es doch viel mehr »zufriedene Schiffe«, auf denen man gern sitzt und sich die Zeit mit angenehmen Gesprächen vertreibt. Bestimmt wird die Atmosphäre an Bord fast immer durch die Persönlichkeit des Skippers oder Eigners wie beispielsweise bei Kit Greene, dessen klassische Yacht *Maruffa* leider vor Neuseeland verloren ging. Bei Kit herrschte immer eine ruhige Gelassenheit an Bord, an der sich auch dann nichts änderte, wenn die jungen Crewmitglieder hier und da wechselten.

Ein ähnliches Gefühl verspürte ich, als ich vor der ersten ARC im Hafen von Las Palmas zum ersten Mal an Bord der *Her Ladyship* ging. Auf den ersten Blick wirkte die 15 m lange Hallberg Rassy wie eine ganz normale Serienyacht, die von ihrer Crew aus hochgewachsenen blonden Norwegern tipptopp in Ordnung gehalten wurde. Nur ein zusammengeklappter Rollstuhl in einer Ecke des Cockpits gab einen Hinweis auf den außergewöhnlichen Mann, der ihr Skipper ist.

Ernst Torp ist sein ganzes Leben lang Regattasegler gewesen und hat an vielen

Die entspannte Atmosphäre an Bord der *Her Ladyship* geht einzig und allein darauf zurück, daß Ernst Torp allem und jedem gegenüber positiv eingestellt ist

Dreivierteltonner-Rennen teilgenommen, darunter auch als Mitglied der norwegischen Mannschaft beim Admiral's Cup 1975. Außer zu segeln erstellte Ernst auf dem Computer die Regattaprogramme des Königlich norwegischen Yachtclubs und des norwegischen Seglerverbandes. Seine Karriere als Regattasegler nahm ein plötzliches Ende, als die Ärzte bei ihm multiple Sklerose diagnostizierten, eine Krankheit, gegen die er seit mittlerweile über fünfzehn Jahre tapfer ankämpft. Ernst läßt sich nicht entmutigen und keine Minute länger an den Rollstuhl fesseln, als es unbedingt nötig ist. Als feststand, daß Regatten nicht mehr in Frage kamen, entschloß er sich zum Fahrtensegeln, und zwar nicht trotz, sondern wegen seiner Behinderung, um weiter segeln zu können, die Welt kennen zu lernen und das Leben zu genießen, solange er es noch konnte. An der ARC gefiel ihm die Vorstellung, wieder in einem Wettbewerb antreten zu können. Auch wenn die ARC als Regatta nicht so ernst gemeint war, wollte Ernst eine gute Leistung zeigen und stellte sich eine Crew aus Freunden und Verwandten zusammen.

Abgesehen von breiteren Stufen im Niedergang und zusätzlichen Halteleisten und -griffen gibt es auf der *Her Ladyship* nur wenige spezielle Vorkehrungen. Ernst kann die meisten Aufgaben beim Segeln selbst bewältigen. Nur die Arbeit auf dem Vordeck muß er seiner Crew überlassen.

Unter Deck wies die *Her Ladyship* etwas auf, das damals für eine Tourenyacht noch völlig ungewöhnlich war, in Zukunft aber häufiger anzutreffen sein wird: eine Computeranlage. Die Beschäftigung mit dem Computer ist Ernsts Beruf und Hobby, und er hat auf seinem Boot von der Crewliste bis zur Fahrtenkasse alles computerisiert. Außerdem hat er ein spezielles Fahrtenprogramm entwickelt, das ähnlich einem Logbuch die Einzelheiten vergangener und Ideen für künftige Törns festhält. Ernst Torp hat in Norwegen ein eigenes Software-Unternehmen, das unter anderem Segelprogramme für Yachtclubs und Seglerverbände entwickelt. Auch unterwegs bleibt Ernst seinem Beruf verhaftet, indem er Artikel für Computer-Zeitschriften schreibt.

Es konnte natürlich nicht ausbleiben, daß Ernst die Organisation der ARC in die Hand nahm und schon bald alle Boote erfaßt hatte, sortiert nach Länge, Klasse, Nationalität oder sonstigen Kriterien. Noch am Morgen des Starttages, als andere ihre letzten Vorbereitungen trafen, saß Ernst am Computer und gab die letzten Meldungen ein bzw. löschte die Boote, die nicht eingetroffen waren.

Seine Regattaerfahrung kam ihm zugute, als er die *Her Ladyship* in sehr guten sechzehn Tagen und acht Stunden über den Atlantik führte und als siebter von über zweihundert Teilnehmern auf Barbados eintraf. Er meinte, er hätte noch schneller sein können, wenn er sich nördlicher gehalten hätte, wie es ein anderes norwegisches Boot, die *Aquarion*, gemacht hatte, die der *Her Ladyship* um 21 Stunden voraus war. In ständigem Funkkontakt mit der *Aquarion*, deren Navigator ein Pilot mit einer guten Nase für das Wetter war, hatte er in der letzten Woche eine südlichere Route gewählt, was er dann später bedauerte.

Ernst wurde in der Karibik von seiner Frau Brit und ihrer gemeinsamen Tochter begrüßt. Brit segelt zwar auch gern, hatte sich aber in der physiotherapeutischen Praxis, die sie in Puerto Rico auf Gran Canaria betreibt, nicht freinehmen können. Nach der ARC segelten die Torps in der Karibik und anschließend zurück nach Norwegen, um die *Her Ladyship* an Ernsts Bruder zu übergeben, dem sie zur Hälfte gehört und der im Sommer an der norwegischen Küste segelt.

Ursprünglich war Ernst wegen Brits Praxis zu den Kanarischen Inseln gesegelt und hatte sich dort erst entschlossen, an der ARC teilzunehmen. Im folgenden Jahr war ich nicht allzu überrascht, die *Her Ladyship* wieder am Pier in Las Palmas liegen zu sehen und Ernsts Meldung für die ARC 87 zu erhalten. Dieses Mal hatte Brit sich freimachen können, um mit Ernst zu segeln, doch leichte Winde und größere Gelassenheit führten dazu, daß für die Atlantiküberquerung keine bessere Zeit als im Vorjahr heraussprang. »Wir sind die Sache gemächlich angegangen,« meinte Ernst bei der Ankunft auf Barbados, wo viele Segler, die ihn noch aus dem Vorjahr kannten, den beiden ein freundliches Willkommen bereiteten.

Gemächliches Segeln hieß für Ernst, daß er die *Her Ladyship* im folgenden Mai wieder zurück nach Norwegen segelte und so in zwei Jahren vier Atlantiküberquerungen mit insgesamt etwa 20 000 sm hinter sich brachte, eine Leistung, derer sich manch ein jüngerer und körperlich fitter Segler sich nicht zu schämen bräuchte. Seine Pläne für die Zukunft hängen natürlich immer davon ab, wie es ihm gesundheitlich geht. Im Herbst 1988 wollte er *nur* die dreitausend Meilen von Norwegen zu den Kanarischen Inseln und nicht über den Atlantik segeln, doch bei Ernsts Persönlichkeit und Entschlossenheit kann man sich da nicht so sicher sein.

Trotz seiner gesundheitlichen Probleme ist Ernst immer fröhlich und macht jeden Spaß mit, wie sich auch beim ARC-Kostümwettbewerb zeigte, wo er im Rollstuhl als Kopf eines riesigen Drachens auftrat, dessen Körper seine Crew bildete. Ich weiß nicht, ob Ernst etwas damit zu tun hat, doch sein Boot erwirbt sich langsam den Ruf einer Ehevermittlung. Nach der ersten ARC heiratete seine Tochter einen Teilnehmer von Barbados, mit dem sie jetzt auf der Insel lebt. Im folgenden Jahr entspann sich eine Romanze zwischen einem seiner weiblichen Crewmitglieder und einem kanadischen Skipper, die mit einer Hochzeit in Norwegen endete, zu der Gäste aus aller Welt kamen. Das gute Klima an Bord der *Her Ladyship* hat sicherlich etwas ganz Besonderes an sich.

Bei der Preisverleihung für die ARC 87 erhielt Ernst Torp den Sonderpreis »Spirit of ARC« für seine hervorragenden Leistungen und dafür, daß er dem Geist der Veranstaltung verkörpert. Die Zuschauer spendeten ihm stehende Ovationen, auf die er in seiner typischen Art reagierte, indem er den Preis ohne jede Hilfe stehend entgegennahm, ein lebendes Beispiel dafür, wozu der Mensch fähig ist, wenn er den Körper dem Geist unterordnet.

Eine Welt für Machos?

Die steigende Zahl der Segelyachten in den letzten Jahren hat dazu geführt, daß in einem bislang nicht gekannten Ausmaß auch Frauen im Segelsport vertreten sind, und zwar überwiegend im Fahrtensegeln, aber auch in der Regattaszene. Aus diesem neuen Sachstand ist aber nicht notwendigerweise auch eine neue Einstellung entstanden. Manche Männer wollen ihre dominierende Funktion auf dem Schiff nicht aufgeben, und gleichzeitig akzeptieren viele Frauen die ihnen zugewiesene passive Rolle. Nichtsdestotrotz liegen Veränderungen in der Luft, und zwar besonders im Bereich des Langfahrtensegelns. Ich befaßte mich mit der Rolle der Frau im Fahrtensegeln bei der Pazifik-Umfrage und ergänzte deren Ergebnisse dann durch Beobachtungen bei der ersten ARC.

Zum ersten Mal hatte ich das Fahrtensegeln unter dem Blickwinkel der Frau im Jahre 1979 bei einer Befragung von vierzig Frauen zu betrachten versucht. Fünf Jahre danach hatte ich bei der Umfrage unter fünfzig Tourenyachten im Südpazifik die Möglichkeit, erneut zu beurteilen, in welchem Ausmaß die Frauen am Fahrtensegeln von der Entscheidungsfindung bis zum Geschirrspülen teilhatten. Dabei hoffte ich als wichtigsten Punkt herauszufinden, ob die Mehrheit aller Frauen nach wie vor in eine passive Rolle gezwängt war, eine Rolle, die ich für unsinnig halte und die möglicherweise sogar gefährlich werden kann, wenn die Frau nämlich in einem Notfall plötzlich das Boot führen muß.

Alle fünfzig Yachten in verschiedenen Häfen von Tahiti bis nach Auckland befanden sich auf einem langen Törn, und auf nur fünf von ihnen umfaßte die Crew in der Regel keine Frau. Auf den verbleibenden Schiffen befragte ich insgesamt vierzig Frauen zu allen Aspekten des Fahrtensegelns mit Schwerpunkt auf der eigenen Rolle und Verantwortung an Bord. Alle waren bereit, über sich zu sprechen, und schilderten ihre guten und schlechten Erfahrungen; vieles richtete sich dabei direkt an andere Frauen, die vor der Frage stehen, ob sie ein solches Leben führen wollen.

Da alle befragten Frauen sich auf einem langen Törn befanden und teilweise seit mehreren Jahren unterwegs waren, wollte ich auch wissen, wie viele von ihnen schon vor Beginn des gegenwärtigen Törns am Segeln interessiert gewesen waren. Fünfundzwanzig gaben an, sich schon vorher für das Segeln interessiert zu haben, darunter einige, die seit dem Kindesalter segelten. Die übrigen fünfzehn Frauen hatten vorher keine Beziehung zum Segeln gehabt und ihren Partner teilweise erst kennengelernt, nachdem er seinen Törn angetreten hatte. Zu diesen gehörten auch die zehn Paare unterschiedlicher Nationalität.

Das Interesse am Segeln, das bei über der Hälfte der Frauen schon in der Zeit vorhanden gewesen war, als sie noch an Land lebten, war vielfach nur oberflächli-

cher Art gewesen, und nur sechs Frauen erklärten, die Entscheidung für das Fahrtensegeln sei allein ihre Idee gewesen. Auf fast der Hälfte der Boote (18) war die Entscheidung gemeinsam getroffen worden. Zwei Frauen gaben an, sie seien etwas stärker für das Fahrtensegeln gewesen als ihre Partner, während fünf Frauen zugaben, das Ganze sei die Idee des Partners gewesen, dem sie sich dann aber aus eigenem Entschluß angeschlossen hätten. Neun Frauen erklärten, sie hätten bei der Entscheidung keine oder allenfalls eine kleine Rolle gespielt. Von diesen neun meinten sieben, das Fahrtensegeln habe ihren Erwartungen entsprochen oder sie sogar übertroffen. Die beiden anderen Frauen legten sich nicht fest und sprachen sowohl von Tiefpunkten als auch von Höhepunkten. Für eine von ihnen waren die langen Ozeanüberquerungen immer noch ein traumatisches Erlebnis; sie gab aber zu, daß das Leben als Fahrtensegler in vielerlei Hinsicht einfacher sei, als sie erwartet hatte. Marianne Twisdale von der *Pelagic II* gab ihrer festen Überzeugung Ausdruck, daß »Frauen niemals mit auf Fahrt gehen dürfen, um dem Partner einen Gefallen zu tun, sondern nur, wenn sie es selbst wirklich wollen«. Dieser wertvolle Hinweis findet seine Bestätigung in der Tatsache, daß mehr als die Hälfte der befragten Frauen bei der Entscheidung für das Fahrtensegeln eine positive Rolle gespielt hatten.

Daß das Leben als Fahrtensegler seine erfreulichen Seiten hat, zeigte sich am Maß der allgemeinen Zufriedenheit unter den Befragten. Neunzehn Frauen erklärten, das Fahrtensegeln sei ihren Erwartungen gerecht geworden, und weitere sechzehn gaben an, die Art zu leben gefiele ihnen weitaus besser, als sie es sich vorgestellt hätten. Nur drei Frauen zeigten sich enttäuscht, darunter ausgerechnet eine von denen, die zu Beginn mehr Interesse gezeigt hatte als ihr Mann. In einem zweiten Fall war ich überrascht von den Spannungen zwischen Mann und Frau und von der

Vehemenz, mit der die Frau ihrer Abneigung gegen das Leben auf See Ausdruck verlieh. Saskia Whitehead von der *Cornelia*, die zu den Frauen gehörte, denen das Fahrtensegeln viel besser gefiel, als sie erwartet hatten, war bekümmert, daß die Frauen sich unglücklich fühlten. Sie hatte den folgenden Ratschlag parat: »Wer sich vom Fahrtensegeln nicht von vornherein angesprochen fühlt, sollte gar nicht erst daran denken.«

Arbeitsteilung

Wenn es um die Arbeitsteilung zwischen den Partnern an Bord ging, waren die Frauen wie schon in der früheren Umfrage zum Fahrtensegeln überwiegend in der Pantry zu finden: Von den vierzig befragten Frauen waren siebenundzwanzig ganz allein für das Kochen zuständig. Nur eine Frau kochte überhaupt nicht, eine weitere nur sehr selten, und die restlichen elf bekamen Unterstützung von anderen Crewmitgliedern und brauchten nur in fünfzig bis achtzig Prozent der Zeit zu kochen.

Keine einzige Frau kam ohne Abwaschen davon, wobei vier allerdings nur zehn bis dreißig Prozent des Abwaschs zu erledigen hatten. Auf zwanzig Booten war die Frau für den gesamten Abwasch zuständig, und auf weiteren zwölf Booten wurde diese Arbeit gleichmäßig aufgeteilt. Mehrere Frauen betonten, wie wichtig es sei, nicht auf die Pantry beschränkt zu sein, und wiesen darauf hin, daß das Fahrtensegeln viel mehr Spaß mache, wenn man aktives Interesse am Boot und an der Navigation entwickle.

Margaret Pickering von der *Keegenoo* meinte dazu: »Man darf nicht eine Küche gegen die andere eintauschen, sondern muß aktiv an der gesamten Arbeit auf dem Boot teilhaben. Dann hat man mehr vom Fahrtensegeln.«

Ein Teil der Arbeitsteilung ging sicherlich auf die unterschiedliche Körperkraft zurück, einer der Hauptgründe dafür, daß die Frauen auf fünfzehn Booten noch nie den Anker in der Hand gehabt hatten. Auf sieben anderen Booten verrichteten die Frauen jedoch die gesamte Ankerarbeit. Interessant daran war, daß all diese Boote über Ankerspills verfügten, oft sogar über elektrisch betätigte. Auf Booten, auf denen außer dem Skipper und seiner Frau noch ein stämmiger Sohn fuhr, hatte die Mutter nur selten schwere Arbeit zu leisten, und auf vierzehn Yachten teilte man sich die Arbeit mit dem Anker wie auch sonstige Tätigkeiten zu gleichen Teilen.

Auch die Hafenmanöver wurden auf zehn Booten gleichmäßig aufgeteilt; auf zehn anderen Booten bestand hingegen insofern eine strikte Arbeitsteilung, als der Skipper seiner Gefährtin unter keinen Umständen das Steuerrad überließ. Die übrigen Frauen schätzten, daß sie zwischen zehn und dreißig Prozent der Zeit am Steuer standen. Insgesamt verbrachten die Frauen mehr Zeit am Steuer als mit dem Anker, was bei einer zweiköpfigen Crew, in der einer kräftiger ist als der andere, auch ein vernünftiges Arrangement sein dürfte. Diese Ansicht wird auch von Susan Hiscock, der Doyenne der Fahrtenseglerinnen vertreten, die auf der *Wanderer IV* befragt wurde: »Beim Einlaufen in überfüllte Häfen sollte die Frau am Steuer stehen und der Mann an den Leinen und Fendern. Aber die Männer wollen immer ihre

Überlegenheit zeigen. Das ist die reine Eitelkeit. Man soll einfach sehen, daß sie alles im Griff haben.«

Im Vergleich zur früheren Umfrage waren die Frauen bei der Pazifik-Umfrage häufiger an Deck anzutreffen, wobei nur fünf überhaupt keine Segel wechselten. Wenn es allerdings ans Reffen ging, leisteten sie auch nicht mehr als zuvor. Zum Umgang mit den Segeln meinten zwei Frauen, sie machten 75 Prozent, neun sprachen von 50 Prozent, weitere zwölf von 33 Prozent und der Rest von noch weniger bis hinunter zu 5 Prozent.

Die Navigation schien eine männliche Domäne geblieben zu sein, da auf siebzehn Booten die Frauen absolut nichts damit zu tun hatten. Drei Frauen waren ganz allein für die Navigation zuständig, eine leichte Zunahme gegenüber der früheren Umfrage. Zehn Frauen erklärten, sie machten regelmäßig zwischen einem Drittel und der Hälfte der Navigation, und zehn weitere gaben sich mit weniger bzw. reiner Küstennavigation zufrieden. Auf dreien dieser Boote hatte sich dergestalt eine Arbeitsteilung herausgebildet, daß der Skipper die Beobachtungen machte und seine Partnerin die Berechnungen vornahm. Auf einem Boot machten Skipper und Gefährtin parallel zueinander ihre Astronavigation und verglichen anschließend die Ergebnisse; eine weitere Frau erklärte, diese Parallelnavigation werde auf ihrem Boot in gefährlichen Revieren gemacht.

Bewältigung von Notfällen

Viele Frauen konnten navigieren, auch wenn sie das normalerweise nicht taten, wie sich im nächsten Teil der Umfrage zeigte, in dem es darum ging, wie die Frauen allein in einer Notsituation zurechtkommen würden, wenn der Skipper ausfiel.

Einunddreißig von den vierzig Frauen trauten es sich zu, mittels herkömmlicher Astronavigation den nächsten Hafen zu erreichen, falls es nötig sein sollte. Drei weitere erklärten, sie kämen zwar nicht mit dem Sextanten zurecht, würden es aber mittels SatNav schaffen. Eine Frau war sich nicht sicher, und nur fünf gaben an, die Navigation auf hoher See sei für sie ein Buch mit sieben Siegeln. Das war der deutlichste Unterschied zu der fünf Jahre zuvor durchgeführten Umfrage, bei der aus einer ähnlichen Zahl befragter Frauen noch siebzehn nicht in der Lage gewesen waren, auf hoher See zu navigieren.

Zu berücksichtigen ist dabei allerdings, daß mittlerweile viel mehr Boote mit SatNav-Empfängern ausgerüstet sind, und diese Tatsache dürfte nicht unwesentlich dazu beigetragen haben, daß die Frauen das nötige Selbstvertrauen entwickelten, im Notfall selbst navigieren zu können.

Nicht so ausgeprägt waren die Unterschiede im Hinblick auf die anderen Seiten der Bewältigung eines Notfalls. Genauso viele Frauen (38) wie in der vorherigen Umfrage erklärten, sie könnten das Boot notfalls auch allein segeln. Die Mehrheit (34) konnte auch mit dem Ankergeschirr umgehen und das Dinghi an Bord nehmen. Mehrere Frauen meinten, sie hätten dabei wahrscheinlich hart zu kämpfen, würden die erforderliche Kraft dafür aber schon irgendwie aufbringen. Drei der Frauen, die den Anker nicht hieven konnten, weil er nach ihren Angaben zu schwer war, fuhren auf Booten mit einem mechanischen Ankerspill, das in einem früheren Teil der Umfrage von dem jeweiligen Skipper sehr schlecht benotet worden war. Sicherlich wäre es für jeden Skipper von Vorteil, dafür zu sorgen, daß die wesentlichen Ausrüstungsgegenstände auf dem Boot auch vom körperlich schwächsten Crewmitglied gehandhabt werden können.

Insgesamt fünfunddreißig Frauen glaubten, von einem Ankerplatz aus in See gehen zu können, wobei einige die Einschränkung machten, daß dabei einigermaßen gute Wetterbedingungen herrschen müßten. Diejenigen, die ihr Beiboot oder ihr Ankergeschirr nicht an Bord hieven konnten, würden in einem Notfall nicht zögern, es zurückzulassen. Sechsundzwanzig Frauen auf den dreißig Booten mit Windselbststeueranlage wußten, wie die Anlage einzustellen war, und auf den neunzehn Booten mit Autopilot fanden sich nur drei Frauen, die nicht damit umgehen konnten. Eine Frau auf einem Boot ohne Selbststeueranlage und ohne Autopilot meinte, wenn sie allein zurechtkommen müßte, würde sie versuchen, die Segel so zu trimmen, daß das Boot sich selbst steuerte.

Wie bei der vorhergehenden Umfrage war der Motor für die meisten Frauen ein Geheimnis; siebenundzwanzig erklärten sich außerstande, auch nur die einfachsten Arbeiten durchzuführen, etwa das Entlüften der Einspritzanlage. Es gab jedoch eine größere Anzahl Frauen (9), die es sich zutrauten, in einem Notfall einen Reparaturversuch am Motor zu unternehmen. Maria van Zelderen von der *White Pointer*, eine erfahrene Weltumseglerin, meinte, sie würde keine Zeit mit Reparaturversuchen verschwenden, sondern sich darauf konzentrieren, das Boot möglichst effizient zu segeln. Damit lag sie ganz auf der Linie ihrer Nachbarin Cristina Plantier auf der *Madame Bertrand*, für die diese Frage irrelevant war, weil ihr Boot keinen Motor hatte.

Problemlos beantwortet wurden all diese hypothetischen Fragen von June Macauley von der *Acheta*, die all das schon einmal mitgemacht und das Boot allein gesegelt hatte, nachdem ihr Mann Mac eine schwere Hepatitis bekommen hatte. Dieser Vorfall unterstreicht, was Pascale Fecamp von der *Kalabush* allen anderen Fahrtenseglerinnen rät:

»Lernt, das Boot allein zu segeln!« Später erfuhr ich, daß auch eine der Frauen aus der ersten Umfrage, Liz MacDonald von der *Horizon*, hatte mit einem Notfall zurechtkommen müssen. Ihr Mann Bruce hatte sich auf der Fahrt von Australien nach Indonesien eine schwere Blutvergiftung zugezogen und lag, zu keiner Bewegung fähig, in seiner Koje. Mit einem Gefühl der Beklommenheit übernahm Liz die Doppelrolle als Skipper und Navigator einerseits und Krankenschwester andererseits und schaffte es nach zwei Tagen fast ohne Schlaf, im Hafen Kupang auf der Insel Timor vor Anker zu gehen. Für sie war der ganze Papierkram und der Umgang mit den Behörden in einem Land, in dem Frauen so etwas nicht tun, fast genauso traumatisch wie die zwei Tage, nach denen sie das Boot sicher in den Hafen brachte. »Warum mußte das ausgerechnet auf der Fahrt nach Indonesien passieren? Warum konnte es nicht Neuseeland oder Australien sein?« fragte sie sich immer wieder. Wie diese Beispiele belegen, besteht immer die Möglichkeit, daß der Skipper unterwegs ernsthaft erkrankt, und man kann nie wissen, wann und wo ein Notfall eintritt. Deshalb kann es nur im Interesse eines jeden Skippers liegen, den Crewmitgliedern Verantwortung zuzuweisen und dafür zu sorgen, daß sie das Boot notfalls auch alleine führen können.

Leben an Bord

Interessant war die Feststellung, daß nur wenige segelnde Frauen die Annehmlich-keiten des Lebens an Land vermißten; besonders selten war das der Fall auf Booten, die über Warmwasser oder eine Dusche verfügten. Reichlich Frischwasser aus dem Hahn, eine Dusche und ein heißes Bad – das waren die Dinge, die am häufigsten vermißt wurden. Nur sieben Frauen fehlten diese Annehmlichkeiten wirklich und weitere sechs gelegentlich; siebenundzwanzig erklärten kategorisch, sie vermißten derartige Dinge überhaupt nicht. Vielfach wurde deutlich, daß der Lebensstil einfacher geworden war, je länger die Frauen unterwegs waren. »Man muß bereit sein, die Hausarbeit wie vor fünfzig oder hundert Jahren zu verrichten und beispielsweise die Wäsche von Hand in einem Eimer zu waschen,« sagte Marika Hantel, die sich mit Mann und zwei kleinen Kindern auf der achtzig Jahre alten *Pytheas* auf einer Weltumsegelung befand. »Wer nicht willens ist, auf die Annehm-lichkeiten des Lebens an Land zu verzichten, bleibt besser gleich zu Hause.«

Der Verzicht auf einen Teil der Geräte der heutigen Zeit bedeutet nicht notwendigerweise, daß all diese Frauen ein spartanisches Leben führen. Viele Yachten waren mit Tiefkühlgerät und Kühlschrank ausgerüstet, und auf einigen fand sich sogar eine Waschmaschine. Auf so mancher Yacht unterscheidet sich die Pantry kaum von einer Küche an Land. Elektrische Küchenmaschinen und auch Mikrowellenherde sind längst keine Seltenheit mehr.

Viele Frauen betonten bei den Gesprächen, wie wichtig eine gute Beziehung zum Partner ist. «Wenn man schon an Land nicht gut miteinander auskommt, darf man keinesfalls auf einen solchen Törn gehen,« meinte dazu Irmgard Klein von der *Haubaut*. Eine andere Frau gab zu, das Fahrtensegeln habe ihr die Augen geöffnet, und sie wisse jetzt, daß sie ihren Mann vorher kaum gekannt habe. Wenn man vierundzwanzig Stunden am Tag so nah beieinander verbringt, wirkt sich das auf jede Beziehung aus.

Eine Frau bemerkte dazu etwas zynisch, das Leben an Bord eigne sich sehr gut dazu, Partner auseinanderzubringen. Eine weitere Frau meinte, die passive Rolle mancher Frauen bei der Entscheidung für das Fahrtensegeln könne später zu Problemen führen, die nicht nur die Fortsetzung der Fahrt gefährdeten, sondern auch die Beziehung an sich.

Auf der positiven Seite muß allerdings gesagt werden, daß das Leben auf See die Betroffenen in den meisten Fällen einander näher gebracht hatte. Bei den Paaren, die seit langem unterwegs waren oder schon vorher viel zusammen gesegelt hatten, waren die Beziehungen merklich harmonisch. Diese Nähe zeigte sich auch in der Tatsache, daß die Hälfte der befragten Frauen sich stärker von ihrem Partner abhängig fühlte als an Land; nur zwei Frauen erklärten, sie seien unabhängiger geworden. Bei dreizehn Frauen hatte sich am Grad der Abhängigkeit vom Partner nichts geändert, und fünf weitere konnten die Frage nicht beantworten, weil sie mit ihrem Partner an Land nie zusammengelebt hatten. Mehrere Frauen wiesen darauf hin, daß das Leben auf See anders sei, weil die Partner in weitaus höherem Maße als an Land voneinander abhängig seien und ein Team bilden müßten. »Wir gegen die Elemente, darum geht es doch,« meinte dazu Betty Eastman von der *Con Tina*. »Und deshalb sind wir weitaus stärker voneinander abhängig.«

Anregungen

Zum Schluß der Gespräche fragte ich alle Frauen, ob sie irgendwelche spezifischen Ratschläge oder Anregungen für andere Frauen hätten, die vielleicht auch daran dächten, ihre Wohnung mit einer Yacht zu vertauschen. Außer allgemeinen Ratschlägen gab es dabei Tips, mit denen sich das Leben an Bord nach den Erfahrungen der Befragten angenehmer gestalten läßt.

Mehrere Frauen meinten, man solle möglichst viele Annehmlichkeiten haben, beispielsweise eine kleine Waschmaschine. Eine Frau riet dazu, Sachbücher zu Themen wie Konservierung von Nahrungsmitteln und Kochen mit tropischen Zutaten mitzunehmen. Einige Frauen wiesen darauf hin, daß es wichtig sei, eigene Interessen und Hobbies zu haben, und zwar besonders solche, die eine gewisse Beziehung zum Segeln haben, etwa Tauchen, Muschelsammeln, Malen, Photographieren oder Amateurfunk. Manche Frauen nutzen die Gelegenheit, die das Fahrtensegeln bot, dazu, speziellen Interessen nachzugehen. So beschäftigte sich beispielsweise eine Frau mit der Geschichte und Politik der besuchten Länder, und eine andere lernte Sprachen. Mehrere Frauen spielten Musikinstrumente, und eine hatte besonderes Interesse an Astronomie, was auch darin seinen Ausdruck fand, daß ihr Boot das einzige war, auf dem regelmäßig Sternenbestecke genommen wurden.

Viele Frauen regten dazu an, im Vorfeld eines längeren Törns alle möglichen Informationen einzuholen. »Vor dem Auslaufen jede Menge Bücher über das Fahrtensegeln lesen, damit man weiß, was einem bevorsteht,« riet Sylvia Beaurivage von der *Drummer*. Mehrere Frauen meinten, es sei vielleicht nicht schlecht, vorher als Crewmitglied auf ein anderes Boot zu gehen, um eine Vorstellung davon zu bekommen, was Hochseesegeln bedeutet. »Für mindestens zwei Wochen chartern und einen mehrtägigen Hochseetörn machen,« schlug Elizabeth Veuve von der *Penelope* vor und wies darauf hin, daß dieser Rat sich an Männer und Frauen richtete. Da das Fahrtensegeln sich derart vom Leben an Land unterscheidet, wiesen viele Frauen darauf hin, daß man mit einer positiven Einstellung an die Sache herangehen müsse und nicht zu viele feste Vorstellungen haben dürfe. Ein weiterer Rat lautete, man solle vor dem endgültigen Auslaufen erst einmal eine Weile an Bord leben, weil die meisten Paare vorher noch nie auf so engem Raum miteinander gelebt hätten.

Dana Nicholson von der *Spray*, die sich heftig für mehr weibliche Beteiligung im Segelsport aussprach und in Antigua eine Regattacrew aus Frauen aufgestellt hatte, betonte: »Vor allem müssen die Frauen an sich selbst glauben. Das ist die einzige Möglichkeit, etwas gegen den männlichen Chauvinismus auf See zu tun.« Geteilt wurde diese Ansicht von Cristina Plantier von der *Madame Bertrand*. »Man darf sich nicht mit einer passiven Rolle abfinden und glauben, das sei alles zu schwer, sondern muß an allem aktiv teilhaben wollen. An Bord einer Tourenyacht darf es keinen Unterschied zwischen Mann und Frau geben.« Zum guten Schluß lief doch alles wieder darauf hinaus, daß die Rolle der Frau auf dem Boot entscheidend von ihrer eigenen geistigen Einstellung und den Verhaltensweisen des Mannes bestimmt wird. Illa Gieseking von der *Lou IV*, die ihr ganzes Leben lang gesegelt hat und ihrem Mann Herbert seit dreißig Jahren eine gleichberechtigte Partnerin ist, hat nie

Zweifel an ihrem Leben auf See gehegt. Auf meine Frage, ob sie irgendwelche Anregungen geben könne, lächelte sie abwehrend und meinte, wenn sie sage, wie schön ein solches Leben sei, würden viel zu viele Leute auf den Geschmack kommen und die Weltmeere übervölkern.

Wie viele andere Frauen bei diesen beiden Umfragen im Pazifik fand Illa es schwer, sich wieder an Land niederzulassen. Mittlerweile ist sie mit ihrer neuen *Lou V* wieder unterwegs. Sie ist nicht die einzige von denen, die zu den Umfragen beigetragen und sich, oft mit einem neuen Boot, auf einen neuen Törn begeben haben, um die Zahl der Frauen mit herausragenden seglerischen Leistungen zu vergrößern.

Frauen bei der ARC

Bemerkenswert weniger Unterschiede zwischen den Geschlechtern gab es ein paar Jahre später bei der ersten ARC, bei der auf achtzig Prozent aller Boote eine Frau an Bord war. Etwas mehr als ein Viertel der Boote (52) wurde von einem Paar gesegelt. Daß die jeweilige weibliche Hälfte der Crew einen vollen Beitrag zum Segeln des Bootes leistete, zeigte sich an der Tatsache, daß von den ersten drei Booten, die Barbados erreichten, zwei von einem Paar geführt wurden.

Meine eigene Frau Gwenda, die sich für diese Dinge interessiert, befragte viele der Frauen bei der ARC 86 und trug damit wesentlich zu diesem Abschnitt bei. Das vermehrte Engagement von Frauen im Segeln ist etwas, das ich begrüße und fördern will, nicht zuletzt auf meiner eigenen Yacht. Gwenda hat aktiv an der Gestaltung unserer neuen *La Aventura* mitgewirkt und dabei vieles von dem einfließen lassen, um das es in diesem Kapitel geht. Es liegt an den Frauen selbst, dafür zu sorgen, daß ihre Wünsche und Vorstellung bei der Konstruktion berücksichtigt werden.

Das dritte Boot, das bei der ARC 86 auf Barbados eintraf, war die *Albatros*, eine Swan 61, auf der Vera Schmidt gleichberechtigt mit und in gleichem Maße wie ihr

Noelle Corbett erzählt Gwenda von ihrem Einhandtörn mit der *Sweet Dreams*

Partner Manfred Kerstan dafür gesorgt hatte, daß die Atlantiküberquerung in vierzehn Tage geschafft war und der Pokal des Ministerpräsidenten in ihren Besitz überging. Viele andere Frauen fragten sich, wie Vera so problemlos mit einem Boot dieser Größe zurecht kam, doch Vera meinte, mit der hydraulischen Rollreffanlage für sämtliche Segel ließe sich die Yacht sogar einfacher segeln als ihr vorheriges Boot mit 14,5 m, mit dem sie fünf Jahre um die Welt gesegelt waren. Die Entwicklung von Rollreffanlagen war zweifellos eine Wohltat für alle Seglerinnen; dasselbe gilt für selbstholende Winschen, die es nicht nur Frauen, sondern allen weniger muskulösen Menschen gestatten, aktiver in das seglerische Geschehen einzugreifen.

In der festen Entschlossenheit, eine schnelle Überfahrt vorzulegen, hatten Vera und Manfred fast die gesamten 2700 sm selbst gesteuert. Tagsüber hatten sie jeweils eine Stunde am Steuerrad gestanden, und nachts waren sie vierstündige Wachen gegangen, davon zwei mit Steuern und zwei unter Autopilot. Der Autopilot wurde auch zu den Mahlzeiten eingeschaltet, damit sie zusammen essen konnten. Ihre Abneigung gegen den Autopiloten entsprang nicht nur dem Wunsch, das Boot effizienter zu segeln, sondern auch dem hohen Stromverbrauch des Geräts.

Obwohl im wesentlichen eine Serienyacht, ist die *Albatros* für Vera ein richtiges Heim, so daß ein paar zusätzliche Annehmlichkeiten wie etwa eine Sauna einbauen ließ. Hartes und schnelles Segeln bedeutet für Vera nicht, daß sie auf alle Annehmlichkeiten verzichtet.

Die ARC war zwar keine Regatta im eigentlichen Sinne, ließ aber in nicht wenigen Seglerinnen einen verdeckten Hang zum Wettbewerb zum Vorschein kommen. Auch Marcia Davock, Autorin eines Segelführers für Tahiti und die Gesellschaftsinseln, die mit ihrem Mann Mugs sieben Jahre auf ihrer Rhodes 41 *Shearwater* die Weltmeere bereist hatte, gab zu, oft von Hand gesteuert zu haben, um eine bessere Leistung zu erzielen. »Für mich war es die größte Überraschung, daß sich mein eher lässiger Fahrtensegler-Stil zu einer Einstellung wandelte, bei der ich immer wieder versuchte, hier und da noch etwas zu verbessern, um schneller zu werden,« sagte sie und meinte, sie habe bei einer einzigen Atlantiküberquerung mehr über den Umgang mit der *Shearwater* gelernt als auf den 30000 sm zuvor. Nachdem sie die erwartete Zeit um zwei Tage unterschritten hat, glaubt Maria, daß Fortschritte im Bootsbau und in der Bootsausrüstung es auch einer kleinen Crew ermöglichen, komfortabler, sicherer und schneller zu segeln als je zuvor.

Die *Shearwater* verhalf den ARC-Zeitnehmern zu einem der spannendsten Zieleinläufe der Veranstaltung, bei dem das 20 Jahre alte Boot die Ziellinie nur eine Minute vor der 30 Jahre alten und 12 m langen *Ziggurat* mit Alice und Howard Wright überquerte. Die beiden Boote hatten sich ein Privatduell geliefert, seit sie beim ersten Kontakt über Amateurfunk festgestellt hatten, wie nahe sie beieinanderlagen. Alice hatte gerade ein Funksprechzeugnis erworben und war begeistert angesichts der Möglichkeiten eines Funkgeräts an Bord. Sie ist der Meinung, daß die Frau an Bord, wenn sie schon nicht navigiert, sehr gut die Verantwortung für das Funkgerät übernehmen kann. Alice segelt zwar schon ihr Leben lang, lernte für das Funksprechzeugnis aber erst unmittelbar vor dem Auslaufen zu einem größeren Törn, in dessen Rahmen sie auch an der ARC teilnahm. Zwei Tage vor dem Auslaufen hatte sie die Prüfung gemacht. Alice freute sich über ihre Funkkontakte nicht nur als Sicherheitsfaktor, sondern auch als Mittel gegen die Langeweile auf langen Hochseetörns. Außerdem diente das Funkgerät dazu, die Familie zu Hause auf dem laufenden zu halten. Während der ARC trug Alice dauernd die Positionen aller anderen Yachten, die sich im Funknetz angemeldet hatten, in die Karte ein, was für sie und Howard ein zusätzlicher Antrieb war, schneller zu segeln, wenn sie erkennen mußten, daß die anderen besser vorankamen.

In völliger Übereinstimmung mit Alice befand sich Janet Murphy, eine alte Freundin aus demselben Yachtclub, die auf der *Apogee* an der ARC teilnahm. Janet war ebenfalls für das Funkgerät zuständig und überließ die Navigation ihrem Mann George. Louise Tapsell hingegen macht auf der *Whim of Arne*, einer Trapper 500, normalerweise die Navigation. In den vier Jahren, in denen sie mit ihrem Mann George im Mittelmeer segelte, teilten die beiden die Arbeit auf dem Boot in der Regel gleichmäßig untereinander auf. Für die ARC meldeten sie Louise offiziell als Skipper, weil sie meinten, das könnte interessanter werden. Auf der Atlantiküberquerung navigierte Louise also nicht nur, sondern traf auch alle anderen Entscheidungen, beispielsweise über die Route. Louise ist fest davon überzeugt, daß bei einer zweiköpfigen Crew beide Partner alles können müssen, um für den Notfall gerüstet zu sein. Deshalb hat sie auch den entsprechenden Segel- und Motorführerschein erworben; sie kann mit dem Boot umgehen und notfalls sogar einfache Motorreparaturen durchführen. Louise ist der Meinung, daß Frauen ausdauernder sind als Männer, und zwar besonders, wenn es um den täglichen Umgang mit dem Boot geht.

Die Tapsells erlebten während der Atlantiküberquerung einen Zwischenfall, der sie den Mast hätte kosten können. Der untere Beschlag ihrer Rollfockanlage brach, so daß das Vorstag herunterkam und das Segel sich ausrollte. Als Skipper ließ Louise Gordon in den Mast aufentern, um das Vorstag durch ein Fall zu ersetzen. Da die Rollfock nicht mehr zu gebrauchen war, segelten sie langsam mit einer kleinen Sturmfock und einem Trysegel weiter. In dem Versuch, das Boot schneller zu machen, um noch an Heiligabend auf Barbados einzutreffen, riggte Louise das Surfsegel am Mast. Das brachte einen halben Knoten mehr Fahrt, was aber nicht ganz reichte. Die *Whim of Arne* traf am Weihnachtsmorgen auf Barbados ein..

Louise war nicht der einzige weibliche Skipper bei der ARC; eine der anderen Frauen, Noelle Corbett von der *Sweet Dreams*, erregte viel mehr Aufmerksamkeit. Noelle, die normalerweise mit ihrem Mann Jim segelte, beschloß am Abend vor dem Start, daß sie es allein versuchen wollte. »Das hatte ich schon immer tun wollen, und in dem Augenblick hatte ich einfach ein gutes Gefühl, und zwar sowohl in mir selbst als auch mit dem Boot.« Nachdem sie die *Sweet Dreams*, eine Moody 33, vier Jahre lang im Roten Meer und im Mittelmeer gesegelt hatte, kannte Noelle ihr Boot ganz genau. Jim Corbett, der auf einer anderen ARC-Yacht unterkam, ermutigte sie, und seine volle Unterstützung war eine große Hilfe für sie.

Noelle fand das Einhandsegeln zu Beginn sehr ermüdend, weil sie tagsüber zu schlafen versuchte und nachts wach blieb. Das größte Problem erlebte sie, als sich der Spinnaker um das Vorstag wickelte und sie dazu zwang, in den Mast aufzuentern, um das Segel wieder abzuwickeln. Nach und nach erarbeitete sie sich die Kombination von Segeln, mit denen sie selbst und ihre Selbststeueranlage am besten zurechtkamen. Als ziemlich frustrierend empfand sie, daß sie im Umgang mit dem Boot völlig umdenken mußte, weil sie alles allein tun mußte. Ganz allein war sie allerdings nicht, denn sie hatte ihren Hund Joe bei sich behalten. Daß sie für Joe sorgen mußte, hielt sie davon ab, sich zu sehr mit sich selbst zu beschäftigen, so daß sie keine richtigen Momente der Niedergeschlagenheit oder Einsamkeit erlebte.

Die Entschlossenheit, die *Sweet Dreams* gut zu segeln, endete für Noelle schließlich in der Belohnung, daß sie die neun männlichen Einhandsegler schlug und den Preis der Einhandsegler davontrug. Noelle hatte damit Geschmack am Regattasegeln gefunden und kaufte sich in der Folgezeit die Leichtverdrängungsyacht *Outrageous*, mit der sie 1988 am Carlsberg-Einhandrennen von Plymouth nach Newport teilnahm. Sie ist sicherlich ein gutes Beispiel dafür, was Frauen können, wenn sie über den entsprechenden Willen verfügen.

Die meisten bislang erwähnten Frauen waren Seglerinnen, die auf langjährige Segelerfahrung zurückblicken konnte und schon andere Ozeane überquert hatten. An der ARC nahmen aber auch Frauen teil, für die es die erste Ozeanüberquerung war. Mehrere von ihnen gaben zu, daß eine Teilnahme für sie nicht in Frage gekommen wäre, wenn da nicht das Gefühl der Sicherheit im Rahmen einer solchen Veranstaltung gewesen wäre. Lorris Chrisope kleidete es in die folgenden Worte: »Meine Familie war erleichtert. Meine Mutter litt zunächst Qualen bei dem Gedanken, daß wir den Atlantik überqueren wollten, doch die Tatsache, daß das Ganze im Rahmen der ARC stattfinden sollte, beruhigte sie dann. Sie empfand das als zusätzlichen Sicherheitsfaktor.«

Abgesehen davon, daß sie hier und da mal auf den Großen Seen gesegelt hatte, war Lorris eine völlige Anfängerin, als sie und Ron in England, wo sie arbeiteten, die 11 m lange Nauticat *Camelot* kauften. Nach und nach entstand in ihnen der Plan, die *Camelot* nach Hause in die Vereinigten Staaten zu segeln. Nach einem schnellen Törn rund um das Mittelmeer, bei dem die Chrisopes kaum eine Chance hatten, andere Fahrtensegler kennenzulernen, fand Lorris die Atmosphäre in Las Palmas sehr hilfreich. »Ich stellte fest, daß andere Leute ähnliche Probleme hatten wie ich und daß es Lösungen für diese Probleme gab. Die Tips und Hinweise von Seiten der Organisatoren und der anderen Fahrtensegler waren ungeheuer wertvoll.« Als Ron eine Woche vor dem Start mit einer schweren Entzündung im Bein ins Krankenhaus mußte, machte Lorris sich ernsthafte Sorgen, daß die Entzündung vielleicht auf See wieder auftreten würde. Aus diesem Grunde entschlossen sich die beiden noch in allerletzter Minute, noch ein Paar mit an Bord zu nehmen. Die Anwesenheit einer zweiten Frau ermutigte Lorris; sie empfand die Überfahrt als weniger langweilig und ermüdend, als wenn sie nur zu zweit gewesen wären. Bei der Ankunft auf Barbados war sie eine weitaus selbstbewußtere Seglerin, die ihren eigenen Stil gefunden und das Gefühl bekommen hatte, etwas geleistet zu haben.

Das Beispiel Lorris bestätigte eine Beobachtung, die ich in der Vergangenheit schon mehrfach gemacht hatte, nämlich, daß es für Frauen oft hilfreich ist, andere Frauen kennenzulernen, die sich in einer ähnlichen Situation befinden, und daß Frauen stärker als Männer das Bedürfnis verspüren, mit anderen zu sprechen. In diesem Zusammenhang bietet es sich dann möglicherweise für alle, die unerfahren sind oder sich Sorgen machen, ob sie allein mit ihrem Partner zurechtkommen, an, für längere Törns weitere Personen an Bord zu nehmen.

Eine weitere Anfängerin, die vor der ARC nur wenig gesegelt hatte, war Paula Swan, die allein mit Nigel Lennard auf dem 9-m-Katamaran *Guzzledown* segelte. Auch Paula fand die Atmosphäre in Las Palmas hilfreich, weil sie dort nicht nur andere Anfängerinnen, sondern auch erfahrene Leute kennenlernte, die den Atlantik schon vorher einmal überquert hatten. Das flößte ihr nicht nur Vertrauen ein, sondern war auch eine Hilfe in praktischen Dingen wie der Berechnung der Proviantmenge und ähnlichem. Als sie hörte, wie jemand seine Frau als »Gepäck« bezeichnete, hoben sich ihre Lebensgeister, denn da wurde ihr klar, daß es noch andere Frauen gab, die keine Ahnung vom Segeln hatten. Bei dem sehr erfahrenen Segler und Navigator, der Nigel nun einmal war, konnte Paula ihre extreme Anspannung auf der gesamten Überfahrt nicht ablegen. Im Bewußtsein ihrer mangelnden Erfahrung hatte sie immer Angst, etwas falsch zu machen, und zwar besonders dann, wenn sie mit dem Wachegehen an der Reihe war. Aber sie machte nichts verkehrt, und die *Guzzledown* erreichte Barbados sicher und in einer Zeit, die sogar noch für einen Preis reichte.

Auch Anne Tieman von der *Antares II* gab zu, vor dem Auslaufen etwas ängstlich gewesen zu sein, und zwar hauptsächlich wegen der beiden kleinen Kinder im Alter von vier und einhalb Jahren. Da sie sich nachts die Wachen mit ihrem Mann Olaf teilte, fand sie es extrem anstrengend, die Kinder den ganzen Tag lang zu beschäftigen. Viele Frauen, die vor einem solchen Problem stehen, nehmen für einen langen Törn zusätzlich jemanden an Bord. So machte es auch Tina Moss auf der *Jenny M.*, die mit ihren drei Kindern segelte. Die Kinder waren zwar älter (13, 12 und 10) und konnten sich schon eher selbst beschäftigen, aber für Tina wurde die Atlantiküberquerung trotzdem einfacher, weil das zusätzliche Crewmitglied es ihr ersparte, neben dem Kochen auch noch die Bedienung der Schoten und Fallen übernehmen zu müssen, für die sie normalerweise zuständig war.

Schlußfolgerungen

Aus der Anzahl von Kindern, die heute mit ihren Eltern an der Küste und auf hoher See segeln, läßt sich schließen, daß sich die Situation weiterhin dahingehend ändern wird, daß mehr und mehr Frauen schon in frühen Jahren Segelerfahrung sammeln. Bei den ARC-Veranstaltungen wird zunehmend klar, daß den Frauen beim Segeln eine größere Rolle zukommt, da Töchter mit ihren Vätern und Mütter mit ihren Sohnen sowie Freunden und Partnern segeln. Aus Gesprächen mit vielen dieser Frauen geht eindeutig hervor, daß sie zum Teil vorrangig darauf achten, daß das Boot auf ihre Bedürfnisse hin ausgelegt wird, sei es von vornherein bei Konstruktion und Bau oder später beim Kauf oder beim Umbau eines Bootes.

An erster Stelle steht dabei die problemlose Handhabung, beispielsweise durch den Einbau von Winschen, die so dimensioniert sind, daß auch eine weniger kräftige Frau mit den Segeln umgehen und notfalls den Mann am Mast hochwinschen kann. Selbstholende Winschen bieten sich an, weil man sie mit beiden Händen bedienen kann. Es läßt sich nicht ignorieren, daß zwischen Mann und Frau Unterschiede in der körperlichen Größe und Kraft bestehen, doch Frauen haben schon oft genug bewiesen, daß sie als Einhandsegler die Welt umsegeln können und bei größeren Hochseeregatten Erfolge erzielen. Deshalb gibt es keinen Grund, warum eine Familientourenyacht nicht so ausgelegt sein sollte, daß der weibliche Anteil der Crew mit ihr umgehen kann. Das ist außerdem eine Frage der Sicherheit für die gesamte Crew.

Eine geteilte Besegelung mit kleineren Segeln, sei es als Kutter, Ketsch, Stagsegelketsch oder Yawl, eignet sich für ein Familienboot besser als die riesigen Segel einer hochgetakelten Slup. Auch Rollreffanlagen erleichtern die Handhabung wie alle anderen Vorkehrungen, die dem schwächeren Geschlecht helfen. Auch wenn die Frau normalerweise mit der Segelführung nichts zu tun hat, könnte sie in einem Notfall doch dazu gezwungen sein.

Als nächstes ist an den Anker und speziell das Ankerspill zu denken. Die Tatsache, daß der Anker normalerweise vom Mann bedient wird, bedeutet nicht, daß er nur dann schliert, wenn der Mann auch an Bord ist. Für einen solchen Fall brauchen Frauen ein elektrisches Ankerspill. Aus den Umfragen und den Beobachtungen bei der ARC weiß ich, daß die Frauen auf vielen Booten genauso viel Zeit am Steuer verbringen wie die Männer, wenn nicht sogar mehr. Für Paare ist es bei Hafenmanövern am vernünftigsten, wenn die Frau am Steuer steht. Dann ist der kräftigere Mann frei und kann Leinen werfen, das Schiff von anderen Booten abhalten, den Anker ausbringen, Anweisungen geben und was sonst noch zu tun ist. Das macht nicht nur Sinn, sondern ist auch effizienter. Aus diesem Grund lohnt sich ein Blick auf den Steuerstand und die Sicht, die man von dort aus hat. Erstaunlich viele Boote scheinen nämlich von großen Männern für große Männer konstruiert worden zu sein, so daß es für eine kleinere Frau oft unmöglich ist, über das Kajütdach hinweg den Bug zu sehen.

Die Frauen spielen beim Segeln zwar eine aktivere Rolle, doch auf vielen Booten war und ist die Pantry ihre Domäne, so daß auch hier ein kritischer Blick angebracht ist. Es ist nicht notwendigerweise ein Vorteil, wenn die Pantry sehr geräumig ist; oft ist Kompaktheit und guter Zuschnitt viel besser. Das hängt natürlich in großem Maße von den Bedürfnissen des Einzelnen ab, d. h., ob man nur kleine Imbisse auf See zubereiten oder im Hafen ein ausgewachsenes Dinner für Gäste kochen will. Wenn mehr als einfache Gerichte vorgesehen sind, müssen mindestens zwei Brennstellen und am besten auch ein Backofen vorhanden sein. Spüle und Kocher müssen nahe beieinander liegen, und der Eßplatz sollte von der Pantry aus problemlos erreichbar sein.

Die Sicherheit an Deck ist ein weiterer Aspekt, der besonders beim Segeln mit Kindern zu bedenken ist. Dabei ist darauf zu achten, daß die Seitendecks breit genug sind, daß keine Stolperfallen vorhanden sind und daß es nicht an Griffleisten auf dem Kajütdach, einem stabilen Bug- und Heckkorb und festen Handleinen fehlt, an denen man sich an Deck festhalten kann. Wenn das Boot einen hohen Freibord hat, kann es für eine kleinere Frau schwierig sein, in das Dinghi zu steigen oder aus dem Dinghi an Bord zu klettern, und sogar gefährlich, wenn sie dabei noch ein kleines Kind tragen muß. In diesem Falle hilft eine Heckleiter oder eine Heckplattform. Eine Heckplattform ist außerdem zum Schwimmen ganz nützlich und kann sich als Sicherheitsfaktor erweisen, wenn beispielsweise jemand über Bord gegangen ist.

Nachdem ich mich schon viele Jahre für das Thema Frauen und Segeln interessiere und mit so vielen Frauen gesprochen habe, weiß ich, wie groß der Beitrag von Frauen zu vielen herausragenden Törns mit kleinen Yachten gewesen ist. Hier ist es jedoch wie im Leben an Land: Damit ihr Beitrag Anerkennung findet, müssen Frauen bestimmter auftreten und sich Gehör verschaffen und dürfen sich nicht mit der Nebenrolle abfinden. Zugegebenermaßen müssen sie dabei in einer nach wie vor von Männern dominierten Welt gewisse Vorurteile überwinden. Es gibt ja sogar noch ein paar Yachtclubs, in denen Frau nicht die gleichen Rechte genießen wie Männer. Wie tief diese Vorurteile und vorgefaßten Meinungen teilweise sitzen, erfuhr ich bei der ARC 88, bei der auf mehreren Yachten eine Frau als Skipper fuhr. Eine von ihnen, Patricia Beard, eine erfahrene Seglerin und Eignerin der *Blue Cornflower*, bekam von ihrer Versicherung die Mitteilung, da der Skipper kein Mann sei, müßten außer ihr statt der üblichen zwei mindestens drei erfahrene Segler an Bord sein, sonst könne das Boot für die Atlantiküberquerung nicht versichert werden. Ich kann mir kein besseres Beispiel für männlichen Chauvinismus vorstellen als diese Forderung einer Versicherung aus einem Land, das damals von einer Premierministerin und einer Königin regiert wurde.

Die Geschichte der ARC

Jedes Jahr, wenn die Segelsaison im Mittelmeer und in Westeuropa sich dem Ende nähert, machen sich Hunderte von Booten bereit, die lange Fahrt über den Atlantik in die Karibik anzutreten. Beliebter Abfahrtshafen ist Las Palmas auf den Kanarischen Inseln, wo man sich gut verproviantieren kann und von wo es nicht weit ist bis zum stetigen NO-Passat der Wintermonate.

Nach meinen verschiedenen Umfragen in anderen Regionen der Welt ging ich im November 1985 auf die Kanaren, um eine Gruppe von fünfzig Skippern zu befragen, wie sie sich auf diese Ozeanüberquerung vorbereiteten und was sie von ihr erwarteten. Aus diesen Befragungen entstand die Atlantik-Umfrage. Die Atmosphäre in Las Palmas war in den letzten Tagen vor dem Auslaufen gekennzeichnet von Erregung und Spannung, wobei sich manch ein Skipper auch mit einem Gefühl der Besorgnis fragte, was ihn auf der langen und oft einsamen Überfahrt erwarten würde. Die herzliche Kameradschaft unter den Seglern überwand die Grenzen von Nationalität, Einkommen und Alter, da alle die gleichen Hoffnungen und Ängste, Freuden und Probleme hatten. Ich konnte mich unschwer in die Zeit zurückversetzen, als ich selbst in einer ähnlichen Lage gewesen und mit der Verantwortung für zwei kleine Kinder an Bord zu meiner ersten langen Ozeanüberquerung ausgelaufen war. Neben uns hatte eine französische Familie gelegen, und die Freundschaft, die damals während der gemeinsamen Vorbereitungen entstanden war, dauert noch heute an.

Diese Atmosphäre in Las Palmas war es, die in mir die Idee reifen ließ, ein freundschaftliches Wettsegeln über den Atlantik zu organisieren, das dazu beitragen sollte, einerseits die Verbindungen zwischen den Booten und die im Hafen geschlossenen Freundschaften aufrecht zu erhalten und andererseits dem langen Törn einen Teil der Monotonie zu nehmen. Die Veranstaltung sollte der langen Überfahrt auf der einen Seite etwas mehr Schwung verleihen und auf der anderen Seite das Gefühl der Sicherheit und das Selbstvertrauen unter denjenigen erhöhen, die zum ersten Mal einen solchen Törn machten.

Beim Start vieler Hochseerennen vom OSTAR bis zum Whitbread habe ich die enormen Veränderungen erlebt, die im Laufe der Jahre insofern stattgefunden haben, als aus den Booten mehr und mehr High-Tech-Rennmaschinen geworden sind, die normalen Tourenyachten um Lichtjahre voraus sind. Der Unterschied entspricht etwa dem zwischen einem Formel-1-Rennwagen und einer Familien-Limousine, was sich auch darin zeigt, daß die Mehrrumpf-Rennyachten unter der Bezeichnung Formel 40 laufen. So, wie nur wenige Autofahrer für einen Großen Preis in Frage kommen, ist das Hochseeregattasegeln so professionell und teuer geworden, daß nur wenige normale Segler jemals hoffen könnten, an einer dieser Veranstaltungen teilzunehmen.

Tribünenplatz für die Marine-Eskorte beim Start zur ARC 87

Ich wollte eine Veranstaltung ins Leben rufen, die sich wieder auf den Amateurcharakter der frühen Hochseeregatten besann, beispielsweise das heutige Carlsberg-Einhandrennen über den Atlantik, dessen Ursprung in einer Wette unter Freunden gelegen hatte. Hochseeregatten sind in den letzten Jahren zusehends kommerzialisiert worden, so daß die teilnehmenden Boote oft aussehen wie schwimmende Plakatwände. Um das zu vermeiden und um sicherzustellen, daß nur echte Tourenyachten für die Veranstaltung meldeten, wurde beschlossen, daß die einzelnen Boote keine Sponsoren haben und keinerlei Werbung betreiben durften. Die Regatta als ganze sollte jedoch von Sponsoren unterstützt werden dürfen, solange die interessierten Organisationen und Firmen bereit waren, den Amateurcharakter der Veranstaltung zu akzeptieren. Auf diese Weise, so hoffte ich, würden alle Teilnehmer in gleichem Maße davon profitieren.

Die Bezeichnung ARC, d. h., Atlantic Race for Cruisers, wurde gewählt, weil sich darin die Vorstellung eines Bogens (engl. arc) widerspiegelte, der sich über den Atlantik spannt. Las Palmas auf Gran Canaria bot sich wegen der guten Verproviantierungsmöglichkeiten und wegen seines großen Hafens als Startort an, und Barbados war der logische Landfall, von dem aus die Teilnehmer zu einem Törn durch die Karibik aufbrechen konnten. Daß die Zeit für eine solche Veranstaltung reif war, zeigte sich daran, daß Hunderte von Anfragen aus aller Welt eintrafen, sobald die Idee publik gemacht worden war. Ich hatte gedacht, vielleicht fünfzig

Boote mobilisieren zu können, doch vier Monate vor dem Start hatten sich schon über 250 Teilnehmer eingetragen, so daß die Meldeliste geschlossen werden mußte. Obwohl die Regatta eigentlich für Boote gedacht war, die sowieso den Atlantik überqueren wollten, wurde schnell deutlich, daß nicht wenige Segler speziell wegen der Regatta meldeten, und zwar besonders solche mit schnelleren Serien- oder älteren Rennyachten, die auf einen Sieg hofften, den sie bei anderen Rennen nicht erzielen konnten. Für ein paar, die seit Jahren gemütlich im Mittelmeer segelten, war sie zudem der letzte Anstoß dazu, den Sprung über den großen Teich zu wagen. Dadurch, daß von den Kanarischen Inseln aus gestartet wurde, war außerdem sichergestellt, daß alle Teilnehmer schon ein gutes Stück auf hoher See gesegelt hatten und mitsamt ihren Booten härter auf die Probe gestellt worden waren als bei einem Start vom Festland aus. Schließlich reihten sich am Sonnabend, dem 29. November 1986, vor Las Palmas 209 Yachten aus 24 Nationen an der Startlinie auf und machten die ARC damit zur größten Transozeanregatta aller Zeiten, die sich einen Platz im Guinness-Buch der Rekorde verdiente.

Ein Bogen über den Atlantik

Für viele der Teilnehmer war die Atmosphäre der Veranstaltung schon lange vor dem Start in Las Palmas spürbar geworden, als sie auf dem Weg aus Nordeuropa, vom Ärmelkanal, aus dem Mittelmeer und sogar von der amerikanischen Ostküste in den Häfen und Marinas andere Teilnehmer kennengelernt hatten. Viele kannten sich bereits, als sie auf Gran Canaria eintrafen, und wenn nicht, wurden sie in der angenehmen Atmosphäre von Las Palmas schnell miteinander bekannt. Der Stadtrat von Las Palmas hatte unter anderem für Fiestas, Folklore-Konzerte und Feuerwerke gesorgt, die dazu beitrugen, die ARC-Teilnehmer zu einer großen Familie zu verschweißen. Spiel und Spaß begannen mit einem Dinghi-Rennen im Hafen und einem Kostümwettbewerb, der zeigte, wie einfallsreich einige Teilnehmer aus der an Bord befindlichen Ausrüstung originelle Kostüme bastelten.

Zwischen den Parties und fröhlichen Veranstaltungen machte sich immer wieder eine gewisse Anspannung bemerkbar, während die Crews ihre Boote auf die lange Ozeanüberquerung vorbereiteten, Segel überprüften und reparierten, Proviant für die kommenden Wochen kauften und verstauten und generell dafür sorgten, daß alles funktionierte. Die weniger Erfahrenen fanden dabei immer wieder Ermutigung und Hilfe bei denen, die den Atlantik schon einmal überquert hatten oder über Erfahrungen aus anderen Hochseetörns verfügten.

Es war ein bewegender Augenblick, als auf der *Villa de Bilbao*, einem Schiff der spanischen Marine, mit einer Sondergenehmigung die Flagge von Barbados gehißt wurde und Jeronimo Saavedra, der Gouverneur der Kanaren, den Startschuß gab. Als sich die Yachten an der eine Meile langen Startlinie um die besten Positionen drängelten, wurde deutlich, daß viele der Fahrtensegler, die in der Mehrzahl noch nie an einer Regatta teilgenommen hatten, bereits vom Rennfieber infiziert waren. Die Bucht von Las Palmas füllte sich mit Hunderten von Segeln, die im Sonnenlicht glänzten, während die Boote Fahrt aufnahmen und allmählich ausfächerten.

210

Eines der wesentlichen Ziele dieser Regatta für Tourenyachten war es, alle Boote und Crews sicher von einer Seite des Atlantiks zur anderen zu bringen, ohne daß es zu den tragischen Verlusten kam, die manch anderes Hochseerennen überschattet haben. Von den gestarteten 209 Yachten aus 24 Ländern gaben vier kurz nach dem Start auf und kehrten nach Las Palmas zurück, und ein Skipper stieg nach der Hälfte der Strecke aus und setzte Kurs auf ein anderes Ziel. Auf den 204 Yachten, die schließlich auf Barbados eintrafen, passierte kein einziges ernsthaftes Mißgeschick, und das war zweifellos eine sehr befriedigende Tatsache.

Die ARC war zwar als »Spaß«-Regatta über den Atlantik angekündigt worden, doch der Spaß beschränkte sich größtenteils auf die Liegezeit im Hafen, denn der Sicherheitsaspekt wurde von den Veranstaltern und den Teilnehmern gleichermaßen ernst genommen. Eine der wenigen Regeln besagte, daß jede Yacht im Besitz einer EPIRB (automatische Seenotfunkboje) und einer Rettungsinsel sein mußte. Viele Teilnehmer wurden dadurch gezwungen, diese Ausrüstungsgegenstände zu kaufen oder, wenn vorhanden, warten zu lassen. In mehreren Fällen waren die Batterien der Funkbojen lange vor dem angegebenen Haltbarkeitsdatum leer, und zwei Rettungsinseln befanden sich bei der Inspektion in einem derart schlechten Zustand, daß die Besitzer lieber neue kauften.

Da viele Leute anscheinend aus dem Gefühl heraus an der ARC teilnahmen, daß sie eine gewisse Sicherheit bot, wurde beschlossen, ein UKW-Notfallnetz einzurichten. Alle Teilnehmer waren aufgefordert, jeweils morgens und abends zu einer bestimmten Zeit Kanal 16 einzuschalten. Dahinter stand der Gedanke, daß im Falle eines ernsthaften Notfalls, der Hilfe von außen erforderte, eine Meldung über UKW weitergegeben werden sollte, bis sie von einer Yacht mit Kurzwellengerät aufgefangen wurde, die sie dann an weiter entfernt liegende Stationen übermitteln könnte. Es kam zwar zu ein paar Notfällen, die aber schnell innerhalb der Flotte behandelt werden konnten, und zwar in der Regel nach Rücksprache mit einem der Ärzte, die an der ARC teilnahmen.

Das UKW-Netz wurde ergänzt durch das weiter reichende Netz der vierzig Funkamateure in der ARC-Flotte. Außer Verbindung mit mehreren anderen Amateurfunknetzen zu halten, betrieben Peter Rodenburgh von der *Blyss II* und Zeke Holland von der *Ace of Hearts* dieses informelle Netz für alle Boote auf dem Weg nach Westen und nannten es in Anspielung auf die Viehtrecks der Vergangenheit Rawhide-Netz. Es erwiese sich als großer Erfolg und trug wesentlich zum Vergnügen der Teilnehmer und zur Sicherheit bei.

Diese Funkamateure standen nicht nur untereinander in Verbindung, sondern auch mit Transatlantic Maritime Mobile Net, das täglich Wettervorhersagen bringt und den Weg der angeschlossenen Yachten verfolgt. Außerdem hatte das Rawhide-Netz Kontakt zu einigen Funkamateuren auf Barbados, die dadurch die Ankunft der betreffenden Yachten ziemlich genau vorhersagen konnten. Auch die Yachten mit SSB-Funk waren in einem informellen Netz miteinander verbunden.

Der Sicherheitsaspekt stand zwar an erster Stelle, doch hofften die Veranstalter darauf, daß die Regatta die lange Überfahrt interessanter machen würde. Und der in der Fahrtenseglergemeinde schlummernde Wettkampfgeist war tatsächlich sogar unterschätzt worden, denn es zeigte sich schnell, daß viele Segler die Spaßregatta sehr ernsthaft angingen.

Niemand war jedoch in der Lage, die Ankunftszeit der ersten Yacht auf Barbados vorherzusagen, und so waren viele überrascht, als der 16 m lange Trimaran *Running Cloud* am Samstag, dem 13. Dezember, um 06.00 h die Ziellinie überquerte, 13 Tage und 22 Stunden nach dem Start. Von der *Running Cloud* als einzigem Trimaran im Feld hatte man eine sehr schnelle Zeit erwartet, die zudem deutlich machte, welch exzellente Zeiten die beiden nächsten Yachten herausgesegelt hatten. Nur fünf Stunden später traf Michael Glucks *Moonshadow* ein, eine überwiegend als komfortable Tourenyacht konstruierte Deerfoot 62. Die Leistung der *Moonshadow* wurde fast noch übertroffen von der *Albatros*, einer Swan 61, die um Mitternacht des gleichen Tages die Ziellinie überquerte. Manfred Kerstan und Vera Schmidt als Weltumsegler hatten zweifellos die nötige Erfahrung, um die mächtige Swan zu segeln, brauchten aber auch eine Menge Stehvermögen, da sie die *Albatros* den größten Teil der Strecke von Hand steuerten; ihr Sieg nach Handicap in der Klasse A und der Pokal des Ministerpräsidenten waren völlig verdient.

Am Sonntagmittag hatte sich ganz Barbados für die Veranstaltung erwärmt, und eine vom Fremdenverkehrsamt gestellte Steelband begrüßte alle Ankömmlinge in einem speziell für die ARC freigehaltenen Bereich des Hafens. Aus einem riesigen Schuppen hatte man die Container herausgeschafft und mit ihnen den gesamten Bereich vom Rest des Hafens abgeteilt. Die Hafenbehörde hatte für einen Empfangsbereich gesorgt, in dem für die ARC-Teilnehmer alle Einrichtungen zur Verfügung standen: Zoll-, Einwanderungs- und Gesundheitsbehörden, Bank, Telefon, Touristeninformation, Bar, Restaurant, Postausgabe, Duschen, Toiletten und jede Menge Frischwasser am Pier. Zur Begrüßung der Teilnehmer wurde alles Mögliche getan; Tag und Nacht stand ein Vertreter der Mount Gay Distilleries bereit, um die Crews mit kaltem Rumpunch zu begrüßen und ihnen ein Willkommenspäckchen mit noch mehr Mount-Gay-Rum zu überreichen.

Als viertes Boot und erstes in der Klasse B überquerte Tim Aitkens Centurion 47 *Airwave* die Ziellinie. Von den ersten vier Yachten hatte man exzellente Zeiten erwartet, doch jedermann war überrascht, als Pal Stiansen seine 12,5 m lange *Aquarion* nur 19 Minuten nach der *Airwave* in den Hafen von Bridgetown segelte und damit auf eine Zeit von 15 Tagen und 11 Stunden kam. Statt südlich in den Passatgürtel zu segeln, hatte Pal sich für die nördlichere Route entschieden und Glück gehabt. Vom fünfzehnten Tag an trafen die Boote in immer schnellerer Folge ein. Neun Yachten schafften die Atlantiküberquerung in 16 Tagen, vierzehn in 17 Tagen und zweiundzwanzig in 18 Tagen. Die Reihenfolge bot jedoch immer wieder insofern Überraschungen, als kleine Boote mit zweiköpfigen Crews oft viel schneller waren als größere Yachten mit größeren Crews. Hervorragende Leistungen zeigten dabei Stuart Feinblatt, der mit seiner 10 m langen *Desire* nach 17 Tagen als erster in Klasse E die Ziellinie überquerte, und Erkki Lempiainen, der seine 8 m lange *Alfa* in erstaunlichen 18 Tagen auf der Großkreisroute über den Atlantik führte.

Während die Boote in immer dichterer Folge eintrafen, erlebten die örtlichen Segelbegeisterten, die vierundzwanzig Stunden am Tag die Ziellinie beobachteten, ein paar spannende Zieleinläufe. Am spektakulärsten war das Finish zwischen der *Oyster Lady* und der *Roter Baron*, die sich auf den letzten fünfzig Meilen ein packendes Duell geliefert hatten, das erst ganz am Schluß entschieden wurde: Die *Roter Baron* siegte mit einem Vorsprung von genau zwei Sekunden. Am nächsten Tag lieferten sich die 12,5 m lange *Shearwater* und die 12,2 m lange *Ziggurat*, beides zwanzig Jahre alte Boote mit zweiköpfiger Crew, ein ähnlich spannendes Finish, bei dem Marcia und Moore Davock auf der *Shearwater* eine Minute vor Alice und Howard Wright mit der *Ziggurat* die Ziellinie überquerten.

Marcia und Moore, die seit sieben Jahren segeln und schon den Pazifik und den Indischen Ozean überquert haben, gehörten zu denjenigen Langfahrtenseglern, die zugaben, daß sie sich aufgrund der Tatsache, daß es sich bei der ARC um eine Regatta handelte, weitaus mehr angestrengt hatte, als sie es normalerweise getan hätten. Die schnellen Durchschnittszeiten der meisten Teilnehmer zeigten, daß Fahrtensegler durchaus Rennen segeln können, wenn ihnen die Gelegenheit dazu geboten wird. Im Vergleich zu den Zeiten der fünfzig Boote, die im Jahr zuvor zur gleichen Jahreszeit auf der gleichen Route den Atlantik überquert hatten, waren die Boote gleicher Größe bei der ARC um drei bis vier Tage schneller. Einige hatten jedoch ihren normalen Fahrtensegelrhythmus beibehalten und dadurch länger gebraucht. Das zeigte sich auch daran, daß die früh eintreffenden Boote weitaus mehr Schäden an den Segeln und gebrochene Spinnakerbäume zu verzeichnen hatten als die Spätankömmlinge. Zum Glück gab es nur wenige Mißgeschicke und keine Entmastung; auf vier Booten brach allerdings der Baum. Das einzige Boot, das Hilfe anforderte, war die *Blue Trout*, eine fünfzig Jahre alte Holzyacht, die Wasser aufnahm und Probleme mit dem Motor hatte. Zum Glück blieb ein anderes Boot, das nicht an der Regatta teilnahm, in der Nähe, bis die *Blue Trout* sicher im Hafen lag.

In dem Versuch, einen Ausgleich zu schaffen zwischen fünfzig Jahre alten Schwerverdrängern und den neuesten Touren- und Regattayachten, wurde ein spezielles Handicap-System entwickelt, das sich einerseits an den einfachsten Parametern orientierte und auf komplizierte Vermessungen verzichtete, andererseits aber alle Faktoren berücksichtigte, die die Leistung beeinflußten. Für jedes Boot wurde ein Zeitberichtigungsfaktor ermittelt und mit der gesegelten Zeit multipliziert. Wie bei allen Handicap-Systemen gab es auch hier einiges an Kritik, und zwar meist von denjenigen, die das Gefühl hatten, zu sehr benachteiligt worden zu sein. Es zeigte sich jedoch, daß diejenigen Boote, die nach Handicap Klassensieger wurden, sämtlich ausgezeichnete Zeiten herausgesegelt hatten.

Die 13 m lange *Flamingo* erreichte Barbados nach 19 Tagen und elf Stunden, für eine schwere Ketsch mit 17 t Verdrängung eine exzellente Zeit. Bis das endgültige Ergebnis berechnet war, sah es so aus, als ob sie den Gesamtsieg davontragen würde. Doch letztendlich mußten sich Hanspeter von Allmann, Renate Busch und die einjährige Veronika mit dem zweiten Platz nach Handicap begnügen, hatten aber die Genugtuung, den Sieg in ihrer Klasse und den Pokal der Hafenbehörde von Barbados davonzutragen. Hanspeter und Renate waren genau die Art von Seglern, für die die ARC gedacht ist. Nachdem sie zwei Jahre lang auf ihrem früheren 10-m-Boot im Mittelmeer gekreuzt hatten, zwang Veronikas Geburt sie dazu, auf ein größeres Boot umzusteigen. 1985 kauften sie die zwölf Jahre alte *Flamingo* und segelten ein Jahr lang an der europäischen Atlantikküste, um dann zum Start zur ARC Kurs auf die Kanarischen Inseln zu setzen.

Gesamtsieger der ARC nach Handicap wurde schließlich die finnische Yacht *Molla III*, die ebenfalls von einer Familie gesegelt wurde. Kari Hynninen, ein Elektriker aus Helsinki, hatte das 9-m-Boot selbst ausgebaut und war mit Frau Mariella und dem achtjährigen Sohn Toni auf einem Törn rund um den Nordatlantik.

Für unerwartete Aufregung sorgten die vielen Wale. Mehrere Yachten berichteten von großen Schulen, und die *Molla III* und die *Summer Wind* kollidierten sogar mit Walen, wurden dabei aber nicht beschädigt. Die Stahlyacht *Summer Wind* verletzte den Wal mit ihrem Dreierkiel, sehr zum Kummer ihrer Crew Lyn und David Charles, die sich gerade erst der Greenpeace-Kampagne zur Rettung der Wale angeschlossen hatten. Für beide Crews hatte das Erlebnis etwas Beängstigendes, da sich nach den Vorfällen jeweils weitere Wale näherten, die sich erst durch das Anlassen der Motoren vertreiben ließen.

Glück hatte auch Choy Choy, eine der beiden Katzen an Bord der *Lionheart*. Sie hatte sich in der Genua verkrochen, was Skipper Henry Graham natürlich nicht sehen konnte, als er eines Nachts das Segel heißte. Er hörte nur ein dumpfes Klatschen im Wasser und brauchte eine Weile, um zu erkennen, daß Choy Choy über Bord katapultiert worden war. Die Grahams bargen die Segel und liefen unter Motor auf Gegenkurs zurück, machten sich aber keine großen Hoffnungen, daß sie die Katze finden würden. Nach etwa fünfzehn Minuten, in denen sie sie immer wieder riefen, hörten sie Choy schreien. Schließlich machten sie eine kleine Erhöhung auf dem Wasser aus, und als sie näherkamen, schwamm Choy auf das Boot zu und krallte sich an der Selbststeueranlage fest, bis Henry sie mit einem Kescher an Bord holen konnte. Bei der Preisverleihung auf Barbados erhielt Choy Choy als Sonderpreis für die tapferste Katze zwei fliegende Fische.

Der größte Reiz ging bei der ARC jedoch nicht von den Preisen aus, sondern von dem Rahmen, den sie den Teilnehmern bot, um sich ungeachtet des Alters, der Sprache, der finanziellen Ausstattung und der Segelerfahrung kennenzulernen und anzufreunden. Die Anleger in Las Palmas und Bridgetown wurden zu einem anschaulichen Beispiel dafür, was Fahrtensegeln bedeutet: Die Crews gewannen neue Freunde nicht nur unter den anderen Teilnehmern, sondern auch unter der örtlichen Bevölkerung. Der Empfang, der der ARC-Flotte seitens Behörden, Yachtclubs und Bevölkerung allgemein auf Gran Canaria und auf Barbados zuteil wurde, trug auf großartige Weise zu der freundschaftlichen Atmosphäre bei. Ein erstklassiges Beispiel für die Gastfreundschaft auf Barbados gaben Alison und Bill Hoad, die alle 24 Kinder, die an der ARC teilgenommen hatten, zu einer Weihnachtsfeier komplett mit Weihnachtsmann und Geschenken für alle einluden.

Abgesehen von den Familien waren auf über drei Vierteln der ARC-Yachten Frauen an Bord, ein Prozentsatz, den es zuvor bei einer Seeregatta noch nie gegeben hatte. Das machte sich vor allem auch auf der gesellschaftlichen Seite der Veranstaltung bemerkbar, die zudem davon gekennzeichnet war, daß viele Teilnehmer in der Karibik von Freunden und Familienangehörigen besucht wurden, die einmal Weihnachten in der Sonne feiern wollten.

Die erste ARC hätte keinen besseren Abschluß finden können, zumal die letzte von den 204 Yachten knapp eine Stunde vor der Preisverleihung am 1. Januar in den Hafen von Bridgetown einlief. Nicht einmal das erste Boot erhielt einen so beeindruckenden Empfang wie David Shipton, der die 2 700 sm allein auf seiner 7,3 m langen *Dunkers* in 33 Tagen zurückgelegt hatte und von fast allen anderen Teilnehmern am Pier in Bridgetown begrüßt wurde.

Die vergnügliche Seite an der ARC wurde deutlich, als einige Boote und Crews bei der Preisverleihung für Verdienste geehrt wurden, die nichts mit Geschwindigkeit zu tun hatten. Am begehrtesten waren Preise wie etwa der für Chuck Hoffman von der *Schussboomer* als hilfreichsten Skipper und Ernst Torp, den Skipper der *Her Ladyship*, für seine Hilfe bei der Aufbereitung der Meldelisten mittels Computer.

Es gab viele andere Preise, die die weniger ernsthafte Seite dieser Amateurregatta widerspiegelten. Als die Teilnehmer am Ende der Preisverleihung daran erinnert wurden, daß die ARC ein echtes Abbild des olympisches Geistes sein sollte, zeigten die nicht endenwollenden Hurrarufe, daß dieses Ziel entgegen allen Erwartungen erreicht worden war. Symbolisch war, daß der einzige spanische Teilnehmer, Jorge Brosa von der *Ave Phoenix*, die olympische Flagge führte, und zwar nicht nur, weil er aus Barcelona, dem Austragungsort der Olympischen Spiele 1992, kam, sondern auch, weil er fest an den olympischen Gedanken glaubte, daß Dabeisein wichtiger ist als Siegen.

Zum Schluß der Preisverleihung war klar, daß die ARC-Teilnehmer zu einer großen Familie geworden waren und daß die Erinnerungen, die sie mit sich nahmen, nicht nur die an eine mit Begeisterung durchgestandene Hochseeregatta, sondern auch die an eine schöne Zeit und viele neue Freundschaften waren. Fast alle Boote führten weiterhin ihren blaugelben ARC-Wimpel, um schnell als Mitteilnehmer erkannt zu werden. Sie verbreiteten die Atmosphäre der ARC, wohin sie auch segelten, sei es in der Karibik oder darüber hinaus.

Zum zweiten Mal

Als sich die Yachten zur zweiten ARC in Las Palmas sammelten, lag eine gewisse Besorgnis in der Luft. Würde es möglich sein, diese ganz besondere Atmosphäre von der ersten ARC wieder aufleben zu lassen? Würden die Erfahrungen und Anregungen der Teilnehmer an der ersten ARC jetzt dafür sorgen, daß alles problemloser und glatter über die Bühne ging? Was für neue Probleme würde der Umgang mit den Crews von nahezu zweihundert Yachten mit sich bringen?

Das erste sichtbare Resultat des Erfolgs der ARC 86 hatte in einer Verbesserung der Einrichtungen in Las Palmas bestanden, von der alle Segler, die den Hafen anlaufen, profitieren und nicht nur die ARC-Teilnehmer. Es waren mehr Schwimmstege, Duschen, Warmwasserleitungen und Telefone zur Verfügung gestellt worden, und man hatte den Hafenbereich gesäubert und Büsche und Bäume gepflanzt. Dieses Mal glaubten mir die Behörden auch, als ich sagte, es würde zweihundert Yachten kommen. Es lag eine umfangreiche Liste von Reparaturwerkstätten vor, und mehrere Hersteller von Schiffsausrüstungen hatten Personal geschickt, das das jeweilige Gerät warten und reparieren konnte. Mit den ausgezeichneten Verproviantierungsmöglichkeiten in der Stadt ist Las Palmas de Gran Canaria zweifellos der beste Ort, um sich auf eine Atlantiküberquerung vorzubereiten.

Als sich der Hafen zu füllen begann, zeigte sich schnell die individualistische Natur der Fahrtenseglergemeinde. Groß und klein, alt und neu, es waren fast alle Arten von Booten zu besichtigen – von alten Gaffelschonern bis hin zu schlanken neuen Touren- und Regattayachten. Das kleinste Boot war mit 7,3 m die *Augsy*, mit der Peter Augsdorfer normalerweise auf einem der großen Seen in der Nähe von München segelte. Am anderen Ende der Skala stand Mikael Kraffts *Gloria*, ein 38-

m-Schoner, der vor ein paar Jahren im Stil der Luxusyachten vergangener Zeiten gebaut worden war. Vor über siebzig Jahren war die klassische norwegische Ketsch *Tirrenia* entstanden, und zwar nicht ganz so alt, dafür aber gut bekannt war die Nicholson 38 *Cohoe IV*, die einst Adlard Coles gehört hatte, dem Doyen aller Kleinyachtsegler. Die breite Mehrheit aber machten Serienyachten in mittlerer Größe aus. Der Vielzahl der Boote entsprach die Vielfalt der Segler aus fünfundzwanzig Nationen. Wieder waren viele Frauen dabei, und auf dem einzigen indischen Boot, der *Jaykus III*, zeigte Ujwalla Rai, immer im makellosen Sari, allen anderen Frauen, wie graziös man aus einem Dinghi an Bord der Yacht gehen oder über im Päckchen liegende Boote klettern kann. Knapp dreißig Boote wurden jeweils allein von einem Paar gesegelt, und auf anderen Booten begleiteten insgesamt 25 Kinder unter sechzehn ihre Eltern. Der jüngste war der acht Monate alte Philip Wheeler auf der *Admiral's Lady*, dessen Vater die Familie Wheeler für die Atlantiküberquerung noch vergrößert hatte, indem er seinen Bruder und seine Schwester als zusätzliche Crewmitglieder an Bord nahm. Der familiäre Charakter der Veranstaltung zeigte sich daran, daß auf vielen Booten erwachsene Familienmitglieder als Crew angeheuert hatten. George Fraizer segelte seine *Tuppence* allein mit Tochter Katherine und Philip Benson seine *Tina III* mit Sohn Matthew. Ian Maiden hatte seine beiden Töchter als Crew auf der *Fanfare*, während Marshall King die *Seareign* als Skipper seiner Mutter führte und William Matthieu auf der *Idefix* zusammen mit seinem Schwiegersohn fuhr. Einen Skipper, der mit seiner Schwiegermutter segelt, hat es bei der ARC bislang noch nicht gegeben. Aber was nicht ist, kann ja noch werden.

Die Tatsache, daß die meisten Skipper Freunde oder Familienmitglieder als Crew hatten, bedeutete, daß im Hafen von Las Palmas eine Menge enttäuschter Möchtegern-Mitsegler anzutreffen waren. Einige wenige Teilnehmer nahmen in der letzten Minute noch jemanden mit, doch das funktionierte nicht immer, wie einige

216

feststellen mußten. Es ist nämlich nicht leicht, mit einem Unbekannten zurechtzukommen, wenn man so lange auf See ist.

Allmählich begann sich die Atmosphäre zu erwärmen, während eine Reihe von gegenseitigen Einladungen die Teilnehmer in den einzelnen Klassen zusammenführte. Liz Hermann von der *Halcyon* lud alle SSCA-Mitglieder zu einem geselligen beisammensein ein, und Anita und Tom Kintz veranstalteten auf dem breiten Deck ihres Katamarans *Sundsvalla* eine Erntedankfest-Party für alle amerikanischen Teilnehmer. Die Crews der zwölf Boote, die vor der ARC an der Regatta rund um die sieben Kanarischen Inseln teilgenommen hatten, bemächtigten sich eines ganzen Schwimmstegs und zeigten, was internationale Kameradschaft heißt. Karsten Witt, der Skipper der *Gunvor*, der sein Debüt beim Knotenwettbewerb der Kinder gegeben hatte, zeigte Talent als Conférencier und wurde sofort für den Kostümwettbewerb angeheuert. Die Stadt Las Palmas ließ Volkstanzgruppen und Musikkapellen auftreten. Es schien schwer zu sein, ernsthaft an das Segeln zu denken.

Bald wurde jedoch deutlich, daß viele Teilnehmer die ARC wirklich ganz ernst sahen. Um deutlich zu machen, daß die ARC etwas anderes ist und nicht nur eine von vielen Seeregatten, wurde sie in Atlantikrallye für Fahrtensegler umbenannt. Diese Umbenennung erfolgte auf Anregung vieler Teilnehmer an der ersten ARC, die der Meinung waren, daß das Wort Rallye die Atmosphäre bei der Veranstaltung am besten treffe, und Angst hatten, daß die ARC wegen ihres Erfolges den gleichen Weg wie andere Hochseeregatten nehmen und letzten Endes von rein wirtschaftlichen Interessen beherrscht sein werde. Für einige schien die Umbenennung aber nicht deutlich genug gewesen zu sein, denn die Kontroversen zwischen denen, die eine Regatta segeln wollten, und denen, die nur aus Spaß an der Freude gekommen waren, hielt unvermindert an. Es dürfte aber wohl unmöglich sein, beide Fraktionen gleichermaßen zufriedenzustellen. Trotzdem zeigt die ARC aber auch, daß eine wachsende Zahl von Fahrtenseglern schnellere Überfahrten machen will und nicht mehr damit zufrieden ist, die Meere mit respektablen vier oder fünf Knoten zu durchpflügen. Die Durchschnittszeiten für die Atlantiküberquerung haben sich in den letzten Jahren verringert, und auch diejenigen ARC-Teilnehmer, die nichts vom Regattasegeln halten, haben gezeigt, was es ausmachen kann, wenn man seine Yacht effizient segelt. Fahrtensegeln heißt nicht, daß man sich bequem zurücklehnt und keinerlei Versuch unternimmt, das Boot möglichst effizient und schnell zu segeln.

Nach Auswertung der von den Teilnehmern an der 86er Veranstaltung ausgefüllten Fragebogen und als Folge der Umbenennung von Regatta in Rallye sollte 1987 in zwei Gruppen gestartet werden, um auch den kleineren Booten eine Chance zu geben, vor Weihnachten auf Barbados einzutreffen. Sechsundfünfzig Yachten unter 10,5 m Lüa starteten deshalb am Mittwoch, dem 25. November, und die 134 größeren Boote folgten ihnen dann am Samstag, dem 28. November. Der frühere Start verschaffte den kleineren Booten nicht nur einen Vorteil von drei Tagen, sondern, wie es sich zeigte, auch bessere Wetterbedingungen, so daß viele kleine Yachten relativ bessere Zeiten segelten als größere Schiffe. Die Samstag-Starter trafen zu Beginn auf Starkwind und rauhes Wetter, dem die Kleinen entgingen.

Im Nordatlantik herrschten in den letzten Monaten des Jahres 1987 ungewöhnliche Bedingungen, die das Wetter bis hinunter zum Äquator beeinflußten. Der NO-Passat, der in den Wintermonaten normalerweise südlich von 20°N weht, fehlte im

Dezember ganz. Die Teilnehmer mußten sich statt dessen mit Schwachwind und Flauten abfinden.

Während der leichte Wind all diejenigen enttäuschte, die auf eine schnelle Überfahrt auswaren, freuten sich die anderen, daß der Törn gemütlicher und angenehmer war, als sie erwartet hatten. Gleichzeitig verringerte sich dadurch die Zahl der Boote, die auf Barbados mit Bruch im Gut, zerrissenen Segeln oder sonstigen Schäden ankamen.

Das leichte Wetter begünstigte die Boote mit leichterer Verdrängung und diejenigen, die nicht mit all der Ausrüstung beladen waren, die man für das Langfahrtensegeln braucht. Es war daher keine Überraschung, als der leichte 14-m-Trimaran *Rusty Pelican* nach nur 12 Tagen und 23 Stunden in Bridgetown eintraf und vom Minister für Fremdenverkehr und Sport mit einem Rumpunsch begrüßt wurde. Er siegte damit in der Klasse O, der offenen Klasse für Yachten, die nicht in die eigentliche ARC hineinpaßten. Schnellstes Schiff der ARC war Herbert Dahms 22 m langes Einrumpfboot *Inspiration*, das für die 2700 sm lange Strecke 14 Tage und 15 Stunden benötigte.

Das zweite Boot, das unter begeistertem Beifall die Ziellinie überquerte, war die *Bruggadung*, eine in Bridgetown gebaute 10-m-Yacht, die unter der Flagge von Barbados fuhr. Durch ihre Teilnahme hatte sich die Aufmerksamkeit der gesamten Inselbevölkerung auf die Veranstaltung gerichtet; Radio und Zeitungen hatten täglich über ihr Fortkommen berichtet. Von einer Veranstaltung, die vorher von vielen Inselbewohnern als etwas angesehen worden war, das sie nichts anging, war die ARC damit plötzlich zu einem nationalen Ereignis geworden. Nach der *Bruggadung*, in Echtzeit aber zwei Tage schneller, traf als nächster Herbert Dahm mit der *Inspiration* ein.

Die *Inspiration* wäre noch früher eingetroffen, wenn ihr Eigner nicht darauf bestanden hätte, die gesamte Atlantiküberquerung ohne Zuhilfenahme des Motors durchzuführen. Gemäß der Philosophie der ARC gab es 1987 keinerlei Auflagen im Hinblick auf die Nutzung des Motors, d. h., es blieb dem Skipper überlassen, ob er bei nachlassendem Wind die Maschine zu Hilfe nahm oder nicht. Einige Skipper meinten zwar, dadurch würden sie gegenüber ihren motorsegelnden Kollegen benachteiligt, aber dafür gab es keinerlei Anhaltspunkte, zumal die schnellsten Überfahrten teilweise von denjenigen verbucht wurden, die ihr Boot effizient *gesegelt* hatten. Trotz der Tatsache, daß der Wind im Dezember 1987 viel schwächer als üblich war, kamen viele Yachten auf gute Zeiten; so schafften beispielsweise 75 Boote die Atlantiküberquerung in drei Wochen und weniger. Und das waren nicht nur größere Yachten, sondern vielfach auch Boote der Klasse E bis 10,5 m. Wohl am bemerkenswertesten war die Leistung der *Kobold*, einer schwer beladenen Nantucket 32, die nur 18 Tage und 17 Stunden benötigte. Ebenfalls aus Klasse E kam die Gesamtsiegerin der ARC nach Handicap, die von Mark Bromhead geführte Freedom 33 *Silent Running*, die die Atlantiküberquerung in 19 Tagen und 14 Stunden schaffte.

Viele Segler wollten jedoch gar keinen Preis gewinnen; für sie waren die sichere Ankunft und der Rumpunsch zur Begrüßung Belohnung genug. Weil es auf Barbados keine Marina gibt, war für die ARC wie im Jahr zuvor ein Teil des Hafens von Bridgetown freigemacht worden, wo es in einem großen Containerschuppen Einrichtungen wie eine Bank, ein Reisebüro und eine Wäscherei-Annahmestelle sowie zwei Bars gab, von denen eine auch Kleinigkeiten zu essen anbot. Ein großer Weihnachtsbaum erinnerte die Crews daran, welche Jahreszeit geschrieben wurde, und Steelbands, eine Jazzband und Diskos sorgten für musikalische Unterhaltung.

Während die Crews der früh eingetroffenen Yachten schon feierten, wurden viele andere durch den schwachen Wind noch auf See festgehalten. Mehrere Skipper hatten die dringende Empfehlung, für einen eventuellen Notfall genügend Wasser und Proviant mitzunehmen, nicht beachtet, weil sie entweder auf eine schnellere Überfahrt gesetzt oder den Verbrauch unterschätzt hatten. Drei Yachten trafen ohne Wasser in Bridgetown ein, und auf mehreren anderen hatten die Wasser- und Proviantvorräte bei der Ankunft ein kritisches Niveau erreicht. Auf einer der Yachten, auf denen das Wasser ausgegangen war, hatte die Crew in den letzten beiden Tagen auch nichts mehr zu essen gehabt. Das lag einzig und allein daran, daß sie aus Gewichtsgründen nur das absolut Nötigste gebunkert hatte, eine Regatta-mentalität, die in der ARC keinen Platz hat. In den anderen Fällen war die Schuld in mangelnder Erfahrung bzw., auf einem Boot, in einem Leck im Wassertank zu suchen. Alle Teilnehmer waren aufgefordert worden, sich für einen Törn zu verproviantieren, der bis zu vier Wochen dauern konnte – und länger, wenn es zu einem ernsthaften Zwischenfall wie beispielsweise einer Entmastung käme. Zum Glück hatte keines dieser Boote ernsthafte Probleme, durch die der Törn noch länger gedauert hätte.

Ein derartiger Zwischenfall, der das Boot aufhielt, geschah auf der *Tosca B*, die das Ruder verlor. Skipper Ray Murton merkte etwa hundert Meilen vor Barbados plötzlich, daß die Pinne sich ohne jeden Widerstand von einer Seite zur anderen bewegen ließ, als ob gar kein Ruder vorhanden wäre. Beim Nachschauen mußte er feststellen, daß genau das der Fall war. Aus irgend einem Grunde war der Ruderstock gebrochen, so daß das Spatenruder der Dolphin 31 schlicht und einfach abgefallen war.

In der Erkenntnis, daß er in einer ziemlichen Klemme steckte, setzte Ray über UKW einen Ruf ab, der sofort von der *Maria Two* aufgefangen wurde, einer anderen ARC-Yacht, die sich ganz in der Nähe befand und glücklicherweise über ein weitreichendes Funkgerät verfügte. Während die *Maria Two* die Regattaleitung auf Barbados alarmierte, kamen die beiden ARC-Yachten *Sundsvalla* und *Sunbeam Chaser* dem in Not geratenen Schiff zu Hilfe. In der Zwischenzeit hatten Ray und seine Frau Valerie ein Notruder angebracht, mit dem sie etwa NW-Kurs halten konnten, der sie aber langsam von Barbados fortführte. Die *Tosca B* wurde schließlich von der *Beachcomber* in Schlepp genommen, einem großen Motorsegler auf dem Weg nach Martinique, dessen Skipper Karl Sauder sich zu einem Umweg entschloß, um einem in Not geratenen Mitsegler zu helfen. Dieser Zwischenfall zeigt, wie wertvoll dieses Notrufnetz der ARC ist, durch das auch Yachten, die nur UKW-Funk haben, notfalls die Außenwelt erreichen.

Trotz aller Sicherheitsmaßnahmen lassen sich Katastrophen leider nicht immer vermeiden. So lief die 10-m-Yacht *Bamaca* wegen eines Navigationsfehlers auf ein Riff vor der Ostküste von Barbados. Die Crew kam zwar sicher an Land, doch das Boot war verloren. Dieser Vorfall dämpfte die festliche Stimmung in Bridgetown, diente aber gleichzeitig als mahnende Erinnerung daran, daß die See gefährlich ist und daß die Aufmerksamkeit erst nachlassen darf, wenn man sicher im Hafen ist.

Die kleinen Boote, die drei Tage früher aus Las Palmas ausgelaufen waren, wurden auf dem Weg nach Barbados vielfach von den größeren Yachten überholt. Den Skipper einer großen Yacht mit starkem Radargerät erstaunte es dabei, daß mehrere kleine Boote, die er in Sichtweite passierte, nicht auf dem Radarschirm zu sehen waren. Bei den entsprechend Anrufen über UKW gaben deren Skipper dann teilweise zu, daß sie ihren Radarreflektor abmontiert hatten, weil sie ihn auf der Atlantiküberquerung für überflüssig hielten. Andere besaßen gar keinen Radarreflektor. Nachem ich selbst bei der Regatta um die Kanarischen Inseln gesehen hatte, daß ein Boot ohne ordnungsgemäß montierten Radarreflektor selbst auf dem Schirm eines modernen Marineradars kein klares Echo abgibt, beschloß ich daraufhin, für die ARC einen richtig montierten Radarreflektor zur Pflicht zu machen.

Bei der Organisation der ARC tritt immer wieder das Problem auf, wie man die beiden Arten von Seglern, d. h., diejenigen, die eine Regatta segeln und gewinnen wollen, und diejenigen, die aus Spaß an der Freude und wegen der aus der Anzahl resultierenden Sicherheit dabei sind, unter einen Hut bringen soll. Eine ganz und gar befriedigende Lösung ist für dieses Problem wohl nicht zu finden. Die Erklärung für einen Großteil der Kontroverse, aber auch die Ursache für den anhaltenden Erfolg der ARC liegt darin, daß die Leute aus den unterschiedlichsten Gründen an der ARC teilnehmen. Bei einigen ist es die Sicherheit, die darin liegt, daß eine große Anzahl Yachten gleichzeitig unterwegs ist und auf diese Weise dafür sorgt, daß gegebenenfalls schnell Hilfe zur Stelle ist. Das zeigte sich auch wieder bei der ARC 87 mit den täglichen Kontakten über UKW-, SSB- und Amateurfunk. Viele Teilnehmer erklärten, ohne ARC hätten sie den Atlantik nicht überquert, denn erst diese Veranstaltung habe ihnen den Mut und den Anstoß dazu gegeben. Das galt ganz besonders für viele Frauen und Mütter, die ohne die im Rahmen der ARC erhältliche Hilfe und Unterstützung nicht mit ihren Partnern auf die Atlantiküberquerung gegangen wären. Andere nehmen an der ARC teil, weil sie darin eine Möglichkeit sehen, sich mit anderen Seglern auf ähnlichen Booten zu messen. Sie lassen es am Anfang vielleicht noch ruhig angehen, doch wenn der Startschuß gefallen ist, tun sie alles, um zu gewinnen.

Eine der ehernen Regel der ARC besagt, daß der Eigner an Bord sein muß, um den Amateurcharakter der Veranstaltung dadurch zu bewahren, daß Profis ausgeschlossen werden. Diese Regel führte dazu, daß mehrere Eigner die Atlantiküberquerung selbst machten, statt ihr Boot von einer professionellen Überführungscrew in die Karibik bringen zu lassen. Und dann gibt es da noch diejenigen, denen die ARC hilft, sich einen Traum zu erfüllen. Paavo Lassila, der 76jährige Skipper der *Monsoon III*, meinte dazu: »Das ist meine letzte Chance, über den Atlantik zu segeln. Vor sechzig Jahren habe ich als Junge eine Atlantiküberquerung auf einem Segelschiff mitgemacht und immer davon geträumt, es ein zweites Mal zu tun.«

Paavo Lassila war mit 76 nicht nur der älteste, sondern auch der schnellste von den fünfzehn Skippern über 60. Der älteste Teilnehmer insgesamt war der 78jährige Allen Skarne auf der *Three Generations*, der die Sorgen seiner Familie um seine Gesundheit dadurch zerstreute, daß er seinen Hausarzt mitnahm. Außerdem hatte er noch einen Chirurgen an Bord für den Fall, daß er Probleme mit den Kniescheiben bekam, die ihm nach einem Ski-Unfall im Alter von knapp siebzig Jahren wieder zurechtgeflickt worden waren. Insgesamt waren sechs Teilnehmer über 70; alle erhielten einen Sonderpreis vom Amt für Fremdenverkehr auf Barbados. Sie waren mit Sicherheit der lebende Beweis dafür, daß das Segeln ein Sport ist, in dem Alter kein Hinderungsgrund für Leistung und Vergnügen ist.

Um möglichst alle glücklich zu machen, erhielten diejenigen Segler, die sich hart ins Zeug gelegt und gute Leistungen erbracht hatten, einen Preis, sei es für die gesegelte Zeit oder nach Handicap. Für diejenigen, die sich Zeit gelassen hatten, gab es jede Menge andere Preise; so wurde beispielsweise die Familie Kellner als hilfsbereiteste Crew geehrt, weil sie die Sammlung für die Crew der *Bamaca* organisiert und dabei mehrere tausend Barbados-Dollar aufgetrieben hatte. Es gab Preise für den jüngsten, den ältesten, den langsamsten, den höflichsten und – auf dessen eigene Anregung – den schwierigsten Skipper. Wie im Jahr zuvor kamen zur Preisverleihung, die der Ministerpräsident von Barbados mit seiner Anwesenheit beehrte, alle Teilnehmer zusammen und bildeten eine große Familie. In seiner Ansprache faßte der Ministerpräsident die Atmosphäre in die Worte, daß die Politiker auf der ganzen Welt viel lernen könnten aus der Einheit so vieler Menschen aus so vielen Ländern, die alle ein gemeinsames Ziel verfolgen.

Als die Yachten sich nach und nach auf den Weg zu ihrem nächsten Ziel machten, herrschte überall das Gefühl, Teil der großen ARC-Familie zu sein. Der blaugelbe Wimpel zierte als Erkennungszeichen noch manches Fall. Und viele Skipper hatten die Befriedigung zu wissen, daß sie ihre Yacht gut gesegelt und den Atlantik auf eine der schönsten Arten überquert hatten, die es gibt.

Zwei und zwei
gesellt sich gern...

Bei einer Veranstaltung, bei der vom Folkboat bis zur Jongert 2200 alles vertreten ist, kann es keine Überraschung sein, daß die Skipper und Crews ein genauso breites Spektrum repräsentieren. In Hinsicht auf Alter, Beruf und Einkommen bildet die ARC einen echten Querschnitt durch die Gesellschaft und einen Spiegel der Fahrtenseglergemeinde als Ganzem.

Die Veränderungen, die sich in der Welt von heute zutragen, haben sich auch auf den Typ des Fahrtenseglers ausgewirkt. Angesichts besserer Kommunikationstechniken, mobiler Büroanlagen, Telex und Telefax sind Geschäftsleute teilweise in der Lage, sich von einer Yacht aus fast genauso gut um ihr Geschäft zu kümmern wie in einem Büro. Für Tim Aitken, den ehemaligen Vorstandsvorsitzenden der Gesellschaft TV-AM und langjährigen Geschäftsmann aus der City von London, ist das Hochseesegeln eine größere Herausforderung als der Abschluß eines Geschäfts. Tim stellte sich dieser Herausforderung und war mit seiner *Airwave* sowohl 1986 als auch 1987 unter den ersten, die auf Barbados eintrafen.

Hochseesegeln bedeutet heutzutage nicht mehr notwendigerweise, daß man nicht erreichbar ist; das ist nur eine Frage der persönlichen Entscheidung. Es gibt immer noch viele Segler, die einfach nicht erreichbar sein wollen. Die Tatsache, daß jemand ein Jahr ausspannt oder zwischen zwei Anstellungen eine längere Zeit verstreichen läßt, wird heute von der Gesellschaft nicht mehr mit Stirnrunzeln quittiert. Ein weiterer Faktor, der die Zusammensetzung der Fahrtenseglergemeinde verändert hat, ist der Trend, früher aus dem Berufsleben auszuscheiden. Bei meinen früheren Umfragen war immer ein gewisser Prozentsatz pensionierter Soldaten dabeigewesen, die sich von ihrer Abfindung das Boot gekauft hatten; bei der ARC hatte diese Erscheinung schon auf viele andere Berufe übergegriffen. Am anderen Ende des Spektrums fand sich der junge Skipper der *Laga*, der gerade sein Studium beendet hatte und vor Antritt seiner ersten Stelle ein paar Monate in der Karibik segeln wollte. Er hatte seinem künftigen Arbeitgeber erzählt, was er wollte, und der hatte sich bereit erklärt, ihm die Stelle so lange freizuhalten.

Bessere Flugverbindungen und vergleichsweise günstigere Flugpreise bedeuten zudem, daß man seine Yacht zwischendurch in irgend einer Marina lassen, nach Hause fliegen, arbeiten und ein paar Monate später den Törn wieder aufnehmen kann. Manche Leute arrangieren ihr Leben sehr sorgfältig so, daß sie möglichst viel Freizeit haben. Ein Beispiel dafür sind die Gebrüder Bowra, gemeinsame Eigner der *Odin's Pleasure*, die 1987 nach Handicap den Pokal des Ministerpräsidenten gewann. Die Brüder betreiben in England eine Reihe von Firmen im Baugewerbe. Während der eine segelt, führt der andere zu Hause die Geschäfte und umgekehrt. So machte Chris Bowra die ARC mit, während Tony die *Odin's Pleasure* im Rahmen der TRANSARC von Miami nach Gibraltar zurücksegelte und dabei Gesamtsieger nach Handicap wurde.

Die Fahrtenseglerszene wird im Augenblick vom Familiensegeln geprägt. Bei der ARC 86 wurde genau ein Viertel aller Boote von einem Ehepaar allein und eine Menge mehr von Paaren mit Kindern, sonstigen Familienangehörigen oder Freunden gesegelt. Bei der ARC 87 war der Prozentsatz der allein segelnden Paare etwas niedriger, vermutlich überwiegend aufgrund der neuen Versicherungsbestimmung, daß für eine Ozeanüberquerung mindestens drei erfahrene Segler an Bord sein müssen.

Die ausgezeichneten Leistungen und Zeiten einiger dieser zweiköpfigen Crews stellten für viele andere eine Überraschung dar, und zwar besonders für die jüngeren Skipper mit einer großen Crew. Für mich kam das allerdings ganz und gar nicht als Überraschung, da ich nur zu gut wußte, wie zäh und ausdauernd die meisten Langfahrtensegler sind und wie gut die Teamarbeit klappt, wenn man lange zusammen auf demselben Boot segelt.

Albatros

Es gibt wohl kein besseres Beispiel für diese Eigenschaften als Vera Schmidt und Manfred Kerstan, die ihre elegante Swan 61 *Albatros* in 14 Tagen und 16 Stunden nach Barbados segelten und als dritte die Ziellinie überquerten. Bei der Mount-Gay-Regatta zeigte die *Albatros* dann, was sie konnte, und die mitsegelnden Freunde von anderen Booten waren erstaunt, wie problemlos ein Paar allein mit einem Schiff dieser Größe zurechtkam. Doch die zierliche Vera fand es aufgrund der Tatsache, daß alle Segel mit hydraulischen Rollreffanlagen ausgerüstet waren, sogar einfacher als auf ihrer vorhergehenden Yacht, einer Swan 48. Manfred hatte die erste *Albatros* zwölf Jahre lang gehabt und in dieser Zeit mit Vera eine fünfjährige Weltumsegelung gemacht. 1979 hatten sie die gleiche Route nach Barbados genommen, dabei aber 19 Tage gebraucht, so daß sie sich mit der um fünf Tage kürzeren Zeit sehr zufrieden zeigten.

Als Besitzer eines Autohauses in Berlin überläßt Manfred das Geschäft für den größten Teil des Jahres seinem Sohn und kehrt nur wenige Monate nach Hause zurück, um eine Abwechslung vom Fahrtensegeln zu haben und es seinem Sohn zu ermöglichen, auch mal Urlaub zu machen. Nach dem Verkauf ihres Hauses in Berlin haben Manfred und Vera nur noch die *Albatros* als Heim, der Grund dafür, daß sie sich für die größere Yacht entschieden. Die *Albatros* ist im wesentlichen eine Serienyacht, hat aber ein paar spezielle Ausrüstungsmerkmale. So ist sie beispielsweise die erste Swan mit eingebauter Sauna, die allerdings bei der ARC nicht oft genutzt werden konnte.

Vera und Manfred waren fest entschlossen, eine schnelle Zeit herauszusegeln, mußten sich aber schon am ersten Tag nach dem Start mit dem Verlust des Spinnakers abfinden, einem Verlust, der sie nach eigener Einschätzung mindestens einen halben Tag kostete. Doch davon ließen sie sich nicht schrecken und holten das Bestmögliche aus der *Albatros* heraus, indem sie fast die gesamten 2700 sm manuell steuerten.

Manfred gab gern zu, daß sie wegen der ARC größeren Ehrgeiz entwickelt hätten. Er meinte, normalerweise hätten sie wohl den berühmten Moment eher gerefft und nicht so genau auf die Instrumente geachtet. Daß auf solchen Booten keine Mitsegler zu finden sind, liegt nicht immer an mangelnder Geselligkeit, sondern ist manchmal eine Frage der Effizienz. Kurz nach der Ankunft auf Barbados kamen denn auch Freunde für einen Karibiktörn an Bord. Doch auf Ozeanüberquerungen nehmen sie nur ganz selten jemanden mit, denn Vera meint, das liefe letztlich immer darauf hinaus, daß sie sich mehr um den Mitsegler kümmere als um das eigentliche Segeln, das ihr am meisten Spaß mache.

Lyra

Vera und Manfred können im großen Stil segeln, doch andere verfügen nicht über die gleichen Mittel. Trotzdem gibt es auch am anderen Ende des Spektrums gleichermaßen erfolgreiche Fahrtensegler. Bei der Preisverleihung zur ARC 86 waren mit die lautesten Beifallsrufe zu hören, als Anna Smidova und Pavel Strasil von der *Lyra* den Sonderpreis für die beliebteste Crew erhielten. Viele unter den ARC-Teilnehmern hatten dieses kleine Boot unter der tschechoslowakischen Flagge schon gesehen, als es sich seinen Weg durch das Mittelmeer zu den Kanarischen Inseln suchte. bei der Ankunft in Las Palmas hatten Anna und Pavel noch elf Dollar in der Tasche, konnten ihre Kasse aber dadurch aufbessern, daß sie für andere Yachten Barbados-Gastflaggen nähten. Doch nachdem das Boot für die Atlantiküberquerung verproviantiert war, hatten sie kein Geld mehr, um die vorgeschriebene Seenotfunkboje zu kaufen. Als diese Tatsache beim Briefing der Skipper vor dem Start bekannt wurde, boten zwei der Skipper gleich ihre Reservebojen an. Diese Geste ließ Anna und Pavel, die von der Freigebigkeit und Warmherzigkeit ihrer Seglerkameraden sowieso schon überwältigt waren, die Tränen in die Augen steigen. Ihre Beliebtheit entsprang nicht nur ihrem Sinn für Humor und ihrem immerwährenden Lächeln, sondern auch ihrem Mut und ihrer festen Entschlossenheit, das, was sie erreichen wollten, mit ihren begrenzten Mitteln zu erreichen. Kein einziges Mal baten sie etwa um Sonderbehandlung, weil sie weniger Geld hatten als die anderen. Sie zeigten, daß alles möglich ist, wenn man es nur will. Man konnte sich unschwer vorstellen, daß Pavel und Anna in zwanzig Jahren ein Yacht wie Manfred segeln, der auch vor einer Generation von Ost- nach Westberlin geflohen war, um noch einmal von vorn zu beginnen.

»Fahrtensegeln, das bedeutet echte Freiheit,« erklärte Pavel am Abend vor dem Start. »Es wird so viel über die *freie Welt* geredet, doch nur wer auf hoher See segelt und sich einen Eindruck von dieser Art zu leben verschafft, weiß, was Freiheit bedeutet.«

Für Pavel und Anna, beide Anfang 20, wurde die Freiheit in dem Augenblick wirklich, als sie ihre 7,3 m lange *Lyra* in Jugoslawien zu Wasser brachten und auf Westkurs gingen. Sie hatten jahrelang geduldig warten müssen, bis die tschechoslowakischen Behörden ihnen eine Genehmigung erteilt hatten, ihr selbstgebautes Boot für eine dreiwöchigen Urlaub nach Jugoslawien zu bringen. Sobald die Genehmigung vorlag, hatten sie die *Lyra* dann auf einen alten Laster verladen und waren schnurstracks an die Adria gefahren. Als das Boot zu Wasser gelassen war, ließen sie die jugoslawische Küster sofort achteraus liegen und setzten Kurs auf Italien und das westliche Mittelmeer, wo sie hier und da immer mal wieder arbeiteten, denn als Flüchtlinge hatten sie keinen Pfennig Geld. In Spanien hörten sie von der ARC, und weil sie sowieso schon an eine Atlantiküberquerung gedacht hatten, beschlossen sie teilzunehmen. Je weiter sie nach Westen kamen, desto größer wurde ihr Selbstvertrauen. Pavel teilte mir im Vertrauen mit, daß sie die ARC eigentlich als erste Etappe eines Törns in die USA hatten nutzen wollen, weil sie gerade ein Amerikavisum bekommen hatten. Als die *Lyra* nach für ein kleines selbstgebautes Boot respektablen 24 Tagen auf Barbados eintraf, redeten Anna und Pavel schon von einer Weltumsegelung.

Doch als sie von Barbados aus zu einem Törn durch die Karibik aufbrechen wollten, brachte ein kleines Etwas ihre Pläne durcheinander. Anna stellte fest, daß sie, ohne es zu wissen, eine dritte Person mit über den Atlantik gebracht hatte, das erste ARC-Baby. Nach einer ausgeprägt seemännischen Hochzeit an Bord eines Trimarans, bei der sogar der Priester barfuß kam, ließen Anna und Pavel sich zunächst einmal auf St. Thomas, einer der US-Jungferninseln, nieder, machten eine Polsterei auf und verkauften die *Lyra* in der richtigen Annahme, daß sie für drei Personen wohl zu klein war.   Obwohl ihr Boot nur 7,3 m lang gewesen war, hatten sie ihre gesamten Ski-Ausrüstung mitgebracht, und als ihr Sohn ein paar Monate nach der Geburt starb, machten sie sich wieder auf den Weg, dieses Mal nach Montana. Als leidenschaftliche Skiläufer konnten sie sich an den dauernden Sonnenschein in den Tropen ohne jeden Wechsel der Jahreszeiten und ohne Schnee nicht gewöhnen. Wozu sie sich auch in Zukunft entscheiden – und der Traum von einem größeren Boot ist noch nicht vergessen –, sie sind die Art von unternehmungslustigen und hart arbeitenden jungen Menschen, denen der Erfolg nicht versagt bleiben wird.

Schussboomer

Wie der Name seines Bootes vermuten läßt, hat der Skipper der *Schussboomer* außer dem Segeln eine zweite große Leidenschaft, nämlich das Skilaufen. Von seinem Wohnort Lake Arrowhead aus, einem nicht weit von der Küste gelegenen Ferienort in den Bergen, konnte Chuck Hoffman seinen beiden Lieblingsbeschäftigungen nachgehen. Vergessen darf man aber auch das Tennis nicht; als begeisterter Tennisspieler organisierte er viele Turniere, und zwar speziell in Palm Springs, wo er mehrere Hollywoodstars trainierte. All diese sportlichen Aktivitäten fanden aber in der Zeit statt, die er in seiner beruflichen Laufbahn als Rektor der Grundschule von Lake Arrowhead erübrigen konnte. Als Maß dafür, wie sehr er geschätzt wurde, mag die von ihm selbst nur zögernd preisgegebene Tatsache dienen, daß die Schule nach seiner Pensionierung seinen Namen erhielt.

Der ehrgeizige Sportler, dessen Heim viele Pokale und Medaillen schmücken, konnte diese Sammlung bei der ARC nicht erweitern, trug aber einen der wichtigsten Preise davon, nämlich den für den hilfreichsten Skipper bei der Atlantiküberquerung.

Das Segeln hat für Chuck schon immer eine wichtige Rolle gespielt. Mit seinem vorherigen Boot, einem 11-m-Schiff, segelte er im Sommer zumeist mit seiner Familie an der kalifornischen Küste hinunter nach Mexiko. Als junger Mann hatte er in Mexiko schon auf Bergungsschiffen gearbeitet und dabei fließend Spanisch gelernt, was ihm bei der ARC in Las Palmas zupaß kam. Nach der Pensionierung hatte er wie viele andere auch mehr Zeit, um seinen eigenen Träumen nachzugehen, von denen einer es war, im Mittelmeer zu segeln. Da es zu kompliziert war, sein eigenes Boot nach Europa zu schaffen, verkaufte er es, nutzte die Stärke des Dollars aus und hielt am Mittelmeer nach einer Yacht Ausschau. Er fand, was er suchte, auf Mallorca in Form einer zwölf Jahre alten Swan 38, auf der er dann zusammen mit seiner Frau JoAnn ein Jahr lang kreuz und quer durch das Mittelmeer segelte. Er hatte zwar noch ein weiteres Jahr eingeplant, doch als die ARC anstand, konnte der Sportler in ihm der Versuchung nicht widerstehen, das Boot im Rahmen einer Regatta in die Vereinigten Staaten zu überführen.

Die *Schussboomer* traf als eine der ersten Yachten in Las Palmas ein; auf der viertägigen Fahrt von Gibraltar hatte das Stevenrohr einen Riß bekommen, durch den so schnell Wasser in die Bilge lief, daß die Crew mit dem Lenzen kaum nachkam. Das Boot mußte bei der Ankunft auf den Kanaren sofort aufgeslippt werden, doch Chuck hatte schon alles wieder im Griff, als das ARC-Meldebüro seine Türen öffnete. Wieder einmal hatte sich sein im Beruf und im Tennis bewährtes Organisationstalent gezeigt.

Mit großer Geduld und konstanter Freundlichkeit trug Chuck auf vielerlei Art dazu bei, daß die erste ARC »in die Gänge kam«. Dabei griff er sogar gelegentlich ins eigene Portemonnaie. Er machte Besorgungen, sammelte Meldeformulare ein, trieb andere Skipper an, stellte die Unterlagen für das Briefing zusammen und war einfach immer zur Stelle, wenn es etwas zu tun gab.

Wie nicht wenige andere Skipper fand Chuck die Atlantiküberquerung rauher, als er erwartet hatte. Auf etwa halbem Wege ruinierte ihm eine Halse, bei der der Baum brach und das Segel riß, jede Chance, einen der ersten Plätze zu belegen. Nach der ARC machte er es wie viele andere Segler und überführte die *Schussboomer* per

Lkw von der US-Atlantikküste an die Ostküste, statt den langen Weg durch den Panamakanal und gegen den vorherrschenden Wind nach Kalifornien zu nehmen.

Bounder

Während einige Preise wie etwa der für Chuck eine Überraschung darstellten, war über andere schon entschieden, bevor die Flotte aus Las Palmas auslief. Alles, was der Empfänger dazu tun mußte, war, gelegentlich mit etwas Hilfe vonseiten der Crew, auf die andere Seite zu kommen. Alex Plummer begründete seinen Anspruch auf den Titel des jüngsten Teilnehmers, den ihm niemand streitig machte, dadurch, daß er zwei Monate vor dem Start in Las Palmas auf der Crewliste der *Bounder* erschien. Die frischgebackenen Eltern Lyn und Brian Plummer machten sich absolut keine Sorgen darüber, mit einem so kleinen Säugling an der ARC teilzunehmen. Sie meinten sogar, das sei leichter als auf der Fahrt von Falmouth zu den Kanarischen Inseln, auf der Lyn hochschwanger gewesen war und Brian praktisch hatte einhandsegeln müssen. Brian empfahl seine Freedom 40 als problemlos zu segelndes Einhandschiff.

Lyn und Brian hatten die *Bounder* 1985 in Falmouth mit dem Gedanken gekauft, sie in ihre Heimat Neuseeland zurückzusegeln. Damit erfüllten sie sich einen Traum, für den sie lange gespart hatten. Brian hatte als Elektronikingenieur in den vergangenen dreizehn Jahren in verschiedenen Ländern gearbeitet, zuletzt in Italien. Er hatte im schönen Hauraki-Golf in Neuseeland als Kind segeln gelernt und später überall auf der Welt immer wieder gechartert. Auch Lyn war ein Zugvogel; sie arbeitete als Englischlehrerin im Iran, in Spanien und in Italien. Kennengelernt hatten sich beide in Neuseeland, als sie getrennt auf Heimaturlaub waren.

Wie viele andere nahmen die Plummers im Rahmen ihrer längerfristigen Pläne an der ARC teil. Sie wollten sich für den Törn nach Neuseeland zwei Jahre Zeit lassen, darunter sechs Monate in der Karibik, und dann über Venezuela und den Panamakanal auf der klassischen Passatroute über den Pazifik.

Alex' Geburt hatte keine Auswirkungen auf die Pläne seiner Eltern gehabt. »Ein Baby ist kein Grund, der jemanden davon abhalten könnte, das zu tun, was er wirklich will,« meinte Brian. Es müsse schließlich nur jeweils einer auf Alex aufpassen, der andere könne dann das Boot führen. Für die Atlantiküberquerung nahmen die beiden aber doch noch jemanden an Bord. Wie zum Beweis für die These, daß ein Boot eine perfekte Wiege sei, verschlief Alex das ganze Gespräch und konnte nur unter großen Schwierigkeiten für ein Photo geweckt werden.

Ein paar Monate nach der ARC sah die Sache allerdings schon anders aus. Lyn schrieb: »Alex zieht sich jetzt schon selbst am Cockpitsüll hoch und steht, bevor man auch nur die Augen vom Kompaß gelöst hat. Außer drei Paar Händen zum Segeln bräuchten wir jetzt noch sechs für Alex.«

Die Plummers hatten in Las Palmas Peter Lock an Bord genommen und waren mit ihm so gut klargekommen, daß Peter auch den Karibiktörn noch bis zu den Jungferninseln mitmachte. Als emeritierter Literaturprofessor hatte er sicherlich etwas mit den Limericks zu tun, die ich von der Crew der *Bounder* auf Barbados überreicht bekam. Diese, von den Autoren so genannten, LimerARCs spiegeln der Geist der ARC und ihrer Teilnehmer wider und sollen dieses Kapitel beenden:

Die ARC zeichnet mit feinem Pinsel
die Route zur Barbados-Insel.
Das Rennen macht Spaß,
wir werden nicht naß,
und haben für alle 'n Mitbringsel.

Columbus meldet die Pinta,
die war aber wirklich kein Sprinter.
Doch Jimmy sagt nein,
das darf gar nicht sein,
mit *Sponsor* geht's erst nächsten Winter.

Auch Noah meldet sich helle,
seine ARChe galt als ganz Schnelle.
Doch Tiere paarten sich hart,
futsch war die Fahrt.
Noah lag an drittletzter Stelle.

Christian Fletcher und Captain Bligh
sind mit der Bounty dabei.
Doch ein Gewinn
ist wohl nicht drin.
Hindernisgrund: Meuterei.

Captain Cook und seine Leute
fiel'n widrigem Wetter zur Beute.
Mit Windstärke 3
ging's nach Hawaii.
Barbados wartet noch heute.

Captain Ahab und Moby Dick
machen's außergewöhnlich chic.
Schleppleine dran,
der Wal zieht an,
vielleicht merkt ja keiner den Trick.

Die Geschwindigkeit schneller Rennziegen
reicht wohl aus, um sicher zu siegen.
Doch vier Knoten langen,
um's Essen zu fangen:
Barsche und Brassen und Fliegen.

228

Stichwortverzeichnis

231